세상을 바꾼
길들임의 역사

인류의 생존을 이끈 선택과 협력의 연대기

세상을 바꾼
길들임의 역사

Tamed: Ten Species That Changed Our World

앨리스 로버츠 지음 · 김명주 옮김

푸른숲

야생을 사랑하는 피비와 월프에게

사실 고고학은 황금을 찾는 사냥꾼의 이야기 또는 화석화되어 전시된 박물관의 유물이 아니라 바로 우리 자신의 삶에 대한 학문이다. 이 책은 인간과 수천 년의 역사를 함께한 대표적인 반려동물인 개, 그리고 우리가 하루도 빠짐없이 먹고 마시는 쌀, 밀, 감자 같은 친숙한 소재의 역사로 우리를 인도한다. 심지어 마지막 장은 흥미롭게도 '인류'다. 인간이 만든 길들여진 세상에 우리도 길들여진다는 것은 참 재미있고 참신한 전개다. 이 책의 가장 큰 장점은 학문과 재미를 모두 잡은 교양서라는 데 있다. 수만 년 전 우리 조상의 동굴에 찾아든 늑대에서 시작해 닭이 먼저냐 달걀이 먼저냐 하는 해묵은 논쟁에 대한 우문현답까지, 치밀한 자료수집과 수려한 필력을 바탕으로 지식의 즐거움을 준다. 인류 역사에 대한 탁월한 전망을 담은 이 책은 현대라는 렌즈로 과거를 통해 미래를 바라보는 망원경과도 같다.

강인욱(고고학자, 《강인욱의 고고학 여행》 저자)

내가 진작 이 책을 읽었더라면 생물 시간에 졸지 않았을 것이다. 길들이고 변형시키고 익숙하게 한다. '길들임'은 인간이 이 별에서 살아남는 방법이었다. 길들임이 어느 순간 '짠'하고 만들어진 것은 물론 아니다. 심지어 저자는 늑대가 우리를 '선택'해서 스스로 개가 되었을지도 모른다고 추리해 나간다. 놀랍다. 무섭게 엮어 들어간다. 실증과 연구, 더러는 추리가 결합된 촘촘하고도 멋진 이야기는 그렇게 시작된다. 해박하고 천재적이다. 농업사, 목축사를 넘어 '인류사'를 다룬, 유발 하라리 책의 다른 버전이다. 최소한 그렇다.

박찬일(셰프, 《추억의 절반은 맛이다》 저자)

진화 과정에서 생명이 몸으로 겪은 변화를 밝히는 길은 매우 험난하다. 오늘날 과학자들은 두 가지 무기를 써서 그 길을 개척한다. 고인류학을 포함한 고고학과 유전학이다. 최근에는 지질학의 도움을 받은 기후학도 가세하고 있다. 하지만 이들을 총동원해도 생명의 진화사는 아주 조금씩만 밝힐 수 있고, 파편적인 증거는 늘 논란을 불러온다. 우리 자신의 기원조차 거듭되는 상반된 논쟁에 최근까지도 갈피를 못 잡고 있다. 작물과 가축의 역사 역시 마찬가지다. 매주 발표되는 연구성과에 민감한 과학기자로서, 파편적이지만 의미 있는 주요 성과들이 쌓여 큰 스토리가 만들어져 가는 과정을 흥미롭게 보고 있다. 앨리스 로버츠는 이 스토리를 유전학과 고고학의 넓은 시야에서 제대로 전할 몇 안 될 적임자 중 한 명이다. 이 책의 내용이 인류와 가축, 작물 진화사의 완결판일 수는 없겠지만, 지금 여기에서 인류가 밝힌 최선의 진실에 다가서도록 안내할 지침서가 될 것이다.

윤신영(〈동아사이언스〉 기자, 《인류의 기원》 공저자)

음식은 인간과 인간, 인간과 자연을 잇는 살아 있는 링크다. 앨리스 로버츠는 마치 땅 속의 숨은 광맥을 찾아가듯이 그 연결의 고리들을 촘촘히 거슬러 올라간다. 고고학, 식물학, 유전학, 지질학을 넘나드는 입체적인 해설을 따라가다 보면 밀, 옥수수, 감자, 닭, 쌀, 사과 같은 동식물들이 우리의 밥상에 오르게 된 궤적들이 보인다. 저자는 1만여 년 전 들판을 떠돌던 야생의 씨앗과 동물들이 인류의 식탁을 풍성하게 만들어주는 과정을 한 편의 다큐멘터리처럼 생생하게 펼쳐 놓는다. 하지만, 이것은 인간 중심적인 작물화와 가축화만을 이야기하는 것이 아니다. 길들임의 역학은 동식물에게 적용된 것처럼 인간 자신에게도 공평하게 작용한다. 진화라는 거역할 수 없는 힘으로 인해 우리는 길들임의 주체인 동시에 객체가 되기도 한다. 살아 있는 것들은 상호 의존하고 있으며 서로를 보살펴야 한다는 책의 제언이 설득력 있게 들리는 이유다. **이욱정(〈요리인류〉 PD)**

우리에게 밥과 빵, 닭고기와 소고기는 너무도 익숙해 그 기원에 대한 질문조차 생소하다. 하지만 인류가 수백만 년의 수렵채집에서 벗어나 동식물을 길들이기 시작한 것은 불과 1만 년이 채 안 된 일이다. 왜 비슷한 시기에 전세계에서 쌀과 밀을 재배하기 시작했을까? 어떤 용감한 이가 늑대와 야생소를 길들이기 시작했을까? 수많은 야생 동식물 중에 인간이 선택한 (어쩌면 인간을 선택한) 몇 안 되는 종들과 우리는 여전히 공생하며 공진화한다. 수십 년간 학계를 사로잡아온 질문인 길들임의 기원과 경로부터 미래의 식량 문제까지. 한 편의 소설처럼 복잡하면서도 흥미진진한 과정을 고고학, 유전학, 언어학, 역사학의 방대한 자료를 넘나들며 추적한다. 깊이 있으면서도 위트가 넘쳐 순식간에 읽힌다. 이 책을 덮을 때면 더 이상 사과가 그냥 사과로 보이지만은 않을 것이다! **진주현(법의인류학자, 《뼈가 들려준 이야기》 저자)**

서문

"집중하고 잘 들어봐, 무슨 일이 있었는지. 옛날에 가축들이 야생동물이었
던 시절이 있었어. 개도 야생동물이었고, 말도 야생동물이었고, 소도 야생
동물이었지. (⋯) 그들은 축축한 야생의 숲에서 홀로 걸었어⋯⋯."
— 러디어드 키플링, 〈혼자 걷는 고양이〉

수십만 년 동안 우리 조상들은 야생 동식물에 의존하는 세계에
서 살았다. 그들은 수렵채집인, 즉 생존의 명수이기는 하나 세계를 있
는 그대로 받아들이는 사람들이었다.

그러다 각기 다른 시간과 장소에서 각기 다른 방식으로 신석기 혁
명이 일어났고, 이 수렵채집인들은 다른 종들과의 교류 방식에 중대
한 변화를 꾀하게 되었다. 그들은 야생종을 길들여 목동과 농부가 되
었다. 식물을 재배하고 동물을 길들인 일은 현대 세계의 길을 열게 되
는데, 그것이 인구 증가와 문명의 성장을 가능하게 했기 때문이다.

우리에게 친숙한 종들의 긴 역사를 파헤치다보면 이런 동식물들이

인류의 생존과 성공에 얼마나 중요했는지 알게 된다. 이 생물들은 우리와 협력했다. 그 결과 지금은 세계 어느 곳에서나 볼 수 있으며, 우리의 삶을 이루 헤아릴 수 없을 만큼 바꾸었다. 이제 과거를 파헤쳐 들어가며 그들의 놀라운 기원을 추적해보려 한다. 이러한 추적 과정에서, 우리에게 길들여져 우리 세계의 구성원이 되면서 그들이 어떤 모습으로 변했는지도 알게 될 것이다.

자연의 선택인가, 인간의 매개인가

영국 빅토리아시대의 과학자 찰스 다윈Charles Robert Darwin은 오늘날 진화생물학의 토대가 된 《종의 기원》 집필에 착수할 때 자신이 쓸 책이 학계에 폭탄을 떨어뜨리게 되리라는 사실을 알았다. 폭탄을 맞을 곳은 생물학계만이 아니었다. 시간에 따른 종의 변화가 어떻게 마법을 일으키는 자연선택의 무의식적 작용을 통해 매 세대 일어났는지 설명하는 것으로 들어가기 전에 기초를 탄탄히 다져둘 필요가 있었다. 그는 독자들을 잘 이끌고 가야 했다. 그들은 함께 산을 오를 것이고, 등반은 어려움으로 가득하겠지만 정상에서 보는 전망은 끝내줄 터였다.

그래서 다윈은 책에 자신의 중대 발견을 설명하는 일로 직행하지 않았다. 대신 그는 하나의 장章―내가 가지고 있는 판본으로는 총 27쪽에 이르는―을 할애해, 인간의 영향 아래 진화하는 종의 사례들을 기술했다. 동식물의 한 개체군에는 변이가 존재하며, 농부들과 육종가들은 매 세대 그 변이를 조작해 품종과 종에 변형을 가한다. 수십만 년에 걸쳐 일부 변종들의 생존과 번식을 촉진하고 다른 변종들의 성공을 제한하면서, 우리 조상들은 인간의 필요와 소망과 취향에 보다 부합할 때까지 가축의 종과 변종에 변화를 일으켰다. 다윈은 인간의 선택이 가축 종에 미치는 이런 영향을 '인위선택'이라고 불렀다. 이는 독자들도 이해할 만한 친숙한 개념이었다. 그러니 어떻게 해서 농부와 육종가의 선택—즉 특정 개체를 골라 교배하고 나머지는 버리는 일—이 세대를 거치며 작은 변화들을 초래하는지 또 이 변화들이 시간이 흐름에 따라 축적되어 이따금씩 하나의 조상으로부터 다양한 변종이 출현하는지 설명할 수 있을 터였다.

사실 생물학적 변화를 일으키는 선택의 힘을 친절하게 소개하는 장은 단지 유려한 글쓰기를 위한 장치가 아니었다. 다윈은 이미 가축화 및 작물화 연구에 착수한 상태였는데, 그것이 진화의 메커니즘—어떤 원리로 야생의 동식물이 서서히 변형될 수 있는가—을 더 일반적으로 조명할 수 있다고 믿었기 때문이다. 그는 이렇게 썼다. "가축과 재배 식물에 대한 신중한 연구야말로 이 모호한 문제를 이해할 최선의 기회를 제공할 것으로 보인다." 그러면서 눈을 반짝이며 한마디를 보탰다. "나는 한 번도 실망한 적이 없다."

인위선택의 효과에 대해 논한 뒤, 다윈은 자신의 핵심 개념, 즉 지구상의 생명의 진화를 이끈 메커니즘으로서, 시간이 흐름에 따라 변형을 축적하여 새로운 변종뿐 아니라 완전히 새로운 종을 만들어내는 무의식적인 과정인 자연선택을 소개하는 다음 단계로 나아갈 수 있었다.

오늘날 다윈의 책을 읽는 사람들은 '인위'라는 단어에 갸우뚱하게 된다. 우선 그 단어에는 '가짜'라는 다른 의미가 있다. 다윈은 이 단어를 그런 뜻으로 사용하지 않았다. 그는 '인위'라는 단어를 '술책을 써서'라는 뜻으로 사용했다. 그렇다 해도 이 말에는 종을 길들이는 과정에서의 의식적인 의도를 과대평가하는 뉘앙스가 있다. 오늘날의 동식물 육종이야 신중하고 의도적인 목표를 가지고 행해지겠지만, 우리의 협력자가 된 종들과의 관계의 초기 역사는 충격적일 정도로 무계획적이었다.

그렇다면 '인위'라는 말을 대신할 새로운 단어를 찾아내면 되겠지만, 또 다른 문제가 있다. 이제 우리가 진화에서 자연선택이 하는 근본적인 역할을 받아들인다는 사실, 그래서 다윈이 우리에게 이 생물학적 현실을 납득시킬 필요가 없다는 사실을 고려하면 길들여진 종의 진화에 인간이 영향을 미친 방식을 구태여 따로 묘사할 필요가 있을까?

다윈의 입장에서 인위선택과 자연선택을 따로 기술하는 것은 통념에 도전하는 새로운 개념을 소개하고 논증을 구축하는 데 큰 역할을 했지만, 둘을 구별하는 것은 실제로는 옳지 않다. 특정 종류의 개체가 더 성공적으로 번식하도록 중재하는 주체가 물리적 환경이나 다른 종이 아니라 우리 인간이라는 사실은 하나도 중요하지 않다. 우리는 어떤 종에 대해서도 이 둘을 구분하지 않는다. 예컨대 꽃에 일어나는 자연선택에 꿀벌이 미치는 영향을 생각해보자. 꿀벌은 시간이 흐름에 따라 꽃에 변화를 일으켜 수분 매개자의 눈에 더 매력적으로 보이도록 만든다. 꽃의 색깔, 모양, 향기는 우리의 감각을 기쁘게 하도록 설계되지 않았다. 꽃들은 날개 달린 친구들을 유혹하도록 진화했다. 이 경우 꿀벌이 인위적인 선택을 일으킨 것인가? 이는 단지 벌이 매개하는 자연선택이 아닐까? 어쩌면 길들여진 종에 행사하는 우리의 영향도 '인위선택' 대신 (표현이 좀 구석이기는 하지만) '인간이 매개하는 자연선택'이라고 부르는 게 더 나을지 모른다.

자연선택은 다른 변종들이 생존과 번식에 성공해 유전자를 다음 세대로 전달하는 동안 특정 변종들을 제거함으로써 기적을 일으킨다. 인위선택 또는 '인간이 매개하는 자연선택'도 흔히 같은 방식으로 작동하는데, 농부들과 육종가들은 유순하지 않고, 생산적이지 않고, 강하지 않고, 크지 않고, 달콤하지 않은 특정 동식물을 거부하기 때문이다. 다윈은 《종의 기원》에서 이런 음성선택negative selection에 대해 기술했다.

> 한 품종의 식물이 기반을 잡으면, 씨를 거두는 사람들은 최고의 식물을 골라내는 대신 밭을 조사하면서 '불량', 즉 적절한 기준에서 벗어나는 식물들을 뽑아낸다. 동물의 경우에도 같은 종류의 선택이 이루어진다. 최악의 동물이 자손을 생산할 수 있게 둘 만큼 무신경한 주인은 없기 마련이다.

불량을 뽑아내고 원치 않는 동물들을 가려내고, 심지어는 특정 동물을 다른 것들보다 성실히 보살핌으로써 인간은 자연선택의 전능한 행위자가 되었다. 이렇게 우리는 매우 다양한 동식물을 유인해 생명의 게임에서 우리 편으로 만들었다.

하지만 이런 길들임은 때때로 거의 우연히 일어나는 일로 보인다. 게다가 가끔씩은 마치 동식물이 스스로를 길들이고 있는 것 같기도 하다. 어쩌면 우리는 우리가 생각하는 것만큼 전능하지 않을지도 모른다. 한 종을 우리에게 더 이로운 것으로 만들기 위해 의도적으로 길들일 때조차, 우리는 사실상 길들여질 수 있는 자연적 잠재력을 활용하고 있는 셈이다.

인간과 길들여진 종의 역사

오늘날 우리와 친한 동식물의 오랜 역사를 추적하다 보면 이상하고 이국적인 장소들에 이르게 된다. 지금이야말로 이 이야기를 추적하기에 적절한 시점이다. 길들여진 종들이 각기 어떻게 생겨난 것인지에 대한 논쟁은 오랫동안 계속되어왔다. 논쟁의 한편에는 하나의 기원, 즉 가축화와 작물화가 이루어진 단일 중심지가 존재한다는 의견이 있고, 반대편에는 가축과 작물이 광범위한 지역에서 유래했다는 의견이 있다. 여러 다른 야생종 또는 아종들이 길들여진 이후 교잡을 통해 잡종을 이루었다는 것이다. 19세기에 다윈은 길들여진 종이 굉장히 다양하다는 것은 별개의 야생종, 즉 복수의 조상이 있었다는 뜻이라고 생각했다.

반면 20세기 초의 위대한 식물 사냥꾼이자 생물학자였던 니콜라이 바빌로프Nikolai Ivanovich Vavilov는 독자적인 기원 중심center of origin*을 지목할 수 있다고 생각했다. 고고학, 역사학, 식물학은 풍부한 단서를 제공하는 한편, 무수히 많은 미해결 질문들을 남긴다. 그런데 최근에 유전학이 등장해 새로운 역사적 자료를 제공함으로써 풀리지 않을 것처럼 보이던 난제를 풀 실마리가 생겼다. 이제는 경쟁 가설들을 검증하면서, 우리의 협력자가 된 동식물의 진짜 이야기를 알아낼 수 있을지도 모른다.

생물의 유전부호에는 현생 생물을 만드는 정보뿐 아니라 조상의 흔적도 들어 있다. 생물의 DNA를 조사하면 수천 년, 심지어는 수백만 년 전으로 거슬러 올라가는 그들의 먼 과거를 파헤쳐 몇 가지 단서를 주워 모을 수 있다. 여기에 고대 화석에서 추출한 DNA를 통해 얻어낸 유전적 단서를 추가할 수 있다면 더 많은 사실을 알아낼 수 있을 것이다. 초기 유전학은 DNA의 잘게 분절된 단편들을 집중적으로 조사했지만, 지난 몇 년 사이 유전학은 그 범위를 확장해 유전체 전체를 조사함('유전체 전체 조사')으로써 우리와 가장 가까운 종들의 기원과 역사에 대한 놀라운 정보를 제공했다.

새로 밝혀진 그러한 유전정보들 중 몇몇은 생물계를 나누는 방식에 문제를 제기한다. 종을 구분하는 것은 유용하고 의미 있는 일이다. 종은 식별 가능한 방식으로 서로와 비슷한—그리고 그 밖의 개체들과

---

* 종이 야생의 상태와 차별되는 특성이 최초로 발현된 지리적 영역.

는 다른—일군의 생물들을 아우르는 개념이다. 하지만 시간이 흐름에 따라 개체군이 진화적 변화를 겪는다는 사실은 이 경계선을 긋는 일을 상당히 까다롭게 만든다. 인간은 틀에 집어넣기를 좋아하는 반면, 생물학은 그런 틀을 벗어나기를 즐기는 듯 보인다는 사실을 이 책에서 여러 번 마주하게 될 것이다.

독립된 종이 되려면 계통이 어느 정도까지 분기해야 할까? 이것은 아직도 분류학자들을 괴롭히는 문제다. 길들여진 동식물 가운데 일부는 야생형의 아종으로 간주되어 그들의 길들여지지 않은 조상들, 또는 살아남은 야생형 사촌들과 같은 종명을 부여받는다. 몇몇 생물학자들은 길들여진 동식물의 경우 비록 야생의 친척들과 아주 비슷하다 해도 편의상 종명을 따로 써야 한다고 주장한다. 어쨌든 명명을 둘러싼 논쟁은 이 경계라는 것이 얼마나 불분명한지를 증명할 뿐이다.

각 사례에서 길들여진 종—소와 닭에서부터 감자와 쌀에 이르기까지—의 진화적 경로는, 이제 세계 모든 곳으로 확산해 그야말로 전 지구적인 종이 된 한 아프리카 유인원의 진화적 경로와 얽히며 깊은 영향을 받았다. 모든 이야기가 저마다 특별하고 다양하지만, 나는 열 가지 종을 골랐다. 그중 하나는 우리, 호모 사피엔스다. 야생 유인원이 문명화된 인류가 되기까지 겪어온 그 놀라운 변형은 우리가 어떤 식으로든 우리 자신을 길들였음을 암시한다. 우리가 다른 종들을 길들인 것은 그다음이었다. 나는 인류의 이야기를 마지막 장으로 돌렸다. 거기에는 과학 기사에서 막 건져 올린 새롭고 놀라운 정보들이 가득하다. 하지만 그것을 보려면 좀 기다려야 한다.

먼저 나머지 아홉 종을 만나보자. 각각 과거의 우리와 우리 역사에 지대한 영향을 미쳤으며, 지금의 우리에게도 여전히 중요한 종들이다. 이들을 길들인 과정은 다양한 시공간에 흩어져 있어서, 이 과정을 살피다보면 인간 사회가 동식물과 오랜 세월 세계 곳곳에서 어떤 방식으로 다양하게 상호작용해왔는지 이해하게 될 것이다. 이 종들은 인류의 이동과 나란히 전 세계로 퍼져나갔고, 때로는 인류의 이주를 부추기기도 했다. 개는 사냥꾼과 함께 달렸다. 밀, 소, 쌀은 초기 농부들과 함께 여행했다. 말은 자신의 등에 탄 이들을 초원에서 역사로 데려갔고, 그 안장에 매달린 자루에는 사과가 담겨 있었다. 닭은 제국들과 함께 퍼져나갔으며, 감자와 옥수수는 무역풍을 타고 대서양을 건넜다.

약 1만 1천 년 전 동아시아와 중동에서 처음 시작된 신석기 혁명은 현대 세계의 기초를 이루었다. 그야말로 인류 역사를 통틀어 가장 중요한 발전이었다. 그로써 우리는 다른 종들과 서로 진화적 경로가 맞물린 공생 관계로 얽히게 되었고, 농경은 전 세계 인구를 어마어마하게 늘릴 힘을 만들어냈다.

인구는 여전히 증가하는데, 이 행성이 우리를 부양할 능력은 한계에 달하고 있다. 우리는 적어도 지구에 이미 살고 있는 사람들 외에 10~20억의 사람들을 더 먹일 수 있는 지속 가능한 방법을 서둘러 개발해야 한다. 일부는 이른바 '로테크low tech'로 해결할 수 있을지 모른다. 이미 15년 전에, 유기농은 반대자들이 주장하는 것보다 훨씬 더 유망하다는 것이 입증되었다. 물론 '하이테크high tech'도 해법이 될 수 있다. 우리는 우리 조상들이 의존한 선택 육종을 건너뛰고 필요에 맞게 정확하게 유전자를 조정할 수 있는 도구인 최신 '유전자 변형' 기술을 받아들일지 아니면 거부할지, 나아가 새로운 기술을 무한히 창조해도 될 것인지 결정을 내릴 필요가 있다.

다른 과제들도 있다. 인구가 계속 증가하고 지구의 땅 면적의 40퍼센트가 이미 경작되고 있는 상황에서, 최대한 많은 야생종을 보존할 최선의 해법을 모색하기 위해 확실한 증거를 찾을 필요가 있다. 항상 그랬듯이 인간은 영리하다. 하지만 늘어나는 인구의 왕성한 식욕과 인류의 생존에 필수적인 수많은 길들여진 종을 선택하느냐, 아니면 생물 다양성과 진정한 야생을 선택하느냐 사이에서 균형을 찾기 위해서는 그 어느 때보다 더 현명해질 필요가 있다.

가끔은 인간이 지구의 재앙처럼 느껴지기도 한다. 신석기 혁명의 유산이 대량 멸종과 생태계 파괴가 된다면 그야말로 완전한 재앙일 것이다. 우리는 우리 자신과 협력자 종들의 미래가 더 푸르기를 바라야 한다. 과학 연구는 우리와 다른 종들 간 상호작용의 역사를 밝혀낼 수 있을 뿐 아니라, 우리가 선택할 수 있는 미래의 방향을 제시하는 강력한 도구가 된다. 길들여진 종의 역사에 대해 더 많이 알수록 미래의 계획을 세우는 데 도움이 될 것이다.

일단 과거에서 시작하자. 어디로 가느냐고? 아득한 선사시대로 거슬러 올라가 지금과는 몰라볼 정도로 달랐던 세계로 여행을 떠나려

한다. 자, 도시도 마을도 농장도 없던 세계, 빙하기의 냉기에 휩싸여 있던 세계, 그곳에서 최초의 협력자 종들을 만나보자.

차례

1

개

Canis familiaris

잠에서 깬 남자가 말했다. "야생 개가 여기서 뭘 하는 거지?" 그러자 여자가

말했다. "이제는 야생 개가 아니라 최초의 친구야. 이 녀석은 언제까지나 우

리의 친구로 남을 테니까. 사냥을 나갈 때 녀석을 데려가도록 해."

— 러디어드 키플링, 〈혼자 걷는 고양이〉

숲속의 늑대

해가 지자 온도가 더 떨어졌다. 혹독한 겨울이었다. 낮이 너무
짧아 사냥할 시간도, 천막을 수선할 시간도, 불 피울 장작을 팰 시간도
부족했다. 바깥 기온은 결코 빙점 위로 올라가는 일이 없었다. 언제나
그랬듯이 겨울이 막바지에 이를수록 힘들어진다. 지난여름에 따서 말
려둔 산딸기가 뚝 떨어졌다. 그때부턴 아침에도 고기, 점심에도 고기,
저녁에도 고기였다. 물론 주로 순록 고기다. 하지만 이따금씩 변화를
주기 위해 말이나 토끼도 약간씩 먹었다.

개

야영지에는 천막 다섯 개가 있었다. 견고한 북아메리카 인디언의 천막집처럼 생긴 높고 뾰족한 천막이었다. 낙엽송 목재로 기둥을 아홉 개쯤 세우고, 그 위에 꿰매어 이은 가죽을 덮어 바람에 날아가지 않도록 단단히 묶었다. 눈에 덮인 돌들로 천막을 빙 둘러 끝자락을 고정시켰다. 적어도 50센티미터쯤 쌓인 눈도 천막을 덮은 가죽을 안전하게 붙잡아주었다. 천막들 사이에 쌓인 눈은 밟혀 잘 다져졌다. 중간에는 불을 피운 흔적이 남아 있었다. 꽁꽁 얼어붙는 혹한기에는 바깥 화로가 사용되지 않았는데, 천막 안에 불을 피우는 것이 훨씬 낫기 때문이었다. 각 천막 한가운데서 난롯불이 이글이글 타올랐다. 온도 차이는 격심했다. 밤이 되어 가족들이 돌아올 때면, 제각각 벗어 던진 털외투와 바지, 장화가 문간에 수북이 쌓였다.

천막들 밖에는 장작 패는 장소가 있었다. 남자 한두 명이 천막 안에 피운 불을 꺼뜨리지 않을 만큼, 하루 종일 낙엽송 목재를 쪼갰다. 또 다른 곳에는 순록의 희미한 잔해가 있었다. 순록은 조각조각 도축되었고, 이제는 갈비뼈 몇 개와 피에 물든 눈 말고는 남은 것이 거의 없었다. 사냥꾼들이 그 순록을 죽여 야영지로 가져온 것이 그날 아침이었다. 도착한 즉시 배를 열어 아직 따뜻한 간을 꺼내 먹고 피를 마셨다. 나머지는 다섯 가족 분량으로 나누어 각각 천막으로 가져갔다. 가져온 순록에 머리는 없었다. 혀와 볼이 제거된 뿔 달린 두개골은 숲 가장자리로 옮겨진 뒤였다. 젊은 남성이 그것을 허리띠에 묶고 낙엽송 위로 몇 미터 올라가 가지와 나무줄기 사이에 두개골을 끼워 넣었다.

풍장風葬, 숲의 정령과 사슴의 영혼에 바치는 제물이었다.

주로 고기로 이루어진 식사를 또 한 차례 마친 뒤 가족들은 잠자리를 준비하기 시작했다. 아이들은 겹겹이 포갠 순록 가죽 안으로 들어갔다. 마지막으로 천막에 들어가는 어른은 난로에 통나무를 포개어 넣었다. 그렇게 하면 한두 시간은 더 탈 것이었다. 장작이 다 타면 천막 안의 온도가 얼음장 같은 외부 공기만큼 떨어진다. 하지만 순록 털이 사람들을 따뜻하게 해줄 터였다. 이 추운 북쪽 땅의 지독히도 추운 겨울 동안 원래의 주인을 따뜻하게 해주었던 것처럼.

천막 꼭대기에서 타래 모양으로 빠져나가는 푸른 연기가 점점 가늘어지고 웅얼거리는 대화가 잦아들 때면, 야영지 가장자리에 조금 남은 순록 시체가 청소동물을 숲 밖으로 유인했다. **다름 아닌 늑대들이었다.** 그들은 타이가에서 나타나 그림자처럼 몰래 야영지로 접근했다. 순록의 잔해를 후딱 해치운 다음에는 음식 찌꺼기를 찾아 천막과 중앙 화로 주변을 배회하다가 다시 숲으로 사라졌다.

사냥꾼들은 가까이 있는 늑대의 존재에 익숙했다. 심지어 그들과 동질감을 느꼈다. 늑대들 역시 진정한 툰드라 가장자리의 듬성듬성한 숲에서 근근이 살아가는 존재였으니까. 하지만 올겨울 늑대들은 전보다 더 자주 나타났다. 거의 매일 밤 야영지에 왔다. 요 몇 년 사이에는 이따금씩 낮 시간에도 다가오곤 했다. 천막들이 모여 있는 안쪽까지 오지는 않았지만 아주 가까이 왔다. 아마 배고파서 그랬을 것이다. 세월이 흐르면서 늑대들도 점점 더 과감해졌으리라. 사람들은 대체로

개

그들을 용인했다. 하지만 너무 가까워지면 돌이며 뼛조각이며 나뭇가지 따위를 던졌다.

분명 작년보다 더 길고 혹독했던 그해 겨울이 끝나갈 무렵 어린 늑대 한 마리가 야영지 한가운데로 들어왔다. 일곱 살쯤 된 소녀가 통나무 위에 앉아 화살을 고치고 있었는데, 늑대가 소녀에게 바싹 다가왔다. 소녀는 하던 일을 멈추었다. 소녀는 화살을 내려놓고 두 손을 무릎에 올린 채 단단하게 다져진 눈으로 시선을 떨어뜨렸다. 늑대가 몇 걸음 더 다가왔다. 소녀는 다시 한 번 위아래로 조심스레 시선을 움직였다. 이제 늑대는 소녀 바로 앞까지 왔다. 소녀는 늑대의 따뜻한 숨을 느낄 수 있었다. 이윽고 늑대가 소녀의 손을 핥으며 잠시 엉덩이를 깔고 느긋하게 앉았다. 소녀는 어린 늑대의 푸른 눈을 쳐다보았다. 서로가 연결되는 놀라운 순간이었다. 잠시 후 늑대는 벌떡 일어나 뒤돌아서더니 타이가의 어둠 속으로 뛰어갔다.

그해 여름, 몇몇 늑대들은 꼭 사람들을 뒤쫓는 것만 같았다. 사람들이 거대한 순록 떼를 뒤쫓느라 땅을 가로질러 여러 단계에 걸쳐 이주하던 참이었다. 눈이 녹아 광대한 초원이 드러났다. 순록 떼는 그 풀을 뜯어 먹으며 이동했다. 사람들은 늘 순록 떼보다 딱 한 발씩 뒤쳐졌다. 순록 떼가 이동하기 시작하면 천막을 걷고, 정착하면 다시 천막을 쳤다. 여름이면 늑대들은 대개 자취를 감추었는데, 인간 사냥꾼들이 먹다 버린 시체를 찾는 것보다 사냥하는 것이 더 이익이었기 때문이다. 하지만 이 늑대들은—적어도 그들 가운데 일부는—어쩐 일인지 인간 곁으로 다가왔고, 심지어는 사냥에 동참해 쓰러진 먹잇감을 나누어 먹기까지 했다.

초조하고 불안한 동맹이었다. 늑대는 인간을 경계했고, 인간은 늑대를 경계했다. 직접 경험한 사람은 없는 듯했지만, 이런 육식동물들이 야영지에서 아기를 물어 간다는 소문이 돌았다. 또 사냥꾼들이 사슴을 쓰러뜨렸는데 늑대들이 인간들을 몰아내고 사체를 빼앗았다는 이야기도 있었다. 부족의 연장자들은 의심이 많고 신중했다. 하지만 늑대들이 사냥의 성공률을 높인 것은 분명했다. 그들은 순록이나 말을 무리에서 떼어놓았고, 때로는 사냥꾼들이 창을 던질 수 있을 만큼 가까이 다가가기 전에 동물을 거꾸러뜨리기도 했다. 작은 사냥감이 숨어 있는 곳을 공격해 밖으로 내보내기도 했다. 이제 사냥꾼들이 빈손으로 돌아오는 일은 좀처럼 없었다. 자연히 배고픈 날도 줄었다. 특히 혹독한 겨울에 배를 곯는 일이 줄었다. 한낮에도 용감하게 야영지에 발을 들이는 늑대들이 늘었고, 그들은 공격적이지 않았다. 몇 번의 겨울과 여름을 보내고부터, 부모들은 자식들이 낯익은 늑대 새끼들과 노는 것까지 허락했다. 그들은 천막들 사이의 빈 공간에서 서로 치고받으며 장난을 쳤다. 어떤 늑대들은 야영지 근처에서 잠을 자기 시작했다. 이 무리는 인간과 제휴 관계를 맺은 것이 분명했다. 천막이 해체되고 사람들이 이동하면, 늑대들도 따라 이동했다.

누가 누구를 길들인 걸까? 늑대가 사람들을 선택했을까, 아니면 사람들이 늑대를 선택했을까? 어떻게 시작되었든 이 동맹은 인간의 운

개

명을 바꾸었고, 갯과 친구들의 형태와 행동을 바꾸었다. 몇 세대가 지나자 가장 친근한 늑대들이 꼬리를 흔들기 시작했다. 그들은 개가 되고 있었다.

이것은 분명 허구다. 하지만 지금은 명백해진 과학적 사실에 근거한 허구다. 엄청나게 다양한 오늘날의 개들은 모두 늑대의 후손들이다. 여우, 자칼, 코요테, 심지어는 들개도 아니다. 오직 늑대뿐이다. 정확히 말하면 유럽의 회색늑대들. 오늘날의 개들은 이 회색늑대와 유전자 서열의 99.5퍼센트를 공유한다.

무엇이 늑대를 우리 곁에 오게 했을까? 과거의 고고학자들은 농업이 시작되면서 그렇게 되었으리라 추측했다. 기회주의적인 포식자들인 인간에게 손쉽게 얻을 수 있는 가축의 존재는 거부하기 어려운 유혹이었으리라는 주장이다. 하지만 인간의 새로운 시대, 즉 신석기시대를 출발시킨 농업의 가장 오래된 증거는 약 1만 2천 년 전 중동으로 거슬러 올라간다. 개의 골격은 이보다 훨씬 오래된 고고학 유적들에서 발견된다. 인간과 가깝게 접촉해 동맹을 맺음으로써 변화를 겪은 동식물들 가운데 **아마도 개가 우리의 가장 오래된 친구인 듯하다.** 개를 기른 최초의 사람들은 농부가 아니라 방하기의 수렵채집인들이었으니 말이다. 그 동맹의 시초를 찾으려면 도대체 얼마나 먼 선사시대 과거로 거슬러 올라가야 할까? 어디서, 어떻게, 그리고 왜 이런 일이 일어났을까?

빙하기의 먼 과거 속으로

개의 가축화에 대한 전통적인 해석에 따르면 이 과정은 약 1만 5천 년 전, 마지막 빙하기 끄트머리에 일어난 것으로 보인다. 빙상水床,대륙빙하이 북쪽으로 물러나고 나무와 관목, 사람과 여타 동물들이 유럽과 아시아의 고위도 지역에 다시 거주하기 시작한 때였다. 툰드라에 녹음이 우거지고 강이 힘차게 흐르고 해수면이 올라가면서 냉랭한 북쪽에 온기와 생명이 돌아왔다. 태평양 연안에서 대서양 연안까지 북아메리카를 움켜잡고 있던 빙상도 후퇴하기 시작하면서, 인간 집단들이 광대한 베링기아*로부터 신세계로 이주했다.

1만 4천 년 전부터 가축 개의 존재를 암시하는 결정적 증거들이 많이 등장하기 시작한다. 늑대가 아니라 개의 것임이 분명한 뼈들이 유럽, 아시아, 북아메리카 전역의 고고학 유적들에서 나온다. 하지만 이들이 비교적 최근 사례일 가능성도 있다. 21세기 초 유전학자들이 고고학자들과 함께 가축 종의 기원을 조사하면서, 개의 가축화가 훨씬 더 일찍, 즉 그때까지 예측했던 것보다 몇 만 년 더 일찍 일어났을 가능성이 제기되었다.

유전학자들은 개의 미토콘드리아 DNA에 나타나는 차이의 패턴을 조사해 이 작은 유전자 꾸러미의 '가계도'를 복원하는 방법으로 개의 기원에 접근했다. 결과는 두 가지 방식으로 해석될 수 있었다. 복원된

---

*　　베링해협의 해수면이 낮아 육지로 드러나 있던 상태.

가계도는 서로 다른 두 모델 모두와 잘 들어맞았다. 한 모델은 개가 약 1만 5천 년 전 여러 장소에서 기원했다는 다중 기원설을 주장한다. 다른 하나는 대부분의 개가 그보다 이른 시기인 4만 년 전 한곳에서 기원했다는 단일 기원설을 주장한다. 두 모델이 제안하는 기원 시점 사이에는 몇 만 년이라는 상당한 차이가 있다. 그뿐 아니라 약 2만 년 전 절정에 이른 마지막 빙하기가 두 모델이 주장하는 시점 사이에 있다.

미토콘드리아 DNA는 한 가닥뿐이고, 실제로 이는 한 유기체의 세포에 들어 있는 유전적 유산의 아주 작은 일부에 불과하다. 세포핵에 포함된 DNA 꾸러미인 염색체 안에서 훨씬 더 많은 정보를 찾을 수 있다. 미토콘드리아 유전체 안에는 서른일곱 개의 유전자가 있는 반면, 핵 게놈에는 약 2만 개의 유전자가 있다(개와 인간 모두 마찬가지다). 개의 핵 DNA를 조사한 결과, 더 오래된 기원 시점이 유력해 보였다.

2005년 가축 개의 최초 초벌 유전체—모든 염색체에 포함된 유전자 서열—가 〈네이처〉에 발표되었다. 가축 개는 유럽 회색늑대와 가장 가까웠다. 논문의 저자들(놀랍게도 무려 2백 명이 넘었다)은 개 유전체의 염기 서열을 철저히 분석했을 뿐 아니라, 서로 다른 품종들 사이의 변이를 파악하는 일에도 착수해, 개의 DNA 염기 서열에서 단일 염기 문자*가 서로 다른 250만 곳을 조사했다. 분석 결과, 개별 품종들과 관련이 있는 유전적 병목이 드러났다. 다시 말해, 그 개들의 DNA는 각

*　　DNA는 A, T, G, C라는 네 개의 염기로 구성되어 있다.

품종이 종 전체에 존재한 유전자 변이 중 일부만을 취한 소수의 개체들에서 시작되었음을 보여주었다. 각 품종은 전체 변이의 작은 표본에 불과했다. 서로 다른 개 품종의 기원과 관련한 그런 유전적 병목은 상당히 최근인, 약 30세대 내지 90세대 전에 일어난 것으로 보인다. 한 세대를 3년으로 잡는다면, 90년 내지 270년 전이다. 최근에 일어난 유전적 병목뿐 아니라 오늘날 개들의 DNA에는 훨씬 더 오래된 유전적 병목의 흔적들도 있었는데, 이는 일부 회색늑대들이 개로 길들여진 애초의 가축화 사건과 관계가 있는 것으로 추정되었다. 유전학자들의 추산에 따르면, 이 병목은 약 9천 세대 전인 약 2만 7천 년 전에 일어났다.

가축화가 더 일찍 시작되었을 가능성이 제기되자 고고학자들과 고생물학자들은 뭔가 더 놓친 게 없을지 의문을 품었고, 한 연구 집단이 그 가능성을 추적했다. 그들은 큰 갯과 동물—개 또는 늑대였을 가능성이 있는 동물—의 두개골 아홉 점을 조사했다. 벨기에, 우크라이나, 러시아의 유적들에서 나온 이 두개골들은 약 1만 년 전에서 3만 6천 년 전 사이의 것으로 추정되었다. 연구자들은 두개골들이 실제로 늑대의 것인지 가축 개의 것인지에 대해서는 어떤 추정도 하지 않았다. 그 대신 이 고대 두개골들을 세밀하게 측정했고, 그런 다음 그 데이터를 더 최근의 갯과 동물 두개골들로 구성된 대규모 표본과 비교했다. 최근의 표본에는 개와 늑대의 것임이 분명한 두개골들이 포함되었다.

분석 결과, 고대 두개골들 가운데 다섯 점은 늑대의 것으로 보였다.

한 점은 분명하게 알 수 없었다. 세 점은 늑대보다 개에 더 가까웠다. 이들은 늑대에 비해 짧고 넓적한 주둥이와 약간 더 넓은 뇌실을 가지고 있었다. 고대 개의 두개골들 가운데 하나는 매우 오래된 것이었다. 그것이 출토된 벨기에 고예 동굴Goyet Cave은 조개껍데기로 만든 목걸이와 뼈 작살을 포함한 빙하기 유물뿐 아니라 매머드, 스라소니, 붉은사슴, 동굴사자, 동굴곰의 뼈들이 출토된 보물 창고였다. 인간과 동물이 이 동굴을 수천 년, 심지어는 수만 년에 걸쳐 이용한 것이 분명했다. 개 두개골로 추정되는 뼈의 정확한 연대는 방사성탄소연대측정법을 통해 밝혀낼 수 있었다. 그것은 약 3만 6천 년 전의 것으로, 세계에서 가장 오래된 개의 두개골이었다.

고예의 동물과 관련하여 특히 흥미로운 점은, 이 초기 개의 두개골 형태가 늑대의 두개골 모양과 사뭇 달랐다는 것이다. 연구를 실시한 고생물학자들은 이 뚜렷한 '개의 성질'은 가축화 과정이—아니면 적어도 가축화와 관련한 신체 변화들 가운데 일부가—매우 빠르게 진행되었을 가능성을 암시한다고 주장했다. 그리고 일단 두개골 형태가 늑대 같은 모습에서 개 같은 모습으로 변했을 때 개는 그 모습으로 수만 년 동안 머물렀다.

그렇다 해도 이 두개골은 마지막 빙하기가 정점에 이르기 전 초기 개의 모습을 한 **유일한** 사례다. 놀라울 정도로 연대가 일러서 고예의 두개골이 일종의 변칙일 가능성도 충분히 고려할 만하다. 설령 연대가 확실하다 해도, 그것이 이상한 모습을 한 늑대일 수도 있지 않은가. 하지만 곧이어 초기의 개처럼 보이는 또 하나의 사례가 고예 사례에 합류했다. 고예 표본을 포함한 분석 결과가 발표된 지 2년 뒤인 2011년, 러시아 연구자 집단이 또 다른 고대 개처럼 보이는 뼈를 발표했다. 이 두개골은 시베리아의 알타이산맥에서 출토되었다.

시베리아 두개골의 비밀

시베리아 두개골은 알타이산맥의 북서쪽 모퉁이, 눈에 띄지 않게 감추어져 있는 석회암 동굴인 라스보니키아 동굴Razboinichya Cave('산적의 동굴'이라는 뜻)에서 발견되었다. 1970년대 말에 시작되어 1991년까지 계속된 발굴 작업에서 수천 점의 뼈가 나왔다. 이 뼈들은 깊숙한 동굴 안쪽의 적갈색 퇴적층에 파묻혀 있었다. 아이벡스, 하이에나, 토끼의 뼈가 있었고, 개의 것처럼 보이는 두개골도 한 점 있었다. 동굴에서 석기는 전혀 발견되지 않았지만, 숯 부스러기들이 남아 있어 빙하기에 고대 사람들이 이곳을 찾았음을 알려주었다.

첫 분석에서, 라스보니키아 동굴 안의 화석이 포함된 지층에서 출토된 곰 뼈의 방사성탄소연대를 측정한 결과, 마지막 빙하기에 해당하는 약 1만 5천 년 전이었다. 다른 모든 뼈들의 연대도 비슷한 것으로 추정되었다. 그래서 개의 두개골 역시 같은 연대로 추정했다면 상자에 담겨 대학교 또는 박물관 창고의 먼지 쌓인 선반 위에서 잊힐 뻔했다. 빙하기 끝 무렵, 세계가 다시 따뜻해지고 있을 때 살았던 개의 또 다른 사례일 뿐이었으니까.

하지만 러시아 과학자들은 그 두개골을 더 세밀하게 조사해볼 필요가 있다고 판단했다. 그들은 라스보니키아 두개골—그것은 '라스보 Razbo'라는 별명을 얻었다—을 측정한 다음 고대 유럽의 늑대, 그리고 지금의 유럽과 북아메리카에 사는 현대 늑대의 두개골들과 비교했다. 또한 훨씬 더 최근인, 그린란드에서 나온 약 1천 년 전의 개 두개골들과도 비교했다. 그린란드 개들은 크지만 '개량되지 않은' 유형이었다. 즉, 오늘날의 개 품종에서 나타나는 별나지만 멋진 다양성을 낳은 극단적인 선택 육종의 유전적 공정을 거치지 않은 상태였다.

라스보는 정확히 무엇이라고 결정하기 어려운 동물이었다. 고예 사례처럼 주둥이가 비교적 짧고 넓적했는데, 그것은 개와 비슷한 특징이다. 하지만 굽은 갈고리 모양의 근육 돌기—중요한 씹기근육인 측두근이 붙는 곳인 하악골 상부에 돌출한 뼈—를 가지고 있었는데, 이것은 늑대와 더 비슷한 특징이었다. 상부 열육치—근육과 힘줄을 자르는 데 유용한 치아—의 길이는 늑대의 범위 안에 들었다. 하지만 이 이빨은 라스보의 입에 있는 다른 이빨들에 비해 짧았다. 즉 함께 포개진 두 개의 어금니보다 짧았는데, 그것은 개와 더 비슷한 특징이었다. 하부 열육치들은 오늘날 늑대에게서 볼 수 있는 것보다 작았지만 선사시대 늑대의 범주에 잘 들어맞았다. 또한 개에서 예상되는 것보다 턱을 헐겁게 채우고 있었다. 따라서 주둥이가 짧은데도 라스보의 이빨은 개보다 늑대와 더 비슷해 보였다. 그런데 라스보의 두개골 측정 결과들은 또 다른 이야기를 들려주었다. 두개골 형태가 다른 무엇보다 그린란드 개와 비슷했던 것이다.

물론 이런 연구는 항상 어렵다. 초기의 개는 그저 늑대가 아닐 뿐이니까. 게다가 해부 구조나 행동과 관련한 몇 가지 특징은 흔히 단 몇 개의 유전자에 의존하기 때문에 완성된 형태로 등장하는 반면, 대부분의 형질들은 점진적으로 등장한다. 변형은 세대를 거치며 일어난다. 모자이크 조각들이 조금씩 바뀌며 마침내 새로운 그림이 탄생하는 식이다. 고예 사례가 매우 놀라운 이유가 여기에 있다. 두개골 형태의 두 가지 독자적인 변화—더 넓은 주둥이와 더 넓은 뇌실—가 초기 개에서 매우 빠르게 나타난 것으로 보이기 때문이다. 하지만 라스보에서 관찰되는 두개골 형태와 이빨 사이의 불일치가 있을 수 없는 일은 아니다.

두개골 형태는 1천 년 전의 그린란드 개와 비슷하나 자르는 이빨은 늑대와 더 비슷했으므로, 러시아 과학자들은 라스보가 초기 개였을 것이라고 결론 내렸다. 즉 가축화 실험의 초기 사례들 중 하나였다는 것이다. 하지만 그렇더라도 1만 5천 년 전의 초기 개에 대해서는 왈가왈부할 일이 별로 없다. 그런 사례들은 어딜 가든 있기 때문이다. **파문을 일으킨 것은 두개골의 새로운 연대였다.** 연대 측정은 라스보의 뼈 샘플을 이용해 미국의 투손, 영국의 옥스퍼드, 네덜란드의 흐로닝언에 있는 세 곳의 실험실에서 개별적으로 실시되었다. 그 두개골은 약 3만 3천 년 전의 것으로 판명되었다. 고예는 더 이상 단독 사례가 아니었다.

개

이것으로 사건 종결이었다. 뼈와 유전자가 둘 다 가축화의 이른 시점인 약 3만 년 전을 가리키는 듯했다. 농업의 시작(농업이 처음 시작된 것은 약 1만 1천 년 전 유라시아에서였다), 또는 빙하기가 움켜쥔 손을 놓으며 바뀐 환경이나 사회와 관계없이, 인간의 가장 좋은 친구는 그에 훨씬 앞선 시점에 기원한 듯 보였다. 개는 아득한 구석기시대, 마지막 빙하기가 정점에 이르기 전, 인간이 마을과 읍내와 도시를 이루고 살기 전, 우리 조상들이 영구적으로 정착하기 훨씬 오래 전, 우리 모두가 아직 유목민이고 수렵채집인이었을 때 나타난 것 같았다.

하지만 유감스럽게도, 가축 개의 기원은 해결된 게 아니었다. 2014년 또 다른 유전학자 팀이 이 논쟁에 끼어들었다. 그동안 다양한 연구자들이 개 가축화가 유럽과 동아시아와 중동에서 일어났다고 주장해왔다. 그래서 그 유전학자 팀은 개의 지리적 기원을 더 꼼꼼하게 조사하고, 나아가 단일 기원과 다중 기원 중 어느 쪽이 유력한지 알아보고 싶었다. 그들은 유럽, 중동, 동아시아 출신의 늑대 세 마리와 오스트레일리산 딩고와 바센지(서아프리카의 사냥개에서 유래), 황금자칼의 유전체 서열을 분석했다. 분석 결과, 서로 다른 갯과 집단들 사이에 교잡이 일어난 증거가 다수 발견되었고, 그것이 문제 해결에 다소 혼란을 초래했다. 개의 여러 품종들은 상당히 최근에 늑대와 교잡한 흔적을 포함하고 있다. 예컨대 떠돌이개들은 야생 늑대와 정기적으로 접촉했을 것이다.

하지만 DNA 데이터를 샅샅이 훑어본 결과, 이 유전학자들은 그러한 최근의 교잡 사건 이전의 초기 개에 대한 단서를 최근 후손들의 유전자에서 찾을 수 있었다. 그 유전적 증거에 따르면 개는 단일 가축화 사건에서 기원했다. 유전학자들은 이 사건이 1만 1천 년 전과 1만 6천 년 전 사이에 일어났다고 추산했다. 이 시점에 개가 가축화되었다면, 개의 가축화는 몇몇 연구자들의 주장과 달리 농경의 시작과 관계가 없다. 그렇지만 개 가축화의 두 모델 중 나중에 해당하는 이 시점은 마지막 빙하기의 정점을 훌쩍 지난 시기로, 고예 사례와 라스보를 먼 옛날에 고립시켰다.

빙하기 개들은 항상 논란의 대상이었다. 몇몇 연구자들은 이 동물이 개가 맞는지 의문을 제기해왔다. 나머지 고고학 증거들과 너무 아귀가 맞지 않는 듯 했기 때문이다. 문제의 갯과 동물들과 늑대의 골격 차이는 누가 봐도 뚜렷하지 않았기에, 두개골의 분석과 해석에 사용한 방법에 의심이 드리워지기도 했다. 고예 갯과 동물의 크기는 문제의 소지가 있었다. 두개골이 그렇게 크다면 몸도 커야 하는데, 가축화된 동물은 일반적으로 야생의 친척들보다 몸집이 작다.

따라서 일부 연구자들은 그것이 개라기보다는 지금은 멸종한 늑대의 변종일 뿐이라고 주장했다. 혹은 고예 사례와 라스보가 실제로 초기 개라면, 그들은 막다른 길, 즉 실패한 가축화 실험이었을지도 모른다. 많은 고고학 증거는 여전히 현대 개의 진정한 조상이 훨씬 더 나중, 마지막 빙하기의 정점이 지난 뒤에 가축화되었음을 가리키고 있었다. 늦은 기원 시점은 매머드와 털코뿔소 같은 빙하기 대형동물군의 멸종을 설명하는 데도 어느 정도 도움이 되었다. 인간이 위험한 갯과 동물 친구들과 협력하면서 그들이 멸종에 이르렀을지도 모른다는 것이다. 고예 동굴의 갯과 동물이 개라는 가설에 반대하는 목소리는 너무도 높고 거세 보였다. 이 초기 '개들'이 오늘날의 이론 체계와 맞지 않는다는 주장이었다. 설령 그들이 **개였다** 해도, 현대 사냥개의 조상들일 가능성은 낮았다. 이렇듯 개 가축화에 대한 연구는 논란으로 가득하다. 이렇게 말해도 될지 모르겠지만, 개의 고생물학은 말 그대로 이전투구의 세계인 셈이다.

뼈도 DNA도 명쾌한 대답을 내놓지 못하는 가운데, 2015년 초에는 가축화가 마지막 빙하기 이후에 이루어졌다는 나중 시점에 대한 증거가 우세해지는 듯했다. 고예 사례나 라스보를 둘러싼 흥분에도 불구하고 '개와 비슷한' 초기 두개골들은 결국 기이하게 생긴 늑대가 되고 말았다. 아니면 후손들이 멸종에 이른 초기 개든지.

그런데 1만 1천 년 전에서 1만 6천 년 전이라는 개의 가축화 시점은 살아 있는 개와 늑대의 DNA에서 유추한 것으로, 돌연변이율과 세대시간에 대한 몇 가지 중요한 추정에 의존해 결정되었다. 만일 추정과 달리 실제 돌연변이율이 더 느렸거나 세대시간이 더 길었다면, 기원 시점은 더 빨라진다. 현대 개와 늑대 사이에서 관찰되는 DNA 차이가 축적되는 데 더 오랜 시간이 걸렸을 테니 말이다.

1만 년 앞당겨진 개의 기원

2015년 6월, 이목을 끄는 새로운 유전학적 증거가 발표되었다. 이번에는 현대 개와 늑대의 유전체를 샅샅이 조사해 그들의 조상에 대한 단서를 찾는 방법 대신, 고대 DNA를 조사했다. 하버드 대학교와 스톡홀름에 근거지를 둔 연구자들이 함께 꾸린 범대서양 연구 팀은 2010년 러시아 타이미르반도 탐험 때 발견한 갈비뼈 한 점을 분석했다. 이 갈비뼈는 확실히 갯과 동물의 것이었고, 연대는 3만 5천 년 전으로 밝혀졌다. 연구자들은 미토콘드리아 DNA 일부에 대한 유전자 서열 분석을 실시한 결과 이 뼈를 가졌던 동물이 무슨 종인지를 확인할 수 있었다. 그것은 늑대였다.

이제 연구의 다음 단계는 타이미르 늑대의 고대 유전체를 현대 늑대 및 현대 개의 유전체와 비교하는 것이었다. 고대 유전체와 현대 유전체가 보이는 차이의 정도는 그 전에 추정했던 돌연변이율과 일치하지 않았다. 현대 늑대와 타이미르 늑대 사이의 유전적 차이에 표준 돌연변이율을 적용하면 둘의 공통 조상이 1만 년 전에서 1만 4천 년 전에 살았던 것으로 나오지만, 이는 실제 타이미르 늑대의 연대에 절반도 미치지 못했다. 그러므로 돌연변이율은 그 전에 추정했던 정도보다 느린 것이 틀림없었다. 아마 40퍼센트는 느렸을 것이고 심지어 더 느렸을지도 몰랐다. 새롭게 추정된 더 낮은 돌연변이율을 적용해 늑대와 개의 분기 시점을 예측하면 1만 1천 년에서 1만 6천 년 전이었던 결과가 2만 7천 년에서 4만 년 전으로 이동한다.

새로 밝혀진 사실은 거기서 끝이 아니었다. 유전학자들은 그다음으로 현대 개 품종들의 DNA에 나타나는 특정한 변이 패턴, 즉 단일 뉴클레오티드(염기)의 '문자'와 관련이 있는 돌연변이를 조사했다. 이 유전자 변종을 '단일 염기 다형성single nucleotide polymorphism', 줄여서 SNP라고 부른다. 단일 염기 돌연변이는 유전체의 진화적 역사를 나타내는 훌륭한 지표인데, 그것이 흔할 뿐 아니라 대개는 사소한 것이라서 자연선택에 의해 제거되지 않기 때문이다.

유전학자들은 현대 개 품종들과 타이미르 늑대 사이의 일군의 SNP(정확히 17만 개)를 비교한 결과, 일부 품종들이 나머지 품종들보다 늑대와 더 비슷하다는 사실을 밝혀냈다. 이는 가축 개가 기원한 뒤 일부 개체군이 야생 늑대와 교잡했음을 암시한다. 그들 안에 늑대의 성질을 보다 많이 가지게 된 품종들로는 시베리안 허스키, 그린란드의 썰매개, 중국의 샤페이, 그리고 핀란드 스피츠가 있다. 또한 유전학자들이 현대 늑대들의 유전적 다양성을 조사한 결과, 북아메리카 늑대와 유럽 회색늑대 사이의 분기가 타이미르 늑대 계통이 떨어져 나온 뒤 일어났다는 사실을 밝혀냈다. 그 시기는 아마도, 빙하기 말 해수면이 높아져 베링육교—해수면이 낮았던 빙하기에 동북 아시아와 북아메리카를 연결했던—가 물에 잠기기 전이었을 것이다.

그렇다면 최근 유전자 연구로 고예 사례와 라스보도 구제되었을까? 가축화된 개가 3만 3천 년 전에서 3만 6천 년 전에 존재했다는 사실을 의심할 이유는 없어 보인다. 또한 그들의 후손이 오늘날 우리와 함께 살고 있다는 사실도 마찬가지다. 하지만 유전학은 여기에 마지막 풍파를 일으켰다. 고예 동물의 미토콘드리아 DNA는 특이하다. 늑대의 것과도, 고대와 현대의 다른 개들의 것과도 뚜렷하게 구분된다.

그러면 고예 동물은 실제로 무엇이었을까? 막다른 길에 이른 초기 가축화 실험이었을까? 아니면 오늘날 더 이상 존재하지 않는 회색늑대의 특이한 종류일까? 고예 동굴 동물의 3D 두개골 형태에 대한 정교한 분석이 2015년에 발표되었는데, 그것은 이 동물이 개보다는 늑대와 더 비슷함을 암시한다. 따라서 논쟁은 계속된다. 반면 라스보는 미토콘드리아 DNA 계보에서 개 쪽에 딱 들어맞는 것처럼 보인다. **따라서 라스보는 실제로 초기 개였을 가능성이 있다.** 라스보는 분명 오늘날 살아 있는 가까운 친척들을 많이 보유하고 있을 것이고, 그들은 바로 현재 우리의 동반자로 지내는 갯과 동물이다.

지난 몇 년 동안 개의 기원을 둘러싼 논쟁은 엄청나게 뜨거웠다. 새로운 기법들과 새로운 발견들은 이론을 근본적으로 바꾸어 놓을 잠재력을 안고 있는 듯하다. 실제로 이야기는 계속 바뀌고 있다. 하지만 고고학적 발견물에 대한 더 정밀한 연대측정법에서부터 더 빠른 DNA 서열 분석에 이르는 이 모든 발전에 힘입어, 우리의 가장 오래되고 가장 가까운 친구의 기원을 둘러싼 실제 역사가 마침내 그림자 속에서 모습을 드러내고 있는 듯하다. 그리고 그것은 **복잡할 수밖에 없다.**

우리가 **잘 아는** 인류의 역사가 얼마나 복잡하지 한번 보라. 우리 종 또는 다른 종의 문자로 기록되지 않은 역사인 선사시대에 접근할 때

개

우리는 수천 년에 걸친 상호작용의 복잡성을 깔끔하게 요약하는 단순한 이야기를 기대하면서 매우 순진하게 출발한다. 하지만 더 많은 과학적 분석이 실시되고 더 자세한 내막이 드러남에 따라 전체 그림이 변하는 것은 전혀 놀라운 일이 아니다. 타이미르 늑대와 고대 및 현대에 존재하는 그 사촌들의 DNA에 대한 연구는 가축화의 뿌리를 찾는 일이 얼마나 험난한지 잘 보여준다.

개의 기원을 빙하기로 밀어 넣었다면, 그다음에 떠오르는 질문은 "개는 어디서 가축화되었을까?"다. 하나의 독립된 지역에서 시작된 다음 다른 곳으로 퍼져나갔을까? 아니면 각기 다른 시기와 장소에서 야생 늑대가 여러 번 개로 변모했을까? 딱 잘라 말할 수는 없다. 개의 가축화는 지금으로부터 4만 년 전 시작된 듯하지만, 늑대와의 교잡은 그 이후로 오랫동안 계속되었을 뿐 아니라 지금도 일어나고 있을 테니까. 하지만 고대와 현대의 유전체에 간직된 비밀을 풀 수 있는 최신 유전자 기법 덕분에 우리는 적어도, 시도는 해볼 수 있다.

개의 고향을 찾아서

가축화 시점을 둘러싼 논쟁이 계속 이어지고 있지만, 개가 처음 가축화된 지역을 정확히 찾아내는 일도 그에 못지않게 논쟁으로 가득하다. 한편으로 보면, 유전학적 결과는 명확하다. 개는 분명 가축화된 회색늑대다. 하지만 회색늑대의 활동 범위는 아주 넓다. 오늘날 유럽, 아시아, 북아메리카의 대부분 지역에 분포하고, 과거에는 그 지리적 범위가 훨씬 더 넓었다. 그러면 회색늑대의 광범위한 영토 중 인간과의 동맹이 처음 시작된 곳은 어디일까? 먼저 북아메리카는 제외할 수 있다. 늑대가 그곳에서 처음 개로 변하기에는 인간이 마지막 빙하기가 절정을 지나고도 너무 늦게 그곳에 도착했기 때문이다.

늑대와 개의 유전체 분석 결과는 개가 늑대로부터 진화한 장소가 유라시아임이 틀림없다는 추가 증거를 제공한다. 갯과 동물의 유전체 계통수에는 두 번의 분기 사건이 나타나는데, 먼저 북아메리카 늑대와 유라시아 늑대가 서로 갈라지고, 이어 유라시아 늑대와 개가 서로 갈라진다. 따라서 유라시아에 회색늑대가 분포하는 곳 전체가 후보가 될 수 있다. 실제로 유럽, 중동, 동아시아가 모두 우리의 갯과 친구들의 고향으로 지목되었다.

이제는 놀라울 것도 없겠지만, 유전학자들은 이 질문을 놓고 논쟁에 논쟁을 거듭해왔다. 미토콘드리아 DNA를 대상으로 한 초기 분석 결과는 동아시아 단일 기원일 가능성을 가리켰다. 중국 늑대와 현대 개가 공유하는 하악골의 특이한 형태가 이 사실을 뒷받침하는 듯했다. 유전체 전체 분석 결과도 단일 기원을 뒷받침하는 것처럼 보였다. 하지만 가축화가 이루어진 장소는 한동안 불분명했는데, 유라시아 전역의 늑대가 현대 개와 모두 똑같이 관계가 있는 것처럼 보였기 때문이다. 그 다음에 전 세계 현생 개의 미토콘드리아 DNA 연구가 실시되어 이 질문이 해결되는 듯했다. 그 연구에서는 유럽의 모든 현대 개와 고대 개, 그리고 늑대를 분명하게 연결하는 것처럼 보이는 증거가 나

개

왔다. 이는 고고학적 증거와도 일치하는 듯했다. 동아시아와 중동에서도 고대 개의 뼈가 발견되었지만, 그중 가장 오래된 것도 연대가 겨우 1만 3천 년 전이었다. 반면 유럽과 시베리아에는 1만 5천 년 전에서부터 3만 년 전 이상에 이르는 선사시대 개들이 존재한다.

2016년에 새로운 증거가 밝혀졌다. 앞서, 티베트 늑대*Canis lupus chanco*와 현대 개의 관계를 암시하는 특징으로 간주되어 아시아 기원을 지지하는 것처럼 보였던 하악골 부위를 꼼꼼하게 분석한 결과에서 측두근이 붙는 장소인 근육 돌기가 티베트 늑대와 현대 개에서 비슷한 모양으로 나타났다. 이 커다란 뼈 돌기는 갈고리를 닮은 특이한 형태에 뒤로 굽어 있었다. 하지만 2016년 또 다른 연구에서는 티베트 늑대의 80퍼센트와 개의 20퍼센트만이 이 특징을 나타낸다는 사실이 밝혀졌다. 개가 아시아에서 기원했다고 추론하기에는 근육 돌기의 모양이 다양하고 들쭉날쭉했다. 그리고 형태학적 분석을 근거로 개의 동아시아 기원을 주장하는 가설이 실패로 끝난 2016년, 새로운 유전학 연구가 등장해 논쟁에 다시 불을 붙였다.

이번에 유전학자들은 아일랜드 뉴그레인즈의 유명한 신석기 유적에서 나온 5천 년 전 개의 유전체에 대한 철저한 염기 서열 분석으로 한 걸음 더 나아갔다. 또한 다른 고대 개 쉰아홉 개체의 미토콘드리아 DNA 서열도 분석했다. 그들은 이 모든 유전자 데이터를 현대 개에서 얻은 현존하는 데이터와 비교했다. 현대 데이터에는 여든 개의 완전한 유전체 정보와 605세트의 SNP 자료가 포함되었다. 먼저, 신석기 뉴그레인즈 개는 유전자가 현대 떠돌이개와 비슷했는데, 떠돌이개는 현대의 모든 개 품종을 만들어낸 고도의 선택 육종을 거치지 않은 개들이다. 그리고 뉴그레인즈 개의 DNA는 현대 개만큼은 아니지만 늑대보다 녹말을 더 잘 소화할 수 있었음을 암시했다.

하지만 연구자들의 눈을 사로잡은 것은 변이 패턴, 더 정확히 말하면 변이상의 단절이었다. 특히 현대 개의 한 품종인 사를로스가 도드라졌다. 사를로스의 DNA는 갯과 계보의 나머지와 격리되어 그 자체로 하나의 작은 가지를 이루고 있었다. 이는 그리 놀라운 일이 아닌데, 이 품종은 1930년대에 저먼 셰퍼드와 늑대를 교배시켜 창조된 것이기 때문이다. 즉, 진짜 잡종이다. 하지만 동아시아 개와 유럽 및 중동의 개 사이에 쐐기를 박아 넣는 DNA상의 또 다른 깊은 단절이 있었다. 신석기 뉴그레인즈 개의 유전체는 서유라시아 개와 가장 일치했다. 그리고 미토콘드리아 DNA는 다른 사실도 알려주었다. 고대 유럽 개의 대부분이 현대 유럽 개와는 상이한 유전적 흔적을 가지고 있었던 것이다. 이를 근거로 유전학자들은 유럽의 고대 개들이 나중에 동쪽에서 밀려든 이주자들로 대체되었음이 틀림없다고 지적한다.

잇달아 또 다른 연구에서, 한 마리가 아니라 두 마리 신석기 개에 대한 유전체 분석 결과를 보고했다. 이번에는 독일에서 나온 신석기 개였다. 한 마리는 7천 년 전(기원전 5000년) 독일 신석기가 시작된 시점의 개였고, 다른 한 마리는 신석기 말인 4700년 전(기원전 2700년)의 개였다. 초기 신석기 개의 유전체는 아일랜드 뉴그레인즈 개의 유전체와 매우 비슷했다. 하지만 수천 년의 시간을 가로지르는 후기 신석기 개와―그리고 현대 유럽 개와―분명한 유전적 관계가 있었다. 개체군 대체가 일어난 흔적은 없었다. 하지만 독일의 후기 신석기 개에는 계통에 관한 흥미로운 추가 증거가 있었는데, 이는 더 동쪽에서 도착한 개와의 **일종의** 교잡이 있었음을 암시했다. 이는 스텝 지역에서부터 북해 북쪽까지 서쪽으로 이동한 인류 대이주의 결과일 가능성이 있었다. 그때는 얌나야Yamnaya 문화가 유럽을 가로질러 확장하던 시기였다. 얌나야 사람들은 망자를 도자기와 동물 제물과 함께 흙더미 아래 매장한 기마유목민들이었다. 그들이 개도 데리고 다녔을지도 모른다. 하지만 그 개들은 유럽 개를 대체하기보다는 유럽 개들과 섞였다. 뉴그레인즈 개의 미토콘드리아 DNA 계통(유전자 구성의 작은 일부일 뿐인)이 사라진 현상이 반드시 집단의 대체를 의미하지는 않는다. 특정 유전자 계통이 가지치기되는 것은 항상 일어나는 일이다.

＊

하지만 뉴그레인즈를 건너 가축화의 기원으로 다시 돌아와보자. 개 계통에 나타나는 고대의 동서 단절이 무엇을 의미할까? 두 가지 가능성이 있다. 개가 한 번 기원한 다음 퍼져나갔고, 그 과정에서 개체군들이 사실상 분리되면서 유전적으로 멀어져 깊은 단절이 생겼을 가능성이 있다. 또는 현대 개가 유전적으로 뚜렷이 구분되는 늑대 개체군들로부터 따로따로 두 번 기원했을 수도 있다. 한 번은 서유라시아의 어떤 장소에서, 다른 한 번은 동유라시아의 어떤 장소에서 말이다. 이 문제에 대한 답은 단절 시점, 그리고 가축화 시점에 달려 있다.

독일의 초기와 후기 신석기 개들에 대한 유전체 염기 서열 분석이 이 중요한 사건이 일어난 시점을 밝히는 데 도움을 준다. 유전학자들은 여기에 현존하는 자료를 더해, 개와 늑대가 분기한 시점이 3만 7천 년 전에서 4만 2천 년 전 사이일 가능성을 내놓았다. 그리고 동서 분기는 가축화가 이루어진 다음 1만 8천 년 전에서 2만 4천 년 전 사이에 일어났다. 즉, '단일 기원 후 동서 분기'가 가장 유력해 보인다. 하지만 가축화가 처음 일어난 장소가 정확히 **어디인지는** 아직 결정되지 않았다. 이 질문을 해결할 유일한 방법은 **더 많은** 고대 DNA, 심지어는 빙하기에 살았던 더 오래된 개의 DNA를 분석하는 것이다. 어쨌든 아직은 결론이 나지 않았다. 고대 미토콘드리아 DNA와 고고학적 증거에 따르면 유럽 기원일 가능성이 높아 보이지만, 현대 개와 초기 개의 유전체 전체를 조사한 데이터를 보면, 개가 다른 어떤 곳보다 그곳에 오래 존재했음을 암시하는 유전적 다양성이 동아시아에서 가장 높게 나타난다.

이것은 분명 개의 기원을 밝히는 최종 결론이 아니다. 하지만 지난 5년 동안 우리가 얼마나 많은 사실을 새롭게 알아냈는지를 생각하면 놀라울 따름이다. 유전학의 초기 개척자들이 미토콘드리아 DNA의 모계 계통을 밝힘으로써 좁은 길을 제시했다면, 유전체 전체의 염기 서열을 분석하는 최신 기법들은 유전자 지형을 통째로 볼 수 있게끔 한다. 이제 우리는 지금까지 답할 수 없었던 질문들에 답할 수 있다. 앞으로 몇 년 동안 과거에 대한 우리의 시야는 더욱 넓어질 것이다. 이미 우리는 조상들이 유목 생활을 하던 수렵채집인 시절에 유럽의 어딘가에서 개가 가축화되었음을 알고 있지 않은가. 머지않아 그 동맹이 정확히 어디서 처음 맺어졌는지 파악하는 것에 한 걸음 더 가까이 갈 수 있을 것이다.

그렇다면 개의 가축화는 **어떻게** 일어났을까? 그리고 얼마나 의도적이었을까? 우리는 동물을 기르고 식물을 재배한 일을, 약 1만 1천 년 전 이른바 신석기 혁명의 일환으로 간주하는 데 익숙하다. 그때 우리 조상들은 원시적인 수렵채집 생활방식을 포기하고 정착해 농사를 지으면서 자기 자신과 환경을 통제하고 문명의 토대를 놓았기 때문이다. 하지만 이런 식의 단순화된 시각에는 많은 허점이 있다. 무엇보다 가축화는 점진적인 과정으로, 우리가 흔히 생각하듯이 인간 쪽에서 고의적으로 실행한 것이 아니었을 것이다.

누가 누구를 길들였을까

우리는 빙하기 수렵채집인들과 회색늑대들이 어떻게 협력하게 되었는지 상상만 할 수 있을 뿐이다. 그런 일은 여러 장소에서, 아마도 여러 번 일어났을 것이고 거의 일어날 뻔했던 적도 있었을 것이다. 느슨한 동맹이 형성되었지만 결국 깨지고 말았던 적도 수차례였으리라. 역사는 일직선으로 놓인 선로를 따라 목적지를 향해 달리지 않는다. 역사의 길은 구불구불하고, 여러 갈래로 갈라지며, 막다른 길에도 이른다(그것이 막다른 길이었음을 우리는 나중에야 알 수 있다). 하지만 우리가 과학 덕분에 뒤늦게 알게 되었듯이, 결국 이런 동맹들 가운데 적어도 하나는 잘 풀려 확고하게 굳어졌고, 그래서 인간과 갯과 친구들 사이의 지속적인 동반자 관계가 확보되었다.

우리가 모르는 것은, '누가 누구를 선택했는가'다. 직관적으로 생각하면 자기 운명의 주인이었을 우리 조상들이 늑대를 선택해 종으로 삼고 수 세대에 걸쳐 그들을 의식적으로 길들여 개로 만들었으리라 짐작할 수 있을 것이다. 하지만 실제로는 특정한 늑대를 가축화된 종으로 변형시킨 일에 의식적인 의도는 크게 작용하지 않았던 것으로 보인다. 둘의 관계는 일종의 공생 관계로 시작되었을 것이다. 이 장을 시작할 때 언급한 이야기처럼 상호 이익에 기반을 둔 느슨한 동반자 관계. 심지어 그 과정을 추동한 쪽은 늑대였을지도 모른다. 그렇다고 해서 그 갯과 동물들이 어떤 교활한 마스터플랜을 가지고 있었다고 상상할 것까지는 없다. 단지 음식 찌꺼기를 찾기 위해 쓰레기 더미를 뒤질 뿐이었다 해도 인간 곁을 어슬렁거리는 일이 많아지면서, 늑대들은 인간이 자신들을 처음에는 이웃으로, 그런 다음에는 동반자로 받아들이도록 무의식적으로 훈련시켰을 것이다.

두 종의 성공적인 동맹은 양측의 타고난 성향에 의존했을 것이다. 서로에게 의지가 있어야 했다. 인간도 개도 사회적 동물이지만, 그것만으로는 안 된다. 따지고 보면 우리가 동맹을 맺지 않은 사회적 동물

개

도 많으니까. 미어캣, 원숭이, 쥐는 끝내 개처럼 가축화되지 않았다. **늑대의 행동에는 인간과의 유대 형성에 밑거름이 되었을 만한 특별한 무엇인가가 있었을 것이다.** 나는 그것이 무엇인지 알아내기 위해 늑대들 가까이로 가보았다.

✳

　세번강의 범람원에 솟은 산등성이에서, 소규모 늑대 무리가 원시림 속을 어슬렁거린다. 무리의 구성원은 다섯 마리뿐이고, 모두 형제들이다. 두 마리는 세 살, 세 마리는 네 살이다. 그들은 유럽 회색늑대들이다. 호리호리하고, 탄탄한 체격에, 다리가 길다. 그들은 회색늑대라는 이름에서 짐작되는 모습보다는 알록달록한 편이다. 옆구리는 팥죽색이고, 허리 쪽에 검은 반점이 흩뿌려져 있다. 꼬리는 밑동과 끝부분이 검다. 턱과 볼은 희다. 뾰족하고 검은 귀의 가장자리에는 검은 털이 나 있다.

　늑대들은 숲길을 따라 통통 튕기듯 총총걸음으로 걷고, 쓰러진 나무들을 수월하고 가뿐하게 뛰어넘으며 정기적으로 자신들의 영토를 순찰한다. 놀라면 갑자기 질주하지만, 그런 다음에는 누울 수 있는 빈 터를 찾아 느긋하게 쉰다. 비가 오면 덤불 속에서 비를 피한다. 먹이로는 고기를 먹는다. 말, 소, 토끼, 심지어 닭도 먹는다. 하지만 까치보다 큰 동물을 사냥하는 일은 절대 없다. 그들을 돌보는 사람들이 필요한 고기를 모두 제공하기 때문이다. 이들은 글로스터셔 남쪽 야생에 자리한 브리스틀 동물원의 고립된 구역인 와일드 플레이스Wild Place에 사는 포획된 늑대 무리다.

나는 사육사 조 그린힐Zoe Greenhill과 함께 우리 밖에서 안전하게 그 늑대들을 만났다. 매일 늑대들 곁에서 일하는 그녀는 그 늑대들을 아주 잘 알았고, 필요할 경우 수의사 검진이 이루어지는 더 작은 우리로 이동하는 일에 익숙해지도록 이들을 훈련시키고 있었다. 하지만 훈련은 그 정도가 한계였고, 늑대들을 길들이려는 의도도 없었다. 늑대들은 조를 포함한 사육사들에게 익숙해지긴 했지만 그럼에도 여전히 사람들을 경계했고, 갑작스러운 움직임이 느껴지거나 큰 소리가 나면 쉽게 놀랐다. 또한 늑대들은 우리 안에 새로운 사물이 나타나면 불안해했다. 조는 늑대들이 새로 심은 전나무 몇 그루에 익숙해지게 하는 데 상당한 시간이 걸렸다고 말했다. 나는 혹시 이 집단이 어린 동물들로 구성된 작은 무리라서 특히 예민한 게 아닐까 싶었지만, 와일드 플레이스의 동물 사육사 윌 워커Will Walker에 따르면 그가 만나본 모든 늑대가 비슷하게 신중하고 낯을 가렸다고 한다. "포획된 늑대를 세 무리쯤 다루어봤는데, 사람에게 적극적으로 접근하고 사람 옆에서 안심하는 늑대는 단 한 마리도 못 봤어요." 그가 말했다.

"우리는 늑대들과 함께 우리 안에서 일해요. 만에 하나 잘못될 경우를 대비해 항상 2인 1조로 일하죠. 하지만 늑대들은 항상 저쪽 끝에 멀찌감치 떨어져 있어요. 우리를 얼마나 경계하는지 몰라요. 심지어 먹은 것을 게워낸 다음 도망치기도 한답니다."

개

나는 물었다. "정말 수수께끼네요. 옆에 있는 사람들을 경계하는 것이 늑대의 본성이라면, 어떻게 가축화될 만큼 가까이 다가올 수 있었을까요?"

"늑대들은 예민해요. 사람이 앞에 서면 몸을 돌려 반대 방향으로 도망칩니다. 하지만 늑대들과 함께 **놀 수도** 있어요. 등을 돌리고 깡충깡충 뛰어가 나무 뒤에 숨으면, 늑대들이 꼬리를 공중에 쳐든 채 다가오거든요. 그럴 때는 사람을 정말 믿는 것처럼 보이죠. 하지만 정면으로 마주하면 다시 도망갑니다. 분명 호기심이 많은 동물이에요. 저 사람이 뭘 하는지 염탐은 하지만, 절대 덤비지는 않죠."

물론 늑대들이 인간을 경계하게 된 것이 비교적 최근의 일일 가능성도 충분히 있지만, 총이 아니라 창을 썼던 먼 과거 사람들도 그들에게 심각한 위협이 되었을 것이다. 경계는 확실히 훌륭한 생존 본능이었다. 하지만 늑대가 경계심을 풀도록 만들 수 있었던 무언가가 있었다.

워커는 사육사가 아침 점검을 할 때 늑대들이 사육사를 어떻게 따라다니는지 들려주었다. 사육사가 울타리를 따라 걸어가면 울타리 반대편의 늑대들이 몇 걸음 뒤에서 따라 걷는다. 늑대들을 처음 인간에게 다가오게 만든 것은 분명 호기심이었을 것이다. 그럼에도 수렵채집인들이 한곳에 머물지 않고 항상 옮겨다니며 살았을 때는 그런 호기심이 짧고 산발적인 만남을 이끌어내는 데 그쳤을 것이다. 한마디로, 지속적인 동맹이 생겨날 기회가 없었다.

이런 와중에 환경 변화가 중요한 역할을 했을 것이다. 약 3만 년 전

알타이산맥에서 환경은 인간 수렵채집인 집단을 점점 정착 생활로 돌아서게 만들었다. 그들은 여전히 유목민이었지만 한 장소에 몇 달을 연속해 머물다가 이동했다. **사람들이 더 오래 정착하기 시작했을 때 야생 늑대와의 관계가 발전할 시간이 생겼을 것이다.** 물론 인간 사냥꾼들이 가져오는 고기—그리고 먹다 남긴 사체—가 강한 유인이었으리라. 그러다가 결국 호기심과 굶주림을 못이긴 늑대들이 타고난 경계심에도 불구하고 사람들 곁으로 점점 더 가까이 다가오게 되었다. 게다가 경계심은 오히려 그들에게 유리하게 작용했을지도 모른다. 늑대는 몸집이 크고 무서워 보이는 동물이고, 막강한 포식자이기도 하다. 그런데 만일 그들이 덤비지 않고 경계하는 듯 보였다면 사람들은 덜 무서워했을 것이고, 따라서 늑대들을 용인했을 것이다. 신중한 접촉에서 용인으로, 거기서 다시 동반자 관계까지, 매우 다른 두 무리인 인간과 유럽 회색늑대 사이의 동맹은 조금씩 강해졌다.

어느 시점에 일부 늑대들이 인간과 어울리기 시작했을 때 늑대의 미래가 변했고 **늑대도** 변했다. 경계심이 많지만 친근한 늑대들은 용인되었을 것이다. 제멋대로 굴고 심지어 공격적이었던 늑대들은 쫓겨나거나 더 심한 대우를 받았을 것이다. 인간은 그들 곁의 늑대들에게 진화적 압력을 행사하고 있었다. 인간이 가장 친근하고 가장 공격적이지 않은 동물들을 선택한 것은 늑대에게 특정 행동에 영향을 미치는 것에 그치지 않는, 훨씬 큰 변화를 가져왔다.

개

친근한 여우와 불가사의한 법칙

1959년 러시아 과학자 드미트리 벨라예프Dmitry Konstantinovich Bel-yaev는 특정 행동을 골라내는 선택 육종이 시간이 흐름에 따라 동물을 어떻게 바꿀 수 있는지 알아보기로 마음먹었다. 그는 개 가축화의 열쇠가 되는 기본 형질들이 존재했으며, 새끼 늑대에게서 순한 성격이 적극적으로 선택된 반면 공격적인 성향은 가차 없이 제거되었을 것이라고 생각했다. 그는 늑대와 유연관계가 상당히 가까운 종인 은여우 *Vulpes vulpes*를 데리고 그 유명한 가축화 실험에 착수했다.

매 세대 가장 순한 여우들을 선택해 그들끼리 교배시키자 순한 성격이 개체군 내에 빠르게 퍼졌다. 집중적인 선택 육종을 여섯 세대 반복한 뒤에는 매우 순한 개체들이 개체군의 2퍼센트를 차지했다. 열 세대가 지나자 순한 개체들은 18퍼센트로 늘었고, 서른 세대 뒤에는 절반에 이르렀다. 실험이 계속되어 2006년이 되었을 땐 거의 모든 여우가—가축화된 개와 똑같이—인간에게 매우 친근한 반응을 보였다.

그런데 변한 것은 여우의 행동만이 아니었다. 여우들 일부는 체색이 여전히 은빛이었지만, 몇몇 여우들은 붉게 변했다. 붉은색도 은여우의 표준 체색이므로 여기까지는 그리 놀랍지 않았다. 하지만 몇몇 개체들은 흰 몸에 검은 반점이 찍힌 모습으로 변했다. 이른바 '조지 화이트Georgian White' 품종으로, 야생에는 없는 완전히 새로운 형태다. 조지 화이트 품종의 은여우는 여우처럼 생긴 자그마한 양치기 개와 묘하게 닮았다. 어떤 여우들은 은백색 바탕에 갈색이 얼룩덜룩하게 섞인 털색을 가지게 되었고, 어떤 여우들은 축 처진 귀를 가졌다. 게다가 다리와 주둥이가 짧아지고 두개골이 넓적해지는 등, 골격 구조에도 변화가 일어났다. 번식 양상도 변했다. 야생 여우는 1년에 한 번만 짝짓기를 하지만, 순한 암여우는 1년에 두 번 발정기에 들어간다. 또한 순한 여우는 야생 여우보다 성적으로 더 빨리 성숙했다.

인간에게 친근하게 굴고 공격성이 없는 등 실험을 통해 특별하게 선택된 특정 속성 외에도 순한 여우는 우리에게 익숙한 다른 행동 유형들을 보였다. 그들은 꼬리를 위로 들어 흔들었다. 주의를 끌기 위해 깽깽거리기도 했다. 킁킁대며 사육자를 핥는가 하면 인간의 손짓과 시선의 방향에 주의를 기울였다. 여우 육종 실험을 실시한 러시아 과학자들은 그들이 선택한 형질에 함께 딸려 온 듯하지만 부정할 수 없을 만큼 개와 비슷한 수많은 기타 형질들을 얻었다.

이 여우 육종 실험은 수천 년 전 가장 친근하고 공격성이 덜한 늑대들이 어떤 식으로 세대를 거치며 빠르게 순해졌는지를 잘 보여준다. 수렵채집인들은 러시아 과학자들처럼 매 세대 10퍼센트의 가장 친근한 여우들만을 선택적으로 번식시키는 엄밀한 프로토콜에 따라 선택 육종을 실시할 필요가 없었다. 개의 조상인 늑대들이 어느 정도까지는 자가선택을 했을 가능성이 있다. 가장 친근한 녀석들만 인간 가까이에서 살도록 허락되었을 테니 말이다. 늑대 무리는 가족으로 구성되어 있으며 서로 유연관계가 매우 가깝다. 한 마리가 인간을 용인하거나 나아가 친근하게 굴면 그 무리의 나머지 개체들도 같은 유전자

개

와 행동 경향을 가지고 있을 확률이 높다. 따라서 무리 전체, 혹은 무리의 대다수가 인간과 동맹을 맺을 수 있었으리라. 순한 늑대는 인간과 애착을 형성해 손짓과 눈짓 같은 인간의 사회적 단서들을 따르기 시작했을 것이다.

개는 늑대가 하지 않는 방식으로 인간과 눈을 맞춘다. 게다가 개는, 어떤 식으로인지는 모르지만 인간의 신호를 이해하도록 진화했다. 나는 내가 원하는 대로 행동하는 일이 드문 보더테리어를 키우는데, 최근 스프링어 스패니얼이 내 신호를 이해하는 것을 보고 깜짝 놀랐다. 어느 날, '리니'라는 이름의 그 스패니얼을 데리고 스코틀랜드의 롱만으로 산책을 나갔다. 나는 리니에게 크리켓 공을 던져 물어 오라고 했고 공은 해초로 덮인 바위 사이로 굴러가버렸다. 그 광경을 잘 보지 못한 리니는 도움을 구하려는 듯 나를 보았다. "저기야, 리니!" 나는 이렇게 소리쳤고, 바위 위로 기어올라 공을 가져오는 상상을 하며 손짓했다. 리니는 내 손짓을 완벽하게 따라가 바위 틈에 놓인 젖은 공을 찾았다. 리니가 해변으로 돌아와 공을 내 발 앞에 가져다 놓았을 때 나는 리니만큼이나 기뻤다. 리니는 내 손가락질이 뭔가를 지시하는 신호임을 알아차렸을 뿐 아니라, 그것이 무슨 뜻인지, 그리고 그 지시를 어떻게 따라가야 축축하고 냄새 나는 목적물에 이를 수 있는지 정확하게 알았다. 단순히 인간의 신호에 주의를 기울이는 것을 넘어 놀라운 수준으로 그 지시를 따를 줄 아는 개들로부터 여러 대에 걸쳐 그런 특성을 강화하도록 육종된 결과임이 분명하다. 스프링어 스패니얼은 사냥

개로, 사냥감을 몰아내고 가져오도록 육종되었다. 흠뻑 젖은 공은 죽은 오리 대신이었을 것이다. 어쨌든 리니는 그것을 내게 가져다주어 기쁜 모양이었다. 오늘날의 품종들은 비교적 새로운 발명품으로, 대부분이 단 2백 년에 걸친 집중적인 선택 육종의 결과물이다. 하지만 스패니얼의 경우에는 정교하게 가다듬어진 것이라 해도, 인간의 손짓을 이해하는 이 불가해한 능력의 기초는 아주 오래전에 생겼을 것이다. 어쩌면 초기 가축 개들도 벨라예프의 여우들처럼 인간의 신호를 이해했을지 모른다.

가축 개―그리고 가축 여우들―는 일군의 행동뿐 아니라 해부적·생리적 형질들을 발생시킨 듯하고, 그런 형질들은 야생의 조상들과는 뚜렷하게 달라 보인다. 그렇다 해도 이 형질들이 완전히 새로운 것만은 아니다. 나는 사육사 윌 워커에게서 늑대가 이따금씩 꼬리를 흔든다는 이야기를 듣고 깜짝 놀랐다. 그는 심지어 짖는 소리를 들은 적도 있다고 말했다. "하지만 늑대가 짖는 것은 오직 경고신호를 보낼 때뿐입니다." 그는 이렇게 말했다.

"우리 둘레에 전기 울타리가 있는데, 그 안으로 처음 들여보냈을 때 녀석들이 호기심을 보이며 그것을 살피고 건드려보더군요. 그러더니 짖었어요. 마치 큰 개가 거기 있는 것 같았다니까요. 그때 늑대 짖는 소리를 처음 들었죠. 분명 짖는 소리였어요. 게다가 기분이 좋을 때면 꼬리를 흔들어요. 그 밖에도 개에 나타나는 모든 성질을 가지고 있었어요."

개

말이 되는 일이었다. 따지고 보면 개는 가축화된 늑대니까. 우리가 개와 결부시키는 형질들의 다수는 난데없이 생긴 것이 아니라 그들의 조상인 늑대가 지니고 있었던 행동 요소들이다. 그런 형질들은 늑대의 행동 목록에서 상위에 있지 않았을 뿐 이미 존재했다. 늑대가 가축화되면서 기존 행동의 특정 요소들이 선택되거나 촉진되어 더 흔해진 반면, 다른 요소들은 선택되지 못해 밀려난 것이다.

*

순한 늑대와 인간 사이의 관계는 시간이 흐르면서 변해갔다. 더 이상 가까이 살면서 서로를 용인하는 정도에 그치지 않았다. 공생 관계, 아름다운 우정의 시작이었다. 인간이 단지 먹을 것을 주는 존재만이 아니게 되었을 때, 늑대들은 야영지에 충분히 가까이 다가갈 수 있었다. 이제 늑대는 단순히 용인되는 정도를 넘어 환영받았다. 틀림없이 늑대가 먹이를 얻는 대가로 무언가를 제공했다. 무엇보다 어른과 아이 모두에게 우정을 제공했을 것이다. 우정은 가축화 이론에 좀처럼 언급되지 않는데, 너무 가벼운 이야기처럼 들리기 때문인 듯하다. 하지만 나는 우정이 중요한 역할을 했을 거라 생각한다. 인간은 분명 몇몇 늑대 새끼들을 거두었을 것이다. 아이들이 강아지를 키우자고 얼마나 조르는지를 떠올려보면, 빙하기 부모 중 누군가는 자식의 애원을 들어주었으리라고 생각하는 것도 무리는 아니다.

하지만 우정을 나누고 아이와 놀아주는 것이 순한 늑대를 곁에 둔 유일한 이유는 아니었을 것이다. 야생 늑대들 사이에서 이따금씩 경고신호로 사용되었던 크게 짖는 소리가 인간과 늑대가 공생 관계를 맺는 데 중요한 역할을 했을지도 모른다. 초기 개들은 사냥꾼과 함께 달리며 사냥감을 추적하고 사냥하고 회수하는 일을 도움으로써 쓸모를 입증했을 것이다. 농경이 시작되고부터는 이들이 곰이나 하이에나―그리고 늑대―같은 포식자들로부터 가축을 보호하는 중요한 임무를 맡았을 가능성이 있다. 하지만 그보다 오래전인 빙하기에도, 야영지를 보호하고 경고신호를 보내는 순한 늑대를 곁에 두는 것은 매우 유용했을 것이다.

그렇다면 짖고 꼬리를 흔드는 것은 새로운 행동이 아니다. 개의 이런 행동을 설명하기 위해 어떤 새로운 유전자 돌연변이를 끌어들일 필요는 없다. 그 형질들은 이미 늑대에게 존재했으니까. 하지만 개와 늑대의 차이 중 일부는 이런 식으로 잘 설명되는 반면, 개와 늑대의 몇몇 형질 또는 야생 은여우와 실험을 통해 가축화한 품종의 형질 사이에는 생물학적 과정으로는 나올 수 없을 정도로 큰 격차가 존재하는 듯하다. 사실 오늘날의 개 품종들 사이의 차이를 볼 때도 똑같은 의문이 생긴다. 개의 변이성은 어마어마하다. 치와와에서부터 차우차우까지, 달마티안에서부터 딩고까지, 변이의 폭은 야생종에 나타나는 수준을 훨씬 능가한다.

개

개의 놀라운 다양성

다윈은 가축화된 개의 놀라운 다양성에 큰 흥미를 느꼈다. 그는 그런 다양성이 야생의 수많은 갯과종에서 유래했을 가능성을 제안했지만, 현재 밝혀진 사실에 따르면 개는 회색늑대, 즉 카니스 루푸스 *Canis lupus*라는 하나의 야생종에서 유래했다. 어떤 면에서 이 사실은, 오늘날 개의 그 엄청난 다양성이 어디서 왔을까 하는 훨씬 더 큰 질문을 남긴다. 다윈은 다양성이 어떻게 생기는지를 추측하면서 수정과 배아 발생에 어떤 식으로든 영향을 미치는 여러 환경요인들로 변이의 대부분을 잘 설명할 수 있다고 생각했다. 그는 몇몇 형질들이 유전된다는 사실을 알았지만, **어떻게** 유전되는지는 몰랐다. 그래서 그는 이런 환경요인들—또는 양육—이 중요한 역할을 했다는 가설을 적극적으로 받아들였다.

19세기 수도사이자 과학자였던 그레고어 멘델Gregor Johann Mendel은 형질이 어떻게 유전되는지 이해하는 일에 있어 큰 걸음을 내딛은 사람으로, 20세기 초에 그의 연구가 재발견되어 유전학이라는 신생 학문의 기틀을 마련했다. 유전학은 자연학자의 관찰과 다윈의 자연선택 메커니즘을 결합해 진화가 어떻게 작동하는지를 설명했다. 1942년 다윈을 전적으로 지지한 토머스 헨리 헉슬리Thomas Henry Huxley의 손자인 줄리언 헉슬리Julian Huxley는 저서 《진화: 현대적 종합Evolution: The Modern Synthesis》에서 생물학 개별 분과들의 융합에 대해 기술했다. 하지만 '현대적 종합(신다윈주의)'이 탄생하는 과정은 순탄치 않았다.

헉슬리는 책에서 어떻게 해서 19세기 말에 다윈주의가 지나치게 이론적이고 적응주의적으로 변하며 판에 박힌 이론이 되었는지를 설명했다. 한 유기체의 모든 형질이 자연선택으로 만들어진 적응으로 설명되어야 했다. 다윈주의는 신 대신 자연선택이 설계자의 역할을 맡을 뿐, 자연신학에 필적하는 것이 되어갔다. 이와 동시에 유전학을 포함해 새로운 생물학 분과들이 나타났다. 그 가운데 실험 유전학과 발생학은 고전 다윈주의와 조화를 이루지 못하는 것처럼 보였다. 헉슬리는 이렇게 썼다. "다윈주의 견해에 매달리는 동물학자들은 세포학, 유전학(발생학), 비교생리학과 같은 신생 학문의 추종자들에게 구식 이론가라는 무시를 당했다." 이론들은 한 곳으로 수렴하며 하나의 학문으로 통합되기 시작했다.

> 생물학의 새로운 분과들이, 서로 그리고 고전 학문들과 함께 종합을 이룸에 따라 반목하던 분과들이 화해하기 시작했다. 그리고 다윈주의를 중심으로 한곳에 모였다. (⋯) 지난 20년 동안 생물학은, 새로운 분과들이 차례차례 나타나 비교적 고립된 상태로 연구되던 시기를 거쳐 하나의 통합적인 학문이 되었다. (⋯) 그 결과는 다윈주의의 재탄생이었다.

현대적 종합으로 표현되는 이 관념은 지금까지도 현대 진화생물학을 떠받치고 있다. 우리는 종 내에서 일어나는 점진적인 변화가 본질

개

적으로 무작위 돌연변이 때문임을 잘 알고 있다. 그러나 그런 돌연변이에 작용하는 선택은 자연선택이든 인위선택이든 무작위적인 것과는 거리가 멀다. 즉, 유리한 변이가 선택되고 그렇지 않은 변이는 제거된다. 그렇다 해도 가축 종, 특히 개의 변이성은 시간에 따른 유전적 변화의 축적만으로 설명할 수 있는 범위를 벗어나는 듯하다. 단순히 무작위 돌연변이와 선택 육종이 영향을 주고받은 것으로는 설명되지 않는다. 선택은 개체군 내에 유리한 유전자(그리고 형질)를 확산시키지만, 돌연변이가 생기는 속도를 높일 수는 없다.

벨랴예프는 자신의 실험에서 점점 순해지는 여우가 보이는 그 모든 변화를 단순히 DNA에 생기는 돌연변이로만은 설명할 수 없다고 생각했다. 뭔가 다른 요인이 관여하고 있음에 틀림없었다. 설명이 필요한 것은 단지 변화의 속도만이 아니었다. **가축화된 은여우가 개와 비슷한 모습을 보이는 것은 왜일까?** 꼬리 흔들기서부터 축 늘어진 귀에 이르기까지 여우가 보이는 그 모든 형질들이 단순히 새로운 돌연변이에 의해 생겼고 우연히 개와 비슷해졌다고 믿기란 불가능했다. 개별 형질이 순전히 점진적으로 나타났을 가능성은 낮아 보였다. 오히려 한두 개의 근본적인 유전적 변화가 광범위한 영향을 미치고 있다는 설명이 더 유력한 듯했다. 즉, 유전자들은 일부가 다른 것을 제어하는 방식으로 위계적으로 작동하고 있는 것 같았다.

따라서 특정 유전자를 소유하는 것은 모든 과정의 시작에 불과하다. 유전자는 켜지고 꺼질 수 있다. 벨랴예프는 행동 변이를 제어하는 유전자들이 '조절'이라는 중요한 역할도 맡고 있다고 추측했다. 요컨대 발생 과정에서 다른 유전자들을 켜고 끄면서 연쇄적인 영향을 미친다는 생각이었다. 벨라예프의 실험을 이어받은 러시아 과학자들은 문제의 유전자들이 신체의 스트레스에 대항하는 호르몬인 코르티솔과 또 다른 신경전달물질인 세로토닌에 관여할 가능성을 제기했다. 가축화된 여우는 혈중 코르티솔 농도가 매우 낮았고 뇌의 세로토닌 수치가 높았다. 낮은 코르티솔 수치는 다른 가축 동물들에게도 나타났다. 한편 높은 세로토닌 수치는 공격성 억제와 관련이 있었다. 하지만 여기서 정말 중요한 것은, 두 가지 신경 전달 물질이 어미 배 속에서 발달하고 있는 여우 새끼에게 영향을 미칠 수 있다는 사실이다.

러시아 과학자들은 모체의 코르티솔과 세로토닌이 배아 발생 과정에서나 출생 후 새끼가 어미젖을 먹는 동안 여러 유전자들의 발현에 영향을 미칠 수 있다고 지적했다. 그들은 특별히 순한 여우를 골라냄으로써 스트레스를 잘 견디고 공격성을 줄이는 몇몇 유전자 돌연변이를 가진 개체들을 선택하고 있었을지도 모른다. 그 결과 다음 세대의 여우들은 자궁 속에서 이례적인 스트레스 호르몬 패턴에 노출되고, 여우 새끼의 유전자들이 켜지고 꺼지는 방식에 영향을 미쳤을 가능성이 있다. 야생에서는 잘 일어나지 않는 방식이다. 자연선택 아래서 상당히 안정적인 상태가 된 배아 발생 프로그램이 어떤 식으로든 흔들려 점점 가축화되어가는 은여우들 사이에서 놀라운 수준의 다양성을 생산한 듯했다.

개

러시아 연구자들은 단 몇 개의 변이 유전자가 광범위한 영향을 미침으로써 털색뿐 아니라 축 처진 귀와 말려 올라간 꼬리 같은 특이한 모습을 도입했을 가능성이 있다고 지적했다. 다른 연구자들은 갑상샘 호르몬과 관련 유전자들의 변화도 스트레스 반응, 순한 성질, 몸 크기, 털색에 마찬가지로 광범위한 영향을 미칠 수 있다고 지적했다. 그러므로 스트레스 내성 및 순한 성질에 관여하는 유전자들과 관계 있는 특정 형질을 집중적으로 골라내면 수많은 다른 형질들에 빠르게 영향을 미칠 수 있었다.

우리는 그런 광범위한 영향을 일으키는 데 관여할 수 있는 유전자 중 일부를 찾아내고, 이런 일이 분자 수준에서 어떻게 일어나는지 이해하는 일에 이제 겨우 발걸음을 떼었을 뿐이다. 유전학자들은 DNA에서 선택을 받은 듯 보이는 특정 부위를 찾기 위해 개의 유전체를 샅샅이 조사하기 시작했다. 까다로운 작업이다. 가축화된 개는 이주, 일부 개체군의 절멸, 교잡 또는 유전적 격리를 포함하는 복잡한 집단 역사를 가지고 있기 때문이다.

그럼에도, 유전체에는 두드러져 보이는 부위들이 있으며, 핵심적인 스무 개 부위 가운데 여덟 곳에는 중요한 신경 기능을 수행하는 유전자들이 있다. 그중 하나는 사회적 **행동뿐 아니라** 색소 형성에도 영향을 미친다고 알려져 있는 것으로, ASIP, 즉 아구티 신호 전달 단백질 Agouti Signalling Protein 유전자라 불린다. 그 유전자가 지정하는 단백질은 모낭에 있는 멜라닌 형성 세포의 스위치를 제어해 멜라닌의 더 흐린 버전을 생산한다. 말하자면 지역에 따라 더 진하거나 흐린 털이 발생하도록 제어하는 것이다. 덤으로 ASIP는 지방 대사에도 관여하며, 쥐의 경우에는 공격성에도 영향을 미치는 것으로 밝혀졌다. 특정 유형의 사회적 행동을 보이는 동물들을 골라내는 선택 육종이 어떻게 체색과 신체 대사에 부수적 변화를 초래할 수 있는지를 이 하나의 유전자가 멋지게 보여주는 셈이다. 하지만 결과적으로 함께 유전되는 형질들이 염색체에서 서로 가까운 위치에 자리하는 개별 유전자들의 영향을 받을지도 모른다. 그럴 경우 특정 형질과 유전자를 골라내는 강력한 선택이 일어나면 이웃하는 유전자들도 함께 딸려 오게 된다.

서로 다른 형질들이 어떤 식으로든 연관되어 함께 유전될 수 있다는 생각은 이미 오래전, 심지어는 유전학이 생기기 이전부터 있었다. 그것을 다면발현pleiotropy이라고 부르는데, 이 용어는 19세기 초에 만들어졌다.《종의 기원》에서 다윈은 이렇게 썼다.

> 만일 우리가 특정 형질에 대한 선택을 계속함으로써 그 형질을 증대시킨다면, 성장의 상관성과 관련한 불가사의한 법칙 탓에 해당 구조의 다른 부분들까지 무의식적으로 변형하게 될 것이다.

오늘날 이 법칙은 그리 불가사의한 것이 아니다. 우리는 다양한 형질들이 유전법칙과 발생 과정을 통해 연관을 맺는다는 사실을 잘 안다. 체내에서 광범위한 영향을 미치는 아구티 신호 전달 단백질처럼,

몇몇 경우에는 그런 상관성의 정확한 유전적 바탕까지 이해하고 있는데, 대표적 사례가 방금 살펴본, 아구티 신호 전달 단백질과 그 단백질의 광범위한 영향이다. 인위적 교배가 발생 프로그램을 흔들어 일군의 유전자들을 함께 가져온다는 가설과 함께, 다면발현은 왜 개와 늑대가 유전적으로 매우 비슷한데도 개의 변이가 늑대보다 훨씬 많은지를 설명하는 데 큰 도움이 된다. 새로운 유전자 돌연변이는 여러 형질에 광범위한 영향을 미칠 수 있다. 게다가 몇몇 경우에는 새로운 돌연변이까지도 필요 없이, 야생에서는 대체로 함께 발현되지 않는 일군의 유전자들을 결합하기만 하면 된다. 이런 식으로 발생 프로그램이 흔들리고, 그 과정에서 새롭고 흥미로운 변종들이 만들어지는 것이다. 은여우 가축화 실험에서 보았듯이, 현대 품종들이 생기기 오래전인 초기 개들에서조차 변이가 풍부했을 확률이 매우 높다.

*

늑대가 개로 가축화되는 초기 과정은 비록 50년 만에 가축화된 야생 은여우의 경우만큼은 아니더라도, 비교적 빨랐을 것이다. 변화를 일으키는 분자 메커니즘을 설명하는 거의 모든 이론이 다면발현을 거론한다. 온순함과 너그러움에 영향을 미친다는 이유로 선택된 특정 유전자 변종들은 연쇄적인 불안정화 효과를 통해 해부 구조와 생리, 행동의 다른 측면들을 광범위하게, 그리고 충분히 빠르게 바꿀 수 있다. 이러한 잠재력을 알면, 어렵고 불가능해 보이던 야생종에서 가축

종으로의 변화가 갑자기 훨씬 쉽고 충분히 일어날 수 있는 일로 보인다. 어쩌면 늑대가 개, 또는 '거의 개'로 변하는 일은 수없이 많이 일어났고, 우리는 그 시험들 중 지금까지 살아남은 계통으로 발전한 한두 개의 유전적 흔적만을 찾을 수 있을 뿐일지도 모른다.

마지막 빙하기가 절정에 이르렀던 2만 1천 년 전에서 1만 7천 년 전 사이, 유라시아 전역의 동물들이 스트레스 상황에 놓였다. 빙상이 내려와 유럽을 뒤덮었고, 시베리아는 믿을 수 없을 만큼 춥고 건조해졌다. 많은 계통이 멸종했다. 때로는 종 전체가 사라졌다. 갯과 동물의 가축화 실험이 이 환경 재앙으로 주춤했다 해도 놀라울 게 없다. 하지만 어쩌면 빙하기가 정점으로 치닫던 시기에 수렵채집인의 야영지 가장자리에서 쉽게 구할 수 있던 먹이가 일부 늑대 무리에 결정적 변화를 가져왔을지도 모른다.

모두가 추웠다. 인간도 마찬가지였다. 그러니 일찍 가축화된 개의 일부 계통이 멸종했다 해도, 개를 곁에 두는 것은 마지막 빙하기의 정점에 수렵채집인의 생존에 매우 유리하게 작용했으리라고 전문가들은 주장한다. 현대 인류가 혹독한 마지막 빙하기를 무사히 지난 반면 네안데르탈인은 그렇지 못했던 것도 이 때문이 아니었을까? 깔끔하고 그럴듯한 설명이긴 한데 그래서 오히려 꺼림칙하다. 너무 간단하지 않은가. 역사는 복잡하다. 가설은 얼마든지 제안할 수 있지만, 그것을 검증할 엄두도 내지 못할 때는 신중할 필요가 있다. 그럼에도, 개가 일부 수렵채집인 부족들의 생존과 성공을 도왔음을 의심할 이유는 없어 보인다.

빙하기 이후로 가축 개의 화석 증거는 유라시아 전역에 나타난다. 8천 년 전 무렵부터는 서유럽에서부터 동아시아에 이르는 광범위한 장소에서 개 화석이 발견된다. 이미 살펴보았듯이 고대 개와 현대 개에서 얻은 최신 유전자 데이터는 단일 기원을 암시하므로 이 모든 홀로세Holocene의 개들이 각 지역의 늑대 개체군에서 따로 가축화되었을 가능성은 지극히 낮다. 오히려 개는 이주하는 인간을 따라왔거나, 아니면 인간이 다른 지역에서 데려온 것이 틀림없다.

선사시대의 개들은 아직 늑대와 비슷했다. 적어도 골격 증거로 판단할 때는 그렇다. 하지만 러시아 과학자들이 실험한 여우를 판단의 근거로 삼는다면 털색이나 꼬리 말기, 축 늘어진 귀에서는 이미 상당한 다양성을 보였으리라 추정된다. 덴마크 스베르보르의 8천 년 전 유적에서 고고학자들은 크기가 각기 다른 세 유형의 개에 대한 증거를 발견했다. 이렇게 이른 시기에 개들은 이미 품종들의 원형으로 간주할 수 있을 만한 종류로 분기한 것이다. 어쩌면 선사시대 조상들은 벌써 집 지키는 개, 양치기 개, 냄새를 추적하는 개, 심지어는 썰매 끄는 개까지, 특별한 능력을 가진 개들을 육종하고 있었는지도 모른다.

신석기 개의 식생활 변화

농업이 발생하고 확산된 뒤 개는 더 널리 퍼졌다. 그리고 인간의 식생활이 바뀌면서 개의 식생활도 바뀌었던 것 같다. 초기 개는 고기를 먹었다. 하지만 한 연구는 개가 사촌인 야생 늑대와는 다른 종류의 고기를 먹었으리라고 주장한다. 체코공화국 프르세드모스티Předmostí의 3만 년 전 유적에서 출토된 뼈를 분석한 결과, 구석기 개로 추정되는 갯과 동물들이 순록과 사향소를 먹은 반면 늑대는 말과 매머드 고기를 먹었음이 밝혀졌다. **농업이 시작되면서 개가 인간에게서 얻을 수 있는 먹이의 구성도 바뀌었을 것이다.** 인간 마을의 쓰레기 더미 주변을 서성이는 개들이 주워 먹을 음식 찌꺼기도 많아졌음이 틀림없다.

대부분의 현대 개들은 녹말 소화효소를 지정하는 아밀라아제 유전자를 여러 개 보유하고 있다. 이 유전자의 개수가 많을수록 췌장에서 아밀라아제가 더 많이 생산된다. 이것은 쓰레기 더미에서 먹을 것을 찾거나, 식탁에서 떨어진 찌꺼기를 먹을 때 매우 유용했을 것이다. 시간이 흐를수록 개의 식생활은 육식의 비중이 줄고 잡식이 되어갔다. 인간 친구들의 식생활과 비슷해진 것이다. 아밀라아제 유전자의 사본 개수는 오늘날의 개들 사이에도 큰 차이가 있다. 아밀라아제 변이의 대부분은 품종으로 설명되는데, 여기에는 몇 가지 이유가 있을 수 있다. 이 변이가 그저 우연은 아니라는 사실을 밝혀낸 연구자들은 그것이 계통발생, 즉 품종의 '진화사'와 관계가 있지 않을까 추측하기도 했지만, 그런 것 같지는 않았다. 그들은 늑대와의 교잡이 몇몇 품종에서 아밀라아제 유전자의 사본 개수를 줄였을 가능성도 고려했지만 그것도 적절한 설명은 아닌 것 같았다. 남아 있는 설명은 아밀라아제 유전자 사본 개수가 고대 개의 식생활 차이를 반영한다는 것이다.

고대 개의 뼈 샘플에 포함된 탄소와 질소 동위원소 연구가 고대 식생활에 대한 단서를 제공했다. 즉, 식생활 차이가 어느 정도였는지 밝혀준 것이다. 예컨대 약 9천 년 전 중국에서 귀리는 개가 섭취한 먹이의 65~90퍼센트까지 차지했다. 3천 년 전 한국의 해안에서는 개들이 해양 포유류와 물고기를 먹었다. **개들은 다양한 장소에서 각기 다른 식생활에 도전해야 했고, 이에 따라 그들의 유전자 구성이 바뀌었다.**

이런 유형의 유전체 변화—특정 유전자의 개수를 늘리는 것—는 감수분열 중 일어나는 실수에 의해 생긴다. 감수분열은 난자 또는 정자(몸의 다른 세포들에는 염색체가 두 세트씩 들어 있는 반면, 여기에는 염색체가 한 세트만 들어 있다)를 만드는 특수한 형태의 세포분열이다. 감수분열이 일어나는 동안 염색체들은 짝을 이루고, 그런 다음 DNA를 서로 교환한다. 이런 '염색체 교차' 과정에 실수가 일어나면 염색체에서 하나의 유전자가 중복될 수 있고, 그렇게 되면 다음 세대에도 감수분열 중 비슷한 실수가 일어날 확률이 높다. 한 염색체에 특정 유전자의 사본이 두 개 들어가고 다른 염색체에는 하나만 있을 경우엔 찍짓기 오류와 유전자 중복이 일어날 가능성이 커진다. 그 결과 특정 유전자의 사본이 여러 개 만들어지게 되는데, 그것이 이롭다면 자연선택에 의해 제거되는 대신 계속 유지될 것이다.

개는 아밀라아제 유전자의 개수가 아주 적은 집단과 아주 많은 집단으로 나뉜다. 시베리안 허스키, 그린란드 썰매개, 오스트레일리아

딩고 같은 품종은 늑대와 마찬가지로 아밀라아제 유전자를 두 개만 가지고 있다. 반면 아밀라아제 유전자를 많이 가지고 있는 개들은 대체로 인간이 선사시대에 농사를 지었던 전 세계 농업 지역에 분포한다. 농업의 발상지인 중동에서 기원한 살루키는 무려 스물아홉 개의 사본을 가지고 있다. 하지만 이런 변화가 즉각적으로 일어난 것은 아니다. 신석기 개들은 아밀라아제 유전자의 큰 증가세를 보이지 않았으니, 그 유전자가 늘어난 것은 훗날 그 자손들이 농부들 곁에서 살면서부터였다.

신석기에 인간이 농업을 시작하면서 비로소 개도 처음으로 유라시아 밖으로 퍼져나가기 시작했다. 개는 농업의 확산을 따라갔다. 사하라 이남 아프리카에 개가 등장한 것은 5600년 전 그 지역에 신석기가 시작된 뒤였고, 남아프리카에 도달하기까지는 4천 년이 더 걸렸다. 멕시코의 고고학 유적에 개가 등장한 것은 5천 년 전 무렵으로, 이 역시 최초의 농부가 등장한 시기와 같다. 하지만 남아메리카 남단에 도달한 것은 그로부터 4천 년 뒤였다. 미토콘드리아 DNA 연구는 아메리카 대륙에 유럽인이 들어오면서 아메리카 개의 초기 계통들이 완전히 대체되었음을 암시한다. 반면 최근에 이루어진 유전체 전체 조사는 다른 이야기를 들려주는데, 지난 5백 년 동안 이주자들과 함께 도착한 유럽 개들이 신세계에 원래 살던 개들과 섞였다는 것이다.

우리가 잘 아는 현대 품종들이 생긴 것은 훨씬 나중이다. 그들은 **최신** 발명품이다. 그 역사가 유전자에 반영되어 있다. 개의 유전자에는 조상들이 두 차례의 큰 유전적 병목을 통과한 흔적이 있다. 가축화가 시작된 시점에 한 번, 그리고 지난 2백 년에 걸쳐 현대 품종들이 등장한 시기에 또 한 번이다. 육종가들은 사냥과 목축에 큰 도움이 되는 놀랍도록 순종적인 개를 생산하기 위해 특정 형질들을 집중적으로 골라냈다. 하지만 선택 육종으로 형질을 마음대로 바꿀 수 있다는 사실 그 자체가 육종가들의 마음을 사로잡으면서, 특정한 모양이나 크기, 색깔, 질감 등을 가진 개들도 육종되기 시작했다. 현대 개 품종들에서 볼 수 있는 형태적 다양성은 여우와 자칼, 늑대를 포함한 갯과의 나머지 동물들을 전부 합한 것보다 훨씬 더 크다.

잡종화와 야생의 순수한 종

오늘날 개의 품종은 4백여 종에 이르는데, 그런 엄청나게 다양한 품종들 대부분이 19세기 무렵부터 존재했다. 바로, 애견가 클럽에서 인정하는 종류의 품종을 만들고 보존하기 위해 반드시 필요한 엄격한 육종이 시작된 시점이다. 개의 족보에서 가장 뿌리 깊은 혈통을 가진, 즉 가장 오래된 것처럼 보이는 품종들은 실제로는 개가 비교적 최근에 도착한 장소들에서 발견된다. 개는 3500년 전 동남아시아의 섬들에 도착했고, 약 1400년 전에 남아프리카에 도착했는데, 이런 지역들이 바센지, 뉴기니 고산개, 딩고 같은 '유전적으로 오래된' 품종들의 고향이다. 이 패턴은 그런 계통들이 대부분의 다른 품종들보다 더 오랫동안 격리되어 있었음을 보여준다. 말하자면 그들의 깊은 뿌리는 최초로 갈라져나갔음을 뜻하는 것이 아니라, 그들이 그런 주변부 지역에서 유전적 독자성을 유지한 상태로 오래 머물렀음을 뜻한다.

다양한 개 품종의 유전체 분석 결과를 토대로 매우 자세한 계통수*가 작성되었다. 그 계통수에는 스물세 개의 클레이드clade가 존재하는데, 각 클레이드는 유연관계가 가까운 품종들에 해당하는 일군의 가지들을 포함한다. 예를 들어 유럽의 테리어는 하나의 클레이드를 이룬다. 바셋, 여우, 수달사냥개는 닥스훈트, 비글과 함께 또 다른 클레이드를 이룬다. 스패니얼, 레트리버, 세터도 서로 가까운 한 집단이다. 이런 클레이드들은 엄격하게 통제된 교배를 통해 단독 혈통을 유지했다. 하지만 몇몇 품종들에는 두 개 이상의 클레이드에서 유래한 DNA가 포함되어 있는데, 이는 최근에 새로운 품종을 만들기 위해 특정 형질을 가진 서로 다른 개들을 교배했다는 뜻이다.

예컨대 발바리는 예상할 수 있다시피 다른 아시아산 토이 도그toy breed들과 유전적 관계가 있는 한편, 유럽산 토이 도그를 포함하는 밀접한 집단의 일부이기도 하다. 이는 발바리를 아시아에서 수입한 다음 새로운 소형 품종을 만들기 위해 유럽산 개와 의도적으로 교배시켰음을 암시한다. 유전자 데이터는 지난 2백년 동안 엄밀하게 분리된 품종들이 창조되었음을 보여주지만, 그런 품종들이 균질한 집단에서 유래

---

*   공동 조상으로부터 파생된 분류군들 사이의 유연관계를 보여주는 나뭇가지 모양의 그림.

개

하지 않았다는 것도 분명한 사실이다. 특정 형질에 대한 선택은 이미 개들을 특징 기능에 적합한 유형들로 구분했고 오래전에 생긴 그런 구분이 개 계통수에 있는 스물세 개 클레이드의 바탕을 이루기 때문이다.

하지만 이른바 오래된 뿌리를 가지고 있다고 여겨지는 많은 품종들은 최근에 재창조된 것으로 판명되었다. 이름이 말해주듯이 야생의 사촌들을 사냥하는 데 쓰이는 울프하운드는 아주 성공적으로 재창조되었다. 1786년 아일랜드에는 늑대가 한 마리도 남지 않았고, 따라서 울프하운드도 필요가 없어졌다. 1840년에 울프하운드도 아일랜드에서 멸종했다. 그런데 그때 글로스터셔에 살던 스코틀랜드 사람인 조지 아우구스투스 그레이엄George Augustus Graham이 일종의 울프하운드와 스코티시 디어하운드를 교배해 '아이리시 울프하운드'를 부활시켰다. 오늘날의 아이리시 울프하운드 집단은 아주 작은 조상 집단에서 유래하므로, 많은 품종이 그렇듯이 동계교배* 된다. 그리고 이것은 그 품종의 특징을 유지하는 데 도움이 되는 반면, 유전적 원인에서 비롯되는 특정 질환에 걸릴 위험을 높인다. 아이리시 울프하운드의 약 40퍼센트가 일종의 심장병에 걸리고, 20퍼센트가 뇌전증에 걸린다. 문제가 있는 혈통은 그들만이 아니다.

많은 개 품종들이 20세기의 두 차례 세계대전을 거치며 멸종 수준

* 계통이 같은 생물끼리의 교배. 근친교배라고도 한다.

으로 급감했고, 그 이후로 이루어진 엄격한 교배는 극단적으로 동계교배된 개체군들을 생산했다. 이런 집단들은 품종 내 유전적 다양성이 매우 낮아서, 심장병과 뇌전증에서부터 시각 소실과 특정 암에 이르는 각종 질병에 걸릴 위험이 높다. **품종마다 잘 걸리는 질병이 있다.** 예컨대 달마티안은 청각 소실 위험이 매우 높고, 래브라도는 좌골 질환에 잘 걸리며, 코커스패니얼은 백내장에 잘 걸린다.

현재는 품종 간 번식이 비교적 드물지만, 그들의 유전자를 보면 과거에는 품종들 또는 원형 품종들 사이에 많은 유전자 이동이 있었음을 알 수 있다. 각기 다른 국가에서 유래한 품종들이 같은 형질과 유전자를 공유하기도 하는데, 이는 과거에 이종교배가 있었음을 보여준다. 멕시칸 헤어리스도그와 차이니즈 크레스티드도그는 털이 없고 이빨이 불완전하다는 특징을 공유하는데, 두 품종 모두 하나의 유전자에 일어난 똑같은 돌연변이가 이런 형질들을 초래했다. 이 유전자가 개의 서로 다른 두 개체군에서 정확히 똑같은 방식으로 돌연변이를 일으킬 확률은 지극히 낮다. 그보다 같은 형질과 유전적 특징을 가지고 있다는 것은 조상이 같음을 말해준다. 닥스훈트, 코기, 바셋 하운드는 모두 다리가 매우 짧다. 그들은 다른 열여섯 품종과 함께 이런 형태의 왜소증과 관련이 있는 정확히 똑같은 유전적 특징을 가지고 있는데, 이는 가외의 유전자가 한 개 삽입된 탓이다. 이 삽입은 필시 다리가 짧은 현대 품종들이 등장하기 오래전 초기 개에서 딱 한 차례 일어났을 것이다.

개

유전학 연구 덕분에 개의 진화사를 이해할 수 있는 놀라운 기회가 생겼다. 순종적인 성격을 골라내기 위한 신택 육종은 다면발현을 통해 엄청나게 다양한 형질을 생산했고, 현대 품종에서는 특정 임무를 수행하기에 적합한 특이한 특징들이 선택되었다. 우리는 어떻게 특정 돌연변이와 그와 관련한 형질들이 초기 개에서 생겨났는지, 또 어떻게 그 형질들이 훨씬 나중에 선택 육종에 의해 촉진되고 퍼져 우리가 아는 현대 품종들을 창조했는지 알 수 있다. 질병 위험을 높이는 동계교배의 문제점에 직면해, 유전학자들은 유독 널리 퍼진 질병들의 기초를 이해하는 일에도 노력을 기울이고 있다. 선택 육종에 신중을 기하고, 유전자형 분석을 토대로 현명하게 이종교배에 접근한다면 그러한 위험을 줄일 수 있을지도 모른다.

몇몇 품종들은 가축 개 이외의 종들과 이종교배 되었다. 그러한 극단적인 이종교배를 기초로, 1935년에는 저먼 셰퍼드 수컷을 유럽늑대 암컷과 교배해 사를로스 울프도그가 창조되었다. 네덜란드 육종가인 레인더르트 사를로스Leendert Saarlos는 더 사납고 무서운 작업견을 창조하고 싶었지만, 결국 온순하고 신중한 개를 얻었다. 사슬로스 울프도그는 훌륭한 반려견이며 맹도견과 구조견으로 쓰인다. 또 다른 품종인 체코 울프도그도—이번에는 1955년에 체코슬로바키아에서—저먼 셰퍼드를 늑대와 교배시켜 만든 것이다. 원래 군견으로 육종되었지만 수색견 및 구조견으로도 쓰이며, 반려견으로도 점점 인기가 높아지고 있다. 월 워커는 '스톰'이라는 이름의 체코 울프도그를 키운다. "다른 개들처럼 녀석도 다정해요. 만나는 모든 개와 모든 사람을 좋아하죠."
그는 그렇게 이야기했다. 스톰은 뛰어난 맹도견이기도 하다. "녀석은
뭘 봐도 짖을 거예요. 나와 내 집을 열심히 지키려고 하죠." 그의 말에
나는 이렇게 응수했다. "늑대를 곁에 두고 야영지를 보호하던 초기 수
렵채집인 같네요."

하지만 드라마〈왕좌의 게임〉에 이 인상적인 동물이 출현하면서 울
프도그의 인기가 점점 높아지는 한편, 반려견으로서 적합한지를 두고
우려 또한 커지고 있다. 최근에 이종교배된 동물들과 사를로스 울프도
그, 체코 울프도그 같은 기존 품종들 사이에는 중요한 차이가 있다. 기
존 품종들이 유전적으로 '늑대'보다 '개'에 훨씬 더 가깝다. 늑대-개 잡
종(또는 늑대와 개의 잡종)을 만드는 몇몇 육종가들은 자신들이 만든 것
이 최신 잡종임을 선전하는데, 이는 이 동물들이 예측 불가능한 야생
의 행동을 보일 수 있다는 우려를 불러일으킨다.

＊

미국에서 늑대-개 잡종이 많은 어린이들을 공격해 죽인 뒤로 몇몇
주에서는 늑대-개 잡종을 금지했다. 나머지 주에서는 잡종화가 최소
다섯 세대 전에 이루어진 경우에 한해 늑대-개 잡종을 법적으로 허용
한다. 영국에서는 1세대와 2세대 늑대-개 잡종은 매우 위험하다고 여
겨 사자나 호랑이 소유를 관장하는 법인 '위험한 야생동물법'으로 규
제한다. 육종가들이 자신들이 만들어낸 강아지의 늑대 본성을 왜 그

개

렇게 과장하는지 의아하겠지만, 야생성은 사람들이 이런 동물들을 흠모하는 한 가지 이유다. '고도의 야생성'과 '야생의 모습'을 추구하면서 〈왕좌의 게임〉의 등장인물인 존 스노우가 된 기분을 느끼기 위해서라면 5천 파운드를 기꺼이 지불하는 구매자들을 등에 업고, 늑대-개 잡종 사업은 거대해졌다.

몇 세대가 지나면 교잡의 산물이 얼마나 '늑대 같은지' 파악하기 어렵다. 1세대 동물의 경우 늑대와 개의 유전자가 절반씩 차지하지만, 그다음부터는 난자와 정자가 만들어질 때 DNA가 섞이기 때문에 그때그때 유전자 배합이 달라진다. 2세대 늑대개는 자신의 유전체에 늑대 유전자를 최소 25퍼센트에서 최대 75퍼센트까지 가질 수 있다. '늑대와 개의 잡종'으로 불리는 일부 개들은 그런 종류가 전혀 아닐 가능성도 있다. 단지 더 늑대처럼 보이는 동물을 창조하기 위해, 이미 늑대처럼 생긴 품종인 저먼 셰퍼드나 허스키, 말라뮤트 등을 교잡한 잡종일 뿐인지도 모른다. 잡종화 이후 몇 세대가 지나 늑대-개 잡종의 '늑대성'을 찾아내는 것은 유전자형을 분석하지 않는 한 불가능하다. 그리고 늑대성을 유전적으로 측정한다 해도, 이것이 한 개체의 잠재적 행동과 어떤 관계가 있는지는 알기 어렵다.

늑대-개 잡종에 관한 또 하나의 우려는, 야생 늑대의 유전체로 개 유전자가 들어갈 가능성이다. 유라시아 늑대 유전체의 25퍼센트가 개에서 유래했음이 유전학 연구에서 밝혀졌다. 보존주의적 관점에서 보면 이것은 문제가 될 수 있다. 가축 개의 유전자가 야생의 회색늑대에게 들어가면 어떤 일이 생길까? 그렇지 않아도 유럽에서는 이미 사냥과 서식지 파편화로 늑대 개체군이 감소했다. 하지만 잡종화는 이로운 유전자와 형질을 공급하기도 한다. 북아메리카의 늑대는 수백 년 전 개와의 교배로 검은 털색을 얻었다. 대부분의 잡종화는 떠돌이 수컷 개가 암컷 늑대와 교배함으로써 발생하는 듯하지만, 한 최신 연구에서는 두 종의 라트비아 늑대-개 잡종에서 개의 미토콘드리아 DNA를 찾아냈다. 미토콘드리아 DNA는 모계로만 유전되므로, 이 DNA가 늑대의 게놈에 들어갈 수 있는 방법은 암컷 개가 수컷 늑대와 짝짓기하는 것뿐이다. 개의 유전자가 일단 늑대 개체군에 들어가면 그것을 제거하기란 매우 어렵다. 몇몇 잡종들은 개처럼 보이지만, 다수는 야생 늑대처럼 보인다. 따라서 전문가들은 잡종화의 영향을 줄이는 최선의 방법은 떠돌이개의 숫자를 줄이는 것이라고 조언한다. 그들이 야생 늑대와 짝짓기하고 나면 이미 늦은 것이다.

잡종화는 온갖 종류의 질문을 불러일으킨다. 종의 순수성, 즉 얼마나 많은 교잡이 신성한 종의 경계를 가로질러 일어나는가에 대한 생물학적 질문들이 존재한다. 하지만 만일 생식력 있는 자손을 생산하는 교잡이 충분히 일어난다면, 이는 우리가 정의하는 종의 경계가 너무 좁다는 뜻이 아닐까? 현재 이에 대한 논쟁이 널리 이루어지고 있다. 종의 이름과 범위를 정하는 분류학자들은 교과서처럼 그렇게 깐깐하지 않다. 종은 분기하고 있는(때로는 수렴하고 있는) 진화적 계통의 순간을 포착하는 개념일 뿐이다. 종의 정의는 보통 계통수에서 가장

개

가까이 있는 사촌들과 식별할 수 있을 정도의 차이에 근거한다. 하지만 때때로 인간의 편의에 따라 종을 정의하기도 하는데, 가축과 그들의 야생 조상들에게 별개의 종명을 부여하는 경우가 그렇다.

잡종화 가능성은 가축 종의 유전자로 야생종이 '오염'될 수 있다는 윤리적 문제도 야기한다. 우리는 가축 종을 창조해놓고, 이제 와서 야생에 살아남은 친척들을 보존하는 데 전력을 기울인다. 그런데 이렇게 함으로써 우리는 실제 세계에는 존재하지 않는 종의 순혈성을 추구하는 것이 아닐까? 이것은 어려운 질문이며, 인구가 증가하고 그와 함께 우리와 협력 관계가 된 종들 또한 급증함에 따라 더욱 긴급한 질문이 될 수밖에 없다. 실로 난제다. 우리의 협력자가 된 종들은 우리에게 친근하고 유용하고 필수적인 존재가 됨으로써 자신들의 미래를 보장받았다. 하지만 그들과 우리는 함께, 남아 있는 야생에 위협이 되고 있다.

인간과 늑대가 이 행성에서 공존할 수 있는 가장 안전한 방법은 서로를 피하는 것인 듯싶다. 우리 조상들은 야생 늑대를 너그럽게 받아주었다. 그들이 가축이 될 정도로 오랫동안. 하지만 지금의 늑대는 과거보다 더 인간을 기피하는 듯하다. **늑대는 가축화된 개가 됨으로써 여러 모로 변했고 야생 늑대도 변했을 것이다.** 야생 늑대를 괴롭히고 사냥하는 행위가 그 자체로 자연선택을 일으키는 힘으로 작용하지 않았을까? 결국 살아남은 늑대는 인간에게 접근하지 않는 늑대였을 가능성이 높다. 두려움이 많고 우리를 피하는 늑대는 인간이 매개하는 선택의 결과물인 셈이다. 개가 인간이 매개하는 선택의 산물이듯이.

회색늑대와 개의 유전자를 조사하면 개가 된 늑대 계통이 지금은 멸종했음을 짐작할 수 있다. 마지막 빙하기가 정점으로 치닫던 무렵은 모든 생물들에게 힘든 시기였으므로 그럴 가능성이 충분히 있다. 하지만 계통수를 달리 볼 수도 있는데, 그렇게 보면 늑대의 특정 계통은 결코 멸종하지 않았다. 그 계통은 사실 늑대 계통수에서 가장 북적이는 가지, 즉 개다. 유전적으로 말하면 **개는 회색늑대다**. 대부분의 연구자들은 개를 카니스 루푸스*Canis lupus*라는 회색늑대종 내의 아종으로 명명한다. 즉, '별개의 종*Canis familiaris*'이 아니라, '아종*Canis lupus familiaris*'으로 보는 것이다.

그러므로 우리가 잘 아는 테리어, 스패니얼, 레트리버는 내면은 늑대인 셈이다. 야생의 사촌들보다 꼬리를 더 잘 흔들고 손을 더 잘 핥고 덜 위험한, 훨씬 친근한 늑대 말이다.

개

2

밀

Triticum

역사는 (…) 우리가 죽음을 맞는 전쟁터는 칭송해도 우리가 먹고사는 밭에 대해 말하는 것은 비웃는다. 왕의 서자들의 이름은 기억할지언정 밀의 기원에 대해서는 아무 말도 하지 못한다. 인간은 이리도 어리석다.

— 장-앙리 카시미르 파브르(19세기 프랑스 식물학자)

땅속에 남은 식물의 유령

8천 년 전, 북서유럽 해안 근처의 어느 비옥한 땅에 씨 한 톨이 떨어졌다. 씨는 먼 데서 왔다. 바람에 실려 온 것은 아니었다. 새의 부리에 물려서 오거나 배 속에 실려 온 것도 아니었다. 씨는 배를 타고 왔다. 그것은 어느 귀한 화물의 일부였지만, 너무 작아서 숲 빈터의 땅에 떨어졌고, 아무도 이를 알아채지 못했다.

씨는 발아하기 시작했다. 싹이 나고 긴 잎들이 쑥쑥 자랐다. 하지만 주위를 둘러싼 잡초가 더 강했다. 그래서 이 무단 침입자는 자손 씨들을 생산하지 못하고 말라 죽었다. 그런데 그 식물의 유령이 흙 속에 남았다. 부패하는 유기물에서 영양을 얻는 균류와 세균이 그 외래 식물의 마지막 자투리까지 낱낱이 해체하기 위해 최선을 다한 뒤에도, 이것을 구성하는 몇몇 분자들이 살아남았다. 그리고 매년 흙이 한 겹씩 덮였고, 그러면서 숲 바닥이 성장했다. 그런 다음엔 나무들이 사라지고 사초와 갈대가 들어섰다. 그들은 자랐다가 다시 죽어 반쯤 썩었다. 마침 해수면이 상승하고 있었고, 갈대밭은 결국 퉁퉁마디와 방석나물로 대체되었다. 밀물이 알이 고운 퇴적물을 실어 와 이탄 위에 진흙층을 한 겹 덮었다. 한동안 이 새로운 갯벌은 조차가 가장 큰 사리에만 침수되었다. 그러다 하루에 두 번 침수되더니 언젠가부터 완전히 잠겨 명아주조차 더 이상 버틸 수 없었다. 해수면이 상승하고 파도가 밀려왔다. 하지만 오래전 외래 식물의 분자 유령은 여전히 솔런트해협 밑바닥—수 미터 점토 아래 매장된—깊은 이탄층에 그대로 남았다.

바닷가재의 고고학적 발견

1999년에 바다 밑바닥에 사는 어느 바닷가재가 놀라운 발견을 했다. 잉글랜드 아일오브와이트 북쪽 해안, 야머스 바로 동쪽에 붙어 있는 촌락인 불드너 근처였다. 그 바닷가재는 물에 잠긴 해안 절벽 밑에서 모래와 자갈을 파내며 굴을 만들고 있었다.

잠수부 두 명이 그 바닷가재와 바닷가재의 굴로 이어지는 도랑을 발견했다. 굴은 쓰러진 오래된 참나무 한 그루와 나란하게 놓여 있었는데, 그 안에는 바닷가재가 굴에서 밀어낸 돌들이 있었다. 그 잠수부원들은 해양 고고학자들로, 불드너 절벽에 잘 보존되어 있는 침수 산림에 관심이 있었다. 바닷가재가 파낸 돌들을 집어 들어 살펴보니, 그것은 인공물, 즉 가공된 부싯돌이었다. 그 돌들이 이 지역에서 발견된 최초의 석기는 아니었지만 그 밖의 다른 석기들은 모두 퇴적물에서 침식되어 해류에 실려 온 것이었다. 바닷가재가 발굴한 부싯돌은 짧은 거리만 이동한 것처럼 보였다. 그래서 잠수부들은 이 인공물의 출처가 그 절벽, 바로 바닷가재가 자기 집으로 삼으려던 장소일 것이라고 짐작했다.

해양 고고학자들은 작업에 착수했다. 그들은 한 번에 한 시간씩 잠수하면서, 불드너 절벽 아랫부분을 조사하고 파 들어갔다. 가시거리가 짧고 물살이 강했지만, 그곳에서 놀랍도록 풍부한 고고학 유물을 발견했고, 이를 토대로 그곳이 마른땅이었던 시절의 환경을 재구성했다. 그들은 소나무, 참나무, 느릅나무, 개암나무 같은 고대 숲의 잔재를 발견했다. 물에 발을 담근 채 자라는 오리나무도 있었는데, 아마 고대 강의 강둑을 따라 자랐을 터였다. **그리고 한때 그 강의 강둑을 이루었을 모래 퇴적물에서는 인간 활동의 흔적이 발견되었다.** 불에 탄 흔적이 있는 많은 부싯돌이 숯이나 새까맣게 탄 개암 껍질과 함께 있었고, 영국에서 가장 오래된 실오라기도 나왔다. 방사성탄소연대측정 결과, 그 유적지의 연대는 기원전 6000년 무렵으로 밝혀졌다.

고고학자들은 근처에서 불에 탄 층을 포함한 구덩이의 흔적과 중석기시대 가옥을 지탱했던 높은 단으로 추정되는 목재 더미를 발견했다. 가공된 목재도 많았는데, 고대 석기의 흔적이 아직도 선명했다. 목재들 중에는 통나무배의 일부로 추정되는 쪼개진 참나무 조각과, 고대 퇴적층에 아직도 수직으로 서 있는 나무 기둥도 포함되어 있었다. 보존 상태는 매우 훌륭했다. 고대에 그 지역이 버려진 뒤 이탄이 재빠르게 덮은 덕분에 이 고고학 유적지가 원상태로 봉인된 것이 분명했다. 그리고 8천 년 뒤 행운의 바닷가재가 와서 발견할 때까지 그 자리에 그대로 있었다.

*

불드너 절벽의 해저 발굴은 2000년부터 2012년까지 계속되었다. 모든 유물이 분석되기까지는 수년이 더 걸릴 것이다. 고고학적·고환경학적 관점에서 각계각층의 다양한 연구 팀이 파고들 만한 것이 그만큼 많아서다. 해저 고고학자들은 해저에서 고고학 유물임이 분명한 물건들인 뗀석기, 숯 조각, 탄화된 개암 껍질과 함께 진흙도 가져왔다. 이 퇴적물 표본에는 불드너 절벽의 선사시대 환경과 관련한 더 작은 단서들이 포함되어 있을 터였다. 진흙을 체에 걸러 현미경으로 보면 작은 쥐 뼈, 식물 조각, 심지어는 꽃가루 같은 물질들이 나타날 것이다. 그런데 2013년, 한 유전학 연구 팀이 아일오브와이트의 고고학자들에게 연락을 해 그 진흙을 달라고 요청했다. 그들은 성능이 가장 우수한 현미경으로도 보이지 않는 것, 다름 아닌 분자를 찾고 있었다. 정보가 풍부한 기다란 실 같은 분자. 그들이 찾고 있는 것은 DNA였다.

이 유전학자들은 열린 마음으로 솔런트해협의 진흙에 접근했다. 무엇을 발견하게 될지 아무런 선입견 없이 시작했고, 어떤 것을 발견하려고(또는 발견하지 않으려고) 애쓰지도 않았다. 그들은 개암 껍질을 포함한 층의 샘플을 조사하기 위해 이름만큼이나 무차별적인 '샷건 시퀀싱shotgun sequencing'*을 적용했다. 언뜻 듣기에는 모든 훌륭한 과학자들이 추구하는 **표준적인** 과학적 방법인 가설 기반의 연구 방법과는 정반대에 있는 기법처럼 들린다. 하지만 '과학적 방법'은 하나가 아니다. 어떤 것을 이해하기 위한 최선의 첫걸음이 그냥 질문하는 것일 때도 있는 법이다. '저곳에 무엇이 있을까?' 하는 질문을 갖고 자료를 수집해 이해하려고 시도하는 방식이다. 이런 폭넓은 접근 방식에도 물론 어떤 자료를 수집할지 방향을 제시하는 가설이 존재하지만, 우리가 보통 '실험'이라고 부르는 것은 없다. 그저 열심히 **볼** 뿐이다. 유전체학은 대체로 이런 식으로 진행된다. 다량의 데이터를 축적해 패턴을 찾는 것. 그 진흙의 사례에서는 가설이 꽤 포괄적이었다. "그 샘플에서 동시대 생물들의 고대 DNA가 발견될 것이다." 통념에 반하는 말인지는 모르겠지만, 나는 우리가 가설을 가능한 한 폭넓게 잡을 때, 또 선입견과 기대에서 벗어날 때, 진정으로 새롭고 흥미진진한 것을 발견할 확률이 높아진다고 생각한다.

*   염기 서열 분석 기법.

불드너 계곡 진흙을 연구한 유전학자들은 8천 년 전(기원전 6000년) 그곳에 살았던 생물들로부터 온갖 종류의 DNA 서열을 뽑아냈다. 그들은 참나무, 포플러, 사과나무, 너도밤나무뿐 아니라 초본식물의 유전적 흔적을 발견했다. 개속Canis 동물—개 또는 늑대—도 거기 있었고, 소의 고대 조상인 오록스aurochs가 틀림없는 소속Bos 동물도 있었다. 사슴, 들쥐류, 설치류의 분자 유령도 그 퇴적물에 감추어져 있었다. 유전학자들은 중석기 수렵채집인들이 야영을 했던 솔런트 숲의 고대 생태계를 한 조각 한 조각 끼워 맞췄다.

그런데 해저에서 얻은 DNA 조각들 사이에 깜짝 놀랄 만한 것이 있었다. 다름 아닌, 분명한 밀의 흔적이었다. 그것이 거기에 있을 리 없었다. 농경 이전의 영국이었기 때문이다. 꽃가루는 당시 자랐던 식물의 존재를 알려주는 훌륭한 지표라 퇴적물 시료에서 꽃가루 검사를 이미 실시했지만, 밀의 꽃가루는 없었다. 그러면 DNA 서열 분석에 실수가 있었을까? 이는 매우 이례적인 발견이었으므로 유전학자들은 그것이 다른 식물의 DNA가 아니라 틀림없는 밀의 DNA임을 확인해야 했다. 그것은 분명히 밀의 서열로 보였기 때문이다.

연구 팀은 그 흔적이 영국 토종이면서 밀과 비슷한 다른 초본식물에서 왔을 가능성은 없는지 신중하게 점검했다. 갯보리나 구주개밀, 또는 개밀의 DNA는 아닐까? 하지만 그 고대 DNA는 이 모두와 달랐다. 오히려 밀의 한 종인 트리티쿰 모노코쿰Triticum monococcum과 가장 비슷했다. 바로 일립계밀이라고 불리는 종이다. 이 밀의 이삭에 달린 작은이삭들은 각기 거친 겉껍질에 싸인 하나의 종자를 포함하고 있다. 일립계밀은 가장 먼저 작물화되어 재배된 곡물 중 하나였지만, 영국에는 6천 년 전(기원전 4000년)까지 도래하지 않은 것으로 알려져 있었다. 이는 불드너 계곡에서 발견된 밀의 분명한 유전적 흔적보다 2천 년이나 늦은 시기다.

그렇다면 솔런트해협 밑바닥의 퇴적물에 파묻힌 일립계밀은 오래 전 아주아주 먼 곳에서 거기까지 온 것일 터였다. 재배된 일립계밀의 고향은 그곳에서 4천 킬로미터 떨어진 지중해 동쪽 끝이었다. 그리고 일립계밀과 여타 밀들의 고향에 처음으로 관심을 갖기 시작한 사람은 1887년 모스크바에서 태어난 어느 식물학자이자 유전학자였다.

야생의 먹을거리에서 기르는 먹을거리로

1916년에 29세의 바빌로프는 오늘날 이란에 해당하는 페르시아로 탐험을 떠나기 위해 상트페테르부르크를 떠났다. 그에게는 목적이 있었는데, 바로 세계에서 가장 중요한 몇 가지 작물의 기원을 추적하는 것이었다.

바빌로프는 영국에서 저명한 생물학자 윌리엄 베이트슨William Bateson에게 배웠다. 그러니 베이트슨을 통해 멘델의 유전 이론을 잘 알게 되었을 것이다. 베이트슨은 그 유명한 완두콩 실험을 포함해 성 아우구스티누스 수도회 수사 멘델의 연구를 되살려 대중화한 사람이었다. 멘델은 완두콩이 초록색인지 노란색인지, 매끈한지 쭈글쭈글한지에 영향을 미치는 모종의 '유전단위'가 존재한다는 것을 알아냈다. 그는 그 단위—오늘날 우리가 유전자라고 알고 있는 것—가 무엇인지까지는 알지 못했지만 그런 것이 존재함을 예측했다. 1866년 멘델은 독일에서 〈유전의 원리Principles of Heredity〉라는 제목의 논문을 발표했다. 그리고 40여 년 뒤, 베이트슨이 이 중요한 논문을 영어로 번역했다. 멘델의 관찰과 이론에 기반을 둔, 유전에 대한 과학적 연구를 지칭하는 이름인 '유전학genetics'을 제안한 사람도 베이트슨이었다.

바빌로프는 다윈의 자연선택에 의한 진화 이론도 잘 알았다. 그는 영국에 있는 동안 다윈의 개인 서가에 있는 책과 메모들을 탐독하며 많은 시간을 보냈다. 다윈의 서가는 다윈의 아들 프랜시스 다윈Francis Darwin이 식물생리학 교수로 있는 케임브리지 대학교에 보관되어 있었다. 바빌로프는 다윈이 전임자들의 연구를 얼마나 꼼꼼하고 폭넓게 연구했는지 직접 확인할 수 있었다. 그 중 스위스의 영향력 있는 식물학자였던 알퐁스 드 캉돌Alphonse de Candolle이 1855년 재배식물의 기원을 탐구한 결과를 엮은 두 권의 두툼한 책도 있었다. 바빌로프는 이러한 책들의 여백과 말미에 적힌 메모들을 통해 다윈이 생각을 발전시켜나간 과정을 추적하는 것이 즐거웠다. 그는 다윈의 철저한 학자적 정신, 착상에서 진수를 뽑아내는 능력, 생물학적 과정에 대한 명료한 이해에 감탄했다. "변이에 대한 개념과 선택의 막대한 역할이 그토록 명료하고 분명하고 실체적으로 개진된 적은 다윈 이전에 없었다."

바빌로프는 다윈의 개념들이 재배종을 포함한 종의 기원 장소를 찾아내는 데 중요하게 쓰일 수 있다고 생각했다. 《종의 기원》에 분명하게 밝힌 그 지리적 기원에 대한 다윈의 생각은 기본적으로 아주 간단했다. 어떤 종이 기원한 장소는 해당 종의 가장 많은 변종을 보유하고 있을 가능성이 높다는 것이다. 유전형으로나 표현형으로나 가장 큰 다양성을 가진 장소는 그 종이 가장 오래 존재한 장소일 확률이 높다는 것은 현대 연구에서도 여전히 기본이 되는 원리다. 그것이 유용한 지침인 것은 맞지만, 문제는 동식물이 자신들이 있던 자리에 가만히 있지 않는다는 것이다. 하지만 바빌로프는 유연관계가 매우 가까운 야생종의 변이도 중요한 단서가 될 수 있다고 생각했다. 따라서 그는 그물을 좀 더 폭넓게 던져, 관심 있는 재배작물뿐 아니라 그 야생 친척들도 살펴보았다.

바빌로프는 국가에 소속된 식물학자로, 그에게 주어진 임무는 러시아의 농학과 식물 육종에 도움이 될 수 있도록 재배식물들을 연구하는 것이었다. 하지만 그는 그 연구의 역사적, 고고학적 차원에도 똑같이 흥미를 느꼈다. 재배종의 기원 장소를 찾아내는 것은 '사람들의 역사적 운명을 설명하는 일'에도 중요하다고 믿었다. 또한 그는 작물화된 밀의 기원을 밝힘으로써 인간 역사의 중대한 순간, 즉 우리 조상들이 **단순히 야생의 먹을거리를 채집하는 생활에서 먹을거리를 직접 기르는 생활로 이행한 시점**, 수렵채집인에서 농부로 이행한 시점에 대한 통찰을 얻을 수 있으리라고 생각했다. 바빌로프는 자신이 역사 이전의 역사를 조사한다는 걸 의식하고 있었다. 초기 작물화는 문자의 발명

밀

보다 훨씬 오래전에 일어났을 터였다. 그는 이렇게 썼다. "인간 문명과 농업의 역사와 기원은 말할 나위 없이 물건, 비문, 조각으로 남겨진 고대 기록이 전하는 것보다 훨씬 더 오래되었음이 분명하다."

재배종의 기원을 추적하는 일은 오랫동안 고고학자, 역사학자, 언어학자들의 영역이었다. 하지만 바빌로프는 식물학, 그리고 새로운 과학인 유전학이 중요한 기여를 할 수 있다고 믿었다. 사실 그는 전통적 증거를 얕보았다. 그는 1924년에 이렇게 썼다. "문헌학자, 고고학자, 역사학자들은 '밀', '귀리', '보리'에 대해 말한다. 하지만 현재의 식물학 지식에 따르면 재배되는 밀은 열세 종, 귀리는 여섯 종으로 구별되며, 이 모두는 상당히 다르다."

그리고 그는 자신의 연구가 책상머리에 앉아서 하는 과학이 아님을 알았다. 그는 밖으로 나가야 했다. 자연경관과 거기서 자라는 식물들을 이해할 필요가 있었다. 그리고 무엇보다 그는 시료가 필요했다. "곡물 한 꾸러미, 씨 한 줌, 잘 익은 작은이삭 한 묶음은 지극히 높은 과학적 가치를 지닌다."

바빌로프는 페르시아 탐험에서 엄청나게 다양한 재배 밀 종류들에 대한 증거를 가지고 돌아왔다. **그는 밀 종을 세 집단으로 나누었는데 각각 염색체 개수가 달랐다.** 보통 밀 또는 빵 밀*Tricum vulgare*을 포함하는 부드러운 종은 스물한 쌍의 염색체를 가지고 있었다. 엠머밀*Triticum dicoccoides*을 포함하는 딱딱한 밀은 열네 쌍의 염색체를 가지고 있었고, 일립계밀은 일곱 쌍의 염색체를 가지고 있었다. 러시아에는 예닐곱 품종의 부드러운 밀이 자랐다. 페르시아, 부하라(오늘날의 우즈베키스탄), 아프가니스탄에서는 약 예순 개의 밀 품종을 기록했다. 그가 보기에 부드러운 재배 밀의 고향은 서남아시아가 틀림없었다. 딱딱한 밀의 분포는 약간 달랐는데, 지중해 동쪽에서 가장 많은 변이가 나타났다. 일립계밀도 달랐다. 일립계밀의 야생 품종들은 그리스와 소아시아, 시리아, 팔레스타인, 메소포타미아 전역에서 발견되었다. 그는 이렇게 말했다. "소아시아 지역[아나톨리아]과 그 인접 지역들이 일립계밀의 기원 중심일 가능성이 매우 높다."

바빌로프가 보기엔 각 유형의 밀이 개별적인 기원 중심을 가지는 것이 밀의 다양한 종의 특징에 영향을 미친 듯했다. 작물 개선에 관심을 쏟는 농학자인 그에게 아주 중요한 사실이었다. 엠머밀 같은 딱딱한 밀은 지중해 연안을 따라 기원했는데, 그곳은 봄과 가을이 습하고 여름이 건조하다. 엠머밀이 싹을 틔워 자라려면 습기가 필요했지만, 다 자라면 가뭄을 잘 견뎠다. 바빌로프는 엠머밀이 가장 먼저 작물화된 형태라고 생각했고, 그것이 '고대 농경인들의 빵 밀'이었다고 기록했다. 그리고 일립계밀의 나중 기원에 대한 흥미로운 이론을 제시했다.

초기 농부들은 밀을 재배하기 시작했을 때 그 옆에서 특정 식물들이 잘 자란다는 사실을 발견했다. 그것은 잡초였다. 그리고 그런 잡초들 중 몇몇도 결국은 작물화되었다. 야생 호밀과 귀리는 둘 다 밀밭과 보리밭에서 흔한 잡초였다. 바빌로프는 겨울 동안, 혹은 열악한 토질이나 혹독한 기후 조건에서 호밀이 밀을 대체하면서 원래는 잡초였던 호밀이 작물로서 재배되기 시작했을 것이라고 주장했다. 그런 환경에서 호밀은 원래의 작물보다 더 강했다. 실제로 바빌로프는 페르시아를 여행할 때 잡초 품종의 귀리가 무성한 엠머밀밭을 목격했고, 원래 엠머밀을 재배하려던 북쪽의 농부들이 귀리가 밀밭을 점령하는 것을 보고 사실상 반 강제로 귀리를 작물로 도입했을 것이라고 주장했다.

바빌로프는 작물이 되기 전에 다른 작물과 더불어 자라는 잡초로 시작되었으리라 여겨지는 수많은 식물 사례들을 제공했다. 아마flax는 아마인linseed 작물 사이에서 잡초로 출발했다. 루콜라garden rocket는 아마밭에서 잡초로 시작했다. 바빌로프는 야생 당근이 아프가니스탄의 포도밭에서 잡초로 흔히 나타나는 것을 눈여겨보고 이렇게 썼다. "야생 당근은 불청객으로 찾아가 그 지역 농부들에 의해 작물화되었다." 마찬가지로 나비나물vetch, 완두pea, 고수coriander도 곡류 작물을 재배하던 밭의 잡초였다. 그리고 바빌로프에 따르면, 아나톨리아의 엠머밀밭에 무성한 잡초들 중 하나는 그 자체로 중요한 곡물이 되었는데, 그것이 바로 일립계밀이다.

하지만 러시아에서 바빌로프의 이론은 호응을 얻지 못했다. 다윈의 이론과 멘델의 유전학이 스탈린 치하의 소련에서 인기를 얻지 못했던 탓이다. 바빌로프는 위협 종자, 위험한 잡초로 간주되었다. 바빌로프가 '분노한 종*'으로 묘사한 제자 트로핌 리센코Trofim Denisovich Lysenko가 그의 등에 칼을 꽂았다. 바빌로프는 우크라이나 탐험 중 체포되어 사라토프 감옥에 투옥되었다. 1943년 그는 그곳에서 굶어 죽었다.

비옥한 초승달 지대와 낫

작물의 기원에 대한 바빌로프의 용감하고 선구적인 연구에 이어 식물학적·고고학적 증거들이 쌓이면서, 중동은 '농업의 요람'으로 굳어졌다. 티그리스강과 유프라테스강 사이, 그 주변의 땅을 아우르고 요르단 계곡을 가로지르는 이 '비옥한 초승달 지대'는 유라시아 신석기의 고향, 즉 농업이 시작된 세계 최초의 장소들 중 하나로 이름을 떨치게 되었다. 이곳은 처음 작물화된 밀, 보리, 완두, 렌즈콩, 비터베치콩bitter vetch, 병아리콩, 아마가 등장한 지역인데, 이 식물들은 모두 유라시아 신석기의 '시조 작물'로 유명하다. 최근의 연구들은 누에콩(잠두)과 무화과도 이 목록에 추가할 것을 제안했다.

1만 1600년 전과 1만 5백 년 전 사이, 오늘날의 터키와 북시리아에 해당하는 지역에 초기 농업 집단들이 존재했음이 고고학 연구를 통해 밝혀졌다. 하지만 중동 사람들이 이 작물들을 작물화하기 오래전부터 야생 곡물을 이용했음을 가리키는 증거가 있다. 보리, 엠머밀, 일립계밀을 포함한 작물화된 곡물의 흔적은 비교적 얕은 최근의 고고학층에서 발견되는데, 그 층들 바로 밑의 더 깊고 오래된 층에 그 작물들의 야생 조상의 흔적이 있었던 것이다. 즉, 고고학 유적에 등장하는 최초의 밀, 보리, 호밀, 귀리는 작물이 아니라 채집된 야생 곡물이었다.

---

* 바빌로프는 "세계의 모든 진보는 분노한 사람들에 의해 이루어졌다"라고 제자 리센코를 두둔했다.

1만 1400년 전에서 1만 1200년 전의 것으로 밝혀진 야생 보리와 귀리의 낟알 수천 개가 요르단 계곡의 길갈Gilgal에서 발견되었다. 유프라테스강 유역의 아부 후레이라Abu Hureyra에서는 탈곡된 흔적이 있는 비대한 낟알 같은, 작물화의 초기 흔적을 지닌 야생 귀리가 발굴되었다. 수렵채집인들이 야생 곡물들로 무엇을 하고 있었는지를 보여주는 흥미로운 증거도 곳곳에 존재한다.

레반트 남부 전역의 유적들에서 발견된, 바위에 움푹 파인 작은 구멍들은 수십 년 동안 고고학자들을 곤혹스럽게 했다. 몇몇 고고학자들은 우묵한 컵 모양의 구멍이 고대 석공 대회의 산물일 가능성을 제기했다. 또는 생식기를 상징할 가능성도 있었다. (나는 실제로 해부학적 중요 부위를 나타내는 문화적 인공물이 있음을 부정하지 않는다. 그렇지 않다면 오히려 이상한 일일 것이다. 하지만 모든 돌출부나 구멍을 성적 암시로 해석하는 것은 고대 인공물을 만든 사람의 마음보다는 고고학자의 마음을 더 많이 반영한다고 생각한다.) 어쨌든, 이런 특정 구멍들에 대해서는 세속적인 설명이 훨씬 더 합당해 보인다. 바로 음식 준비, 구체적으로 말하자면 곡물을 밀가루로 빻기 위해 사용된 절구라는 것이다.

이런 절구들의 다수가 나투프Natuf 유적지들에서 발견되었다. 이 유적들은 그 지역에 신석기가 시작되기 족히 8백 년 전인 1만 2500년 전에 확고하게 자리 잡은 고대 문화인 나투프 문화에 속한다. '나투프'라는 이름은 1920년대에 도러시 개로드Dorothy Annie Elisabeth Garrod가 발굴한 요르단강 서안 지구의 와디-알-나투프Wadi an-Natuf에 있는 한 동굴의 이름을 딴 것이다. 나투프 문화가 발생한 시기를 고고학에서는 준準구석기 후기Late Epipaleolithic라고 부른다. 이는 대략 '주변적인 구석기'라는 뜻으로, 변화에 대한 암시와 기대로 충만한 명칭이다. 그 시대는 사회와 문화가 고고학 유적에 분명하게 나타나는 방식으로 진화하고 있었지만 아직 신석기는 아니었다.

레반트 남부의 나투프 문화는 약 1만 4500년 전에 등장했는데, 이 문화와 함께 끊임없는 방랑 생활에서 정착 생활로 가는 중요한 변화가 일어났다. 나투프인들은 여전히 수렵채집인들이었지만 **정착**해 있었다. 그들은 임시적인 야영지가 아닌 영구 거주지에서 살았던 것이다. 그런 다음 1만 2500년 전, 이 정착민들은 절구처럼 생긴 우묵한 돌을 조각하고 있었다. 당시 이 지역에서 자란 곡물들 가운데 큰 난알을 가진 것은 야생 보리뿐이었기에, 최근 일군의 고고학자들이 이런 돌절구에 보리 난알이 얼마나 잘 갈리는지 알아보기로 했다.

실험은 고고학자들이 재현할 수 있는 범위에서 최대한 당시 상황에 가깝게 실시되었다. 복장까지 고대 나투프인들처럼 차려입지는 않았지만, 전체 과정에 반드시 나투프식 도구들만을 이용하도록 했다. 먼저 그들은 돌낫으로 야생 보리를 수확했다. 복원한 플린트*(부싯돌) 낫으로 줄기를 자르면 낫으로 해석된 고대 플린트 도구에 있는 것과 정

---

*   석영 알갱이로 이루어진 치밀하고 단단한 퇴적암. 규산을 함유하며, 불순물에 따라 검은색·회색·녹색·갈색·붉은색 따위로 색조 변화가 다양하게 나타난다.

밀

확히 똑같은 광택이 난다는 사실이 이전의 실험에서 밝혀진 터였다. 그런 다음 작은이삭들을 바구니에 모으고, 휜 막대기로 보리를 타작해 작은이삭에서 까끄라기—낟알 껍질에 붙은 깔끄러운 수염—를 분리했다. 이어 작은이삭을 원추형 절구에 넣고 나무로 만든 절굿공이로 쳐서 까끄라기 기저부와 북데기*를 제거하고 나비질로 검불을 날렸다. 그런 다음 껍질을 벗긴 낟알을 다시 절구에 넣어 절굿공이를 젓고 치며 가루가 될 때까지 갈았다. 고고학자들은 마지막으로 그 가루를 이용해 반죽을 만들고 그것을 장작 안의 석탄 위에서 구워 피타와 비슷한, 효모를 넣지 않은 납작한 빵을 만들었다. 그들은 그것을 먹었다. 아마 맥주도 한잔 했을 것이다.

이 고고학자들은 실험을 위해 후주크 무사Huzuq Musa 유적에서 발굴된 돌을 깎아 만든 고대 절구를 이용했다. 이 유적에는 서른한 개의 좁은 원뿔형 절구뿐 아니라, 근처에 네 개의 큰 타작마당도 있었다. 실험을 토대로, 고고학자들은 1만 2500년 전 후주크 무사의 나투프인들이 1백여 명이 주식으로 먹을 만큼의 보리를 쉽게 가공할 수 있었으리라 추론했다. 그리고 중요한 사실은 바로 원뿔형 절구가 보리 낟알의 겉껍질을 벗기는 데 효과적이었다는 점이다. 겉껍질이 붙은 보리는 그루트,** 포리지,*** 또는 굵은 가루로 만들 수 있었다. 하지만 껍질을

---

*　　벼나 밀의 낟알을 털 때 나오는 짚 부스러기.
**　　껍질을 벗겨 거칠게 빻은 곡식.
***　　곡식 가루에 물을 부어 걸쭉하게 죽처럼 끓인 음식.

벗긴 보리는 훨씬 더 고운 가루로 갈 수 있고, **그렇게 하는 이유는 딱 한 가지, 바로 빵을 만들기 위해서다.** 곡물 재배를 시작하기 적어도 1천 년 전에 후주크 무사에 살았던 고대 사람들이 보리를 채집해 그것을 타작하고 갈아서 가루로 만든 다음, 빵을 만들어 함께 먹었다니, 놀랍기 그지없다.

농업이 시작되기 수백 년 전에 이미 빵이 중동의 주식이 되었다고 생각하면 신석기 혁명을 이해하기가 더 쉬워진다. 사람들이 일단 야생의 곡물을 모아 가공하기 시작하면, 그런 종들—보리뿐 아니라 밀과 그 밖의 곡물들—이 작물화되는 것은 시간문제다. 한 가지 음식에 의존하게 되었는데 그것을 얻을 방법이 야생 곡물을 수확하는 것밖에 없다면 리스크가 너무 크다. 일부라도 직접 재배하면 도움이 될 것이다. 하지만 이는 우리 조상들이 야생식물 재배를 의도적으로 시작했음을 암시한다. 사실 농업의 시작은 신중하게 세운 계획보다는 우연에 훨씬 더 많은 빚을 졌을 가능성이 높다

＊

야생의 조상들과 뚜렷이 구별되는 작물화된 곡물의 변화들 중 적어도 일부는 우연히 발생했거나, 적어도 인간 행동의 의도치 않은 결과인 듯하다. 야생 곡물과 작물화된 곡물의 한 가지 중요한 차이는 씨가 달리는 중심축, 즉 (밀의 이삭을 이루는) 이삭 가지의 힘에 있다. 야생형의 이삭 가지는 잘 부러진다. 다시 말해, 익으면 씨가 든 작은이삭들이 이

밀

삭에서 떨어져 바람에 흩어진다. 반면 작물화된 곡물의 이삭은 익은 뒤에도 작은이삭들이 그대로 붙어 있다. 이삭 가지가 질겨서 절대 부러지지 않는다. 이것은 야생풀이라면 심각하게 불리한 형질이다. 씨가 바람에 자유롭게 날려 흩어질 수 없기 때문이다. 야생에서라면 이 문제 많은 돌연변이는 자연선택에 의해 신속히 제거될 것이다. 하지만 작물에서 단단한 이삭 가지는 이점이 된다.

만일 대부분의 이삭이 익을 때까지 기다렸다 수확한다면 잘 부러지는 이삭 가지를 가진 이삭은 이미 씨의 대부분을 잃은 상태일 것이다. 하지만 단단한 이삭 가지를 가진 돌연변이 식물은 작은이삭들 전부를 붙잡고 있다. 아직 달려 있는 씨는 고스란히 타작마당으로 가, 일부는 식량으로 먹히고 일부는 다시 뿌려진다. 결국 단단한 이삭 가지를 만드는 씨와 식물의 비율은 매 세대 증가하게 된다. 이는 자가선택을 하는 형질의 또 다른 사례다. 농부들은 모든 씨를 붙잡고 있는 식물을 굳이 적극적으로 찾을 필요가 없었다. 그저 밀의 대부분이 익을 때까지 기다리기만 하면 되었다. 그들이 수확하는 밀 중에는 이삭 가지가 단단한 유형이 많을 테니 말이다. 즉, 이 특정 형질의 확산은 초기 농업 관행의 의도치 않은 결과였을 공산이 크다.

사실 단단한 이삭 가지의 선택은 심지어 농업이 시작되기 전부터 일어나기 시작했을 가능성이 있다. 가공할 야생 곡물을 한 아름 안고 거주지로 돌아가는 수렵채집인을 상상해보라. 그 사람은 아마 가는 길에 상당량의 씨를 떨어뜨릴 것이다. 하지만 채집한 밀 중에 이삭 가지가 단단한 돌연변이가 있다면, 그런 이삭에는 낟알들이 그대로 붙어 있을 것이다. 집에 돌아와 타작을 하면, 낟알들의 일부가 튕겨나가 싹을 틔우고 자랄 것이다. 경작을 시작하기 전에 이런 식으로 타작마당 주변으로 최초의 밭이 생겨나지 않았을까? 충분히 있음직한 일이지만, 결국 이삭 가지가 단단한 밀은 누군가에 의해 심어질 필요가 있었다. 단단한 이삭 가지는 곡물이 수확·가공되는 과정에서 의도치 않게 생겨났을지 몰라도, 이런 식으로 특정한 밀 품종이 일단 진화하면 그때부터는 인간과의 동맹 속에 갇힐 수밖에 없다. 다시 말해, 그런 밀은 이제 인간의 도움 없이는 생존할 수 없다. 이러한 품종은 타작마당 가장자리에서만, 혹은 고의적으로 씨를 뿌린 밭에서만 자랄 수 있었다.

사람들이 곡물에 점점 더 의존하고 경작을 시작하면서부터, 단단한 이삭 가지 형질은 고대 밀 속으로 약 3천 년에 걸쳐 느리지만 확실하게 퍼져나갔다. 레반트 지방의 몇몇 유적들을 보면, 1만 1천 년 전까지는 낟알을 떨어뜨리지 않는 비탈립성 일립계밀 또는 엠머밀의 비율이 낮게 나타난다. 하지만 9000년경(기원전 7000년)부터는 많은 유적에서 비탈립성 밀 품종이 1백 퍼센트를 차지한다. 이 형질이 고대 재배 작물 개체군에서 표준이 되었다는 증거다. 이것을 유전학 용어로는 '고정되었다'고 말한다.

야생형에서 재배종으로 밀이 변형되는 과정은 상당히 더뎠다. 밀의 느린 변형과 함께, 수렵채집인에서 농부로 변모한 고대인들이 사용한 도구들 역시 비슷한 방식으로 천천히 변해갔다. 고대 유적에서 낫이 점점 더 많이 나타나기 시작한다. 우리에게 더 친숙한 형태인 굽은 금속 날과 달리, 최초의 낫은 플린트로 만들어졌다. 어쨌든 이때는 아직 석기시대였으니까. 고대 낫은 날이 길고 나무 손잡이가 끼워져 있었다(고고학자들이 이 사실은 아는 건, 몇 개가 이런 상태로 발견되었기 때문이다). 날을 따라 나타나는 특징적인 '낫 광택'은 그 낫이 실리카가 풍부한 풀줄기를 베는 데 반복적으로 사용되는 과정에서 연마되었음을 나타낸다. 낫은 아마 야생 곡물의 수확에 사용되기 전부터 갈대와 사초를 자르기 위해 오랫동안 사용되었을 것이다. 약 1만 2천 년 전부터 낫은 고고학 기록에 자주 보이는데, 비옥한 초승달 지대의 서쪽 팔 부분인 레반트 지방에서 주로 나타난다. 고고학자들은 낫의 사용이 증가한 것을 사람들이 곡물에 의존하기 시작한 증거로 해석한다. 레반트 지역 사람들이 갈대를 베는 데 집착했을 리 없으니 말이다.

약 9천 년 전 낫은 비옥한 초승달 지역에서 훨씬 더 흔해진다. 하지만 어디를 가든 볼 수 있는 것은 아니었다. 몇몇 고고학자들은 낫의 사용은 곡물 수확의 전제 조건이라기보다는 문화적 선호였으리라 주장한다. 이는 그리 놀라운 사실은 아니다. 페트라 계곡Valley of Petra의 베둘 베두인Bedul Bedouin족이 지금도 그렇게 하듯이, 밀과 보리를 손으로 뽑는 방식 또한 돌이나 금속 도구로 수확하는 것만큼이나 효율적이라는 사실을 여러 증거들이 보여준다. 9천 년 전~6천 년 전 근동 지역에서 낫이 점점 더 많이 쓰인 배경은 아마도 수확의 효율성보다는 문화적 정체성과 더 밀접한 관계가 있었을 것이다. 즉, 낫은 농경의 '증표'였다.

그럼에도 낮의 증가는 상징적 표지를 넘어 곡물 의존도가 실제로 증가했음을 암시한다. 처음에 곡물은 소수의 고고학 유적들에서 채집된 식물의 작은 일부만을 차지했다. 하지만 기원전 7000년경 식물 잔재가 보존된 대부분의 유적들에서 곡물이 대다수를 차지한다. 잘려서 채집된 밀은 더 이상 작은이삭에 붙어 있지 않았을 뿐 아니라 낟알도 야생형보다 컸다. 이 또한 야생에서 불리한 형질─바람에 확산될 수 없을 정도로 큰 씨─이 농부들에게 유리하게 작용한 경우다.

인간을 매혹시킨 밀의 두 가지 형질

낟알 크기의 증가는 단단한 이삭 가지 형질이 나타나기 전 야생 밀에서부터 나타난다. 그런 다음 3천 년에서 4천 년에 걸쳐 그 크기가 점점 더 커진다. 크기 증가에는 당연히 유전적 변화가 어느 정도 관여하지만, 환경의 영향도 일부 있었을 것이다. 작물은 잡초와 경쟁할 필요가 별로 없는 잘 준비된 토양에서 자람으로써 이익을 얻고, 물도 충분히 주어지기 때문이다.

현대 재배 밀의 낟알은 크게 세 부분으로 이루어진다. 우선 배아(씨 부분)가 있다. 그다음으로는 씨껍질(과피와 종피)이 있다. 이 부분은 밀 낟알의 최대 12퍼센트를 차지하며, 일반적으로 밀겨라고 부른다. 하지만 가장 부피가 큰 부분은 배유로, 낟알 무게의 86퍼센트를 차지한다. 배유는 달걀노른자처럼, 발달하는 밀 배아에 양분을 제공한다. 거기에는 녹말─그것도 많은 녹말─이 담겨 있을 뿐 아니라 기름과 단백질도 들어 있다. 게다가 배유는 낟알 크기가 증가함에 따라 그 부피가 불균형적으로 늘어나 밀의 모든 낟알에 더 많은 영양분을 채워 넣는다. 하지만 배아 **역시** 크기가 증가한다. 배유에는 훨씬 못 미치지만 그래도 상당히 커진다. 그리고 낟알이 큰 곡물의 진짜 중요한 특징이 하나 있는데, 바로 낟알이 작은 것보다 모종이 훨씬 더 왕성하게 자란다는 점이다.

초기 농부들이 큰 낟알이 달리는 식물을 의식적이고 고의적으로 선택함으로써 낟알 크기가 커졌다고 생각하는 것은 꽤나 합리적인 추정으로 여겨진다. 하지만 이번에도 이 형질은 우연히 선택되었을 가능성이 높다. 초기 농부들은 개별 낟알의 크기보다는 밭의 크기와 생산성을 키우는 데 집중했을 텐데, 낟알이 커서 모종이 더 왕성하게 자라는 변종은 낟알이 작은 변종과의 경쟁에서 유리했을 것이다. 모종 사이의 경쟁은 바람에 흩어지는 야생종에서는 일어나지 않지만 씨가 촘촘하게 뿌려진 밭에서는 심해질 수 있다. 해가 가면서 밭은 서서히 낟알이 큰 변종으로 채워져 농부들을 기쁘게 했을 것이다.

이 두 가지 중요한 형질—낟알을 떨어뜨리지 않는 단단한 이삭 가지와 더 큰 낟알 크기—은 각 종에서 동시에 생긴 것이 아니다. 즉, 개의 온순함과 털색이 그렇듯이 한꺼번에 생긴 형질이 아님이 분명하다. 그 형질들은 각기 다른 속도로, 각기 다른 이유로 진화했다. 게다가—빙하기 수렵채집인들을 뒤따르기 시작한 늑대들 사이에 일어난 가축화의 첫 단계처럼—이 과정이 시작되는 데는 흔히 추정하는 것보다 인간의 사전 숙고가 훨씬 덜 작용했던 것 같다. 하지만 특정한 의도가 없었다 해도 인간의 행동은 곡물에 상당한 변화를 일으켜 곡물을 훨씬 더 생산적으로 만들었다. 작물화 형질들은 이런 식물들에서 확산되고 고정되면서 인간에게 훨씬 더 중요해졌다. 밀은 고대 식생활에서 점점 더 중요해졌고, 주곡으로서의 미래를 확보했다.

밀 작물화의 느리고 복잡한 역사는 거의 로맨스 소설의 줄거리와도 같다. 연인으로 발전하게 되는 두 주인공—이 경우에는 호모 사피엔스와 밀—이 만난다. 우연히 마주친 그들은 각자의 길을 갈 수도 있었다. 하지만 그 만남이 그들 안의 뭔가를 일깨웠다. 그들은 함께 춤을 추기 시작한다. 함께 성장한다. 인간 문화는 밀을 수용하기 위해 변하고, 밀은 인간에게 더욱 매력적인 모습으로 변한다.

*

물론 인간과 밀의 동반자 관계는 이보다는 더 복잡하다. 우선, 밀의 유형은 하나가 아니다. 현대 식물학은 바빌로프가 동정同定한 그대로, 밀을 염색체 쌍의 수에 따라 대략 세 집단으로 나눈다. 그런 다음 현대 유전학이 세 종류의 밀 사이의 복잡한 관계를 밝혀냈다.

일립계밀은 야생형과 재배종 모두, 둘이 한 쌍을 이루는 염색체를 총 일곱 쌍 갖춘 집단에 속한다. 이것을 유전학 용어로는 '이배체diploid organism'라고 부른다(여러분과 나도 이배체다). 먼 과거의 어느 시점에 한 계통에서 염색체들이 두 배로 늘었다. 이따금씩 세포분열 과정의 실수로 이런 일이 일어난다. 세포가 염색체를 두 배로 복제한 뒤 둘로 나누지 못한 탓에 염색체 수가 두 배가 된 하나의 세포로 넘는 것이다. 오래전에 이런 복제 실수로 열네 쌍의 염색체(일곱 쌍의 염색체 두 벌)를 가진 사배체 밀이 만들어졌다. 50만 년 전~15만 년 전, 즉 신석기 혁명이 일어나기 아주 오래 전에 엠머밀과 듀럼밀의 야생 조상에서 그런 일이 일어났다.

그다음 작물화된 엠머밀(사배체)과 야생 밀의 한 종인 염소풀(이배체) 사이에 잡종화 사건이 일어나, 염색체 세 벌이 한 쌍을 이루는 스물한 쌍의 염색체를 가진 밀 종류가 만들어졌다. 이것은 육배체 식물이다. 약 1만 년 전의 어느 시점에 일어난 것으로 추정되는 이 사건으로, 트리티쿰 아이스티붐*Triticum aestivum*이 생산되었다. 즉, 보통 밀 또는 빵 밀이다.

염색체를 중복해서 갖는 것은 과욕으로 보인다. 대부분의 생물이 두 벌의 염색체만으로도 잘 살 수 있으니 말이다. 네 벌은 불필요한 것 같다. 여섯 벌은 엄청난 낭비 같다. 하지만 많은 식물들이 염색체를 여러 벌 소유하는 다배체성을 보이며, 그로 인해 어떤 피해도 입지 않는 듯하다. 사실 다배체성은 매우 유리할 수도 있다. 여벌 유전자가 있다는 것은 한 유전자가 돌연변이로 손상을 입어도 그 자리를 대신해 기능을 완수할 다른 유전자가 있다는 뜻이니까. 심지어 그런 돌연변이 유전자가 유전체에서 새롭고 흥미로운 일을 수행하게 될 가능성도 있다. 엠머밀과 염소풀이 잡종을 형성하는 것처럼 서로 다른 기원을 가진 유전물질이 합쳐질 때도, 유전자가 새로운 조합을 이루어 일하면서 새로운 돌연변이가 없이도 잡종의 활력을 불어넣을 수 있다. 게다가 식물에서 다배체성은 세포 크기 증가와 관련이 있으므로 더 큰 씨와 더 많은 수확량을 불러올 수 있다. 물론 모든 것이 장밋빛은 아니다. 다배체성은 문제를 초래하기도 한다. 여러 벌의 염색체를 분류해야 하므로 번식이 까다로워진다. 게다가 배아 발생에 혼란이 생길 수 있고 이는 때때로 치명적인 결과를 초래한다. 하지만 적어도 빵 밀에서는 육배체의 진화가 전반적으로 좋은 일이었던 듯하다.

특히 빵 밀의 생산성을 향상시킨 것은 이삭의 특이한 모양을 초래한 특정 유전자 돌연변이였다. 이 밀의 야생형 조상들은 납작한 이삭을 가지고 있고, 작은이삭들이 중심축, 즉 이삭 가지의 양면에 붙어 포개진 형태로 배열된다. 하지만 빵 밀에서 한 유리한 돌연변이가 상당히 다른 모양의 이삭을 생산했다. 그것은 작은이삭이 촘촘하게 박힌 사각형의 이삭이었다. **다른 풀과 뚜렷이 구별되는, 우리가 아는 밀의 전형적인 이삭 모양이다.** 우리가 빵 밀, 트리티쿰 아이스티붐으로 알고 있는 엠머밀과 염소풀의 잡종은 초기 농부들이 곧바로 알아채고 재배할 정도로 생산적인 작물이었던 모양이다.

이런 식으로 밀은 인간과 동반자 관계를 맺고 수천 년의 시간이 흐르는 동안 점점 더 강력한 유대를 형성했다. 하지만 어디서 이 모든 일이 시작되었을까? 광범위한 비옥한 초승달 지대의 정확히 어디서 이 밀 작물들이—일립계밀, 엠머밀, 빵 밀— 각각 기원했을까?

중동은 2백 년 동안 고고학자들의 성지였고, 신석기 시조 작물들의 지리적 기원은 그들이 찾는 성배 중 하나였다. 하지만—바빌로프도 인정했을—각 종에 대한 정확한 접근 방식을 갖춘 고식물학이라는 새로운 분야가 생겼음에도, 그 기원은 최근까지 오리무중이었다.

밀의 기원과 연결된 세계

비옥한 초승달 지대는 오늘날의 이스라엘, 요르단, 레바논, 시리아, 터키, 이란, 이라크의 일부를 아우르는 광범위한 지역이다. 앞서 확인했듯이, 곡물의 씨는 이 지역 전역의 고고학 유적에서—처음에는 야생 형태로, 그런 다음에는 재배종으로 대체되어—발견된다. 이곳은 또한 야생 밀의 각 종과 보리, 호밀의 분포가 겹치는 장소이기도 하다. 하지만 비옥한 초승달 지대는 광범위하다. 바빌로프는 각 종에 초점을 맞추어 재배종과 야생종의 변종들을 신중하게 기록하고 샘플을 수집한 다음, 자신의 자료를 이용해 각각의 고향을 제시했다. 한동안은 유전학과 고고학이 함께 가는 듯했다.

오스트레일리아의 위대한 고고학자로 런던 고고학 연구소를 이끌었던 비어 고든 차일드Vere Gordon Childe는 농업의 발명을 인류 역사의 중대한 도약으로 보았다. 1923년에 그는 '신석기 혁명'이라는 용어를 고안했다. 수렵채집에서 농업으로의 이행은 일종의 체제 전환이었다. 구체제는 전복되었다. 새로운 물결이 메소포타미아와 레반트 전역으로 밀려오며 그 길목의 모든 것을 휩쓸었다. 사상은 창조의 중심에서 물결처럼 퍼져나가고 새로운 종은 작물화 중심에서 쏟아져 나오니, 모든 것이 착착 맞아 떨어졌다. 모든 시조 작물들을 포함한 고고학자들의 '신석기 패키지'는 바빌로프의 '기원 중심'에 잘 들어맞았다. 비옥한 초승달 지대의 북쪽 활은 세계를 바꾸는 혁명의 중심지처럼 보였다. 근동 지역에 살던 원시 농경인의 한 엘리트 집단이 용감하게 자연을 길들였고, 그런 다음 인구가 급증해 퍼져나가며 새로운 사상을 퍼뜨린 것이다.

바빌로프처럼 염색체 수를 조사하던 유전학자들은 이제 그 안의 DNA를 해독하기 시작했다. 1990년대에는 서로 다른 식물들에서 DNA의 상응부를 조사해 그 서열을 비교할 수 있는 정도까지 기술이 발전했다. 이는 유전체의 작은 일부분을 조사하는 것보다 더 강력한 기법이었다. 그리하여 유전학자들이 일립계밀의 야생종과 재배종의 유전체를 조사한 결과, 재배종이 단일 기원을 가진 하나의 계통수를 이룬다는 사실이 밝혀졌다. 일립계밀은 하나의 개별 개체군에서 진화한 것처럼 보였다. 작물화된 일립계밀의 DNA는 터키 남동부의 카라자다산맥Karaca dağ Mountains 기슭에서 자라는 야생 변종들의 DNA와 가장 비슷했다. 엠머밀을 포함해 네 벌의 염색체를 가진 밀들은 유전자 분석 결과가 매우 비슷했다. 역시 단일 기원의 흔적을 가지고 있었고, 그 장소 또한 역시 카라자다산맥으로 보였다. 보리도 단일 기원인 듯했는데, 그 지역은 요르단 계곡이었다. 유전학의 새로운 분자생물학 기법이 작물화의 기원에 대한 논쟁에 끼어들어 마침내 문제를 해결한

밀

것이다. 퇴비 더미가 아니라 분자를 다루는 연구에서 나온 이 결과는 고고학이 결코 제공할 수 없는 확실성을 줄 뿐 아니라, 가장 널리 읽히는 과학 학술지들에 실릴 정도로 존중받는다는 점에서 실로 결정타를 날리는 것처럼 보였다.

여기까지 보면, 바빌로프와 차일드의 생각이 맞았다. 곡물 작물들은 농업 열풍이 불어 세계 곳곳으로 확산되기 전에 개별적인 기원 중심에서 빠르게 작물화된 것이다. 신석기 혁명이라는 오래된 개념 또한 입증된 셈이었다. 실제로 핵심 지역들이 있었고 각각의 작물화된 종은 단일 기원을 가졌으니 말이다. 심지어 터키 남동부의 어느 선택된 문화 집단이 놀라운 아이디어를 제안했으며, 그것이 그들을 엘리트 지위로 밀어 올리고 그들 집단이 불어나 퍼져나갈 수 있게 했을 가능성도 있었다.

멋진 이야기다. 그것이 사실이라면 말이다. 하지만 21세기 초가 되면서 균열이 생기기 시작했다. 고고학자들과 고식물학자들이 작물화가 오랫동안 질질 끈 복잡한 과정이었을 가능성을 주장하고 나선 것이다. 예컨대 유프라테스 계곡에서 나온 고식물학적 증거는 작물화된 일립계밀이 단단한 이삭 가지를 발생시키는 데 1천 년이라는 시간이 걸렸음을 암시했다. 하지만 이 가설이 유전자 데이터와 일치하려면 초기 작물들이 야생형에서 엄격하게 분리된 채로 유지되어 처음부터 잡종화의 모든 가능성을 제거했어야 한다. 그럴 가능성은 엄청나게 낮아 보였다.

농업의 뿌리를 찾는 고고학자들은 여러 번에 걸쳐 비옥한 초승달 지대의 특정 장소들을 신석기 혁명의 발생지로 제안했다. 1950년대에 예리코에서 그곳의 신석기층을 발굴한 캐슬린 케니언Kathleen Mary Kenyon 의 조사로, 농업이 남레반트 지역에서 시작되었다는 가설이 제기되었다. 다른 고고학자들은 농업이 남쪽이 아니라 비옥한 초승달 지대의 북쪽 끝과 동쪽 끝에서 시작되었다고 보았다. 토로스산맥과 자그로스 산맥의 측면에 해당하는 곳이다. 그런 다음에는 티그리스강, 유프라테스강과 토로스산맥 사이에 자리한 '황금의 삼각지대'—'시조 작물들' 다수의 야생형이 서로 겹치는 장소—가 핵심 지역으로 떠올랐다. **하지만 고고학 증거가 축적되면서, 작물화는 점점 훨씬 더 넓은 지역에 걸쳐 거미줄처럼 얽혀 있는 과정임이 드러났다.** 동시에 농업의 초기 역사는 실패한 시작과 막다른 길로 점철되어 있는 듯했다. 뚜렷한 진전은 보이지 않았고, 중동의 신석기는 넓은 지역에 걸쳐 드문드문, 수천 년에 걸쳐 산발적으로 진행된 양상을 띠기 시작했다.

＊

그때 고고학적 증거와 유전자 증거라는 두 계통의 증거가 작물화 과정에 대한 서로 다른 관점을 제시했다.

먼저, 컴퓨터 시뮬레이션 결과 단일 기원에서 유래한 작물과 다중 기원을 가지며 이종교배를 많이 거친 작물을 유전학 기법으로는 확실하게 구별할 수 없는 듯했다. 하지만 매우 다양한 작물이 한 장소에서

밀

빠르게 기원했다는 가설은 여전히 지배적이었다. 그러다 유전학 진영에서도 반론이 나타나기 시작했다. 유전학자들이 염기 서열 분석의 망을 더 폭넓게 던지자 한층 복잡한 면모가 드러나기 시작한 것이다.

'단일 기원', '핵심 지역' 패러다임이 믿을 수 있는 실제 결과라기보다는 연구 방법이 낳은 인공물일 가능성을 가리키는 첫 번째 단서는 보리에 대한 심층 분석에서 나왔다. 식물들은 엽록체(광합성을 '실행하는' 식물 내의 작은 공장) 안에 가외의—염색체에 포함된 것과는 별도의—DNA 꾸러미를 가지고 있다. 보리의 엽록체 DNA에서 특정 부위의 염기 서열을 분석해보니, 이 곡물이 적어도 두 곳의 지역에서 기원했을 가능성이 있었다. 보리 염색체에서 비탈립성 이삭을 생산하는 돌연변이와 관련된 부위도 같은 사실을 가리켰다. 추가 연구는 보리가 요르단 계곡뿐 아니라 자그로스산맥 기슭에서도 작물화되었다는 결론을 이끌어냈다. 파면 팔수록 더 많은 사실이 드러났다. 보리의 유전체 전체를 분석한 최신 연구는 작물화된 보리의 다양한 변종들이 근방에 있는 야생 보리 변종들과 유전적 유연관계를 보인다는 사실을 밝혀냈다. 보리의 야생 조상은 하나가 아니라 여럿인 듯하다. 이 새로운 통찰을 제시한 사람은 '시인'이라는 뜻의 이름을 가진 연구자였다. "최근 포이츠와 그 동료들은 기원 중심 견해와 완전히 배치되는 보리의 유전적 다양성 패턴을 밝혀냈다."

이 '시인'은 애너 포이츠Ana Poets라는 유전학자로(하지만 그녀가 시인이기도 할지 누가 알겠는가. 따지고 보면 예술적 재능이 전혀 없는 과학자도 드물다),

보리에 대한 작물 변종과 야생 변종이 공유하는 돌연변이에 대한 논문의 주저자다. 그녀와 동료들은 작물화된 보리가 단일 기원은커녕 여러 군데 흩어진 조상을 가지고 있음을 밝혀냈다. 그것은 광범위한 야생 변종들에서 기원했고, 각기 현대 유전체 여기저기에 흔적을 남겼다. 야생 품종과의 관련성이 훨씬 더 최근에 일어난 이종교배의 영향일 가능성도 있지만, 유전학자 팀은 그 가능성을 배제했다. 보리 작물의 유전자 모자이크는 훨씬 더 오래된 기원을 가지고 있었다.

이제 유전학자들은 엠머밀을 더 자세히 조사하기 시작했고, 그것 역시 처음에 생각했던 것보다 더 복잡한 기원을 가지고 있다는 사실을 알아냈다. 작물화된 엠머밀 잔해는 1만 년 전 이상부터 비옥한 초승달 지대 전역의 다양한 유적들에서 발견되었다. 초기 유전자분석에서는 밀의 작물종 모두가 터키 남동부에서 자라는 야생 엠머밀의 독립된 개체군과 가장 가깝다는 점이 드러났는데, 이는 농업이 약 1만 1천 년 전에 비옥한 초승달 지대에 자리 잡은 하나의 작은 핵심 지역에서 발생했음을 암시하는 듯했다. 하지만 그 다음 이야기가 바뀌었다. 나중 연구들은 엠머밀이 중동의 넓은 지역에 흩어져 있는 여러 다른 야생 품종과 밀접한 관련이 있음을 밝혀냈다.

일립계밀의 역사도 비슷했다. 일립계밀의 기원에 대한 초기 유전적 탐구는 단 하나의 독립된 작물화 중심이 있음을 암시했다. 하지만 2007년 더 자세한 분석이 이루어졌고 작물화된 곡물의 더 복잡한 탄생을 암시하는 단서들이 나오기 시작했다. 유전적 다양성의 감소가 존재하지 않았던 것이다. 작물화의 '병목'은 없었다. 오히려 작물의 유전적 변이는 비옥한 초승달 지대의 북쪽 활 부분을 가로지르는 매우 광범위한 야생 조상 표본에서 유래했다.

보리, 엠머밀, 일립계밀의 역사가 똑같은 방식으로 전개되자, 여러 곳의 작물화 중심이 있었다는 것은 더 이상 예외가 아니라 작물의 법칙처럼 보였다. 작물화가 터키 남동부에 있는 하나의 작은 핵심 지역에서 이루어졌다는 주장은 오늘날의 증거로는 입증되지 않는다. 이제 유전학은 고고학과 같은 곳으로 수렴되었다. **비옥한 초승달 지대에 여러 곳의 작물화 '중심들'이 존재했고 이들은 서로 연결되어 있었다.** 작물의 분산된 기원은 지역 서식지에 대한 적응이 야생형에서 작물로 전달되게 함으로써 이러한 품종들의 성공에 매우 중요한 역할을 했을 것이다. 지역의 야생종은 이미 지역 조건에 적응되어 있었을 터이므로 이는 합리적인 추정이다. 한 농부가 서늘하고 습한 카라자다산맥 기슭에서 작물화된 곡물의 씨를 거두어 남레반트의 뜨겁고 건조한 평원에서 재배하려 한다면 성공하지 못할 확률이 높다.

하지만 몇몇 적응들은 출신지 밖에서도 유용했던 듯하다. 예컨대 시리아사막에서 자라는 야생 보리의 특정 유전체 부위가 유럽과 아시아의 매우 다양한 작물 품종들에서 발견된다. 그 부위는 보리의 작물 품종들을 통해 확산·보존되었는데, 아마 그것이 가뭄 저항성 같은 중요한 생리적 이점을 주기 때문일 것이다.

초기 작물의 개별 개체군들이 유전자를 공유했다는 사실은 이종교배의 분명한 증거다. 이러한 관계가 말해주는 것은 단지 씨가 바람에 날리고 새에 실려 그 지역을 이동한 사실만이 아니다. 근동의 인간 집단들은 잘 연결되어 있었다. 물질문화의 유사성은 사상이 이동했음을 보여주는 증거다. 그리고 재화 역시 교환되고 있었다. 인기 있는 흑요석이 한 집단에서 다른 집단으로, 우리가 교역이라고 부를 수 있는 방식으로 전달되었다는 증거가 존재한다. 서로 다른 집단들 사이에서 경작에 대한 지식은 물론 종자 그 자체까지 모두 교환되었다는 것은 상당히 합리적인 추정이다. 하지만 종자 '교역'이 있었다 해도, 신석기의 태동기에 근동의 다양한 지역에서 재배된 주요 작물들은 다른 곳에서 가져온 종이 아니라 그 지역의 야생식물들이었다는 사실 또한 분명하다.

인간은 왜 풀을 먹게 되었을까

이 모든 이야기가 옛날이야기로만 들리겠지만(옛날이야기인 것은 맞고, 재미있는 이야기라는 것도 분명하다), 작물화와 우리에게 매우 중요할 수 있는 특정 형질들의 유전적 토대에 대한 이와 같은 통찰은 지금 우리에게도 의미가 있다. 시리아 야생 보리 DNA의 특정 부위가 정확히 어떤 효과를 내는지 밝힐 수 있다면, 이 지식을 이용해 앞으로 작물을 개선할 수 있지 않을까? 작물화를 순전히 오래전에 일어난 일이며 지금의 우리와는 아무런 관계가 없는 일로만 보아서는 안 되는 이유다. 1만 년 전~8천 년 전에 작물에—큰 낟알과 단단한 이삭 가지의 진화를 포함해―생물학적 변화가 집중적으로 일어난 시기가 있었던 것은 틀림없다.

하지만 작물화된 종은 결코 진화를 **멈추지** 않았으며, 우리는 그 진화에 전보다 더 의식적인 방식으로 여전히 영향을 미치고 있다. 바빌로프는 경작된 작물의 먼 과거에 대한 연구가 현대 농경학에 유용한 도구가 될 것이라고 예측했다. 이 말은 그로부터 거의 1백 년이 지난 오늘날에도 유효하며, 한곳으로 수렴하는 유전학과 고식물학은 적극적으로 선택되거나 심지어 변형되었을 가능성도 있는 온갖 종류의 유전자와 유전체의 그 밖의 부위들을 밝혀내고 있다. 곡물을 개선하려는 오늘날의 시도는 결국, 인간이 작물을 심고 경작하기 시작하기도 전에 야생 곡물의 채집, 타작, 제분, 제빵으로 시작한 행보 가운데 가장 최근의 발걸음일 뿐이다.

여기까지는 좋다. 유전학, 고고학, 고식물학이 일치한다. 이 모두는 1만 2500년 전 야생 곡물이 진지하게 이용되었고 나아가 그것을 곱게 간 가루로 납작한 빵을 만들었으며, 곡물 경작이 약 1만 1천 년 전에 시작된 이후 서로 연결된 여러 기원 중심에서 작물화가 점진적으로 이루어졌다는 일관된 이야기를 들려준다. 8천 년 전에는 근동 전역에서 재배된 밀과 보리 대부분이 비탈립성이었고 낟알이 컸다는 것도.

하지만 밝혀질 것은 항상 있는 법. 현재―내가 이 책을 쓰고 있는 시점―에 우리가 알고 있는 지식이 밀 작물화에 대한 최종 발언은 분명 아니다. 새로운 증거가 발견되어 분석될 때마다 이 이야기도 조금씩은 바뀔 것이다. 그렇지만 적어도 이 시점까지 수집되어온 산더미 같은 증거들이 완전히 뒤집힐 가능성은 낮아 보인다. 이야기의 뼈대는 세워진 듯하고, 그것이 무너질 것 같지는 않다. 이제 밀 작물화가 '언제', '어디서', '어떻게' 시작되었는지는 충분히 알았다. 하지만 적어도 이 책에서는 아직 풀지 못한 부분이 있다. 바로 '**왜**' 부분이다.

이것이 아마 가장 흥미로운 질문일 것이다. 밀은 따지고 보면 풀이니까. 별 볼 일 없는 풀. 누가 봐도 먹을거리로는 보이지 않는다. 당신이 고대 나투프인들이 야생 보리를 가지고 했듯이 몇 가지 풀의 씨앗을 곱게 깔아 빵을 만들었다면, 좋다, 재미있을 수도 있으니까. 하지만 무엇 때문에 그렇게까지 하는가? 언뜻 보기에 야생풀의 작은 씨앗은 음식으로 그다지 매력이 없다. 견과류나 과일처럼 더 매력적인 다른 씨앗들이 많지 않나. 이들은 먹기 좋게 만들기 위해 힘들여 노력할 필요가 없는, 그 자체로 맛있는 음식들이다. 도대체 1만 2500년 전 무슨 일이 일어나고 있었기에, 사람들이 **풀**처럼 별 볼 일 없고 매력 없는 식물을 식량원으로 보게 되었을까? 무엇이 우리 조상들로 하여금 그런 식물에 의존하게 만들었을까? 게다가 왜 하필 **그때** 그런 일이 일어났을까?

*

1만 9천 년 전 무렵 고고학 유적에 나타나는 야생 밀에 대한 최초의 증거와, 형태적으로 전혀 다른 작물화된 밀의 존재를 보여주는 최초의 증거 사이에는 약 8천 년이라는 커다란 시차가 존재한다.

1만 1천 년 진~1만 5백 년 진, 시리아의 아부 후레이라Abu Hureyra 유적에서는 작물화된 곡물이 야생 곡물을 서서히 대체한다. 경작된 종 가운데는 일립계밀, 엠머밀, 호밀이 있다. 이 가운데 어느 것이 가장 먼저 작물화되었는지 알아내기란 거의 불가능하다. 방사성탄소연대 측정법은 매우 정확하지만, 특정 연도가 아닌 대략의 범위를 알 수 있을 뿐이다. 그럼에도 일곱 쌍의 염색체를 가진 단순한 형태의 밀인 일립계밀이 가장 먼저 작물화된 밀 종일 가능성이 제기되었다. 일립계밀은 바빌로프가 제안한 것처럼 잡초였다가 나중에 작물화된 종이 아닐지도 몰랐다.

하지만 왜 이 모든 풀이, 더 빨리도 더 늦게도 아닌 기원전 9000년부터 작물화되었을까? 이 시점은 외부 요인의 중요성을 말해준다.

약 2만 년 전 마지막 빙하기가 정점을 지나면서 세계는 따뜻해지기 시작했다. 추위에 적응된 동식물에게는 서식지의 범위가 좁아지고 있었으므로 나쁜 상황이었지만, 인간을 포함하여 따뜻한 기온을 좋아하는 온대 종들에게는 갑자기 좋은 상황이 된 셈이었다. 1만 3천 년 전이되자 북반구의 빙상이 후퇴하면서 고대 빙하의 파편들은 산맥의 높은 곳에만 남았다. 빙상으로 덮인 곳은 그린란드와 북극뿐이었다. 기후는 점점 온화해져갔다.

식물에게 유리해진 조건은 단지 따뜻한 기온과 증가한 강우량만이 아니었다. **대기에도 중요한 변화가 생겼다.** 1만 5천 년 전~1만 2천 년 전에 빙하기가 끝나면서, 대기 중의 이산화탄소 농도가 180피피엠ppm 에서 270피피엠으로 상승했다. 이렇게 되면 많은 식물 유형에서 생산성이 50퍼센트 높아지고, 회복성이 좋은 풀조차 생산성이 15퍼센트 증가한다는 사실이 실험을 통해 밝혀졌다. 물론 그 외에도 수많은 요인이 함께 작용했지만, 빙하기 말의 이산화탄소 증가는 농업이 발생하는 데 필요한 중요한 조건이었을 공산이 크다. 농업이 그보다 앞선 빙하기에 발생하지 않은 것도 그 때문이 아니었을까.

기후가 온난해지면서 식물이 번성하자 풀은 의존할 수 있는 영양소 공급원으로 떠올랐다. 대기 중 이산화탄소 농도가 증가함에 따라 식물 당 열리는 낟알의 개수가 증가했을 뿐 아니라, 식물 자체도 크기가 커지고 같은 면적에 더 촘촘하게 자랐을 것이다. 그야말로 수확만 하면되는 천혜의 밭이 눈앞에 펼쳐져 있는 셈이었다. 그렇게 보면 야생풀이 식량으로 선택된 것이 하나도 이상하지 않다. 늘 그 자리에 있고, 의존할 수 있고, 양도 많았으니 말이다. 게다가 한동안은 흙도 비옥했다.

그때 문제가 생겼다. 1천 년 넘게 겨울이 계속된 것이다. 지구에 기온이 하락한 이 시기를 신드리아스기Younger Dryas라고 부른다. 금방 알아듣기 힘든 이 명칭은 사실 꽃을 가리키는 말이다. 바로 드리아스 옥토페탈라*Dryas octopetala*, 여덟 장의 꽃잎을 가진 담자리꽃나무다. 장미와 비슷하게 생긴 소박하고 하얀 꽃을 피우는 이 예쁜 상록관목은 추위를 좋아한다. 만일 수천 년 전에 걸친 호수 퇴적물을 분류하는 도중 일부 층에서 다량의 드리아스 옥토페탈라 잎을 발견한다면, 주변이 고

밀

산툰드라 지역일 때 그 층이 형성되었다고 생각하면 된다. 스칸디나비아 호수 밑바닥에는 깊은 층에서 담자리꽃나무잎이 나오는데, 이는 신드리아스기에 앞서 1만 4천 년 전 무렵에 있었던 더 짧은 한파기인 고드리아스기Older Dryas에 형성된 것이다. 그 위에 덮인 더 두꺼운 층이 1만 2900년 전~1만 1700년 전 신드리아스기에 해당한다.

이 세계적 한파로 중동에서는 강우량이 감소했고, 서리가 형성될 정도로 추운 겨울이 닥쳤다. 식량 자원에도 심각한 영향이 있었음이 틀림없다. 따라서 사람들이 식량 공급을 스스로 통제하려고 시도한 것은 절박함 때문이었을지도 모른다. 가물고 추운 시기를 맞아, 사람들은 자신들이 의존하기 시작한 작물을 채집하는 데 그치지 않고 재배하면 좋겠다고 생각했을 것이다.

신드리아스기의 한랭화로 사람들은 어쩔 수 없이 작물 재배로 눈을 돌렸지만, 앞서 1천 년 동안 따뜻함과 풍요가 가져다준 변화를 누렸던 사람들은 한파로 생긴 부족을 더 크게 느꼈을 것이다. **마지막 빙하기의 정점을 지나 세계가 따뜻해졌을 때 인구가 불어나기 시작했지만, 이때는 아직 농업이 생기기 전이었다.** 농업이 인구 증가를 가져왔다기보다, 인구 증가가 어떤 식으로든 수렵채집에서 농업으로의 변화를 추동했을 가능성이 있다. 아마 인구 증가로 자원 압박이 생기고 있을 때 하필 신드리아스기가 온 것일지도 모른다.

빙하기 이후 베이비붐과 사회 변화

빙하기 이후의 베이비붐은 근동 지역의 호모 사피엔스 집단에 찾아온 유일한 변화가 아니었다. 사회 자체도 변하고 있었다. 이를 보여주는 가장 인상적인 증거를 메소포타미아 고지대의 터키 남부에 있는 놀라운 고고학 유적인 괴베클리 테페Göbekli Tepe에서 확인할 수 있다. 나는 운 좋게도 2008년에 그곳을 방문했다. 당시 나는 그곳을 "지금껏 본 가장 멋진 고고학 유적"이라고 묘사했는데, 그 생각은 지금도 변함이 없다. 나는 그 유적의 발굴 책임자였던 독일 고고학자 클라우스 슈미트Klaus Schmidt의 안내를 받아 그곳을 둘러보았다. 이후 그는 2014년에 60세의 나이로 별세했기에 자상한 가이드인 슈미트와 함께 괴베클리 테페를 방문한 내 기억은 슬픔으로 물들어 있다. 그는 테페 유적과 그곳이 들려주는 이야기에 인생을 바쳤고, 그 이야기를 다른 사람들과 나누고 싶어 했다.

1994년 슈미트는 구석기 유적을 발굴하기 위해 그 지역을 조사하던 중 괴베클리 테페를 발견했다. "이 장소를 처음 보았을 때 내 눈을 믿을 수 없었습니다. 자연의 힘으로 이 장소에 그런 언덕이 생기는 것은 불가능한 일이었죠." 그는 그렇게 말했다. 그의 예감이 맞았다. 석회암 고원 위로 15미터쯤 솟아 있는 그 언덕은 석기시대의 폐허가 누적되어 생긴 언덕인 '텔tell'이다. 조사를 시작했을 때 슈미트는 움직이지 않는 직사각형의 큰 돌덩어리들을 찾아냈다. 땅을 더 파보니, 이 돌덩어리들은 둥그렇게 배열된 거대한 T형 선돌의 윗부분이었다. 내가 그곳을 찾았을 무렵 슈미트는 이미 선돌이 환상環狀으로 배열된 곳을 네 곳이나 발굴한 상태였고, 언덕의 돌무더기 밑에 더 많은 선돌이 파묻혀 있을 것으로 추측했다.

슈미트를 따라 언덕 꼭대기로 올라가, 움푹 파인 구덩이에 놓인 환상의 선돌 하나를 내려다보았을 때, 나는 너무 벅차 아무 말도 할 수 없었다. 그 선돌들은 정말 컸고, 장식이 되어 있었다. 몇몇 선돌의 측면에는 얕은 돋을새김으로 여우와 수퇘지, 표범과 비슷한 생물, 새, 전갈, 거미 따위가 새겨져 있었다. 삼차원의 조각도 있었다. 하나는 기둥의 짧은 면에 새겨진 웅크린 늑대였고, 또 하나는 엄니를 가진 사나운 동물의 머리였다. 더 추상적인 형태, 기하학적인 반복 패턴이 새겨진 돌들도 있었다. 슈미트는 이 조각의 의미가 무엇인지 생각했다. 동물 형태들은 서로 다른 씨족을, 혹은 어떤 사라진 신화의 요소들을 나타내는 걸까? 아니면 환상으로 배열된 거석의 수호자 역할을 하는 걸까? 그는 그 형상들이 상형문자 이전의 의사소통 도구라고 생각했다. 그 이미지들은 분명 그것을 만든 사람들에게 의미를 지녔을 것이다. 설령 지금은 사라지고 없는 의미라 해도 말이다.

괴베클리 테페가 독특한 경우인 것은 분명하지만, 다른 유적에도 비슷한 구조와 형상들이 존재한다. 비슷한 T형 기둥들이 고대 거주지 네발리 초리Nevali Çori와 근처의 세 유적에서도 발견되었다. 뱀, 전갈, 새를 포함한 비슷한 도상들이 제르프 엘 아흐마르Jerf el Ahmar와 텔 카라멜Tell Qaramel의 축 교정기, 그리고 차외뉘Çayönü, 네발리 초리, 제르프 엘 아흐마르에서 출토된 돌그릇들에서도 발견된다. 메소포타미아의 이 지역 전역에 거주하던 사람들은 복잡한 의식과 신화를 공유하며 그것을 통해 연결되어 있었음이 분명하다.

몇몇 돌기둥에는 그 앞면에 팔처럼 생긴 커다란 구조가 조각되어 있는데, 그 끝에는 깍지를 낀 채 꼭 쥔 손이 있다. 하지만 팔과 손뿐, 인간의 다른 특징은 전혀 없다. "돌로 만들어진 이 존재들은 누구였을까요?" 슈미트가 내게 묻고 나서 바로 자신의 답을 내놓았다. "역사에 처음으로 묘사된 신입니다." 아마 그의 말이 옳을 것이다.

고고학 발굴 조사가 제공할 수 없는 단서들을 찾기 위해 지구물리학 조사를 실시한 결과, 괴베클리 테페의 언덕 위에는 이런 환상의 거석 기념물이 약 스무 개쯤 있는 것으로 추정되었다. 하지만 화로 같은 거주의 흔적은 존재하지 않았다. 그곳은 사람들이 기념물을 짓고 축제를 하고 신을 숭배하기 위해 모인 장소였지, 사람들이 사는 장소가 아니었던 모양이다.

괴베클리 테페의 정말 놀라운 점은 그 연대다. 그 유적은 1만 2천 년 전에 건설되었으니 농부가 아니라 수렵채집인들이 만들었다는 뜻이다. 이 사실은 신석기 초기의 인류 사회 발달에 관한 이론에 균열을 일으켰다. 기존의 이야기는 이런 식으로 전개되었다

　　팽창하는 인류 집단에는 더 많은 식량이 필요하고,
　　사람들은 이 필요에 부응하기 위해 농업을 채택한다.

밀

농업은 잉여 식량의 축적을 촉진한다.

소수의 권력자들이 잉여 식량을 통제하면서 계층화된 복잡한 사회가 탄생하고, 이 새로운 권력 구조는 새로운 발명품인 조직된 종교로 떠받쳐진다.

괴베클리 테페는 이 순서를 뒤죽박죽으로 만드는 기념비적 골칫거리임이 분명하다. 메소포타미아 고지대의 귀퉁이인 이곳에서, 적어도 하나의 복잡한 사회가 수렵채집인에 의해 생겨났기 때문이다. 슈미트는 괴베클리 테페가 전례 없는 노동 분업의 증거를 제공한다고 판단했다. "우리가 관점을 바꿔야 해요. 수렵채집인들은 보통 우리가 아는 방식의 일을 하지 않죠." 하지만 괴베클리 테페에서는 달랐다. "그들은 채석장에서 일했어요. 기술자들이 생겨나 돌을 운반하고 세우는 방법을 알아내기 시작했죠. 석공 전문가들도 있었는데, 그들의 일은 돌로 조각과 기둥을 만드는 것이었어요."

그에게 괴베클리 테페는 권력과 비전을 가진 지도자를 갖추고 노동력을 조직할 수 있으며 예술가를 지원할 수 있는 사회가 존재했다는 구체적인 증거였다. 그리고 장식이 새겨진 환상 거석은 조직된 종교를 나타낸다고밖에는 달리 해석할 길이 없었다. 그것은 강력한 상징을 지니며 사원 건설자들을 위한 신화와 의미를 풍부하게 갖춘, 실로 완연한 모습의 종교였다. 괴베클리 테페 이전까지, 조직된 종교가 농업 이전에 존재했을 가능성은 떠올릴 수 없는 것이었다. 이 언덕 위에서 선입견과 편견이 바닥으로 미끄러져 내렸다.

슈미트조차 괴베클리 테페를 어느 범주에 넣어야 할지 결정하기 어려워했다. 그것은 분명 신석기 이전이었다. 하지만 구석기의 마지막 단계와도 달랐다. 준구석기Epipalaeolithic와도 뚜렷이 구분되었다. 슈미트는 이 유적을 '중석기'에 넣고 싶어 했다. 하지만 그것은 북유럽의 중석기와 너무 달랐다. 북유럽에서 중석기는 정착 생활에 가깝긴 해도 여전히 유목 생활을 하는 수렵채집인을 가리키는 용어로 쓰인다. 그러면 괴베클리 테베를 초기 신석기로 분류할 수 있을까? 정착 사회, 토기, 농업을 하나로 묶는 전통적인 '신석기 패키지' 가설은 근동 지역에서 이미 금이 갔다. '선토기 신석기'로 불리는, 정착 생활과 가축 및 재배식물이 분명하게 나타나지만 토기는 아직 생기지 않은 유적이 발견되었기 때문이다. 그러면 괴베클리 테페는 뭐라고 부를 수 있을까? 선농업·선토기 신석기? 그게 왜 '신석기'지? 이런 식의 과도기와 뜻밖의 사실들에 직면하면, 통상적인 범주와 모든 '패키지' 가설이 보기 좋게 무너진다. 역사는, 심지어 선사시대조차 우리가 원하는 대로 깔끔하게 범주화되기를 거부한다.

괴베클리 테페의 거석 기념물을 세우기 위해서는 그 지역에 있던 소수의 주거지를 초월하는 규모의 공동 노력이 필요했을 것이다. 이 시기의 고고학 유적에 나타나는 또 다른 특징인 '대규모 축제'의 증거는 바로 그러한 협력 활동과 관계가 있지 않을까? 기원전 10세기 유적 할란 체미Hallan Çemi는, 불을 피운 흔적과 동물 뼈의 잔해로 어지럽혀진 중정 주변에 주거지가 배열되어 있는 것으로 미루어 보아 주로 먹고 마시며 놀기 위한 목적으로 만들어진 장소로 여겨진다. 괴베클리 테페에도 가젤과 오록스에서부터 야생 당나귀에 이르는 동물들의 으깨진 뼈가 가득하다. 마치 사람들이 이곳에 자주 모여 축제를 벌였던 것처럼 보인다. **괴베클리 테페에 식물 잔해는 아주 드물지만, 야생 일립계 밀과 보리의 흔적이 발견되었다.** 그렇다면 고기뿐 아니라 귀리죽이나 빵도 축제에 등장했을지도 모른다. 한 가설에서는, 이 지역에서 곡물이 작물화된 것은 제빵이 아니라 양조에 공들인 문화 덕분이었고, 술이 푸짐하게 공급되어 이 고대 축제에서 사교의 윤활유 역할을 했다고 추측하기도 한다. 훨씬 나중에 이집트 피라미드를 건설한 노동자들은 임금을 맥주로 받았다. 괴베클리 테페에서도 노동에 대한 비슷한 보상이 주어지지 않았을까?

청동기시대와 철기시대에 축제가—친목 도모를 위해, 그리고 엘리트 집단이 자신의 높은 지위를 증명하고 높이는 방식으로—중요한 역할을 했다는 가설은 이미 널리 받아들여지고 있다. 하지만 축제의 뿌리는 어쩌면 신석기 초까지 훨씬 깊이 뻗어 있을지도 모른다. 빙하기 말을 지나 기후가 점점 온난해지면서, 잉여 식량의 형태로 부를 축적하고 호화로운 축제를 열어 영향력을 행사할 기회가 생겼을지도 모른다. 계층화된 사회가 출현할 무대가 마련되었던 셈이다. 그래서 슈미트와 그의 동료들은 축제가—맥주가 동반되었든 아니든—농업의 발달을 촉진한 핵심적인 자극제였을 것이라고 주장했다.

이 모든 요인이 불가분의 관계로 얽혀 있기에, 약 1만 년 전 사람들이 비옥한 초승달 지대와 그 밖의 지역에서 밀밭을 재배하기 시작한 이유로 그중 하나만을 지목하기란 불가능하다. 빙하기 막판에 대기 중의 이산화탄소 농도가 상승하고 식물의 생산성이 증대되면서부터 농업이 가능해졌는데, 마침 인구가 증가하던 인류 집단이 신드리아스기의 기후 하락기를 맞으며 자원 압력을 받게 되었다. 하지만 인구가 불어나면서 사회 내에도 변화가 일어났다. 방금 확인했듯이, **농업이 먼저가 아니라 사회 변화가 먼저였다.** 비옥한 초승달 지대에 신석기가 탄생한 것은 복잡한 사회, 권력을 가진 사람들과 권위 있는 종교, 그리고—아마도—축제를 좋아하는 성향과 밀접한 관련이 있는 듯하다.

레반트에서 솔런트해협으로

농업이 시작되기 전, 우리가 아는 문명이 생기기 전에 이미 복잡한 인간 사회가 존재했다는 사실은 사상과 물질이 어떻게 이동하며 퍼져나갔는지를 이해하는 데 도움이 된다.

우리는 고고학 조사를 통해 고대사회가 어떻게 그리고 얼마나 연결되어 있었는지 알 수 있다. 괴베클리 테페와 먼 동쪽의 다른 유적들인 아나톨리아 남동쪽 차외뉘, 그리고 시리아 북서쪽 텔 카라멜의 도상*은 문화적 연결이 근동 지역을 가로질러 얼마나 멀리까지 뻗어 있었

---

*   종교나 신화적 주제를 표현한 미술 작품에 나타난 인물 또는 형상.

는지를 잘 보여준다. 차외뉘와 텔 카라멜은 3백 킬로미터 이상 떨어져 있다. 작물화된 종의 기원 중심이 지중해 동쪽 끝에 있는 땅 전역에 여러 곳 존재한다는 사실은 하나의 작은 '핵심 지역'이 있었다는 가설을 완전히 박살낼 뿐 아니라, 사상과 종자가 널리 이동할 수 있게 한 문화적 연결과 교환 시스템이 존재했음을 증명한다. **신석기는 터키 남동부의 한 모퉁이에서 발생한 것이 아니라, 중동과 그 너머의 서로 연결된 여러 기원 중심에서 탄생했다.** 작물화된 일립계밀은 키프로스의 8500년 전 유적에서 발견되었다. 이는 메소포타미아 북부의 오래된 '핵심 지역'에 있는 유적들만큼이나 빠른 시기다.

그리고 그로부터 불과 5백 년 뒤에 해당하는 일립계밀의 DNA 지문이 솔런트해협 아래 잠긴 중석기 유적에서 발견되었다. 수천 년 전 그 밀은 대체 어떻게 지중해 동부에서 북서유럽의 가장자리까지 이동했을까? 우리는 2천 년 전 교역망이 로마제국 전역에 퍼져 있었음을 잘 알고 있다. 그런데 광범위한 교역이 그보다 일찍—석기시대, 심지어는 청동기시대나 그 이전의 신석기에—존재했음이 고고학을 통해 밝혀졌다. 중석기 또는 준구석기 시대에 근근이 먹고살던 작고 고립된 수렵채집인 무리가 장거리 무역을 했다고? 분명 지나친 비약으로 보인다.

하지만 최근의 역사에서 찾아낸 사례들을 보면 생각이 바뀔 것이다. 아메리카 북서 해안의 원주민들은 수백 킬로미터 떨어진 광범위한 지역에 걸쳐 무역망을 유지하면서 상품, 선물, 결혼 상대를 교환했다. 이 무역망은 권력과 명망의 근간이었다. 유럽 식민화 이전의 오스트레일리아에서는 원주민 집단의 교역망이 해안에서 해안까지, 전 대륙에 걸쳐 뻗어 있었다. 그리고 중석기시대에도 원재료와 완제품이 유럽을 가로질러 먼 거리를 실려 왔음을 보여주는 고고학적 증거가 점점 늘어나고 있다. 해안에서 채석된 플린트가 50킬로미터쯤 내륙으로 이동한 프랑스 북서부의 브르타뉴에 나타나고, 노르웨이산 조립현무암으로 만든 도끼가 스웨덴에 나타나는가 하면, 리투아니아산 돌날이 6백 킬로미터 떨어진 핀란드에서 발견되고, 발트해 동쪽에서 산출된 호박도 핀란드까지 온다. 덴마크에 있는 중석기 후기 베드베크Ved-bæk 공동묘지의 무덤들에서는 엘크와 오록스 이빨로 만든 목걸이 장식이 나왔는데, 두 종 모두 당시 그 지역에서는 멸종한 상태였다. 물론 그런 물건들이 여러 사람을 건너 장거리를 이동했을 수도 있다.

어쨌든 물건의 분포가 그렇게 먼 거리에 걸쳐 있었다는 사실은 사람들이 육상과 해상 모두로 이동하고 있었음을 암시한다. 고고학자들은 중석기 사람들이—아마 아우트리거로 선체를 안정시키는 통나무 배를 이용해—최대 1백 킬로미터 거리까지 항해했을 것이라고 추측한다. 해외 원재료의 획득은 북유럽 사회에 일어난 변화와 관련이 있는 것으로 보인다. 평등한 수렵채집인 사회는 이때부터 지위에 더 큰 관심을 보이게 된다. 사회는 점점 계층화되고 세계에서 가장 오래된 계급제도가 등장한다. 영국 드라마 〈다운튼 애비〉 만큼은 아니라도, 지위가 높은 사람과 낮은 사람, 부자와 가난한 사람의 차이가 고고학 조사에서도 드러난다. 발트해 주변의 정교한 중석기 무덤들에서는 해

외에서 온 물건들이 나오기도 하는데, 그런 물건들은 아마 사회적 지위의 상징물이었을 것이다.

사회계층화는 중동 지역에서와 같이, 북유럽과 서유럽에서도 농업으로의 이행을 도왔을 것이다. 먹고사는 것으로 그만이라면 배타적으로 살아도 괜찮다. 하지만 해외의 재화와 지위를 획득하는 일에 관심이 있다면 더 넓은 세계와 연결될 필요가 있을 것이다. 유럽 전역의 중석기시대 사람들은 우리가 한때 생각했던 것보다 훨씬 더 서로 연결되어 있었다.

중석기에 물질과 사상과 사람을 연결하는 교역 네트워크가 있었다는 것은 서유럽의 수렵채집인들이 동쪽에 있는 최초의 농부들과 이미 교류하고 있었다는 뜻이다. 6500년 전 무렵에 도나우 계곡에는 이미 농경인 집단이 정착해 살고 있었다. 여전히 중석기시대의 방식으로 살고 있던 북쪽의 수렵채집인들은 토기나 사슴뿔로 만든 T형 도끼, 뼈 반지, 빗 따위를 남쪽에 사는 신석기 이웃들에게 빌렸다. 아마 그 대가로 털가죽과 호박을 제공했을지 모른다. 그렇다 해도, 8천 년 전은 유럽의 북서쪽 가장자리에 위치한 중석기 거주지에 일립계밀의 흔적이 나타나기에는 너무 이른 시점이다. 빙하기가 이 북위도 지역에서 기세를 잃은 지 얼마 되지 않았을 때였기 때문이다.

빙하기 말에 따뜻해진 기후가 북서유럽에 미친 영향은 중동에 비할 바가 아니었다. 그곳은 수천 년 동안 빙상의 손아귀에 쥐여 있던 땅이었다. 게다가 빙상의 남쪽에는 나무 없는 툰드라가 광대하게 펼쳐져 있었다. 사람, 곰, 참나무를 포함해 따뜻한 기후에 적응된 종은 빙상과 툰드라가 지배하는 곳에서는 절멸했다.

이런 종의 사촌들은 프랑스 남부, 이베리아반도, 이탈리아에 있던 아직 살 만한 레퓨지아*에서 버텼다. 다시 따뜻해져 빙상이 물러났을 때, 북유럽의 대부분이 녹은 빙하와 함께 흘러온 모래 퇴적물과 빙하 그 자체가 남긴 더 고운 표석점토로 뒤덮였고, 이어 사초, 풀, 자작나무, 버드나무가 새로 드러난 땅을 점유해 그곳을 스텝 툰드라로 바꾸었다. 1만 1600년 전 신드리아스기의 냉기가 지나간 뒤에는 자작나무, 개암나무, 소나무가 다시 북쪽으로 확산하기 시작했다.

8천 년 전에 이르러, 지금의 영국에 해당하는 반도를 포함한 북유럽 땅은 라임나무, 느릅나무, 너도밤나무, 참나무가 있는 숲에 포근하게 안겼다. 숲은 생명으로 가득했다. 오록스와 엘크, 야생 돼지, 노루, 붉은사슴, 소나무담비, 수달, 다람쥐, 늑대, 많은 들새들이 이곳에 살았다. 바닷속은 연체동물과 물고기, 바다표범, 쇠돌고래, 고래로 와글거렸다. 중석기 사람들은 이런 자원을 십분 활용했다. 아직은 수렵채집인이었으니까. 그들은 활과 화살로 무장하고 개를 데리고 다니면서 땅에서 동물들을 사냥했다. 그리고 통나무배에 그물과 낚싯바늘, 낚싯줄, 통발을 갖추고 바다와 강에서 물고기를 끌어 올렸다.

*　　과거에 광범위하게 분포했던 생물체가 소규모 집단으로 생존하는 지역 또는 거주지. 빙하기에 동식물이 절멸했지만, 그중 빙하의 영향을 피해 동식물상이 제한적으로 유지되는 산악 지역 같은 장소를 말한다.

인류는 신드리아스기 말에 북유럽을 다시 점유하기 시작해 기원전 9600년 영국에 도달했다. 이 최초의 이주자들은 물에 발을 담글 필요조차 없었다. 빙하기 동안 해수면이 오늘날보다 120미터나 낮았기 때문이다. 빙하가 녹으면서 해수면이 높아졌지만, 최초의 동식물들이 영국에 다시 돌아올 무렵, 머지않아 섬이 되는 이 땅은 아직 유럽 본토와 연결되어 있었다.

고고학에서 말하는 이 무렵 사람들의 전형적인 모습은 이동 생활을 하는 소규모 수렵채집인 집단이다. 즉, 이들은 자주 이동하며 흔적을 남기지 않았다. 중석기 유적은 규모가 그리 크지 않고 점유 기간이 짧은 것이 보통이다. 하지만 최근 요크셔의 스타 카Star Carr 유적에서 실시된 발굴 조사에서 놀랍도록 규모가 큰 중석기 거주지의 존재가 드러났다. 9천 년 전의 이 유적에는 가공된 목재로 쌓은 단이 호숫가를 따라 30미터 가까이 이어져 있다. 총 면적은 거의 2만 제곱미터에 이른다. 이 정도로 큰 정착 사회라면 사회계층이 어느 정도 존재했을 확률이 높다.

중석기 식탁에 올라온 새로운 음식

중석기 동안 소규모 수렵채집인 무리가 북유럽과 서유럽을 떠돌아다녔다 해도, 적어도 몇몇 장소에서는 사회가 더 복잡해지고 있었던 것 같다. 그때까지 추정되었던 것보다 규모가 크고 정착 생활에 가깝고 복잡하고 연결된 집단들이 존재했음을 생각하면, 불드너 계곡에서의 발견도 그리 놀라운 일이 아니다.

잉글랜드의 양쪽 끝에 위치한 스타 카와 불드너 계곡 유적을 보면, 그동안 우리가 영국의 초기 중석기의 복잡성을 과소평가했을지도 모른다는 것을 깨닫게 된다. 또한 중동에서와 마찬가지로 사회적 복잡성은 농업에서 유래한 것이 아니라, 농업에 선행했던 것으로 보인다. 중석기의 생활 방식은 상당히 다양했다. 어떤 집단은 거의 정착 생활을 했고, 어떤 집단은 어로를 개발하고 있었다. 지중해 주변에서 이루어진 흑요석 교역뿐 아니라, 해양 어로의 증거가 이를 잘 보여준다.

그렇다 해도 불드너 계곡에서 나온 8천 년 전의 일립계밀 DNA는 여전히 마른하늘에 날벼락 같은 일이었다. 전통적인 조사 방법인 고고학과 식물학이 밝힌 바에 따르면, 작물화된 일립계밀이 9천 년 전 ~1만 년 전 메소포타미아 전역에 등장해 키프로스로 퍼져나갔다. 신석기는 유럽 전체를 동에서 서로 확산하여 약 6천 년 전 아일랜드에 도착했다. 일립계밀은 7500년 전 중부 도나우강 유역에서 재배되고 있었고, 적어도 5천 년 전에는 스위스와 독일에 도달했다. 하지만 지중해 연안에서는 신석기가 훨씬 더 빨리 확산된 것으로 보인다. 최근 이루어진 고고학 발굴 조사에서, 7600년 전에 먼 서쪽의 프랑스 남해안에까지 신석기 농경인이 살았음이 밝혀졌다. 이러한 프랑스의 초기 농부들은 토기, 가축 양, 엠머밀 그리고 일립계밀을 가지고 있었다. 이때 특정 유형의 토기가 신석기 패키지의 일부로 서유럽의 초기 유적에 도착해 해안을 따라 퍼진 듯하다. 불드너 계곡에서 발견된 흔적보다 겨우 4백 년 앞서는 일립계밀의 결정적 증거가 프랑스에서 발견됨에 따라, 시간 격차는 좁혀지고 있다. 불드너인들이 초기 농경인이있다고 주장하지는 못하더라도, 그들이 더 넓은 세계와 연결되어 있었던 것은 분명하다. 가까운 대륙의 농산물이 농업 그 자체가 도착하기 전에 이미 영국으로 오고 있었다.

바다 밑바닥에 감추어진 일립계밀의 이야기는 새로운 가능성에 눈을 뜨게 하며, 과거를 재구성할 때 도그마에 사로잡히지 말아야 함을 상기시킨다. 어느 곳에서 어떤 것의 가장 빠른 사례를 발견하는 일은, 불가능하지는 않지만 어려운 일이다. 유전학이 고고학의 도구 상자에 합류해 유전자에 파묻힌 희미한 단서들을 끄집어내면서 모든 것의 시작이 앞당겨지고 있다. 밀의 첫 맛은 물론, 어쩌면 새로운 생활양식이 시작되었음을 말해주는 빵의 첫 맛조차도, 우리가 예상했던 것보다 영국 남부 해안에 빨리 도착했다.

불드너 계곡에서 야영 생활을 하는 중석기 수렵채집인이 되었다고 상상해보자. 어느 날, 그동안 이따금씩 보고 지내던 먼 부족의 뱃사람들이 찾아온다. 우리는 그들을 따뜻하게 대접한다. 아마 구운 사슴고기를 나눠먹을 것이다. **그때 그들이 뭔가를 식탁 위에 꺼내놓는다.** 우리가 근처에서 채집할 수 있는 먹을거리와는 사뭇 다른 것이다. 그것은 딱딱하고 작은 씨다. 손님들은 씨를 갈아 물과 섞더니 손으로 반죽해 납작하게 펴고, 화로에 넣은 평평한 돌 위에서 굽는다. 우리는 그날 밤 맛있는 새로운 음식을 먹는다. 납작한 빵이다. 망망대해의 반대쪽에 사는 사람들이 항상 먹는 음식이라고, 그 뱃사람들이 말해준다. 이 작은 씨는 해가 뜨는 땅 '서머랜드'의 거대한 초원에서 온 것이다.

그 밀이 어떻게 불드너 계곡에 왔는지, 그리고 그것을 어떻게 죽이나 빵으로 만들어 먹었는지 우리로서는 영영 알 수 없을지 모른다. 하지만 밀을 보면 이런 궁금증이 떠오를 수밖에 없다.

중석기의 수렵채집인들은 유럽의 해안을 따라 거침없이 다가온 이 다른 종류의 생활 방식에 대해 무언가를 알고 있었을까? 그들은 빵의 재료인 낟알이 채집된 것이 아니라 의도적으로 재배된 것이라고 상상이나 했을까? 하지만 그로부터 몇 세기 지나지 않아, 영국의 숲조차 밭이 되는 시대가 온다.

3

소

Bos taurus

얼룩소, 큰 점박이 소,

작은 점박이 소, 흰 얼룩소,

풀밭을 얼룩덜룩하게 하는 너희 넷이여 오라.

얼굴이 흰 늙은 소,

회색 소

왕궁에서 온

흰 황소도 함께 오라.

그리고 고리에 매달린 작고 검은 송아지

너도 오라, 모두 다시 집으로 가자

— 12세기 웨일스 시

뿔 긴 짐승에 관한 수수께끼

나는 쓸 수 있는 곳이면 어디서든 쓴다. 어디를 가든 노트북을

소

가지고 다니며 기차, 비행기, 택시에서도 쓴다. 회의나 촬영이 없을 때면 호텔에서도 쓴다. 시내에 나갈 때는 카페에 앉아 쓴다. 하지만 글이 가장 술술 풀리는 곳은 집이다. 나는 벽 밖으로 튀어나온 돌출창 앞에 앉아 자판을 두들긴다. 고개를 들면 정원이 보이는데, 지금 그곳은 그저 예쁘다는 이유만으로 심어놓은 온갖 재배종 식물들이 초가을색의 향연을 벌이고 있다. 만발한 에키나세아와 루드베키아 꽃은 초록 바탕 위에서 반짝이는 노란색과 자주색 보석들 같다. 다시 꽃을 피우는 장미들도 아치를 타고 오르며 아직 남은 온기를 붙잡는다.

우리 집 정원 너머로는 풀밭이 펼쳐져 있고, 그 주위를 이제는 진한 자줏빛으로 물든 유럽너도밤나무가 멀찌감치 둘러싸고 있다. 초록 풀밭에서 아침 안개에 싸여 움직이는 검은 형상들은 소다. 느슨하게 무리 지어 다니며 온종일 먹고 또 먹는 소들 등살에, 건초가 만들어진 뒤 다시 자라난 싱그러운 초록 풀이 갈기갈기 뜯겨 나간다. 소들은 모두 어린 수컷이다. 이따금씩 화들짝 놀라 풀밭의 한쪽 끝에서 다른 쪽 끝으로 돌진하기도 하지만 대체로는 얌전하다. 나는 고개를 들어 그들을 보면서 생각을 정리하고 이 이야기의 타래를 엮는다. 소들을 보면 마음이 고요해진다.

이 소들은 수소이고 몇몇은 꽤 무시무시한 뿔을 가졌는데도, 나는 별로 겁내지 않고 풀밭을 가로질러 걸어갈 수 있다. 그들이 자기들 환경에 들어와 있는 인간에게 관심을 보이는 일은 드물다. 단, 트럭을 탄 농부만 빼고. 계절이 가을에서 겨울로 넘어갈 때쯤 농부는 픽업트럭인 도요타 하이럭스를 몰고 풀밭으로 와 건초 꾸러미들을 던진다. 달콤한 맛이 나는 오래된 건초를 먹고 싶은 수송아지들은 트럭을 따라 잡기 위해 마구 달린다. 마음만 먹으면 그들도 빨리 움직일 수 있다. 하지만 대체로 가만히 있거나 느릿느릿 한 걸음씩 움직이며 풀을 베어 문다. 그렇다 해도 소 무리의 한가운데로 지나갈 마음은 먹지 않는 게 좋다. 그것은 어리석은 짓이다. 특정 수송아지에 위협을 느껴 천천히 물러나 문으로 걸어 나간 일은 한두 번뿐이었지만 말이다.

나에 비하면 이 생물들은 엄청나게 거대하다. 몸무게가 약 6백 킬로그램으로, 나보다 열 배나 크고 무겁다. 다 큰 황소는 이보다 두 배 무겁다. 그런데 소의 옛 조상인 오록스는 심지어 최대 1500킬로그램까지 나갔던 것으로 추정된다. 그 일―즉, 이 거대한 동물을 사냥하는 데 그치지 않고 잡아 길들이는 일―을 하려던 어느 수렵채집인의 대담함을 존경하지 않을 수 없다. 런던 박물관에서 폭 1미터짜리 뿔 한 쌍이 붙은 오록스의 두개골을 보면 그의 미친 용감함이 더더욱 놀랍다.

우리 빙하기 조상들은 이 거대한 짐승들과 주변 경관을 공유했다. 사냥이야 그렇다 치고, 그들은 도대체 이 거대하고 무서운 동물을 어떻게 길들였을까?

폼비 해변에서 발견된 발자국

나는 나의 낡은 폭스바겐 밴―사륜구동 바퀴를 장착한 타입 25 싱크로Type 25 Syncro―을 몰고 모래언덕을 달려 폼비Formby 해변으로

소

갔다. 내가 믿고 의지하는 이 캠프용 밴은 절친한 친구이자 멘토인 고고학자 믹 애스턴Mick Aston에게서 산 것이다. 나는 차 내부 합판에 19세기 일본 화가 호쿠사이 스타일로 파도를 그려 예쁘게 꾸몄다. '메탈릭 그린' 색상인 외부도 멋졌다. 하지만 무엇보다 그 차는 듬직했다. 기름통 보호 장치를 갖추었고, 사륜구동 바퀴 덕분에 해변의 큰 구멍에서도 빠져나올 수 있었다(이미 증명된 능력이다). 이 차의 사촌 격인 차 종은 사하라사막을 건너기도 했다.

그랬으니, 내셔널 트러스트National Trust*의 승인을 받아 모래언덕을 넘어 해변까지 내 밴을 끌고 가야 했을 때 꺼림칙함이란 눈곱만큼도 없었다. 나는 공원 관리인의 랜드로버를 따라갔다. 우리가 한 모래언덕의 측면을 오를 때 밴이 약간 툴툴거렸다. 동력 변속이 느껴지는데도 바퀴가 돌지 않았다. 당시 우리는 그곳에서 BBC2 방송국에서 방영하는 〈해안Coast〉의 첫 번째 시리즈 촬영을 하고 있었다. 제작사는 자칫 촬영을 망칠 수 있는 바람과 비를 미처 예상치 못했다. 밴이 피난처가 되었다. 그 안은 따뜻하고 쾌적했다. 나는 심지어 촬영 팀과 참석자들에게 작은 가스 요리판을 사용해 차까지 대접했다.

날이 갰을 때, 우리는 밴에서 나와 해변을 조사하고 작은 스크린에 그것을 담을 계획을 세웠다. 그곳은 실로 끝이 보이지 않는 광대한 모래벌판이었다.

---

*　　자연과 문화유산 보존을 위한 민간단체.

사우스포트 해변의 남쪽에 자리한 폼비 해변은 1926년 3월 16일 전투기 조종사 헨리 시그레이브Henry Segrave경이 '무당벌레'라는 애칭을 지닌 4리터 용량의 선홍색 선빔 타이거Sunbeam Tiger로 지상 주행 세계신기록을 세운 곳이기도 하다. 그의 최고 기록은 시속 244.6킬로미터를 약간 웃돌았다. 한 달 뒤 그 기록은 깨졌지만, 시그레이브는 1927년에 세계신기록을 되찾았고, 1929년에 다시 그 기록을 깼다. 이번에는 플로리다의 데이토나 해변에서였다. 그날의 경주 사진에는 해변에 모인 관객들과 함께 그 순간의 환희가 포착되었다. 몇몇 구경꾼들은 '무당벌레'에 탄 시그레이브를 더 잘 보기 위해 모래언덕을 올랐다.

이곳의 모래를 가르는 것은 경주용 자동차들만이 아니다. 사리 때 에너지로 충만한 파도가 올라와 이곳에 몸을 부딪친 뒤 모래를 긁으며 물러날 때마다, 모래 아래 있던 더 오래된 퇴적층이 드러난다. 내가 폼비로 온 것은 바로 이 깊은 퇴적층들 때문이다. 현장 지질학에 대한 내 관심은 지엽적인 수준이지만, 동물과 인간의 흔적들이 모래와 점토, 실트와 돌 같은 매질에 모습을 드러내면 관심이 안 생길 수가 없다. 그것이 내가 거기 있었던 이유였다. 고운 모래 아래 파묻힌 고대 실트 퇴적물을 필름에 담기 위해. 그에 비하면 90년 전에 수립된 지상 주행 기록은 기재하기도 뭣할 정도로 최근의 일인 셈이다. 그야말로 눈 깜박하기 전, 어제의 일이다. 내가 보고 싶은 것은 수천 년 전의 과거가 남긴 흔적들이었다. 나는 그 흔적들이 이곳, 이 해변에 있음을 알았다.

소

＊

1989년 3월, 은퇴한 교사 고든 로버츠Gordon Roberts는 그 모래 해변을 따라 개를 산책시키던 중 새로 드러난 깊은 실트층에서 기이한 느낌의 화석을 보았다. 크기와 모양, 그리고 간격이 딱 발자국이었다. 그는 더 자세히 살펴보았다. **정말 발자국이 틀림없었다.** 이어 고든은 더 많은 발자국을 발견했다. 처음에 그는 별로 놀라지 않았다. 그 지역 사람들은 이런 흔적들이 해변에 이따금씩 나타난다는 것을 알고 있었기 때문이다. 하지만 정말 신기하게도 그런 흔적에 주목하는 사람은 아무도 없는 듯했다.

그 발자국에 고고학자들의 관심을 불러 모은 사람은 고든이었다. 고고학자들은 실트에 포함된 유기물 파편으로 방사성탄소연대측정법 등 다양한 기법을 사용해 그 발자국이 언제 생겼는지 알아냈다. 발자국이 형성된 시점은 7천 년 전~5천 년 전이었다. 영국에서 중석기에서 신석기로의 중요한 이행기에 해당하는, 흥미로운 시기였다.

발자국은 만조에 노출되면 금세 씻겨나간다. 그러므로 그대로 흔적이 남는 기간은 기껏해야 몇 주였다. 발자국의 오래된 연대와 중요성을 알아차린 고든은 이 드물고 귀한 자료를 보존해야 한다고 생각했고, 혼자서 거대한 프로젝트에 착수했다. 바로 그 발자국을 기록하는 일이었다. 그는 그림을 그리고 사진을 찍었다. 유독 잘 보존된 발자국을 보면 석고 모형을 떴다. 그의 차고는 석고 모형이 담긴 상자들로 채워졌다. 2005년 내가 폼비 해변에서 고든을 만났을 때, 그는 184개가 넘는 인간 발자국 흔적을 기록한 상태였다. 남자와 여자, 어른과 어린이의 발자국이 모두 포함되어 있었다. 그는 자신이 찍고 만든 사진과 석고 모형들을 내게 보여주었다. 일부에는 놀랍도록 자세한 엄지발가락의 모양과 발걸음의 압력까지 기록되어 있었다. 그런 자세한 발자국들은 어떻게 만들어져 그 오랜 세월 동안 보존되었을까?

발자국들이 만들어질 당시 리버풀만의 주변 환경은 오늘날과 매우 달랐을 것이다. 만조 때 파도가 해변에 부딪칠 일은 없었다. 해수면은 지금보다 낮았고, 긴 모래톱이 지금의 해안보다 더 멀리까지 펼쳐져 있었다. 모래톱 뒤에는 석호와 해변이 있었다. 해변은 완만하고 진흙투성이로 만조 때면 대체로 침수되었지만, 거세게 부딪치는 파도가 아니라 부드럽게 차오르는 물 때문이었다. 꽃가루 분석에 따르면, 당시 갯벌 뒤쪽으로 사초와 풀, 갈대가 자라는 넓은 면적의 염습지*가 있었고 그 끝에서 소택지** 숲이 시작되어 소나무, 오리나무, 개암나무, 자작나무가 자랐다.

고대 조상들이 우리처럼 해변 여행을 즐겼을 수도 있지만, 중석기 수렵채집인들에게 이곳은 풍요로운 자원을 제공하는 곳이었다. 이 지역에 대한 고고학 연구는 이 시기에 인간 활동이 해안과 강, 계곡을 따

---

*   바닷물이 드나들어 염분 변화가 큰 습지.
**   늪과 연못으로 둘러싸인 습한 땅.

소

라 집중되고 내륙으로 가면서 줄어든다는 것을 보여준다. 사실 낯익은 풍경이다. 중서기 사람들의 흔적은 보통 해안 주변, 호숫가, 강가에서 발견된다. 이런 경계에 놓인 환경들이 영국 내륙의 점점 울창해지는 숲보다 수렵채집인들에게 더 많은 것을 제공한 모양이다. 폼비 해변에서 그런 울창한 숲은 염습지와 갯벌, 석호가 있는 해안으로부터 2.5킬로미터쯤 들어간 내륙에서 시작되었던 것 같다.

나는 고든의 석고 모형을 통해 바닷가의 진흙이 발꿈치와 발바닥 아치, 엄지발가락의 자세한 구조까지 보존될 정도로 질벅질벅했음을 알 수 있었다. 성인 발자국은 맨발로 다니는 사람들에게서 특징적으로 나타나는 벌어진 엄지발가락을 가지고 있다. 하지만 발자국이 오래 보존될 가능성이 조금이라도 있으려면, 그 진흙이 축축한 상태면 안 된다. 다른 자국이 겹쳐서 찍힐 수 있는 탓이다. 즉, 뜨거운 날 딱딱하게 굳어야 한다. 그런 다음 밀물이 밀려올 때 부드럽게 차오르는 물이 모래와 실트층을 가져와 그 발자국을 덮었을 것이다. 발자국이 실트층에 파묻힌 뒤 밀봉되어 보존될 때까지 이 과정이 반복되었다. 그리고 그 이후 몇 천 년 동안 모래언덕들이 뒤로 물러나며 발자국을 포함한 실트층을 덮었다. 그리고 오늘날 그 모래언덕들이 더 뒤로 물러나면서 오래된 실트층이 겉으로 드러나 아일랜드해의 거센 파도를 맞게 되었고, 파도에 실트층이 벗겨져 마침내 발자국들이 드러난 것이다.

발자국은 고고학 기록으로 남는 일이 드물어서 인간의 행동에 대한 특별한 통찰을 제공한다. 고든은 해부학과 보행 분야 전문가들의 도움을 받아 고대에 그 해변을 찾았던 사람들의 행동을 재구성해보았다. 여성들은 해안선을 따라 천천히 걸었다. 아마 맛조개와 새우를 채집했을 것이다. 남자들은 달렸다. 아마 사냥을 했을 것이다. 어린이들은 오늘날 해변에서 노는 아이들처럼 둥그렇게 모여 뛰어다니며 갯벌을 뒤졌다.

거기에는 인간 발자국뿐 아니라 동물 발자국도 있었다. 갯벌에 살았던 매우 다양한 새들, 구체적으로 검은머리물떼새와 두루미 같은 새의 흔적이었다. 그다음으로 포유류가 있었다. 멧돼지, 늑대(또는 큰 개), 붉은사슴, 노루, 말이 있었고, 오록스, 즉 야생 소의 것임이 분명한 갈라진 발굽 자국이 있었다.

지금으로부터 10년도 더 전, 촬영이 있던 춥고 바람 불던 날, 나는 고든과 함께 폼비 해변을 걸으며 땅을 주시한 채 새로 드러난 발자국을 찾고 있었다. 곧 우리는 오록스의 발굽 자국을 발견했다. 너무 **커서** 놓치기가 더 어려울 정도였다. 또한 매우 깊어서, 축축한 진흙에 발을 찍는 오록스의 엄청난 무게가 느껴질 지경이었다. 우리 둘은 웅크리고 앉아 발굽 자국을 더 자세히 살폈다. 나는 소 발굽 자국에 익숙하다. 집 앞 들판의 물통 둘레에 모이는 수송아지들 덕분이다. 날씨가 축축할 때면 그곳은 흐르는 진흙 웅덩이에 둘러싸이는데, 이따금씩 짧은 시간이나마 발자국들이 보존될 정도로 기상 조건이 완벽한 날이 있다. 소나기가 진흙을 적신 다음 뜨거운 해가 그 모든 발굽들과 함께 진흙을 굽는 날이다. 하지만 이 오록스 발자국은 수송아지의 발굽보

소

다 족히 두 배는 컸다.

매우 클 뿐 아니라 폼비에서 가장 오래된 것이기도 한 그 소 발자국들은 중석기의 것이 확실했다. 즉 이들은 중세에 노퍽Norfolk, 영국 동부의 주의 소택지로 데려온 소들처럼 풀을 먹이기 위해 해안으로 데려온 가축화된 소가 아니었다. 가축의 것으로 보기에는 너무 일렀다. 분명, 확실히, **현대 소의 야생 선조들이 남긴 것이었다.**

그날 해변은 흐렸다. 하지만 아름다웠다. 우리는 해가 바다로 떨어지기 직전, 그림자가 길어지고 모래언덕이 순간적으로 황금빛에 감싸일 때까지 촬영을 계속했다. 촬영을 마친 뒤에는 장비를 녹색 밴에 싣고, 로버츠에게 감사 인사를 한 뒤 모래언덕을 가로질러 떠났다.

그 뒤로도 폼비 해변의 발자국 기록을 계속 수집한 로버츠는 덧없이 사라지는 흔적들이 이제는 분류되고 보존될 것이라 확신했을 것이다. 그리고 2016년 8월, 그는 위대한 유산—미래 연구자들이 조사할 경이로운 기록 보관소—을 남긴 채 세상을 떠났다. 그를 만나 함께 걷고, 끊임없이 이동하는 모래언덕 밑으로 드러나는 실트 모래와 고대 진흙에서 발자국을 찾을 수 있었던 것은 정말이지 행운이었다.

도축의 증거

폼비 해변에서 인간 발자국이 사슴과 오록스의 발굽 자국과 함께 출현하는 것을 보고 일부 연구자들은 인간이 해안가의 갈대밭과 갯벌에서 이 동물들을 사냥했으리라 추측했다. 탁 트인 곳에 무리 지어 있는 사슴과 오록스는 분명 중석기 사냥꾼들에게 매력적인 사냥감이었을 것이다. 이는 나무랄 데 없이 합리적인 추측 같지만, 유감스럽게도 인간과 동물 발자국이 특정한 날 거의 동시에 남겨졌는지 확인하기는 불가능하다. 나만 해도 집에 있다가 수송아지들이 떠난 지 몇 시간 뒤 들판으로 나가 진흙에 발자국을 남길 수 있으니까.

그런데 진정으로 놀라운 것은 발자국이 발견된 **장소**다. 해안에서 현재의 붉은사슴을 발견하는 것은 특이한 일이 아니다. 반면 오록스는 오랫동안 숲 동물로 간주되었다. 하지만 폼비의 야생 소는 소택지 가장자리에서 풀을 뜯어먹는 데 그치지 않았다. 그들은 해안 습지의 탁 트인 갈대밭으로 들어가고 있었음이 분명하다. 그들은 우리가 생각하듯 경계심 많은 숲 동물이 아니었다.

폼비에는 오록스의 뒤를 밟은 중석기 사냥꾼의 흔적이 없지만, 영국과 북서유럽의 다른 유적에는 많은 증거가 존재한다. 이 증거의 대부분은 요크셔의 스타 카를 포함한 많은 중석기 유적에서 출토된 도축된 오록스 뼈다. 더 이른 구석기 유적에도 야생 소를 먹은 증거가 남아 있으며, 사냥과 도축에 대한 증거가 남겨진 유적도 있다.

✳

2004년 5월, 네덜란드의 한 아마추어 고고학자가 흩어진 뼛조각들과 돌날 파편 두 점을 발견했다. 모두 숑어르강River Tjonger과 프리슬란트주 발크베흐로Balkweg road 근처의 지표면에 놓여 있었다. 그 유물들은 수

소

로를 팔 때 표면으로 올라온 듯했고, 햇빛에 하얗게 탈색된 것으로 보아 한동안 외부에 노출된 상태로 놓여 있었던 깃 같다.

송어르강의 이 구역은 인간의 편의에 따라 '길들여졌다.' 야생의 구불구불한 물길을 인공 수로로 만들었기 때문이다. 하지만 아마추어 고고학자의 눈에 띈 그 유물들은 먼 과거에 강 안쪽의 강둑을 이루고 있던 모래 퇴적물에서 나왔다. 안타깝게도 수로를 파면서 그 뼈와 플린트가 처음 파묻힌 자리는 완전히 파괴되었다. 고고학 용어로 말하면 그 유물들은 맥락을 벗어나 있었다. 하지만 거기서 몇 가지 유용한 정보를 얻을 수 있었다.

이 유물은 오록스의 등뼈, 갈비뼈, 발뼈에서 나온 것들이었다. 오록스 뼈치고는 작아 보였지만 방사성탄소연대 측정 결과, 약 7500년 전의 것이었다. 그때는 가축 소가 존재하기에는 이른 중석기 후기다. 최초의 가축 소는 적어도 그로부터 1천 년 뒤 네덜란드에 도착했다. 몸통에서 튀어나와 있는 척추뼈들은 가축 소의 것보다 훨씬 길어, 꼭 오록스의 것처럼 보였다. 발뼈도 오록스의 것과 더 비슷하게 길고 가늘었다. 최종적으로 그 뼈들은 작은 암컷 오록스의 것이라는 해석이 내려졌다.

요컨대, 죽은 고대 암소라는 얘기다. 그럼에도 불구하고 특별히 언급할 만한 것이 별로 없었지만, 단 하나 눈에 띄는 점은 그 뼈들 가운데 여덟 점에 자른 흔적이 있다는 것이었다. **이는 도축의 증거였다.** 척추뼈 일부에는 불에 탄 흔적도 있었다.

인간이 그 동물 사체를 가지고 무언가를 한 것이 분명했다. 뼈들과 함께 발견된 두 점의 돌날 파편은 끼워 맞추자 하나의 돌날이 되었다. 죽은 오록스의 가죽을 벗기고 도축할 때 쓴 도구들 중 하나일 터였다. 몇몇 뼈들처럼 돌날도 그슬려 있었다. 이 중석기 사냥꾼들은 불을 피웠던 것이다. 심지어 사냥한 곳에서 바로 고기를 요리해 일부 먹은 다음, 머리를 포함한 나머지 부분을 가져왔을지도 모른다.

발크베흐는 아마 사냥으로 쓰러뜨렸을 완전한 오록스 사체로 무언가를 했던 흔적이 기록된 몇 안 되는 유적 중 하나다. 네덜란드의 몇 곳, 독일의 두 곳, 그리고 덴마크의 한 곳도 같은 흔적을 보여주는 듯하다. 바로 성공한 사냥의 마무리 작업이다. 사람들이 거주하던 장소에서도 많은 오록스 뼈와 뼛조각들이 발견되었다. 저녁으로 먹을 고기를 집으로 가져왔다는 뜻이다. 그런데 이런 곳들에서도 전체 동물 뼈에서 오록스 뼈가 차지하는 비율은 매우 낮다. 하지만 숫자만 보고 판단하면 잘못된 결론을 내릴 수 있다. 오록스는 굉장히 거대한 동물이었고, 따라서 오록스 넓적다리에서 떼어낸 고기는 비버, 오소리, 야생 멧돼지, 사슴의 상응 부위에서 떼어낸 것보다 훨씬 무거웠을 것이다. 그러니 멧돼지 정도라면 모를까, 사냥한 오록스를 가족을 먹이기 위해 통째로 가져온다는 것은 엄두도 내지 못했을 일이다. 오록스를 사냥하면 **현장에서** 뼈째 큰 덩어리로 잘라 들고 올 수 있을 정도로 나눈 뒤 털가죽과 함께 집으로 가져왔을 것이다. 사냥 장소에서는 흔히 작은 고기 조각들과 함께 발이 발견된다.

발크베흐의 오록스들은 뜻밖에도 상당히 작았던 듯하다. 똑바로 섰을 때 키가 양어깨 사이의 도드라진 부분까지 거우 134센티미터였다. 그렇다면 중석기 사냥꾼들이 그리 대적하기 힘든 상대는 아니었을 테다. 이는 이후에 가축화된 소, 또는 오록스와의 잡종으로 밝혀진 많은 뼈가 실은 오록스일 가능성을 말해준다. 골학자가 뼈 크기만을 볼 경우 저지르기 쉬운 실수이니 말이다.

어쨌든 우리는 7500년 전이라는 연대로부터 발크베흐 암소가 틀림없는 오록스임을 알 수 있다. 그들은 대서양 연안부터 태평양 연안까지 유라시아 전역에 걸쳐, 그리고 남쪽의 인도와 아프리카부터 북쪽의 북극 툰드라까지 거대한 무리가 드넓게 분포했던 고대종 보스 프리미게니우스*Bos primigenius*의 구성원이었다. 이후 인간을 포함해 포식자들에게 사냥당해 결국 멸종했지만, 로마 시대까지는 오록스가 살아 있었다. 율리우스 카이사르Julius Caesar는 자신의 서사시《갈리아 전기 Gallic Wars》제6권에서 남독일의 헤르시니아 숲에 살던 야생동물 우루스 *uri**를 이렇게 묘사했다.

코끼리보다 약간 작은 크기에, 황소 같은 겉모습과 색과 형태를 가지고 있다. 힘이 엄청나게 세고 속도가 매우 빠르며, 인간이든 야생동물이든 눈에 띄면 살려두지 않는다. 독일인들은 이 동물을 구덩이에 가

---

*   '오록스'의 다른 표현.

두어 죽인다. 젊은이들은 이 동물을 사냥하면서 자신을 단련하고, 가장 센 녀석을 베어 그 증거로 뿔을 잘라 오는 자는 큰 칭송을 받는다. 하지만 이 짐승은 매우 어릴 때조차 사람에게 길들여지지 않는다.

위대한 숲의 야성적인 독일인들과 위협적인 우루스, 길들일 수 없는 뿔 달린 괴물에 대한 멋진 초상이다.

그럼에도 우리는 이 멋진 동물들 가운데 일부가 **길들여졌음**을 알고 있다. 지금 우리가 이야기하는 동물은 멸종했지만 일부 계통이 살아남았고, 지금까지 살아남은 오록스의 후손들은 인간의 협력자가 되었다. 설령 발크베흐의 오록스들이 유럽 북서쪽 끝의 고대 숑어르강의 강둑에서 최후를 맞았다 해도, 동쪽에 살던 그 사촌들 중 일부는 이미 가축화되어 있었다. 그것은 중석기 사냥꾼들이 오록스를 그토록 잡고 싶어 했던 이유인 고기와 가죽 때문만이 아니라, **젖**을 위해서이기도 했다. 인간과 소의 관계가 변하고 있었다.

영양 젖과 관리되지 않은 치아의 위대함

우리는 우유를 마신다는 개념에 너무 익숙해서, 그 생각을 처음 떠올렸을 때 어떤 기분이었을지 상상하기 어렵다. 하지만 우유와 유제품에 대한 익숙함을 어떻게든 벗어버린다면, 다른 포유류의 젖을 마신다는 생각이 매우 이상하게 보이기 시작한다.

젖을 생산하는 젖샘은 포유류를 정의하는 특징이다. 암컷은 새끼를 먹이기 위해 젖을 생산한다. 멋진 생존 전략이다. 어미가 먹이를 찾아 나서기 위해 갓 태어난 새끼를 포기할 필요가 없다는 뜻이기 때문이다. 어미는 한배에서 태어난 새끼들과 함께 머물며 자신의 몸으로 직접 먹일 수 있다. 새끼들은 커서 자립할 수 있게 되면 어미 곁을 떠나 스스로 먹이를 찾는다.

아침 식사로 먹는 시리얼이나 차에 사람의 젖을 부으라고 하면 선뜻 그렇게 할 사람이 얼마나 될까? 반면 다른 포유류의 젖을 마시는 것은 하나도 이상하지 않다. 게다가 우리는 그것을 수천 년 동안 마셔 왔다. 하지만 다른 포유류의 젖샘을 짜서 젖을 마시겠다는 생각을 누가 처음 했을까?

나는 최초의 농경인의 조상인 수렵채집인들이 이미 젖을 맛보았을 것이라고 생각한다. 신석기 이전에 사람이 젖을 소화시킬 수 있었다는 증거는 아직 찾지 못했지만, 그건 아무도 찾으려 하지 않았기 때문일지도 모른다. 또 한편으로는 젖을 마시는 것이 아직은 드물었기 때문일 것이다. 현대의 여러 수렵채집인 집단들과 함께 지내는 동안, 나는 그들이 동물 사체를 먹을 때 얼마나 철저하게 이용하는지 두 눈으로 직접 목격했다. 사냥에 성공한 뒤 식탁에 오르는 것은 비단 고기만이 아니다. 내장, 뇌, 위장 내용물도 모두 맛있고 영양가 있는 음식이다. 시베리아에서는 순록 사냥꾼들이 방금 죽인 순록의 배를 갈라 아직 따뜻한 간을 조각내 날로 먹고, 움푹 들어간 부분에 컵을 담가 피를 퍼 마시는 것도 보았다.

보츠와나 칼라하리사막의 부시먼족과 함께 10년 이상을 살았던 인류학자 조지 실버바우어George Silberbauer는 이 수렵채집인들이 사냥한 영양의 사체를 젖통을 포함해 어떻게 이용하는지 자세하게 기술했다. "젖이 나오는 큰 영양의 젖통을 불에 구운 음식은 별미로 간주된다. 젖통에 젖이 있을 경우에는 가죽을 벗기기 전에 짜서 마신다."

북아메리카 대평원의 한 민담은 그곳의 수렵채집인들에게도 영양의 젖통과 젖이 뛰어난 별미였음을 말해준다. 카이오와Kiowa족 족장 두명이 영양 암컷을 사냥해 죽인 뒤 '젖통'을 누가 갖느냐를 놓고 논쟁을 벌였다고 한다. 한 명이 젖통 두 개를 모두 차지하자, 다른 족장은 이 일이 너무도 수치스러워 갑자기 자신의 모든 친족을 데리고 짐을 싸 북쪽의 새로운 영토로 떠났다. 그 파벌 싸움은 '영양 젖에 낙담해 떠난 사람들'이라는 명칭으로 알려지게 된다. 하지만 고작 족장의 욕심 때문에 부족이 쪼개지지는 않았을 것이다. 이는 실제로는 권력과 위신의 실추를 다루는 이야기이며 귀하게 여겨지는 영양의 젖통을 나누기를 거부한 것은 이를 상징하는 장치로 보인다.

이렇게 사냥한 동물의 젖을 마신 수렵채집인에 관한 최근 및 역사적 사례가 존재한다면, 고대 수렵채집인들도 마찬가지였을 가능성이 충분히 있다. 그들도 사냥한 동물 사체를 철저하게 이용함으로써 이 귀한 자원을 최대한 활용했을 것이다. 동물들이 가축화되기 전까지 아무도 젖을 마시지 않았으리라 짐작한다면 어리석은 생각이다. 젖이 수렵채집인 식단의 중요한 부분을 이루지는 않았겠지만, 완전히 부재

소

했을 가능성도 낮다. 최근 고고학 조사 방법이 발전하면서 우리 조상들의 식생활을 탐구할 기회가 생겼는데, 젖에 관한 한, 단서는 조상들의 치아에 숨어 있을 가능성이 **높다**.

＊

칼슘은 건강한 치아와 뼈에 꼭 필요한 영양소이고, 젖은 칼슘의 뛰어난 공급원이다. 많은 원소들처럼 칼슘도 자연 상태에서 약간 다른 몇 가지 형태, 즉 동위원소들로 존재한다. 이 동위원소들의 비율을 뼈와 치아를 포함해 인간과 동물의 조직 샘플에서 측정할 수 있는데, 탄소와 질소 동위원소 비율은 식생활을 알 수 있는 유용한 지표인 것으로 밝혀졌다. 탄소 동위원소들은 한 생물이 생전에 어떤 종류의 식물을 먹었는지 대략적으로 알려줄 수 있는 반면, 질소 동위원소들은 식생활이 채식 위주였는지 육식 위주였는지, 해양 먹이원이 포함되어 있었는지를 반영한다. 그래서 한동안 고고학자들은 칼슘 동위원소비가 고대 식생활 속의 젖과 유제품에 대한 단서를 제공할 것이라고 기대했다. 그들은 고고학 유적의 동물 뼈와 인간 뼈를 조사해, 인간과 여타 동물들 사이의 칼슘 동위원소비 차이를 알아냈다. 하지만 실망스럽게도 인간 뼈에서 시간에 따른 변화는 찾아낼 수 없었다. 중석기와 신석기의 인간은, 전자는 가축화된 소가 없고 후자는 있었지만, 뼈의 칼슘 동위원소비가 서로 같았다. 안타깝지만 동위원소 분석은 우리의 궁금증을 풀어주지 못할 것 같다.

하지만 치아는 또 다른 단서를 제공한다. 인간의 고대 조상들은 치아 상태가 현대인보다 훨씬 나았다. 당을 적게 먹었기 때문에 심한 충치를 앓지 않았던 것이다. 고고학 유물로 출토된 치아에서 때때로 충치가 보이긴 하지만, 오늘날 우리 사회에 유행병처럼 번지는 충치에 비하면 충치라 할 수도 없다. 반면, 우리 조상들은 양치질과는 거리가 멀었다. 치아 위생에 관심을 갖지 않으면 치태가 형성되고, 시간이 흐르면 거기에 석회가 침착되어 아주 단단해진다. 고대 치아에 단단한 치석이 붙어 있는 것을 흔히 볼 수 있는데, 문제는 거기서 끝나지 않는다. 치석은 잇몸 자극을 유발하고 그 밑의 뼈에도 영향을 준다. 뼈가 줄어들기 시작해 결국에는 치아가 빠지게 되는 것이다. 물론 그 지경이 된 치아는 고고학자에게 발견되기 어렵다. 고대 식생활에 대한 몇 가지 흥미로운 단서들을 제공하는 것은 턱에 붙어 있는 **상태로** 무덤 속에서 발견된 치석 낀 치아다.

치석이 형성될 때 그 안에는 작은 식량 입자들이 갇힌다. 거기에는 녹말 입자(저장된 당이 빽빽하게 들어찬 꾸러미)와 식물석(살아 있는 식물에서 버팀대 역할을 하는, 실리카가 풍부한 미세구조)이 있는데 실험실에서 이 입자들을 분석해 성분을 확인할 수 있다. 치석에 포함된 입자들을 분석한 결과, 고대 식생활에 대한 온갖 종류의 놀라운 사실들이 밝혀졌다. 4만 6천 년 전 네안데르탈인들은 지금의 이라크 땅에서 보리로 추정되는 조리된 곡물을 먹었고, 이스터섬 사람들은 고구마를 먹었으며, 선사시대 수단에서는 지금은 잡초로 간주되는 향부자purple nut sedge라는

소

식물을 먹었다는 사실이 이 더러운 치아 덕분에 알려졌다.

유익한 정보다. 하지만 그래서 젖을 먹었다는 말인가, 아닌가? 젖은 미세 화석이 존재하지 않는다. 하지만 매우 특징적인 분자들이 존재하고, 그중 하나는 중요한 단서임이 밝혀졌다. **바로 젖의 유청 단백질, 공식 명칭으로 베타 - 락토글로불린**β-Lactoglobulin**이다.** 고고학자들에게 중요한 대목은, 베타 - 락토글로불린이 동물 젖에는 존재하지만 인간의 젖에는 존재하지 않는다는 점이다. 또한 베타 - 락토글로불린은 세균에 잘 분해되지 않아서 오랫동안 잔존하는 경향이 있다. 그리고 이 단백질의 유용한 특징이 하나 더 있는데, 종마다 달라서 소, 물소, 양, 염소, 말의 베타 - 락토글로불린을 구별할 수 있다는 점이다.

2014년에 한 국제 연구 팀이 광범위한 고고학 샘플에서 베타-락토글로불린을 찾아 연구한 결과를 발표했다. 그들은 낙농업의 증거가 풍부한 유럽과 러시아의 청동기시대(기원전 3000년) 치아의 치석에서 소, 양, 염소의 베타 - 락토글로불린을 다량 발견했지만, 낙농업의 증거가 존재하지 않는 서아프리카에서 출토된 청동기시대 치아의 치석에서는 베타 - 락토글로불린을 찾지 못했다. 여기까지는 훌륭하다. 게다가 이 연구는 그린란드의 중세 북유럽 유적들이 결국 버려질 수밖에 없었던 이유를 조금이나마 밝혀주었다.

다른 연구에서 질소 동위원소비를 조사한 결과, 5백 년에 걸쳐 기후가 악화되어 그린란드의 바이킹들이 가축 식량을 줄이고 바다표범을 포함한 해양 식량원을 늘리는 쪽으로 식생활을 바꾸었으며, 그런 다음 15세기에 이르러 결국 자신들의 거주지를 포기했다고 추측했다. 생선 뼈는 고고학 유적에 잘 보존되지 않지만, 바이킹들은 아마 바다 표범뿐 아니라 물고기도 먹었을 것이다. 과학자이자 저술가인 재레드 다이아몬드Jared Mason Diamond가《문명의 붕괴Collapse》에서 말했듯이, 그린란드의 바이킹들은 기존의 식생활을 병적으로 고집하기보다 새로운 환경에 적응하려 했던 듯하다. 그린란드 거주지를 버린 이유가 무엇이었든, 바다에서 나오는 음식을 먹기 싫어서는 아니었다.

바이킹 치아의 치석 분석은 또 하나의 식생활 변화를 밝혀준다. 서기 1000년에 그린란드의 초기 바이킹들은 유제품을 많이 먹었다. 하지만 4세기 뒤 베타-락토글로불린이 사라진다. 그렇다면 그들은 더 이상 가축 동물을 먹지 않았고, 유제품도 이용하지 못했다는 얘기다. 어쩌면 낙농 동물의 몰락이 이 바이킹 거주지의 종말을 앞당겼을지도 모른다. 하지만 그린란드가 버려진 진짜 이유는 악화된 경제 상황이었을 가능성도 있다. 그린란드 바이킹은 바다코끼리와 일각고래 상아를 교역했지만, 아프리카산 상아가 공급되기 시작하면서 그들의 상품은 더 이상 가치를 인정받지 못했다. 상아 시장이 바닥을 치자, 치즈 한 조각조차 얻을 수 없는 장소를 떠날 수밖에 없었던 것이다.

이 모두는 흥미로운 가설이고, 앞으로 베타-락토글로불린을 이용해 고대 식생활을 어디까지 복원할 수 있을지 사뭇 기대된다. 하지만 이 최신 연구의 조사 범위는 청동기시대까지였다. 나는 누군가 더 오래된 치아에서 젖의 유청 단백질을 조사할 날이 곧 오리라 생각한다.

소

그리고 신석기시대, 가축화와 낙농업이 시작되기 전에 살았던 수렵채집인 조상들의 관리되지 않은 치아에서도 아주 희미한 흔적이 나타날 거라고 믿고 싶다.

고대 토기에서 발견한 가공식품의 흔적

우리 조상들은 양치질만 안 한 게 아니라, 설거지도 그리 열심히 하지 않았던 것 같다. 현시점에서 인간이 우유를 마신 확실한 증거로 가장 빠른 것은 근동 지역에서 발견된 기원전 7000~6000년경의 고대 질그릇 조각 안에 남겨진 지방 잔류물에서 찾을 수 있다. 브리스틀 대학교의 리처드 에버셰드Richard Evershed가 이끄는 연구 팀은 남동 유럽, 아나톨리아, 레반트 지역에서 나온 2225점의 토기 조각들을 살펴보았다. 그들은 마라마라해 근처에서 인류가 우유를 적극적으로 이용하기 시작한 장소를 찾아냈다. 우유와 토기에 관한 이 연구는 우리에게 비옥한 초승달 지대에서 눈을 돌려 더 푸르고 싱그러운 아나톨리아 북서쪽 모퉁이를 보라고 말한다. 굉장히 일리 있는 지적이다. 이곳의 신석기 유적에서 가축화된 소의 뼈가 많이 나오는데, 중동 대부분의 지역에 비해 강우량이 풍부하고 싱그러운 목초지가 많이 분포하고 있기 때문이다. 사연 없는 뼈는 없으니, 이 지역의 고고학 유물에 어린 동물들이 많은 것으로 보아 초기 농부들은 고기와 젖 둘 다를 위해 소를 길렀던 것 같다.

고대 토기 조각들에 대한 이 연구 결과는 어떤 면에서는 뻔해 보이지만, 에버셰드와 그의 동료들이 유지방의 흔적을 발견하기 전까지는 낙농업이 신석기 생활 방식에 비교적 늦게 추가되었다는 것이 통설이었다. 낙농업의 시작은 보통 동물이 처음 가축화된 때로부터 몇 천 년 뒤, 토기가 발명되고부터는 2천 년쯤 지난 시점으로 본다. 하지만 이 새로운 증거는 낙농업 시점을 기원전 7000년까지 앞당긴다. **대략 서아시아에 최초의 도자기 그릇이 출현한 시점과 겹친다.** 이것이 그저 우연일까? 어쩌면 우유를 담아 저장하고 가공할 수 있는 무언가에 대한 필요가 토기의 발명을 부추겼을지도 모른다.

그렇다 해도 우유뿐 아니라 토기의 존재까지 아우르는 최초의 증거는 소, 양, 염소를 포함해 가축 동물이 처음 출현한 시점보다 약 2천 년 늦은 기원전 9000년에 나온다. 게다가 이러한 조사 기법들이 아무리 훌륭하다 한들, 우유가 더 일찍 이용되었는지 확인할 도리는 없다. 왜냐하면 그때는 토기 이전 세계라 유지방이 들러붙을 토기 조각이 존재하지 않기 때문이다.

토기에 남겨진 유지방 증거의 또 다른 문제는 치석 안의 유청 단백질과 달리 그 젖이 **어느** 동물의 것인지 알 수 없다는 점이다. 양, 염소, 소일 가능성이 모두 있다. 하지만 신석기 유적의 동물 뼈들을 꼼꼼하게 조사하면 진상을 규명하는 것도 가능하다. 발칸반도 중부의 열한 개 고고학 유적을 아우르는 한 조사가 바로 그 일을 했다.

유적들의 소뼈를 분석한 결과, 시간이 흐름에 따라 성체 동물의 비율이 증가했다. 신석기 유물에서 성체 동물은 보통 소뼈의 약 25퍼센트만을 차지했다. 어린 소의 수가 많다는 것은 동물을 기르는 주목적이 고기에 있음을 암시한다. 시간이 더 지나 기원전 2500년부터 시작되는 청동기시대 유적들에서는 성체 동물이 소뼈의 50퍼센트를 차지한다. 더 늙은 동물의 비율이 높아졌다는 것은 우유 같은 '2차 산물'이 (그리고 어쩌면 짐 끄는 용도가) 점점 더 중요해졌음을 암시한다.

양 뼈에 나타나는 패턴도 비슷하다. 만일 이 패턴이 다른 곳에서도 나타난다면, 이는 최초의 소와 양이 고기를 목적으로 가축화되었고, 이 종의 젖을 이용한 것은 더 나중이었다는 결론이 된다. 하지만 발칸반도 연구에서 염소 뼈들은 또 다른 사실을 말해주었다. 신석기 초기부터 성체 동물의 비율이 더 높았던 것이다. 발칸반도에서 신석기는 기원전 6000년경 시작되었다. 이는 이 지역의 목축인들이 줄곧 고기뿐 아니라 젖을 위해 가축화된 염소를 이용했음을 암시한다. 즉, 그들은 염소를 갖게 되자마자 염소젖을 먹었다.

하지만 최근에 발표된 몇몇 다른 연구들은 발칸반도 연구를 일반화하는 데 신중을 기할 것을 요구한다. 소젖이 신석기 초부터 곧바로 이용되었음을 보여주는 유력한 증거가 다른 유적들에 존재하기 때문이다. 단서는 또다시 토기 조각에서 나왔다. 이번에는 치즈에 관한 단서다. 치즈를 만드는 첫 단계는 우유 단백질인 카세인 입자를 얻는 것이다. 그것은 서로 들러붙어 단백질 망을 만들면서 그 안에 지방 입자를 붙잡는다. 응고 단백질과 지방 덩어리가 엉겨 있는 이것이 바로 응유이며, 이때 응고되지 않고 분리되는 것이 약간의 용해성 단백질을 포함하는 얇은 유체인 유청이다. 우유를 응유와 유청으로 바꾸는 방식에는 두 가지가 있다. 하나는 우유를 산화시키는 것이고, 또 하나는 효소를 첨가하는 것인데, 이때 효소는 주로 레닛을 이용한다. 우유를 가열하면 이 과정의 속도를 높일 수 있다.

이 모두는 분명 새로운 레시피 또는 새로운 저장 방법을 시도하던 신석기 농부들에 의해 우연히 발견되었을 것이다. 소떼를 몰고 나가는 신석기 농부를 상상해보자. 그는 우유를 좀 가져가고 싶다. 토기가 딱 좋지만, 들고 다니기에 너무 무겁다. 그래서 염소 위로 만든 주머니를 이용하기로 한다. 그리 이상한 생각은 아닌 것이, 물을 담는 용도로 그런 주머니를 흔히 이용했기 때문이다. 어쨌든 그는 그 주머니에 우유를 채워 집을 나선다. 그날 오후 목이 말라 우유 한 모금을 마신다. 그런데 뭔가 이상한 일이 생겼다. 우유가 물처럼 묽어지고 덩어리가 져 있다. 염소 위에 붙어 있던 효소인 레닛이 우유를 변화시킨 것이다. 그는 그것을 쏟아버리는 대신 집으로 잘 가져와 식구들에게 보여준다. 식구들은 이 새로운 유제품에 깊은 인상을 받는다. 하지만 유제품은 더 발전한다. 응유와 유청을 분리할 수 있다면, 그것이 바로 치즈의 시작이다. 치즈를 거르는 천 혹은 철망을 이용할 수도 있다. 신석기 사람들이 치즈 직포, 또는 고리버들로 엮은 채를 사용했을 가능성은 충분히 있지만, 예상할 수 있다시피 둘 다 고고학 유적에서 발견된 적이 없다. 천은 일반적으로 시간을 견디는 종류의 물건이 아니다. 그리고 신석기는 아직 철망이 생길 때가 아니다. 하지만 구멍 뚫린 토기

소

가 다수 존재하는데, 이것을 치즈 거름망으로 해석하기도 한다. 이 토기의 용도를 두고 램프에서부터 꿀 거름망, 맥주 제조 용기까지, 다양한 해석이 나왔다. 에버셰드 팀은 폴란드의 신석기 유적에서 나온 기원전 5200년경의 구멍 뚫린 토기 조각 쉰 점에 관심을 가졌다.

토기 거름망 조각의 40퍼센트에서 지방 잔유물이 발견되었다. 하나를 뺀 모두가 우유 지방으로 확인되었다. 치즈 거름망 이론을 입증하는 증거이자, 선사시대에 치즈를 이용했다는 최초의 확실한 증거였다. **이 고대인들이 우유를 가공한 것은 과학자들에게 행운이었다.** 신선한 우유 잔유물은 토기에 오래 남지 않는 반면, 우유를 가공하면 지방이 변해서 훨씬 더 오래 남기 때문이다. 그리고 폴란드의 고고학 유적들에 있는 동물 뼈의 80퍼센트는 소의 것이었다. 이러한 지방은 암소뿐 아니라 염소와 양에서도 올 수 있지만, 폴란드의 신석기 농부들이 암소의 젖을 짜고 그 젖으로 치즈를 만들었다는 것이 가장 유력한 가설로 보인다. 가축화된 오록스는 그곳에서 생활의 일부였다.

소의 가축화와 이산

가축 소 자체에 대한 최초의 고고학적 증거는 유프라테스강의 강둑에 있는 선토기 신석기 유적인 자데-엘 무그하라Djade-el-Mughara에서 나온 뼈였다. 그곳은 고대 농경 마을이었다가 훗날 청동기시대에 묘지로 사용된 아주 특별한 유적이다. 신석기층 깊은 곳에서는 매장된 인간의 흔적뿐 아니라 조각된 뼈 장신구, 벽화가 그려진 커다란 환상

구조물, 그리고 초기 농경인이 길렀던 동물들의 도축된 뼈가 나왔다.

유프라테스강 주변의 완만하게 경사진 풀밭은 봄과 겨울 동안에는 초기 가축 무리에게 완벽한 목초지를 제공했을 것이다. 하지만 몹시 건조한 여름이 오면, 사람들이 가축을 강가나 섬으로 데려갔으리라. 이 사람들은 무리 지어 다니는 야생동물을 다루는 쉽지 않은 일(뿔을 한번 생각해보라)부터 오록스 몇 마리를 잡아 교배시키는 일까지 하고 있었으니, 이미 가축화 과정을 시작한 셈이었다.

가축화된 소는 오록스에 비해 뼈가 작고 암수 차이가 크지 않다. 뿔 모양도 다른데, 두개골에서 튀어나오는 중심의 뼈 부분을 보면 그 차이를 알 수 있다. 자데-엘-무그하라 유적에서 발견된 소의 초기 골격 증거는 1만 8백 년 전~1만 3백 년 전의 것으로 추정되며, 대략 이 무렵 레반트 지방에서는 곡물을 재배한 최초의 확실한 증거가 나타난다. 하지만 양과 염소는 좀 더 일찍 가축화된 것으로 보인다. 아마 몇 백 년쯤 빨랐을 것이다. 이 동물들의 가축화는 작물을 본격적으로 재배하기 전에 일어나기 시작했다고 보는 것이 타당할 듯하다.

목축, 즉 동물 무리를 돌보는 일은 유목 및 수렵채집 생활 방식과 농업에 기반한 정착 생활 방식 사이의 중간에 해당한다. 하지만 수렵채집에서 목축으로의 이행은 매우 신속했을지도 모른다. 터키의 아시클르 회위크Aşıklı Höyük 유적을 보면, 광범위한 야생동물을 아우르는 식생활이 단 몇 백 년 만에 양이 식용 동물의 90퍼센트를 차지하는 식생활로 바뀐다. 아시클르 회위크의 선토기 신석기 사람들이 어떻게 해서

소

양떼를 관리하게 되었는지 모르지만, 그들은 사실상 고기를 저장함으로써 더 확실한 식량원을 확보하게 되었다. 말하자면 걸어 다니는 식품 저장고를 창조한 셈이다.

초기 유전학 연구에 따르면, 양과 염소가 대략 아시아 남서쪽 내의 독립된 장소에서 여러 차례에 걸쳐 가축화되었다. 하지만 실제로 더 유력한 가설은 각 종마다 단일 가축화 중심이 존재하되 야생의 사촌들과의 왕성한 교잡이 있었다는 것이다. 가축 염소는 야생 염소 카프라 아이가그루스*Capra aegagrus*에서 유래했고, 양은 야생 양 또는 아시아 무플런 양 오비스 오리엔탈리스*Ovis orientalis*의 가축화된 후손이다. 한편 유럽 무플런 양은 가축 품종이었다가 야생화된 것으로 보인다.

소의 가축화 이야기도 비슷하다. 오랫동안 가축소의 두 주요 아종인 타우린taurine과 인디신indicine이 별개의 기원을 가진다고 여겨졌다. 다윈은 그렇다고 확신하며《종의 기원》에 이렇게 썼다. "[혹이 난 인도 소는] (…) 유럽 소와는 다른 혈통에서 유래했다고 생각하지 않을 수 없다."

그리고 솔직히, 제부 소zebu cattle라고도 하는 인디신 소*Bos taurus indicis*는 타우린 소*Bos taurus taurus*와 겉모습이 뚜렷이 다르다. 인디신 소는 어깨 위에 큰 혹이 있고, 앞다리 사이에 처진 살이 길게 매달려 있다. 또한 인디신 소는 타우린 소보다 뜨겁고 건조한 조건에 훨씬 더 적합하다. 미토콘드리아 DNA와 Y 염색체를 분석한 결과도 각 아종이 따로 기원했다는 가설을 뒷받침한다. 하지만 단일 기원설이 훨씬 더 일리가 있다. 아마 1만~1만 1천 년 전 근동 지역에서 가축화된 소가 생겨난 다음, 다른 장소로 확산하는 도중에 야생의 친척들과 교배했을 것이다. 약 9천 년 전 남아시아에서 제부 소의 유전자와 특징들이 가축소에 도입된 것은 그 지역의 오록스와 활발하게 교잡한 결과일 가능성이 높다.

소의 이산離散은 매우 빨리 진행되었다. 농부들과 그들의 소는 서쪽으로도 이동했다. 1만 년 전에는 아주 용감한 누군가가 소들을 배에 태워 키프로스로 데려갔고, 8500년 전에는 가축소가 이탈리아에 도착했다. **7천 년 전 무렵에는 가축소가 초기 농경인과 함께 유럽의 서부, 중부, 북부뿐 아니라 아프리카에까지 퍼져 있었다.** 동북 아시아에 도달한 것은 5천 년 전이다. 중동 밖으로 퍼져나간 양과 염소는 말 그대로 미답의 영토로 들어서고 있었다. 그들과 교배할 야생 친척이 존재하지 않았기 때문이다. 하지만 가축화된 소는 달랐다. 야생 황소가 유럽과 아시아 전역에 분포했으니 가는 곳마다 그들과 교배했을 것이다.

최초의 단서는 미토콘드리아 DNA에서 나왔다. 슬로바키아의 신석기 소, 스페인의 청동기 소, 그리고 몇몇 현대 소에 나타나는 특이한 변이는 모두 유럽 오록스에서 유래한 것이었다. 더 최근에 실시된 유전체 전체 조사에 따르면, 유럽 전역에 걸쳐 가축 소와 현지의 야생 황소 사이에 광범위한 교잡이 있었다. 특히 영국과 아일랜드 소 품종들은 유전체에 다량의 오록스 DNA를 가지고 있다. 하지만 교잡이 인간의 관점에서 얼마나 의도적이었는지에 대해서는 추측만 할 수 있을

소

뿐이다.

나는 가축 순록 무리의 규모가 너무 커서 인도하거나 모는 것이 불가능한 지역인 시베리아에서 원주민 순록 목동들과 함께 지낸 적이 있다. 야생 순록 떼는 훨씬 규모가 크고, 가축 떼처럼 대개 이동 중이다. 나와 이야기를 나눈 순록 목동들의 걱정은 야생 순록이 그들의 순록 무리에 들어올까 하는 것보다는, 길들여지지 않은 무리에 자신들의 순록을 잃는 것이었다. 야생 순록 무리가 근처에 있다는 것을 알면 그들은 항상 노심초사했다. 이 경험은 초기 농경인과 그들의 가축 무리에 대한 내 생각을 바꾸어놓았다.

신석기 농경인은 자신들의 가축을 얼마나 조심스럽게 돌보았을까? 울타리를 쳐서 가두었을까, 아니면 자유롭게 풀어놓았을까? 야생 오록스를 신중하게 골라 가축 무리에 추가했을까, 아니면 유전자 침투는 단순히 가축과 야생동물 사이의 불가피한 접촉으로 생긴 결과일 뿐일까? 만일 후자의 경우라면, 야생 수소보다는 야생 암소가 가축 무리와 접촉했을 가능성이 높다.

가축 소가 야생 개체군과 계속 교배했다는 사실은 생물학적 관점에서는 그리 놀라운 일이 아니다. 오늘날 존재하는 소의 두 아종은 흔히 교배해 잡종을 생산해왔다. 아프리카 소의 DNA에는 인디신 소 수컷이 타우린 소 무리와 교배해 상가 소Sanga cattle을 생산한 역사가 기록되어 있다. 중국에서 타우린 소는 북쪽으로 확산했고, 인디신 소는 남쪽으로 확산했다. 이러한 남북 분리는 지금도 중국 소들 사이에 분명하게 나타나고, 그 중간 지대에는 타우린 소와 인디신 소의 잡종이 존재한다. 소는 다른 종과도 잡종을 생산할 수 있다. 중국의 한 소 품종은 야크 DNA를 가지고 있는 것으로 밝혀졌다. 거꾸로 가축 야크는 소 DNA를 가지고 있다. 인도네시아에서는 제부 소가 반텡*Bos javanicus*이라고 부르는 그 지역의 야생소와 교배하는 일이 흔하다.

소는 왜 점점 작아졌을까

소, 양, 염소, 돼지는 인간과 협력 관계를 맺으면서 변모했다. 재배되면서 더욱 굵어진 밀 낟알과 달리, **소와 여타 동물들은 더 작아졌다.** 그중에서도 소는 이상하게도—양, 염소, 돼지와 달리—신석기, 청동기, 철기를 거치며 **유독 계속 작아졌다.** 게다가 상당히 작아졌다. 고고학자들은 유럽 소의 고대 뼈를 조사해 신석기 동안 소가 얼마나 작아졌는지 측정했다. 유럽에서 농업은 약 7500년 전(기원전 5500년)에 시작되었다. 3천 년 뒤인 신석기 말, 소는 농업이 시작될 때보다 평균 3분의 1가량 더 작았다.

여기서 우리는 초기 농부들이 인위적 교배를 통해 더 작고 다루기 쉬운 동물을 고의적으로 선택했으리라는 결론으로 도약하기 쉽다. 그러나 가축화 초기라면 몰라도, 농부들이 수 세대 수천 년에 걸쳐 계속해서 점점 더 작은 동물을 선택했을 확률은 낮아 보인다. 그러면 소는 왜 계속 작아졌을까?

중부 유럽의 일곱 개 유적에서 출토된 뼈에 대해 해부학적 분석을 한 결과를 토대로, 고고학자들은 무엇이 몸 크기 축소를 일으켰는지에 대한 서로 다른 가설들을 검증해볼 수 있었다. 한 가지 가설은 가축소가 만성적인 영양실조 상태였다는 것이다. 하지만 소가 영양실조였다는 증거는 존재하지 않는다. 평균 크기가 감소한 것은 암수의 크기 차이가 줄어들면서 일어난 부가적인 결과였을 가능성도 있다. 하지만 신석기가 막 시작될 때 성적 이형성이 감소한 뒤로 이러한 추세가 계속되지 않았는데도 소는 계속 작아졌다. 즉, 소가 유럽에 도착한 것은 가축화가 처음 일어난 때로부터 약 3천 년 뒤였는데, 그 후 수천 년 동안 유럽 소의 뼈는 상당히 일관적인 수준의 암수 차이를 보였다. 그러는 중에도 그들은 계속 작아졌다.

기후변화도 동물의 크기에 영향을 미칠 수 있다. 이것이 정답일까? 그럴 것 같지 않다. 그 경우라면 야생 소도 가축 소와 똑같은 방식으로 영향을 받았어야 하는데 그렇지 않기 때문이다. 그다음으로 또 하나의 가능성이 있는데, 소의 평균 크기에 나타나는 변화가 단순히 수소 개체수에 대한 암소 개체수의 비율이 바뀐 것을 반영할 뿐이라는 의견이다. 무리에 성체 암컷의 비율이 높다면 목축의 초점이 우유 생산으로 점점 옮겨 간 결과로 설명할 수 있을 터였다. 낙농 소 무리에서는 어린 수컷을 흔히 도태시키니까. 그렇기만 하다면 유력한 가설로 보인다. 하지만 이번에도 증거와 맞지 않는다. 신석기 소의 뼈들을 보면, 암컷 동물의 비율은 증가하지 않았다. 과학자들은 능숙한 솜씨로 가설들을 하나씩 제거해나갔다. 그런 뒤 딱 하나의 가설이 남았는데, 바로 그것이 산더미 같은 뼈 증거와 완벽하게 일치했다.

중유럽의 신석기 유적에서 출토된 고대 소뼈들을 보면, 시간이 흐를수록 크기가 작아질 뿐 아니라 어린 소의 개체수가 증가한다. **이는 목축의 초점이 고기 생산으로 옮겨 왔음을 암시한다.** 어린 소는 빨리 자란다. 3~4년이면 거의 성숙하고, 이때부터는 성장률이 떨어진다. 성숙한 동물을 계속 살려두어서는 고기를 많이 얻을 수 없으므로, 보통은 동물들이 성숙하기 전에, 혹은 성숙하자마자 도태시킨다. 거주지 주변의 두엄 더미에 어린 뼈의 비율이 높아질 수밖에 없다. 하지만 그 자체로 보면 이것이 소의 크기 축소와 무슨 관계인지 알기 힘들다. 크기 축소는 성체 소에서 확인된 현상이고, 어린 소는 표본에 포함되지 않기 때문이다.

그러나 성체에 이르지 못한 뼈의 비율이 높다는 것에서 간파해야 할 사실이 있다. 바로, 송아지를 낳는 암소들도 대체로 완전히 성숙한 상태가 아니라는 것이다. 번식할 수는 있으나 아직 다 자라지 않은 암소들은 무리 내의 성숙한 자매들에 비해 체중이 적게 나가는 송아지를 낳는 경향이 있다. 더 작고 가벼운 송아지는 더 작고 가벼운 소로 자란다. 이는 유럽의 신석기 소떼에서 젖을 짜지 않았다는 뜻이 아니라, 고기가 최우선 목적이 되면서 유럽의 소가 신석기 초보다 신석기 말에 33퍼센트가량 작아졌다는 뜻이다. 나중에 청동기시대에 와서는 미성숙한 개체가 나타나는 유적의 비율이 줄어들고 소의 크기가 조금 커지기도 하지만, 이것은 일시적인 변화였다. 전반적으로 소는 중세

소

까지 계속 작아졌고, 몸집을 회복하는 데는 시간이 좀 걸렸다. 그리고 다시 커졌을 때도 웅장하기 그지없는 야생의 오록스 조상만큼은 되지 못했다.

소는 우리 조상들에게 우유와 고기 외의 서비스도 제공했다. 율리우스 카이사르는 철기시대 독일인들에게 야생 오록스가 갖는 문화적 중요성을 기록했고, 가축 소는 종교 제의와 전투 의식에서 중요한 역할을 계속했다. 고대 크레타섬의 황소 숭배는 미노타우로스 신화에 영감을 준 듯하다. 영웅과 투우사를 상대할 막강하고 대적할 가치가 있는 적으로는 소만 한 동물도 없었을 것이다. 하지만 소의 몸집과 힘은 더 세속적인 일에도 유용했다. 소는 쟁기와 마차를 끄는 데 사용된 최초의 견인 동물이었는데, 아직 산업화되지 않은 세계 여러 지역에서는 여전히 소를 이런 용도로 사용한다. 게다가 기계보다 소가 더 적합할 때도 가끔 있다. 중국 남부 룽성의 고지대 논까지 트랙터를 끌고 가는 것은 불가능하지만, 황소는 쉽게 올라가 좁은 계단식 논을 따라 쟁기를 멋지게 끈다.

견인을 위해 소를 육종하고 이용하는 것은 유럽 소의 크기가 줄어들고 있는 추세 속에서 반짝 출현한 또 하나의 기이한 변화를 잘 설명해주는 듯하다. 로마 시대에 유럽의 소는 약간 커진다. 이탈리아, 스위스, 이베리아, 영국의 유적들에서 출토된 뼈를 분석한 결과가 이 사실을 잘 보여준다. 농부들이 의도적으로 더 큰 소를 육종하고 거래했을 수도 있지만, 크기 증가는 현지의 야생 오록스 유전자가 주입된 결과일 가능성도 있다. 그리고 아마도 이 무렵 큰 소가 특히 인기를 끌었던 듯하다. 로마제국의 점점 확장되는 밀밭을 재배하기 위해서는 소의 힘이 필수였기 때문이다. 그럼에도 소는 중세 이후에도 한참을 지금보다 훨씬 작은 상태로 있었다.

인간에 의한 이동, 인간에 맞춤한 교배

가축 소가 초기 농경인과 함께 유럽, 아시아, 아프리카로 처음 확산한 뒤로, 소 집단은 이주하는 사람들을 따라 이동하면서 변하고 섞였다. 문명이 꽃피고 제국이 성장하는 동안, 성공한 소 품종들은 고향을 떠나 새로운 목초지로 갔다.

이탈리아 북부 소의 미토콘드리아 DNA는 아나톨리아와의 흥미로운 관계를 암시한다. 그 연대가 이탈리아에 소가 처음 도착한 시점보다 훨씬 나중으로 보이기 때문이다. 헤로도토스는 18년 동안 계속된 기근 때 지금의 아나톨리아 지역에 해당하는 리디아의 주민들이 겪은 고통을 기록했는데, 그에 따르면 결국 많은 리디아인들이 지중해 동해안을 떠나 이탈리아로 항해해 왔다고 한다. 이탈리아에 정착한 사람들은 자신들을 티레니아인이라고 불렀고, 나아가 에트루리아* 문명을 건설했다. 꽤 낭만적인 이야기지만, 이를 뒷받침하는 역사적 또는 고고학적 증거라고 할 만한 것은 별로 없어 보인다. 그런데 오래 전 지

---

* 고대 이탈리아의 지명으로 지금의 토스카나 지방이다.

중해 동부에서 이탈리아로 이주한 사건의 희미한 유전적 흔적이 북부 이탈리아 소에 간직되어 있을지도 모른다. 고대 에트루리아인 뼈에서 채취한 미토콘드리아 DNA를 분석한 결과도 이탈리아 북부와 터키의 관계를 암시하는 듯했다. 하지만 그것은 이주의 분명한 증거라기보다는, 단지 이 지역들이 무역과 수송으로 얼마나 잘 연결되어 있었는지를 보여줄 뿐이다. 그래도 혹시 아는가. 헤로도토스의 말이 옳았을지.

현대 소의 유전적 구성에도 무역로가 반영되어 있다. 마다가스카르 소에는 제부 소 DNA가 있는데, 이는 확실히 인도와 강력한 무역망을 구축했음을 말해준다. 하지만 유전적 흔적으로 남은 소의 대규모 이동 중 일부는 무역에 의한 것이 아니라 이주하는 인간을 따라간 것이다. 비교적 최근에 제부 소의 유전자가 아프리카의 타우린 소에 들어간 것은 아마 서기 7세기와 8세기에 아라비아가 세력을 확장한 사실과 관련 있을 것이다.

중세 이후, 이제 소는 커지는 시작했다. 선택 육종 때문일 수도 있고, 유럽의 정치적 안정과 번영이 낳은 간접적인 결과일 수도 있다. 평화롭다는 것은 곧 쇠스랑이 무기가 아니라 건초를 들어 올리는 원래 용도로 쓰일 수 있다는 뜻이니까.

이때는 16세기로, 소가 구세계의 테두리를 벗어나기 전이었을 것이다. 소가 아메리카를 차지하기 시작한 것은 15세기 말이었다. 최초의 소들은 콜럼버스의 두 번째 아메리카 탐험의 일환으로 카디스에서 배에 실려, 카나리아제도를 경유해 산토도밍고로 향했다. 말, 노새, 양,

염소, 돼지, 개도 여행에 동참했다. 곧이어 더 많은 동물들이 합류했다. 콜럼버스 이후 모든 배가 더 많은 동물을 싣고 아메리카 대륙으로 와, 확산하고 있는 가축 무리에 수를 보탰던 것이다.

그러니까 콜럼버스 이전까지 아메리카에는 소가 없었다는 얘기다. 적어도 통설에 따르면 그렇다. 하지만 소가 그보다 5백 년 정도 더 일찍, 바이킹이 캐나다의 뉴펀들랜드로 추정되는 '빈랜드Vinland'에 거주지를 세울 때 북아메리카 도착했을 가능성도 있다. 북유럽 영웅전설에는 1년 내내 소에게 풀을 뜯게 할 수 있을 정도로 겨울이 온화한 빈랜드 근처의 섬들이 구체적으로 묘사되어 있다. 그렇다 해도 이 바이킹 이주자들이 인간이든 소든 어떤 후예를 남겼다는 직접적인 증거는 없다. 거주지는 버려졌고, 유럽인이 아메리카 대륙을 '재발견'한 것은 그로부터 몇 백 년 뒤였다. 바이킹 거주지는 뉴펀들랜드의 고대 유적인 랑즈 오 메도스L'Anse aux Meadows에 적어도 하나 이상 존재하는데, 그럼에도 뉴펀들랜드가 북유럽 영웅전설 속의 빈랜드인지조차 의심하는 사람들이 아직 있다. 한편, 문서로 입증된 스페인과 포르투갈의 항해는 의심할 이유가 없어 보인다. 스페인 사람들은 카리브해 지역으로 소를 실어 왔고, 포르투갈 사람들은 브라질로 소를 데려갔다. 이 동물들의 후손이 바로 라틴아메리카 크리오요 소Criollo cattle다.

＊

18세기에 영국의 선구자들이 체계적인 선택 육종에 앞장서면서 특

화된 품종들이 하나둘 나타나기 시작했다. 로버트 베이크웰Robert Bakewell
은 몸집이 크고 갈색과 흰색의 털이 섞인 롱혼longhorn 품종을 만들어냈
다. 주로 견인 동물로 쓰였지만 젖 짜는 소로도 훌륭하다. 한편 콜링
Colling 형제들은 붉은색, 또는 밤색에 흰색이나 회색의 털이 섞인 혼합
모색을 가진 쇼트혼shorthorn 품종을 생산했다. 이 품종은 고기와 우유를
생산하는 용도로 훌륭하다.

　소 육종가들은 특정 품종을 교배시켜 원하는 특징을 얻어냈다. 19세
기에는 소계에 이른바 '영국 열풍'이 불어 영국 쇼트혼 황소의 유전자
가 유럽 대륙 소에 심어졌다. 그런가 하면 네덜란드, 덴마크, 독일 출
신의 생산적인 품종들은 다른 유럽 국가들과 러시아로 수출되어 그
나라의 소들을 개량시켰다. 스코틀랜드 원산의 하디 에어셔Hardy Ayrshire
품종의 유전자는 스칸디나비아 개체군에 심어졌고, 제부 소는 브라질
에 대거 유입되어 현지의 소를 개량시켰다. 오늘날 브라질에서 생산
되는 우유의 대부분은 인디신 소와 타우린 소의 잡종인 기롤란도Giro-
lando 품종에서 나온다. 사실 그 시조 집단들은 이미 반만 제부 소였던
듯하다. 이는 남아시아, 아라비아, 북아프리카, 유럽 사이에 이미 복잡
하게 연결망이 존재했음을 말해준다. 소는 신세계의 새로운 서식지에
서 엄청나게 성공적으로 자리 잡았다. 5백 년도 채 흐르지 않아 소의
나라가 된 브라질에는 현재 인간보다 소가 더 많다. 브라질 인구는 약
2억 명, 소는 약 2억 1300만 마리다.

　20세기 후반에 인공수정이 도입되면서 소 육종은 더 전문화되었다.

일부 소들은 우유 생산을 극대화하기 위해 개량되었는데, 한 예가 현재 전 세계에 가장 많은 홀스타인Holstein-Friesian 품종이다. 어떤 품종들은 육중한 근육을 키우도록 육종되었다. 어떤 소들은 싱그러운 초록 들판에서부터 사막까지 특정 환경에 잘 맞도록 육종되었다. 하지만 생산성만이 목적은 아니었다. 미적 특징도 선택되었다. **이렇게 해서 놀랍도록 다양한 소가 출현했다.** 개의 다양성만큼 놀랍지는 않지만, 그렇다 해도 굉장하다. 흰색에서부터 붉은색, 검은색, 그 사이의 색까지. 짧은 털부터 덥수룩한 털까지. 긴 뿔, 짧은 뿔, 뿔 없는 품종까지. 현대 소의 외양 변이는 그야말로 인상적이다. 선택의 초점은 시간이 흐르면서 변했다. 지금은 지방이 적은 우유를 생산하는 암소가 인기 품종이며, 미국에서는 검은색 육우가 유행한다. 선진국에서 소는 더 이상 짐을 끄는 동물이 아니다. 따라서 쟁기를 끌기 위한 힘과 정력에 대한 선택은 역사 속으로 사라져가고 있다.

하지만 지난 2백 년에 걸친 선택 육종은—개에서와 마찬가지로 소에서도—역설을 낳았다. 품종들 사이에는 표현형과 유전형에 변이가 풍부해도 품종 내에서는 그렇지 않다는 것이다. 변이의 감소에 인간의 고의가 상당히 작용했다. 소 역사의 대부분에 걸쳐 가축 소는 '약한 선택'을 받았는데, 농부들이 더 생산적인 동물, 또는 특정 환경에 더 적합한 동물들을 골라 교배시켰기 때문이다. 게다가 새로운 품종들 사이에 유전자 이동도 많이 있었다. 하지만 지난 두 세기 동안 육종가들은, 털색조차 천편일률적으로 바뀔 때까지 품종 내의 변이를 줄이는 데 집중했다.

선진국에서는 인공수정을 이용해 번식을 엄격하게 통제하면서부터 소 품종들 사이의 교잡 가능성이 사실상 제거되었다. 육종에 대한 이러한 엄격한 제약은 강력한 선택과 함께, 다수의 독립적이고 분절된 개체군으로 구성되는 종을 초래했다. 각 개체군은 유전병과 불임 발생률이 높아지고 개체군 전체가 감염병에 취약해지는 등, 동계교배에 내재된 모든 위험에 노출된다. 유전적 변이가 적은 분절된 개체군은 야생에서 멸종 위험이 가장 높은 집단이다. 물론 지금 당장은 엄격하게 통제되는 산업 품종이 전통적인 품종보다 더 생산적일 수 있다. 전통적인 품종을 산업 품종으로 바꾸는 것은 농부들에게 경제성 면에서 생각할 필요도 없는 간단한 결정일 수 있다. 하지만 장기적으로 보면 그것은 지속 가능하지 않다. **한 가축 품종이 멸종하면 그것이 가지고 있는 모든 '유전적 유산'도 사라진다.**

유전학자들은 개체군 분절화와 동계교배가 계속될 경우 소의 미래와 인류의 식량 안보에 미칠 위험을 우려하고 있다. 가축 양과 염소에 대한 우려도 있지만, 이런 동물들의 상황은 소와는 다르다. 여러 종이 존재하며 야생종도 남아 있기 때문이다. 소를 현존하는 다른 소과 동물과 교배시켜 잡종을 만들 수 있고 그것이 미래에 유용한 유전적 자산이 될지도 모르지만, 소의 야생 조상은 이미 수백 년 전에 멸종했다.

오록스 부활 프로젝트

전 세계적으로 가축 소의 개체수가 급증하면서 야생 오록스의 수는 꾸준히 줄어들었다. 한때 그들은 유럽 전역은 물론 아시아 중부와 남부, 그리고 북아프리카를 누비고 다녔다. 하지만 서기 13세기가 되었을 때는 야생 오록스의 세력권이 좁아져 중부 유럽에만 존재하게 되었다. 오록스는 폴란드에서 가장 오래 생존했는데, 국왕의 칙령으로 보호되었기 때문이다. 심지어 왕의 오락거리를 확보하기 위해 겨울에는 먹이를 먹여주기까지 했다. 하지만 왕실도 끝내 그들을 구하지 못했다. 가축 소가 오록스의 서식지로 침투했다. 소의 질병과 불법 사냥도 한몫을 했다. 하지만 결국 그들을 멸종으로 이끈 것은 관심 부족이었다. 1627년, 마침내 폴란드의 약토루프Jaktorów 사냥 금지 구역에서 마지막으로 기록된 오록스 암컷이 죽었다.

이 대형 초식동물을 잃은 것은 무엇보다 비교적 최근에 일어난 일이라는 점에서 매우 애석한 일이다. 세계에 남아 있는 '대형 동물상'은 극소수에 불과하고, 그들이 사라진 주원인은 인간이다. 더 이기적으로 생각하면 이 종들이 사라진 것은 우리가 유전자 자원을 잃었음을 의미한다. 이제는 소를 오록스와 교배시킴으로써 소 개체군에 새로운 잡종의 활력을 주입할 수 없는 것이다. 또한 이 동물들이 현대의 경관에서 사라지는 것을 한탄해야 할 더 일반적인 생태적 이유도 있다. 바로 대형 초식동물이 없으면 야생이 균질해진다는 것, 다시 말해 자연의 다양성이 줄어든다는 점이다.

몇몇 소 육종가들이 오록스를 되살리고자 시도하는 이유가 여기에 있다. 그들의 목적은 최대한 오록스와 비슷한 신종을 창조하는 것이다. 이를 위해 네덜란드 타우로스 재단Tauros Foundation의 육종가들이 선택한 몇 종의 유럽 품종들은 크기, 외양, 뿔의 길이, 섭식 행동에서 오록스와 비슷한 '원시적' 특징들을 몇 가지 보유하고 있는 듯 보인다. 이러한 다양한 유형의 현대 소를 교배시키면 오록스의 표현형, 즉 외모와 어쩌면 행동까지도 부활시킬 수 있을지도 모른다. 하지만 최근 들어 분자유전학이 발전하면서 새로운 가능성이 생겼다. 앞으로는 겉보기만 오록스 **같은** 것이 아니라, 유전적으로 속속들이 오록스인 동물을 생산할 수 있을지도 모른다.

이를 위해 가장 먼저 할 일은 오록스의 유전체 서열을 밝히는 것이다. 미토콘드리아 DNA나 Y 염색체만이 아니라 완전한 핵 유전체 서열을 해독하는 일 말이다. 2015년에 한 연구 팀이 그 일을 해냈다. 그들은 6750년 전 영국에 살았던 한 오록스의 유전체 염기 서열을 분석했다. 더비셔의 한 동굴에서 발견된 상완골(위팔뼈)에서 뼛가루 샘플을 채취하고, 거기서 DNA를 추출한 다음 그 유전부호를 해독했다. 뼈 주인은 최초의 가축 소가 영국에 도착하기 1천 년 전에 살았던 것으로 밝혀졌다, 즉, 불순물이 섞이지 않은 순혈 오록스였다.

유전학자들은 이 오록스의 유전체를 현대 가축 소의 유전체와 비교한 결과, 오록스와 가축 소 사이에 교잡이 있었음을 나타내는 분명한 증거를 찾아냈다. 하일랜드Highland, 덱스터Dexter, 웰시 블랙Welsh Black을 포함한 다양한 영국 품종들이 영국의 고대 오록스 집단에서 유래한 DNA를 가지고 있었다. 영국 이외의 품종들에서는 이 영국 오록스와 교배한 증거가 존재하지 않았다. 이는 중요한 사실인데, 교잡이 더 일찍 유럽 본토에서가 아니라, 영국에서 현지의 가축 소와 야생 사촌들 사이에 일어났음을 암시하기 때문이다. 이 결과는 미토콘드리아 DNA와 Y 염색체 연구에서 밝혀진 교잡의 증거를 뒷받침한다. 따라서 어떤 면에서 보면 고대 오록스는 아직 우리 곁에 있는 셈이다.

이러한 고대의 교잡에서 유래한 오록스 DNA가 현존하는 소의 유전체에 얼마나 많이 돌아다니고 있을까? 더 많은 오록스 유전체의 염기 서열을 분석한다면, 오록스 유전자를 가지고 있는 더 많은 품종들을 찾아낼 수 있을 것이다. 오록스를 '재창조'하는 데 적합한 소를 찾아내기 위해서는 단순히 특징을 조사하는 것보다 유전체 분석이 더 나을 것이다. 하지만 어느 방법으로 오록스를 창조하든, 똑같은 질문이 남는다. '멸종 되돌리기de-extinction'를 **시도하는 진정한 목적이 무엇인가?** 멸종한 동물과 비슷하게 생긴 생물을 만들어내는 것? 사라진 원래 종과 유전적으로 최대한 가까운 동물을 창조하는 것? 아니면 그 멸종한 동물이 생태계에서 수행한 역할과 비슷한 역할을 수행할 수 있는 새로운 품종을 생산하는 것? 이 시도에서 가장 중요한 것은 무엇일까? 겉모습인가, 유전자인가, 아니면 행동인가? 살아 있는 오록스를 볼 수 있기를 기대하는 나 같은 사람들에게 멸종 되돌리기를 시도하는 무엇보다 가치 있는 명분과 이유는 사라진 핵심 종을 야생 생태계에 되돌려놓는 것이다.

타우로스 재단의 육종 프로그램은 오록스와 최대한 가까운 생물을 창조해 야생 보호구역에 풀어놓겠다는 명시적인 목적을 가지고 2008년에 출범했다. 요컨대 사라진 것을 되돌려놓고 생태계의 자연적인 역동성을 부활시키는 것이 목적이다. 그들은 2025년까지 오록스와 비슷한 생물을 탄생시켜 야생에 풀어놓을 수 있기를 희망한다. 커다란 야생소가 진정한 야생 상태로 되돌려진 자연보호구역에서 곧 돌아다닐 수 있다고 생각하면 그저 놀라울 따름이다. 빙하기 동굴벽화로만 알고 있는 기다란 적갈색 뿔을 가진 위풍당당한 오록스가 조만간 실물로 돌아올 수 있을지도 모른다.

4

옥수수

Zea mays mays

험난한 칠레 해안가

바다와 접한

백악질 황무지에서,

이따금씩

텅 빈 식탁 앞에 앉은

광부의 얼굴이

환해지는 순간이 있다.

고독한 아메리카에 스며드는

안도의 빛, 옥수숫가루, 그리고 희망……

— 파블로 네루다, 〈옥수수 예찬〉

옥수수

식물계의 '코즈모폴리턴'

옥수수는 식량과 연료와 섬유의 중요한 공급원으로 밀, 쌀과 함께 세계에서 가장 중요한 작물 가운데 하나다. 게다가 옥수수는 엄청나게 다양한 장소에서 재배된다. 정원에 심을 식물을 고를 때, 우리는 어느 식물이든 서식 환경에 가장 적합한 종 또는 품종을 찾는다. 각자의 정원이 점토로 덮여 있을 수도, 부스러지기 쉬운 부식토로 덮여 있을 수도 있고, 춥고 습할 수도, 덥고 건조할 수도 있다. 그런데 같은 장소라도 어떤 식물들은 다른 것보다 잘 자란다. 심지어 한 정원 안에서도, 어떤 식물은 어둡고 시원한 장소에서 더 잘 자라는 반면 다른 식물들은 남향에서 잘 자란다.

하지만 옥수수는 별로 까다롭지 않다. 옥수수는 식물계의 '코즈모폴리턴'인 듯하다. 장소를 가리지 않고 거의 모든 곳에 자라는 곡물이기 때문이다. 아메리카 대륙에서 옥수수는 남위 40도인 칠레 남부의 밭에서부터 북위 50도인 캐나다에서까지 자란다. 또한 해발 3400미터인 안데스산맥에서부터 저지대와 카리브해안까지 번성한다. 옥수수의 세계적인 성공 비결은 그 겉모습과 습성, 그리고 유전자의 엄청난 다양성에 있음이 분명하다. 하지만 세계적 작물인 만큼 그 역사를 풀기는 엄청나게 어렵다. 옥수수가 전 세계로 퍼진 것은 겨우 5백 년 동안의 일이지만, 아프리카와 아시아에 옥수수가 도입된 경위에 대한 문서 자료는 매우 모호하다. DNA가 추가 단서를 제공하긴 해도, 세계적인 무역과 교환이 옥수수의 유전적 역사를 뒤엉킨 거미줄로 만들어

버렸다. 옥수수의 세계화는 인간의 역사─탐사 항해, 전 세계로 뻗어
나가는 무역로, 제국의 확장과 몰락─와 얽히며 그 흥망성쇠를 뒤따
랐다.

　몽골 황제 칭기즈칸과 그 후예들은 자신들의 제국을 위해 동쪽의
태평양에부터 아시아를 가로질러 서쪽의 지중해까지 뻗어 있는 거대
한 영토를 손에 넣었다. 거의 한 세기에 걸친 공격적인 팽창 뒤로 몇
십·년 동안 정치적으로 비교적 안정적인 시기가 이어졌다. 바야흐로
팍스 몽골리카Pax Mongolica, 즉 '몽골의 평화'가 찾아온 것이다. 이 시기
동안 동서 무역로는 적극적으로 방어되었고 무역은 날로 번창했다.
그런 다음, 이 모두가 무너져 내리기 시작했다. 1259년 칭기즈칸의 손
자 몽케Möngke가 후계자 없이 죽었다. 위대한 제국은 이미 그 전부터 개
별 왕국들로 조각나기 시작한 터였다. 아직까지는 평화가 우세했고
교역을 위한 실크로드가 여전히 열려 있었지만, 13세기 말에는 몽골
제국 내 왕국들 사이의 동맹이 명맥만 간신히 유지할 뿐이었다. 14세
기 초 전쟁으로 왕국들이 분열되더니, 하나씩 차례로 무너져 아시아
의 다른 신생 왕국들에게 넘어갔다. 동시에 흑사병이라는 무서운 요
괴가 한때 향신료, 비단, 도자기를 전달했던 길에 편승해 퍼져나가면
서 아시아와 유럽이 모두 격동 속으로 내던져졌다.

　하지만 유럽은 여전히 동쪽의 향신료를 갈망했다. 이 동방의 맛이
인기 있었던 이유는 단지 **이국적**이었기 때문이다. 백단, 육두구, 생강,
시나몬, 정향은 권력의 맛이요 지위의 향기였다. 동쪽으로 가는 육로

는 위험할 뿐 아니라 중개인들을 줄줄이 거쳐야 했는데, 그들은 한결같이 가격 인상을 원했다. 그래서 유럽의 상인들과 탐험가들은 한동안 동방―인도, 향료제도(말루쿠제도), 중국과 일본―으로 가는 해상길을 찾았다.

1488년에 포르투갈 탐험가 바르톨로메오 디아스Bartolomeu Dias는 폭풍으로 표류하다가 훗날 '희망봉'이라고 불리게 될 폭풍의 곶을 돌았고, 남동 해상길이 마침내 열리는 듯했다. 하지만 이탈리아 탐험가 크리스토퍼 콜럼버스에게는 다른 생각이 있었다. 파올로 토스카넬리Paolo dal Pozzo Toscanelli라는 이름의 피렌체 천문학자가 유럽에서 서쪽으로 항해하는 것이 극동 지역으로 가는 더 빠른 길일 수 있다고 제안했던 것이다. 15세기 초, 이미 다른 사람들이 그 길을 시도한 적이 있지만 서풍에 밀려 좌절한 터였다(그들은 아조레스제도까지 갔다).

콜럼버스는 설탕 상인으로 일하면서 유럽에서 대서양 동쪽에 있는 마데이라제도 근처의 포르토 산토까지 서쪽으로 항해한 적이 있었다. 당시의 경험을 통해 그는 북쪽에서 서풍이 우세한 동안 대서양에서 남쪽으로 이동하면 대체로 동풍이 불어온다는 사실을 알게 되었다. 이는 위험한 시도였다. 탐험가들은 바람 부는 방향으로 항해하는 것을 선호했는데, 그래야 무사히 돌아올 수 있다는 것을 알았기 때문이다. 하지만 콜럼버스는 발견에, 그리고 출세에 목이 말랐다. 그가 원하는 건 단지 새로운 영토의 발견만이 아니었다. 그는 그것을 차지하고 싶었다. 자신이 발견한 섬의 통치자가 되고, 그 지위를 자손에게 물려주고 싶었다. 결국 그는 스페인의 페르디난트 왕과 이사벨라 여왕에게 재정 지원을 얻어냈고, 그 유명한 항해가 시작되었다.

아메리카 대륙의 옥수수, 그리고 동식물 교환

기원전 3세기에 그리스 수학자이자 지리학자였던 에라토스테네스Eratosthenes는 지구의 원주를 25만 2천 시거로 계산했다. 환산하면 약 4만 4천 킬로미터다. 실제 원주인 4만 킬로미터에서 에라토스테네스는 겨우 10퍼센트 빗나갔을 뿐이다. 하지만 훗날의 지리학자들은 고대 그리스인들이 지구의 크기를 상당히 과대평가했다고 생각했다. 토스카넬리가 그중 한 사람이었다. 그리고 1492년, 토스카넬리와 편지를 주고받던 뉘른베르크의 어느 지도 제작자는 그때까지 알려진 세계를 담은 작은 지구의를 만들었다. 바로 '에르다펠erdapfel'이었다. 문자 그대로 '지구-사과'라는 뜻이다. 그것은 세계에서 가장 오래된 지구의로, 사학자 펠리페 페르난데스-아르메스토Felipe Fernández-Armesto는 1492년의 '가장 놀라운 물건'이라고 불렀다. 그런데 거기에 아메리카 대륙이 없었다. 만일 누군가 유럽에서부터 서쪽으로 항해한다면 결국 아시아에 도착한다는 것이다.

1492년에 계획에 착수한 콜럼버스는 세 척의 배로 모로코 연안의 카나리아제도에서부터 서쪽으로 항해하기로 했다. 그곳은 돛이 바람을 받을 수 있는 위치였을 뿐 아니라, 이전 탐험 기록을 토대로 추정하건대 중국의 유명한 항구인 광저우항에 닿을 수 있는 위도였다. 그렇게 9월 6일, 니나호와 핀타호와 산타마리아호로 꾸려진 작은 함대가 미지의 땅을 향해 출항했다. 하지만 한 달 뒤에도 육지가 보이지 않자, 콜럼버스의 동료 지휘관들은 초조해졌다. 선원들도 약간의 반항기를 보이고 있었다. 세 척의 배는 진로를 남서로 바꾸었다. 그리고 마침내 10월 12일 금요일 새벽, 니나호의 파수꾼이 육지를 보았다. 아마 우리가 바하마제도의 산살바도르로 알고 있는 섬이었을 것이다.

이 섬에 도착한 이베리아반도의 탐험가와 선원들의 마음을 상상해 보라. 그들에게 이곳은 인도제도, 즉 아시아 동해안의 섬이었다. 해상에서 기나긴 시간을 보낸 뒤 마침내 도착한 목가적인 땅. 그들이 야자수가 늘어선 해변에 가까이 다가가자 깊은 바다의 어둠은 투명한 청록색으로 바뀌었다. 그곳은 싱그러운 숲이 우거진, 약속으로 가득한 섬이었다. 역사가 아무리 우연과 우발의 연속이라지만, 콜럼버스가 그 해변에 발을 들여놓는 순간, 자신의 장화를 모래사장에 찔러 넣는 그 순간만큼은 마치 역사의 방향이 바뀌는 것처럼 **느껴진다.**

그는 섬사람들을 만났다. 불행히도 그들은 콜럼버스의 동기를 의심하지 않았던 것 같고, 심지어 우호적이고 친절하기까지 했다. 콜럼버스가 그런 대접을 받지 않았다면 역사가 얼마나 달라졌을까. 콜럼버스가 본 원주민들은 괴물이 아니라 인간이었다. 그들은 벌거벗은 자연 상태였다. 아마 도덕적으로 순수했을 테지만, 그만큼 정복하기도 쉬웠다. 그러나 콜럼버스가 기대한 동방 문명은 아니었다. 동방의 부 같은 것은 이곳에 없었다. 대신 작물이 있었다. 1492년 10월 16일, 콜럼버스는 항해일지에 이렇게 적었다. "이 푸르른 섬은 매우 비옥하다. 그들은 분명 1년 내내 '파니소panizo'를 심고 수확할 것이다."

그리고 11월 6일, 그의 몇몇 동료들이 근처 쿠바를 탐험하고 돌아왔을 때 콜럼버스는 그들이 그곳에 자라는 특정 유형의 곡물을 발견했다고 기록했다. "파니소와 비슷한 또 하나의 곡물 (…) 그들은 그것을 마이스mahiz라고 부르는데, 끓이거나 구우면 맛이 좋다."

산살바도르와 쿠바에서 본 이 두 가지 곡물은 실은 같은 식물인 옥수수였을 것이다. 식물학자들은 콜럼버스가 산살바도르에서 꽃이 핀 옥수수를 보고 그것을 파니소, 즉 고국에서 본 수수 또는 기장과 비슷한 식물로 생각했을 것이라고 주장한다. 콜럼버스가 '파니소'라고 묘사한 것은 실제로는 '파니소와 비슷한' 곡물이었고, 그것은 바로 쿠바인들이 '마이스'라고 부르는 옥수수였다.

주머니에 마이스 낟알을 넣은 채 콜럼버스는 다른 섬들을 둘러보았다. 통나무배를 이용해 이동하는 섬사람들은 지역의 지리를 잘 알았고 콜럼버스에게도 이를 가르쳐주었다. 그런데 일본은 어디에 있을까? 중국은? 그는 쿠바에서 아시아 문명을 찾겠다는 기대에 부풀어 있었지만 그것은 거기 없었다. 향신료와 비단도 없었다. 주민들은 상당히 가난했다. 그들은 콜럼버스가 찾던 교역 상대가 아니었다.

그는 오늘날 도미니카공화국과 아이티로 분리된 히스파니올라섬으로 항해했다. 그곳에서는 문명, 적어도 석조 건축물을 생산할 수 있는 문명과, 아마 이보다 더 중요했을 금을 발견할 수 있었다. 그는 히스파니올라섬에 주둔군을 남긴 채 전리품(물론 금뿐 아니라 칠리, 담배, 파인애플, 옥수수를 포함해)을 챙겨 고국으로 향했다. 하지만 돌아가는 도중 폭풍을 만나 어쩔 수 없이 리스본에 상륙했고, 그곳에서 바르톨로메오 디아스에게 심문을 받은 뒤 풀려나 스페인의 우엘바로 향했다. 많은 사람들이 그가 들려주는 이야기를 의심했지만, 그는 후원자인 페르디난트와 이사벨라에게 자신이 계약을 이행했다고 주장했다. 아시아 동쪽 끝을 발견했다는 얘기였다. 사실, 그는 자신이 어디에 다녀왔는지 알지 못했다. 하지만 그곳으로 돌아가는 방법은 알았다.

그는 이듬해 그곳으로 돌아갔지만, 1492년의 친절한 환대는 차갑게 식어 있었다. 히스파니올라에 남겨둔 주둔군은 학살당했다. 식인에 대한 소문이 사실로 드러났다. 게다가 날씨가 엄청나게 뜨겁고 습했다. 신세계의 원주민들은 콜럼버스가 생각한 것처럼 순순히 외국의 통치에 굴복하지 않았다.

두말할 나위 없이, 콜럼버스는 찬양과 비방을 거의 똑같이 받은 사람이다. 유럽 제국들은 그가 맺은 관계를 토대로 일어나 초강대국이 된 반면, 아메리카의 에덴은 약탈당하고 그 문명은 파괴되었다. 아메리카 해변에 발을 디뎠을 때 그는 아메리카 원주민 수천만 명과 아프리카인 1천 만 명의 운명을 결정했던 셈이다. 그 순간의 충격은 역사 속으로 파문처럼 퍼졌다. 그때까지만 해도 유럽은 뒤처진 장소였지만 신세계에 건설한 식민지가 모든 것을 바꾸었다. 서양이 일어나기 시작한 것이다.

그 충격파는 전 세계의 인간 사회만이 아니라, 대서양 양편에서 우리의 협력자가 된 종들에게도 미쳤다. 유럽과 아메리카의 접촉은 순식간에 구세계와 신세계 사이의 지속적인 교류로 변했다. 약 1억 5천만 년 전 판게아가 쪼개지기 시작한 이래 두 초대륙은 대체로 분리되어 있었다. 빙하시대인 플라이스토세에 세계는 반복적인 빙하작용을 겪었고, 빙기에는 해수면이 크게 내려가 베링기아라고 알려진 땅인 베링육교를 통해 아시아의 북동쪽 끝과 북아메리카의 북서쪽 끝이 연결되었다. 이 다리를 통해 아시아와 북아메리카는 동식물을 교환할 수 있었다. 약 1만 7천 년 전 인간은 그 길을 통해 처음 아메리카 대륙으로 건너갔다.

✳

구세계와 신세계 사이에 동식물상이 뚜렷이 나뉘는 오래된 기조는 그대로 유지되었다가, 1492년에 콜럼버스가 파인애플과 칠리와 담배를 가져오면서 **마침내 인간 중재에 의한 동식물 교환이 시작되었다.** 봉쇄된 채 서로 분리되어 있던 식물과 동물들은 대서양 건너편에 있는 새로운 땅, 새로운 도전, 새로운 기회를 마주했다. 소와 커피, 양과 사탕수수, 닭과 병아리콩, 밀과 호밀은 구세계에서 신세계로 이동했다. 칠면조와 토마토, 호박과 감자, 머스코비오리와 옥수수는 반대로 여행했다.

'콜럼버스 교환'을 일각에서는 공룡 멸종 이래 지구에서 일어난 가

　　　　　　　　　　　　　　　　　　　　　　　옥수수

장 중대한 생태적 사건으로 묘사해왔다. 그것은 세계화의 시작이었다. 세계는 서로 연결되었을 뿐 아니라 서로에게 의존하게 되었다. 하지만 그 시작은 비참했다.

신세계에서 가져온 재배종으로 인해 유럽의 운명이 (그리고 필연적으로 아시아와 아프리카의 운명도) 바뀌었다. 새로운 작물들은 농업을 발전시켰고, 전쟁과 기근과 역병으로부터 인구를 회복시키기 시작했다. 하지만 그것은 구세계에서의 일이었다. 아메리카 대륙에서는 유린이 이어졌다. 대서양 양쪽의 동식물이 별개의 진화 경로를 따랐듯이, 기술 변화의 속도와 방향도 서로 달랐다. 유럽인들은 진보한 기술을 소유했다. 그들의 군대와 해상 장비는 아메리카 원주민의 것에 비해 대단히 뛰어났다. 이 둘이 맞붙으면 비극을 부를 것은 불 보듯 뻔한 일이었다. 질병을 일으키는 생물들도 콜럼버스 교환의 일부였다. 유럽인들은 아메리카에서 매독을 가져온 반면 그곳에 천연두를 도입했는데, 그 결과는 재앙이었다. 정복 이후 아메리카의 원주민 집단은 급감해 인구가 10분의 1로 줄었다. 17세기 중엽에는 원주민 집단의 90퍼센트가 죽고 없었다.

우리는 15세기와 16세기에 구세계와 신세계에 존재한 힘의 불균형에 초점을 맞추기 쉽다. 인류 사회가 아메리카 대륙과 유럽에서 서로 다른 방식으로 발전해온 것은 사실이니까. 하지만 아메리카 원주민들에게 기술이 전혀 없었던 것 같지는 않다. 결코 그렇지 않았다. 자연 자원의 이용에 관한 한 그들은 분명 전문가였다. 콜럼버스 이전의 아메리카가 한편으로는 천혜의 에덴동산이요, 또 한편 잠재력을 실현하기 위해서는 유럽인의 영감이 필요한 혁신의 공백 상태였다고 보는 것은 옳지 않다. 아메리카 원주민 사회는 풍부하고 다양한 혁신의 역사를 보유하고 있었고, 아메리카 대륙은 완전히 독립적인 가축화 및 작물화 중심을 포함했다. 콜럼버스 이전까지, 아메리카 대륙의 사회 대부분은 규모가 크고, 도시화되어 있었으며, 이미 농업에 의존하고 있었다.

스페인 탐험가들이 야생의 이름 없는 식물의 쓸모를 처음 인식하고 인류에게 매우 유익한 것으로 탈바꿈시킨 것이 아니다. 대서양 건너편에서 유럽인들이 발견한 것은 수천 년에 걸쳐 야생에서와는 다르게 변한 생물, 이미 인간과 단단하고 성공적인 동맹 관계를 맺은 생물이었다. 콜럼버스가 발견한 것은 단지 유럽인들이 그전까지 알지 못했던 새로운 땅만이 아니었다. 인간에게 유용한 길들여진 수많은 동식물, 이미 가축과 작물이 되어 있는 생물들도 있었다.

콜럼버스가 챙겨 온 전리품들 가운데는 산살바도르에 상륙하고 나흘 뒤 그가 발견해 기록한 곡물, 스페인 제국에 의해 곧 삼켜질 운명이었던 아스텍과 잉카 문명 사람들의 주곡이었을 뿐 아니라 신성한 음식이었던 곡물인 옥수수가 포함되어 있었다.

옥수수의 출신을 둘러싼 기록

콜럼버스는 바하마제도로 떠난 첫 번째 항해에서 씨앗 샘플을 가지고 고국으로 돌아왔고, 후속 항해에서는 더 많은 씨앗을 가져왔다. 옥수수를 가져왔다는 소식은 금세 퍼져나가 1493년에는 교황과 추기경의 귀에까지 들어갔다. 11월 13일, 스페인의 궁정 역사학자였던 이탈리아인 페드로 마르티르 데 앙글레리아Pedro Mártir de Anglería는 이탈리아 추기경 아스카니오 스포르차Ascanio Sforza에게 쓴 편지에서 그 새로운 곡물에 대해 다음과 같이 기술했다.

> 이삭이 손보다 깁니다. 모양은 뾰족하고 팔만큼 두툼합니다. 낟알은 아름답게 배열되어 있고, 크기와 모양이 병아리콩과 비슷합니다. 익기 전에는 흰색이지만 익으면 검어집니다. 제분하면 눈보다 흽니다. 이런 종류의 곡물을 옥수수라 부릅니다.

1494년 4월에 쓴 마르티르의 후속 편지에는 추기경을 위한 샘플이 동봉되었던 것 같다. 그리고 1517년, 로마의 한 벽에 그려진 프레스코 화에 옥수수가 등장한다. 그러나 이 열대식물은 스페인에는 잘 정착한 듯하지만, 온대기후에 제대로 뿌리내리지 못했다. 추운 겨울에는 성장이 저해되었고, 낮이 긴 여름에는 씨를 뿌릴 수 없었을 것이다. 따라서 중유럽과 북유럽에서는 옥수수가 카리브해 지역에서와 같이 의지할 수 있는 작물과 주식이 되지 못했을 확률이 높다. **하지만 그렇다 해도 옥수수는 점점 더 많은 기록 속에 등장하기 시작한다.** 비단 남유럽에서만이 아니었다. 1542년 독일 식물학자 레온하르트 푹스Leonhart Fuchs

는 옥수수가 "지금 모든 정원에서 자라고 있다"고 썼다. 1570년에는 이탈리아 알프스에서도 자라고 있었다. 이 열대식물이 그토록 빨리 진화해 온대기후의 중대한 장애물에 적응했다니 뜻밖이다.

16세기와 17세기 유럽의 식물지를 주의 깊게 읽어보면 뭔가 다른 일이 일어나고 있었음을 알 수 있다. 식물지 저자들은 꽤 엄격한 형식을 따르는 경향이 있었다. 먼저 식물의 명칭을 적고, 그다음에 그 식물의 잎, 꽃, 뿌리뿐 아니라 용도에 대해 기술했다. 그런 다음 약효를 제시하고, 지리적 기원을 밝히는 식이다. 각 표제마다 목판으로 인쇄한 도판도 함께 실었다. 옥수수는 1530년대에 식물지에 처음 등장한다. 하지만 그 뒤로 약 30년 동안 옥수수가 신세계에서 기원했다는 사실은 언급되지 않는다. 그러는 동안 스페인 탐험가들은 자신들이 가져온 이 곡물에 대해 부지런히 적었고, 이 기록을 본 많은 사람들은 옥수수가 아시아에서 왔다고 생각했다.

옥수수가 처음 언급된 식물지는 1539년에 출판된 독일 식물학자 히에로니무스 보크Hieronymus Bock의 저술이었다. 그는 옥수수를 '벨셴 코른welschen korn', 즉 '이상한 곡물'로 지칭했다. 독일에서는 새로운 것이라는 의미였다. 또한 그는 그것이 인도에서 왔다고 생각했다. 중세 식물학자들은 고전 세계에 꼼짝없이 사로잡혀 있었고, 그 손아귀에서 도망치기란 거의 불가능한 것처럼 보였다. 새로운 식물을 만날 때마다 이들은 고대 그리스인, 특히 플리니우스Gaius Plinius Secundus와 그의 동시대인인 디오스코리데스Pedanius Dioskorides에게 도움을 구했다. 그들이라면 분명 모든 것을 기술해두었을 테니까. 그들은 틀림없이 답을 알고 있을 터였다. 신세계 발견에 수반된 지리적 혼란과 혼돈은 문제 해결에 도움이 되지 않았다. 스페인 탐험가이며 광산 감독관이었던 오비에도 Gonzalo Fernández de Oviedo y Valdés는《서인도 제도의 역사History of the Indies》를 썼는데, 아메리카 대륙에 가서 그곳에 옥수수가 자라는 것을 자기 눈으로 보고도 필시 플리니우스가 기술해두었으리라고 생각했다. 그는 플리니우스가 기술한 '인도의 기장'을 이렇게 소개한다. "나는 그것이 서인도제도에서 '마이스'라 부르는 것과 같은 것이라고 생각한다."

한편 푹스는 옥수수를 '프루멘툼 투르키쿰Frumentum Turcicum', 즉 터키 옥수수라고 부르며 이렇게 썼다.

이 곡물은 다른 것들처럼 다른 곳에서 온 품종이다. 심지어 그리스와 아시아에서 독일로 왔는데, 그곳에서는 '터키 옥수수'라고 불린다. 왜냐하면 오늘날 터키가 아시아 전 지역을 차지하고 있기 때문이다.

새롭고 이국적인 모든 것을 '터키의 것'으로 간주하고 이름 붙이는 경향 때문에 진짜 기원이 가려진 것은 비단 옥수수만이 아니다. 그러한 경향은 지금까지도 남아 있다. 아메리카가 고향인 새 멜레아그리스 갈로파보Meleagris gallopavo를 우리는 아직도 '터키(칠면조)'라고 부르지 않는가.

그러다가 1570년에 진실이 밝혀졌다. 이탈리아의 식물학자 마티올리Pietro Andrea Mattioli가 오비에도의 책을 읽고, 인도와 서인도제도 사이에 생긴 혼동을 꿰뚫어보았다. 그는 모든 것이 틀렸으며, 옥수수는 실제로 대서양 건너편의 서인도제도에서 왔다고 지적했다. 그 이후로는 옥수수가 신세계 식물이라는 사실, 혹은 적어도 옥수수의 한 품종이 아메리카 대륙에서 왔다는 사실이 일반론으로 받아들여진 듯하다. 일부 식물학자들은 옥수수의 두 종류를 구별했다. 하나는 알이 노란색 또는 보라색이고 옥수수자루에 알이 여덟 줄 내지 열 줄로 맺히며 잎이 가느다란, 프루멘툼 투르키쿰이라고 명명된 종이다. 또 하나는 알이 검거나 갈색이고 잎이 넓은, 프루멘툼 인디쿰Frumentum Indicum이라 명명된 종이다. 인디쿰은 서인도제도에서 왔고 투르키쿰 또는 아시아티쿰Asiaticum은 아시아에서 왔다는 뜻이다.

겉모습이 확연히 다른 두 종의 차이는 한 가지 흥미로운 가능성을 암시한다. 첫 번째 유형인 프루멘툼 투르키쿰은 현재 '노던 플린트Northern Flint'라고 알려진 유형의 옥수수와 흡사해 보인다. 이 유형은 알이 돌처럼 딱딱하며, 카리브해 지역 출신이 전혀 아니다. 그것은 북아메리카의 뉴잉글랜드 지역과 대평원에서 왔다. 즉, 카리브해 지역에서 온 옥수수가 스페인에서부터 유럽의 나머지 지역으로 퍼지면서 빠르게 적응한 증거가 아니다. 16세기 식물지들에 나오는 프루멘툼 투르키쿰에 대한 세밀한 묘사를 보면, 카리브해 지역과는 별개로 옥수수가 유럽으로 들어온 일이 이미 있었음을 짐작할 수 있다. 다름 아닌 북아메리카에서.

옥수수

＊

　1597년에 처음 출판된 영국 식물학자 존 제라드John Gerard의 식물지에 또 하나의 단서가 등장한다. 제라드는 자신이 정원에서 옥수수를 재배하며, 그것이 '터키 옥수수' 또는 '터키 밀'이라고 불린다고 적었다. 이어 그 기원에 대해서도 자세히 적었다. 그의 동시대인들 다수가 그랬듯이 그는 옥수수의 한 유형이 아시아의 '터키 영토'에서 왔다고 생각했다. 하지만 옥수수의 신세계 기원에 대해서도 언급했다. "아메리카와 거기에 인접한 섬들에서 (…) 그리고 버지니아와 노렘베가에서" 왔고 "그곳 사람들은 그것을 심어 그것으로 빵을 만들었다." 버지니아와 노렘베가를 언급한 것은 옥수수가 북아메리카에서 왔을 가능성을 제기한다.

　버지니아는 오늘날 미국의 한 주로 우리도 잘 아는 이름이다. '버지니아Virginia'라는 명칭은 월터 롤리Walter Raleigh 경이 첫 번째 식민지화 및 연구 탐사대를 북아메리카에 보낸 해인 1584년에 미혼이었던 영국 여왕 또는 원주민 지도자의 이름을 따서 붙인 이름이라고 일컬어진다. 하지만 노렘베가Norembega는 낯선 이름이다. 16세기 지도에서 대략 지금의 뉴잉글랜드 지역에 그 장소가 처음 등장한다. '노렘베가'라는 명칭도 버지니아처럼 다양한 대상과 관련지어졌다. 아메리카 대륙 북쪽에 있었다고 믿어지는 전설의 황금 도시 '엘도라도', 미국 메인주에 있는 강, 노르웨이 탐험가 레이브 에릭손Leiv Eriksson이 건설했다는 바이킹 거주지 등이다. 19세기 보스턴의 엘리트 계층은 마지막 가능성에 유독 매력을 느꼈다. 바이킹이 뉴잉글랜드를 식민화해 사실상 그곳에 그들의 나라를 건설했다는 생각이 마음에 들었던 것이다. 에릭손은 유럽 식민지화의 얼굴, 심지어는 영웅으로 내세우기에 좋은 인물이었다. 게다가 콜럼버스가 가톨릭교도였던 반면 에릭손은, 비록 프로테스탄트는 아니라도 적어도 북유럽인이었다.

　뉴펀들랜드의 랑즈 오 메도스에 바이킹 거주지였을 가능성이 있는 유적이 존재한다. 그리고 이 섬은 북유럽 영웅전설 속의 '빈랜드'였을 가능성이 높다. 하지만 유럽이 북아메리카 동해안을 식민지화하는 단계로 발전하지는 않았다. 북아메리카에 살았던 바이킹이 뉴잉글랜드로 세력을 확장했다는 증거는 없고, 뉴펀들랜드의 초기 바이킹 거주지는 아주 잠시 존재했던 것 같다. 그리고 16세기에 유럽 탐험가들이 도착했을 무렵에는 완전히 사라진 상태였다.

　그렇다면, 제라드가 모호하게 언급하는 '노렘베가'는 바이킹 거주지 또는 전설의 도시가 아니라, 단지 훗날 뉴잉글랜드로 알려지게 된 지역일 가능성이 있다. 하지만 그 지역에 영국인 거주지가 확고하게 자리 잡게 된 것은 《제라드의 식물지Gerard's Herbal》가 출판된 지 수십 년이 지난 17세기 초였다.

　1606년 제임스 1세가 런던과 플리머스의 버지니아 회사에 칙서를 발급해, 사실상 그 회사들이 새로운 무역망을 형성하고 북아메리카대륙에 대한 소유권을 적극적으로 주장하도록 후원했다. 1607년에는 런던의 버지니아 회사에서 일하던 영국 탐험가이자 해적 출신인 존 스미스John Smith가 '제임스 포드James Fort'를 건설했다. 이곳은 북아메리카의 첫 번째 영구 영국 거주지 제임스타운Jamestown이 되는 곳이다. 그는 아메리카 원주민과의 전투에서 부상을 입었지만, 유명한 (하지만 출처는 불분명한) 이야기에 따르면 족장의 딸 포카혼타스에게 구조되어 잉글랜드로 돌아갔다. 그리고 1614년에 다시 북아메리카로 와 자신이 '뉴잉글랜드'라고 이름 붙인 지역을 탐험하고 그곳의 지도를 작성했다. 1620년에는 메이플라워호를 타고 잉글랜드의 플리머스를 떠난 이주자들이 뉴잉글랜드 지역에 도착해 매사추세츠에 뉴플리머스를 건설했다. 이 일은 식민지화 역사의 중대한 순간으로 여겨지며, 어떤 사람들은 이를 뉴잉글랜드 영구 거주의 진정한 시작으로 보기도 한다.

잉글랜드 이주민이 북아메리카에 영구적인 뿌리를 내렸을 무렵에는 멕시코산이 아닌 북아메리카산 옥수수로 보이는 것이 잉글랜드의 밭에서 이미 스무 해 넘게 자라고 있었다. 버지니아 회사가 왕의 칙서를 받기 전에 누군가가 이 재배식물을 가져온 걸까? 1584년에 버지니아로 떠난 롤리의 연구 탐사대는 분명 아니다. 북아메리카의 유럽인 거주지가 그보다 약간 빠르기 때문이다. 더 북쪽에 있는 뉴펀들랜드의 잉글랜드 식민지가 공식적으로 인정받은 때는 1610년이지만, 그곳은 1583년에 롤리의 이복형제이자 동료 모험가인 험프리 길버트Humphrey Gilbert에 의해 잉글랜드 왕실 소유가 되었다.

하지만 그것도 잉글랜드의 밭에 옥수수가 퍼져나간 정황을 설명하기에는 여전히 너무 늦다. 제라드가《제라드의 식물지》를 펴내기 14년 전에 불과하니까. 하지만 길버트는 바이킹 이래 뉴펀들랜드에 발을 디딘 최초의 유럽인이 아니었다. 유럽이 그 섬을 발견한 것은 길버트 의 항해보다 86년 빨랐다.

잘 알려지지 않은 한 모험가의 항해

브리스틀 박물관 아트 갤러리에는 어렸을 때부터 줄곧 나를 사로잡아온 거대한 그림 한 폭이 걸려 있다. 그것을 그린 화가는 어니스트 보드Ernest Board로, 브리스틀에서 미술을 공부한 그는 역사적 주제와 대형화를 좋아했던 모양이다. 그 그림에는 화려한 중세의 복장을 한 은발 남성이 부두에 서 있다. 빨간색과 금색 양단으로 짠, 몸에 밀착되는 상의(더블릿)와 꼭 끼는 주홍색 바지를 입었고, 길고 끝이 뾰족한 가죽 장화를 신었다. 그는 부두 기둥에 정박된 배를 가리키는 동시에, 치렁치렁한 검은색 관복을 입은 더 늙은 남성의 손을 잡아 흔들고 있다. 늙은 남성은 시장 관직을 나타내는 쇠줄을 차고 있다. 둘 사이에 반쯤 가려진 사람은 적갈색 머리의 젊은 남성으로, 붉은색 더블릿 차림이다. 시장 뒤쪽—관람객에게 더 가까이 있는—검은 예복을 입고 있는 사람은 주교다. 화려한 자수가 놓인 예복을 입었고, 빨간 장갑을 낀 손으로 금색 지팡이를 쥐고 있다. 어린 복사 둘이 그의 양옆을 감싸고 있는데, 한 명은 성경을 들었고 다른 한 명은 초를 들었다.

배경에는 한 무리의 시끄러운 군중들이 있다. 저마다 좀 더 잘 보려

옥수수

고 목을 길게 빼고 있다. 앞쪽 자갈 위에는 무기와 헬멧이 쌓여 있고, 가장자리가 톱니 모양으로 된 하얀 모자를 쓴 남성이 창인지 낫인지를 한 아름 들고 있다. 배에 실을 모양이다. 선체는 뱃머리만 보일 뿐이지만, 바람에 부풀어 오른 돛이 부두 풍경의 배경을 차지한다. 반쯤 올라간 그 돛에는 브리스틀의 문장인 성과 돛대가 그려져 있다. 멀리 그 중세도시의 스카이라인이 언뜻 보인다. 그리고 오른쪽으로는 지평선에 탑이 솟아 있다. 오늘날 브리스틀에 솟아 있는 윌스 메모리얼 빌딩과 아주 비슷해 보이지만, 그 건물은 1925년에 축조되었다. 그림 속의 탑은 분명 첨탑 없는 탑인 세인트메리 래드클리프일 것이다. 그림의 제목은 〈1497년, 발견을 위한 첫 번째 항해에 오르는 존과 서배스천 캐벗The Departure of John and Sebastian Cabot on their First Voyage of Discovery, 1497〉이다. 그림 한가운데 있는 은발 남성이 존일 것이다. 그리고 붉은 더블릿을 입고 그 뒤에 서 있는 사람이 그의 아들인 서배스천이다.

콜럼버스가 스페인 국왕 페르디난트와 여왕 이사벨라의 후원을 받아 서인도제도를 향해 남서쪽으로 출항한 때로부터 5년 뒤, 존 캐벗 John Cabot이 잉글랜드를 떠나 북서쪽으로 출항했다. 그는 이탈리아에서 태어나 베니스 시민이 되었다. 그러니 우리는 그를 조반니 카보토, 또는 베니스풍으로 후안 카보토라 불러야 마땅하다. 해상무역인인 캐벗 (나는 그냥 이렇게 부르겠다)은 베니스와 발렌시아를 근거지로 활동하다가 런던에 나타났다. 그는 대서양을 횡단하는 북부 탐험 항해를 계획하고 있었는데, 이것은 외교적으로 매우 민감한 문제였다. 1493년의 교황 칙서가 이미 스페인과 포르투갈에 비유럽 세계를 탐험할 수 있는 배타적인 허가를 내린 터였다. 스페인과 포르투갈 영토를 침입하는 것으로 간주될 것이 틀림없는 항해를 위해서는 왕실의 지원이 절실했다.

스페인 대사는 페르디난트와 이사벨라에게 '우노 코모 콜론uno como Colon', 즉 콜럼버스 같은 사람이 런던에 있다며 노골적인 경고의 편지를 보냈다. 하지만 캐벗은 필요한 지원을 얻었다. 아마 헨리 7세는 도대체 왜 스페인과 포르투갈이 모든 것을 장악해야 하는지 이해할 수 없었을 것이다. 1496년, 그는 캐벗에게 탐험 허가증을 주었다. 손에 넣는 모든 땅을 왕의 이름으로 소유할 권리, 그리고 그가 만든 모든 무역로에 대한 독점권이 포함된 허가증이었다. 하지만 여전히 캐벗에게는 부족한 게 있었다. 항해에 대한 재정 지원이었다. 그는 런던의 이탈리아 은행가들뿐 아니라, 이 모험에 기꺼이 재산을 건 브리스틀의 부유한 상인들로부터 기금의 일부를 조달한 듯하다. 특히 세관원으로 일하던 한 상인은 매력적인 신화로 이어졌는데, 바로 '리처드 아메리크Richard Ameryk'라고도 불리는 리처드 앱 메리크Richard ap Meryk다.

'아메리카'라는 명칭은 이탈리아 학자이자 탐험가 아메리고 베스푸치Amerigo Vespucci의 이름에서 유래했다는 것이 일반적인 통설이다. 그는 1499~1502년에 남아메리카로 항해했고, '서인도제도'는 아시아의 일부가 아니라 완전히 새로운 대륙임을 깨달았다. 하지만 리처드 아메리크는 누구인가? 그의 성은 아메리카 대륙이 사실은 그의 이름에서

옥수수

유래했을 가능성을 불러일으켰다. 적어도 브리스틀에서는 인기 있는 설명이다. 게다가 아메리크와 캐벗과의 관계가 예사롭지 않았다. 몇몇 사람들은 아메리크가 캐벗의 탐험을 후원한 주요 후원자였고, 나아가 캐벗이 오른 배 매슈호의 소유자였을지도 모른다는 가능성을 제기했다. 이 추측 가운데 무엇이라도 뒷받침할 만한 문서 기록은 안타깝지만 존재하지 않는다.

그렇다 해도 캐벗과 브리스틀의 관계는 확실하다. 캐벗이 받은 칙서에는 그가 이 항구도시에서 출항해야 한다고 명시되어 있었다. 이미 대서양을 탐험한 역사가 있는 도시였기 때문이다. 1480년대 초의 몇 차례 탐험은 새로운 어장을 발견하는 것이 목적이었다. 하지만 '하이-브라실Hy-Brasil'이라 불리는 전설의 섬에 대한 이야기도 모험가들을 자극했을 터였다. 브리스틀 선원들이 그곳을 발견했다는 소문까지 돌았다. 어쩌면 콜럼버스가 항해를 떠나기 전 어떤 브리스틀 사람이 실제로 북아메리카를 발견했을지도 모르지만, 진실은 결코 알지 못할 것이다.

캐벗은 1496년에 출항했지만, 부족한 보급품과 혹독한 날씨로 되돌아와야 했다. 하지만 이에 굴하지 않고 1497년에 다시 한 번 시도할 준비를 갖추었다. 5월 2일에 브리스틀을 떠난 매슈호는 6월 24일에 대서양 건너편에 도착했다. 역사가들은 저마다 상륙 장소로 노바스코샤Nova Scotia, 래브라도반도Labrador, 메인주Maine를 추정하지만, 많은 사람들이 가장 유력하게 보는 곳은 뉴펀들랜드 동해안의 보나비스타곶

Cape Bonavista이다. 1997년 캐벗의 배 매슈호의 복제 선박 한 척이 브리스틀에서 출항해 향한 곳도 그곳이다. 약 5백 년 전 캐벗은 자신이 아시아의 동해안에 갔다고 확신했고, 잉글랜드의 브리스틀 사람들은 그가 전설의 브라실섬을 발견했다고 생각했다.

캐벗은 추가 탐험을 위해 신세계로 돌아갔지만, 그의 방랑에 대한 기록은 부정확하다. 캐벗의 모험에 대해 흥미롭지만 심상치 않은 몇 가지 주장을 제기한 역사학자인 알윈 러덕Alwyn Ruddock은 그 주제와 관련한 연구를 출판하기 전에 사망했고, 자신의 사후에 최대한 빨리 연구 기록을 폐기할 것을 명했다. 의심을 불러일으키지 않을 수 없는 대목이다. 러덕은 1498년에 캐벗이 북아메리카 동해안 전체를 탐험하고 그곳에 대한 잉글랜드 소유권을 주장했으며, 카리브해 지역의 스페인 영토를 침입했다고 주장한 바 있다.

캐벗의 항해와 관련하여 아직까지 남아 있는 기록에서도 그가 본 동식물에 대한 정보는 실망스러울 정도로 빈약하다. 콜럼버스 항해에 대한 기록과는 아주 다르게, 캐벗이 신세계에서 가져온 것들을 언급한 사람은 아무도 없는 듯하다. 최초의 항해 뒤 헨리 7세는 캐벗에게 고생한 대가로 10파운드를 주었지만, 그 항해는 상업적으로 실패였다. 게다가 외교적으로도 난감했다. 캐벗이 떠나 있는 동안, 웨일스 공 아서가 페르디난트와 이사벨라의 딸인 아라곤왕국의 캐서린과 약혼했는데, 이 결혼은 잉글랜드와 스페인의 동맹을 공고히 하기 위한 의도를 가지고 있었다. 상황이 이렇게 된 이상 스페인의 심기를 건드려

옥수수

좋을 게 없었고, 충분히 성공하지 못한 항해는 숨기는 편이 나았다. 왕실 결혼은 1501년에 진행되었고, 아서는 6개월 뒤 죽었다. 잉글랜드에는 아직 아서의 동생이 있었기에 여덟 살 연상인 캐서린은 그와 결혼해 헨리 8세의 첫 번째 왕비가 되었다.

그래도 저곳에는 신세계가 통째로 남아 있었으니, 존 스미스와 헨리 길버트를 포함한 잉글랜드의 탐험가와 개척자들은 계속해서 그 북쪽 대륙을 조사하며 소유권을 주장했다. 헨리 허드슨Henry Hudson에서부터 조지 벤쿠버George Vancouver까지, 17세기와 18세기 선원들과 탐험가들의 이름은 결국 북아메리카의 지도에 남았다.

하지만《제라드의 식물지》에 기록되기 전까지 많은 시간이 있었던 것을 감안하면, 북아메리카의 옥수수를 북유럽에 도입한 것은 초기 개척자들이었음이 틀림없다. 어니스트 보드의 그림에 등장하는 존 캐벗의 아들 서배스천의 보고에는 어떤 아메리카 원주민들은 고기와 생선을 먹고 사는 반면, 또 다른 원주민들은 옥수수, 호박, 콩을 재배한다고 적혀 있다. 존 캐벗의 잘 알려지지 않은 북아메리카 발견 뒤로 몇십 년 동안 16세기 잉글랜드 탐험가들 중 그 누구도 옥수수의 북부 변종을 가져오지 않았다고는 상상하기 어렵다.

아마 캐벗 본인도 옥수수를 챙겨 왔을 것이다. 돌아오는 여정에 먹을 식량이 필요했을 테니까. 1497년 8월, 머리에는 새로운 지리적 지식을 가득 담고 주머니에는 옥수수 알을 넣은 채 세번강 상류에서 에이번강을 거쳐 브리스틀 항구로 돌아오는 캐벗을 상상해보라. 이것은 보드의 그림만큼이나 가공적이고 낭만적인 허구지만, 나는 캐벗이 브리스틀로 돌아와 자기 집 마당에서 옥수수를 길렀다고 생각하고 싶다.

유전학이 밝힌 옥수수의 번성과 확산

양피지나 종이에 잉크로 적힌 전통적인 종류의 역사가 소진되면, 이제 유전자 기록에 의지할 차례다. 바로 유기체의 세포핵 안에 둘둘 말린 기록이다. 그것을 '세포핵 이야기', '염색체 연대기'로 부를 수 있겠다.

2003년, 프랑스의 한 식물유전학 연구 팀이 옥수수 유전학에 관한 연구 결과를 발표했다. 그들은 잊힌 역사의 일부를 발굴할 수 있기를 기대하며, 아메리카와 유럽 원산의 옥수수 시료 219개 사이의 차이와 유사성 패턴을 조사했다. 연구 팀이 사용한 기법은 효소로 DNA를 자른 다음 서로 다른 시료들에서 생산된 단편들의 길이를 비교하는 것이었다. 법의학 목적으로 개발되어 'DNA 지문 감식'으로 알려진 기법과 사실상 똑같은 것이다. 요즘 사용하는 DNA 염기 서열 분석에 비하면 조야한 방법이지만 유전체 사이의 차이와 유사성 패턴을 알 수 있어서, 연구 팀은 이 방법으로 옥수수 작물화와 세계화의 영웅전설에 관한 몇 가지 명료한 통찰을 얻었다.

연구 결과, 옥수수의 다양성은 전에 생각했던 수준을 훨씬 뛰어넘었다. 아메리카 개체군, 특히 중앙아메리카 개체군은 유럽 개체군들보다 변이가 훨씬 더 많았다. 옥수수는 속속들이 아메리카 토종 식물로,

아시아의 유산은 눈곱만큼도 없었다. 아메리카 내에서는 북아메리카 고지대에서 유래한 '노던 플린트' 옥수수와 칠레 변종이 유전적으로 매우 비슷해 보였다. 두 유형 모두 긴 원통형 이삭과 긴 겉껍질, 돌처럼 딱딱한 알을 가지고 있다. 그리고 대서양 양편의 옥수수 개체군들 사이의 유전적 유사성에는 '발견의 항해'에 대한 기억이 보존되어 있었다. 옥수수 시료들을 분석하면 유연관계가 가깝고 유전적으로 비슷한 것들은 한 덩어리로 묶일 터였다.

실제로 결과를 보니, 여섯 개 남스페인 개체군이 카리브해 개체군들과 한 무리를 이루었고, 따라서 양 지역의 개체군들은 가까운 관계임이 분명했다. 남스페인 옥수수 변종들은 신세계에서 처음 가져온 옥수수의 자손으로 추정된다. 하지만 이 스페인 옥수수는 유럽의 나머지 지역으로는 확산되지 않은 모양이다. 이탈리아 옥수수조차 카리브해 변종들과 달랐다. 그것은 아르헨티나와 페루에서 온 남아메리카 유형과 가장 비슷했다. 그리고 북유럽 옥수수는 북아메리카의 노던 플린트종과 유전적으로 가장 가까웠다. 북아메리카에서 옥수수가 도입된 별개의 사건이 있었다는 식물지의 암시는 오늘날 북유럽에서 자라는 옥수수 DNA를 통해 입증되는 셈이다. 16세기 독일 식물학자 푹스는 이 곡물의 아시아 또는 터키 기원을 확신했지만, 정작 옥수수 도판을 포함한 최초의 책인 그의 1542년 식물지에서는 옥수수가 8열 내지 10열의 알이 맺히는 긴 이삭과 긴 겉껍질을 가진 식물로 묘사된다. 바로 노던 플린트가 **그렇게** 생겼다.

역사학자들은 북아메리카 기원의 옥수수가 17세기에 유럽으로 건너갔을 가능성을 제시했지만, 유전자와 유럽 식물지의 증거를 종합하면 도입 시기는 16세기 전반기로 앞당겨지고, 심지어 그보다 약간 더 빠를 가능성도 있다. 이는 터무니없는 얘기가 아니다. 고고학 및 유전학 연구들은 이 시점에 이로쿼이족 인디언이 북아메리카 동부의 드넓은 지역에 걸쳐 옥수수를 주식으로 길렀음을 밝혀냈다. 이곳은 16세기에 영국과 프랑스 개척자들이 철저히 탐험한 영토다.

북아메리카의 옥수수와 관련하여 역사 문헌에 공백이 존재하는 것이 이상하지만, 옥수수가 갓 들어온 새로운 식물이다 보니 유럽의 모험가들이 제대로 표현하지 못한 것으로 보인다. 프랑스의 프랑수아 1세의 의뢰를 받은 두 탐험가인 조반니 베라차노Giovanni Verrazano와 자크 카르티에Jacques Cartier가 옥수수를 모호한 표현으로 언급한 바람에 역사에서 사라졌을 가능성도 있다. 두 사람은 1520년대와 1530년대에 탐험을 하며 자신들의 발견을 기록했다. 베라차노가 체서피크만 근처에 사는 아메리카 원주민들을 만났을 때 굉장히 맛있는 '콩legume'을 맛보았다고 기록한 탓인지, 훗날 프랑스 문헌은 옥수수를 콩으로 기술한다. 나중에 퀘벡이 된 지역을 탐험한 카르티에는 한 축제 의례와 관련하여 '그로 밀gros mil'을 언급했는데, 이는 콩을 이르는 말로, 옥수수를 가리키는 것이 분명하다.

옥수수의 북아메리카 변종들이 더 일찍, 그러니까 15세기 말~16세기 초중반에 북유럽에 도입될 기회는 충분히 있었다. 최근의 유전자

분석 결과는 노던 플린트종이 실제로 유럽으로 여러 차례 도입되었음을 강력하게 뒷받침한다. 캐벗과 그의 아들, 베라차노와 카르티에는 노던 플린트를 가져왔을 가능성이 있는 개척자들 중 몇 명일뿐이다. 옥수수는 공식적인 '발견의 항해'를 통해서뿐 아니라, 비공식적인 대서양 어장 탐사에서도 묻어 왔을 것이다. 그리고 열대 카리브해 옥수수와 달리, 북아메리카 변종들은 온대기후에 이미 잘 적응되어 있었다. 그들은 중유럽과 북유럽에 들어오자마자 번성했을 것이다.

✳

옥수수의 유전학적 이야기는 동아시아에서도 비슷한 방식으로 전개된다. 인도네시아에서 중국까지 열대 위도에서 옥수수는 유전적으로 멕시코 옥수수와 가장 가깝다. 하지만 이번에는 유전학이 아니라 역사가 자세한 내막을 제공한다. 동남아시아에는 1496년에 포르투갈인들이 옥수수를 도입했고, 16세기에 스페인이 필리핀제도를 식민지화하면서 또 한 번의 옥수수 물결이 몰려왔다.

아프리카의 옥수수 유전자 지도는 복잡하게 뒤얽혀 있다. 16세기에 포르투갈 식민지 건설자들에 의해 남아메리카 옥수수가 아프리카 서쪽 연안에 일찍 도입되었다. 아프리카에서 옥수수를 부르는 명칭인 'mielie' 또는 'mealies(옥수수를 뜻하는 포르투갈어 '밀류milho'에서 유래했다)'에 이 역사가 반영되어 있다. 그 뒤 19세기부터 '서던 덴트Southern Dents라 불리는 북아메리카 남부의 변종들이 아프리카의 동부와 남부에 도입되었다. 아프리카의 북서쪽 모퉁이로 올라가면, 남스페인에서와 같이 카리브해 옥수수의 유전적 증거가 발견된다. 이 카리브해 계통의 유전적 흔적은 네팔에서부터 아프가니스탄까지 서아시아 전역에도 흩어져 있다. 그리고 언어학적·역사학적 단서로 보건대 터키, 아랍, 그 밖의 이슬람 상인들은 중동에서 해로와 육로를 통해 다른 곳으로 옥수수를 퍼뜨렸다. 그렇게 옥수수는 홍해와 페르시아만에서부터 아라비아해와 그 동쪽의 벵골만까지, 해상과 육상으로, 실크로드를 따라, 히말라야산맥을 통해 퍼져나갔다.

하지만 옥수수 유전학 이야기의 가장 흥미진진한 대목은 **전 세계의 중위도 지역에 새로운 고향을 마련한 옥수수가 가지고 있는 DNA다.** 스페인 북부와 프랑스 남부에서 유럽 옥수수는 유전적으로 북아메리카 유형과도 관계가 있고 카리브해 유형과도 관계가 있지만 어느 한쪽과 특별히 가깝지 않다. 아마 17세기 중반에 교잡으로 탄생한 완벽한 중간 종으로 보인다. 서로 갈라져 아메리카 대륙의 각기 다른 환경에 적응한 옥수수 변종들은 피레네산맥 기슭에서 재회했다.

옥수수가 전 세계로 확산한 속도는 놀랍도록 빨랐다. 유전자분석과 분자시계는 옥수수가 아메리카 대륙에서 약 9천 년 전에 작물화되었음을 암시한다. 옥수수가 이 지역에 8500년 동안 머무르다가 지난 5백 년 사이 전 세계로 퍼졌다는 얘기다. 하지만 실제로는 이 옥수수의 확산이 이보다 훨씬 더 빠른 속도로 진행되었다. 문서 증거에 따르면, 옥수수가 유라시아를 가로질러 스페인에서 중국까지 확산한 것은 콜럼

옥수수

버스가 카리브해 지역에서 옥수수를 들여온 지 단 60년 만이었다. 어떤 면에서 이러한 확신과 도입은 아주 이례적인 일로 보이는데, 유라시아는 수천 년 동안 농업이 시행된 지역이었고, 따라서 사람들에게 주식을 제공할 밀과 쌀을 재배하는 논밭이 이미 잘 정비되어 있었기 때문이다. 역사 기록에 따르면 농부들은 기존 작물을 이 새로운 곡물로 당장 바꾸지는 않았다. 오히려 옥수수는 불모지에서 근근이 살아가던 가난한 농부들에 의해 경작 한계지에서 재배되었다.

이렇게 옥수수는 빈자들의 음식으로 여겨졌지만, 구세계에 발판을 마련하자마자 세계적인 작물로서의 미래를 보장받았다. 엄청난 다양성과 광범위한 환경에서 자랄 수 있는 능력은 옥수수가 대서양을 건너자마자 전 세계로 퍼져나갈 준비가 되어 있었음을 뜻한다.

옥수수의 조상을 찾아서

다시 아메리카 대륙으로 돌아가보자. 유전학 연구는 옥수수 작물화 시점을 추산하는 데만 중요한 역할을 한 게 아니라, 야생 조상의 정체를 추적하고, 옥수수가 몇 차례나 작물화되었으며 작물화가 어디서 일어났는지 밝히는 데도 큰 기여를 했다. 옥수수는 제아 메이스 메이스*Zea mays mays*라는 아종이며, 같은 종 내에 세 가지 다른 아종이 존재한다. 이 세 가지 아종은 모두 야생형인데 일상에서는 '테오신트teo-sinte'라는 이름으로 더 잘 알려져 있다. 이것은 과테말라의 아즈텍어에서 유래한 명칭으로, 아즈텍인들은 옥수수를 치코메코틀Chicomecoatle 여신과 신테오틀Cinteotl 신으로 숭배했다.

세 종류의 테오신트 — 제아 메이스 후에후에테낭겐시스Zea mays hue-buetenangensis, 멕시카나mexicana, 파르비글루미스parviglumis — 는 과테말라와 멕시코에서 야생 상태로 자란다. 테오신트는 작물화된 사촌과 다르게 생겼지만, 옥수수는 이 세 종류의 테오신트 모두와 교배해 잡종을 생산할 수 있다. 진화를 가지를 내는 나무에 비유한다면, 이 테오신트 사촌들 중 하나가 다른 둘보다 옥수수와 더 가까울 것이고, 심지어는 야생에 살고 있는 그 테오신트의 조상이 작물화된 것일지도 모른다.

옥수수와 테오신트의 효소 분석 결과를 보면 실제 테오신트 세 종 중 하나가 다른 두 종보다 옥수수와 더 가까운 듯하다. 그리고 2002년에 이 사실이 대규모 유전학 연구에 의해 확인되었다. 옥수수와 테오신트 세 종의 샘플 총 264개를 조사했더니, 멕시코의 일년생 테오신트 제아 메이스 파르비글루미스가 작물종과 가장 가까웠다.

그 연구에 포함된 아메리카 옥수수 개체군들에 관한 방대한 데이터(264개 샘플 가운데 193개가 옥수수의 것이었다)를 토대로, 이 작물종의 계통수를 그려볼 수 있었다. 그 결과, 온대에 적응된 노던 플린트 종에서부터 콜롬비아, 베네수엘라, 카리브해 지역에 사는 열대 종류에 이르는 모든 옥수수 계통이 결국에는 융합해 하나의 줄기에 모였다. 즉 옥수수는 딱 한 번 작물화되었다는 얘기다. 혹시 여러 번 작물화되었을 수도 있는데, 그 경우에는 한 계통만 살아남은 것이다. 계통수의 뿌리는

옥수수

멕시코에 있었지만 작물화가 처음 시작된 장소를 정확히 밝히기는 쉽지 않았다. 계통수에 있는 작물형 옥수수 가운데 가장 원시적인 형태는 멕시코 고지대에서 자라는 반면, 그것의 가장 가까운 야생 친척은 저지대 식물이기 때문이다. 바로 멕시코 중부의 발사스강 유역Balsas River Basin에 사는 제아 메이스 파르비글루미스, 즉 발사스 테오신트다.

＊

이 유전학적 정보가 등장했을 무렵, 고고학 기록으로 밝혀진 옥수수의 최초 증거는 멕시코 고지대에서 발견된 6200년 전의 옥수수 수심*이었다. 그렇다면 가능성은 발사스 테오신트가 산 위로 옮겨져 심어졌든지, 아니면 그것이 강 계곡에서 작물화된 다음 나중에 고위도 지역으로 확산했든지 둘 중 하나인 듯하다.

9천 년 동안 기후와 환경은 상당히 변했고 종도 그에 따라 변했을 것이다. 그렇다 해도 고고학자들은, 유전학 데이터를 토대로 옥수수의 가장 가까운 야생 친척으로 확인된 식물이 저지대에 살고 있다는 것이 확인된 이상 발사스 계곡 쪽을 제대로 살펴볼 가치가 있다고 판단했다. 그래서 먼 과거의 경작과 작물화 흔적을 찾아 그 일대를 샅샅이 조사하기 시작했다. 고고학자들이 찾는 것은 야생종과 작물종을 분명하게 구별 짓는 무언가였다.

---

*   옥수수자루에서 알을 제거한 나머지 속 부분.

테오신트는 성장 초기에는 작물화된 사촌과 구별하기 어려워서 작물종이 옥수수밭에 자라는 성가신 잡초 취급을 받기도 한다. 하지만 다 자라면 겉모습이 확연히 다르다. 테오신트 식물은 가지가 여러 개 뻗은 관목처럼 생긴 반면, 옥수수는 하나의 줄기로 크게 자란다. 테오신트 이삭은 작고 단순하며, 중심축에 약 열두 개의 알이 지그재그로 붙는다. 옥수수 수심은 이에 비해 크고, 그 안에는 수백 개의 알이 촘촘히 박힌다. 테오신트 알은 작고 제각각 딱딱한 껍질 속에 들어 있는 반면, 옥수수 알은 크고 노출되어 있다. 그리고 야생 테오신트 이삭은 일립계 밀처럼 성숙하면 후드득 떨어지는 반면, 옥수수 알은 비탈립성 이삭 가지에 단단히 붙어 있다. 유전학자들은 돌연변이를 일으킨 결과 가지치기, 알 크기, 알 껍질, 탈립성에서 테오신트와 옥수수를 다르게 만든 단 몇 개의 유전자를 정확히 집어낼 수 있었다.

여기까지는 훌륭하다. 하지만 열대 저지대에서 식물 잔해는 보존되기 어렵다. 옥수수 줄기와 수심은 물론 원래 그대로의 옥수수 알곡조차 발견할 가망이 없다. 그 대신 유전학자들이 관심을 돌린 곳은 훨씬 더 작은 성분인 식물석과 녹말 입자였다. 식물석은 실리카가 풍부해서 잘 분해되지 않는다. 다시 말하면 열대지방에서조차 엄청나게 오래 견딘다는 뜻이다. 또 하나 아주 유용한 점이 있는데, 테오신트의 식물석과 녹말 입자는 둘 다 옥수수의 그것과 뚜렷이 구별된다.

초기 옥수수의 식물석과 녹말 입자로 추정되는 최초의 증거가 발사스 계곡의 호수 퇴적물에서 발견되었다. 고고학자들은 범인을 쫓듯 그 지역의 선사시대 동굴 거주지 네 곳을 발굴했고, 그중 하나인 시우아토스틀라 동굴Xihuatoxtla Shelter에서 **옥수수의 귀중한 초기 증거가 나왔다.** 8700년 전에 해당하는 동굴의 한 층, 석기들의 깨진 틈과 갈라진 틈에 옥수수의 특징적인 녹말 입자들이 끼어 있었던 것이다. 옥수수 식물석도 발견되었는데, 석기뿐 아니라 그 동굴 안에서 채취한 퇴적물 샘플에도 흩뿌려져 있었다.

옥수수 식물석은 고대 멕시코인들이 옥수수를 어떻게 이용했는지에 대한 추가 단서를 제공했다. 과거에는 옥수수를 재배하는 목적이 다른 무엇보다 줄기 때문이었을 것으로 추정했다. 다 익은 테오신트 알은 딱딱한 껍질 탓에 맛이 없었겠지만, 줄기의 달콤한 심은 먹을 수 있을 뿐 아니라 발효 음료―일종의 '테오신트 럼주'―로 만들 수 있었을 테니까. 식물석은 옥수수의 줄기와 수심에서 서로 다른데, 고고학자들은 시우아토스틀라 동굴에서 가져온 샘플에서 옥수수 수심의 식물석은 다량 찾아냈지만 줄기의 식물석은 하나도 찾지 못했다. 적어도 시우아토스틀라에서의 초기 재배자들은 낟알에 가장 관심이 있었던 것으로 보인다. 그리고 껍질의 식물석은 전혀 발견되지 않는다는 사실로 미루어, 이미 작물화와 관련한 유전적 변화가 일어나 낟알의 딱딱한 껍질이 없어진 듯하다.

약 6천 년 전~7천 년 전(기원전 5000~4000년)에 해당하는 파나마의 다른 유적들에서도 줄기가 아니라 수심을 이용했다는 비슷한 정황이 나온 바 있다. 물론 수렵채집인들이 테오신트의 달콤한 줄기를 낟알보다 더 많이 이용하다가 나중에 낟알로 관심을 돌렸는데 그때는 이미 옥수수의 작물화된 특징이 이미 나타나고 있었을지도 모른다. 하지만 테오신트 낟알을 가공하는 문제가 지나치게 과장된 건 아닐까. 물에 담갔다가 갈면 먹기 쉽고, 어떤 멕시코 농부들은 아직도 가축 사료로 테오신트 씨를 이용하니 말이다.

멕시코 저지대의 열대 계절림에서 초기 옥수수가 발견된 것은 중요한 의미를 갖는다. 그것은 이 작물이 고지대에서 처음 작물화되었다는 주장의 근거로 사용된 이전 증거보다 2500년쯤 앞선다. 게다가 앞뒤가 더 잘 맞는 증거이기도 하다. 옥수수의 가장 가까운 친척인 발사스 테오신트는 산 위에서가 아니라 저지대에서 자생하기 때문이다.

이렇듯 탐정처럼 샅샅이 캐고도 여전히 남는 중요하고도 흥미진진한 질문이 있다. 1493년 이후 이 아메리카 작물은 전 세계의 수많은 환경으로 빠르게 퍼지면서 가장 척박한 환경에서조차 발판을 마련했다. 옥수수가 전 세계적인 성공을 거둔 것은 많은 변이 덕분이었다. 하지만 옥수수는 대체 멕시코 남서부 저지대의 단일 기원에서 어떻게 그 놀라운 다양성을 개발한 걸까?

옥수수는 어떻게 재배종이 되었을까

다윈은《종의 기원》을 출판한 지 9년 뒤인 1868년에 펴낸《가축 및 재배식물의 변이The Variation of Animals and Plants Under Domestication》에서 옥수수의 아메리카 기원과 오랜 역사, 그리고 그 놀라운 다양성에 대해 썼다.

> 옥수수*Zea mays*는 (…) 의문의 여지 없이 아메리카 기원으로, 뉴잉글랜드에서 칠레까지 아메리카 대륙 전역의 원주민들에 의해 재배되었다. 옥수수 재배는 매우 오래되었음이 틀림없다. (…) 나는 해수면 위로 적어도 약 26미터 융기한 해변에서 옥수수 열매가 열여덟 종의 조개껍데기와 함께 파묻혀 있는 것을 발견했다. 경작된 지 오래된 만큼, 수많은 아메리카 변종들이 생겨났다.

다윈은 일년생 멕시코 테오신트, 특히 발사스 계곡의 테오신트와 옥수수가 가까운 관계임을 알지 못했다. 그는 이렇게 썼다.

"야생 상태로 자라는 [옥수수의] 원시 형태는 아직 발견되지 않았다."

하지만 그는 프랑스 식물학자 오귀스트 드 생틸레르Auguste de Saint-Hilaire에게 쓴 편지에 젊은 아메리카 원주민 남성이 해준 이야기를 적었다. 씨가 껍질에 싸여 있는 것만 빼면 신기할 정도로 옥수수와 닮은 식물이 "그의 고향 땅의 습한 숲에서 야생 상태로 자랐다"는 얘기였다.

옥수수가 변이하는 "특별하고 독보적인 방식"에 깊은 인상을 받은 다윈은 호기심을 느꼈다. 그는 변종들 사이의 차이는 그 작물이 북위도 지역으로 확산하면서 서로 다른 환경에 대한 "대물림되는 적응"을 발달시킨 결과라고 생각했다. 그리고 독일에서 아메리카 옥수수의 다양한 변종을 재배하여 놀라운 결과를 얻은 요한 메츠거Johann Metzger의 실험을 소개했다.

메츠거는 아메리카의 열대 지역에서 획득한 씨로 몇 가지 식물을 키웠는데, 다윈은 그 실험 결과를 이렇게 기술했다.

> 첫해에 식물들은 3.6미터까지 자랐고, 몇 개의 씨가 맺혔다. 이삭에서 하부의 씨들은 원래 형태를 유지했으나 상부의 씨들은 약간 변했다. 2세대에서 식물들은 2.7~3미터까지 자랐고, 씨가 더 잘 맺혔다. 씨 바깥쪽이 움푹 들어가는 현상은 거의 사라지고 원래의 흰 색깔은 칙칙해졌다. 씨들의 일부는 노란색으로 변하기도 했고, 모양이 둥그런 형태를 띠어 유럽 옥수수와 비슷해졌다. 3세대에서는 아메리카 부모 세대의 독특한 형태와 닮은 점이 거의 사라졌다. 6세대 이르자 이 옥수수는 유럽 변종과 똑같아졌다.

놀랍도록 빠른 변형이다. 식물의 유전적 변화 탓으로 돌리기에는 지나치게 빠르다. 생리적 적응, 전문용어로 말하자면 '표현형 가소성'에 더 가까운 듯하다. **이는 식물이 사는 동안 특정 환경에 적응할 수 있는 잠재력을 말한다.** 성체 생물은 생리적으로나 해부적으로 이런 방식으로 적응하는 것에 한계가 있지만, 부모 세대와는 다른 환경에서 태어나 자란 생물, 즉 씨를 뿌려 재배한 생물은 모습에 큰 차이를 보이며 기능도 달라질 수 있다.

다윈의 글쓰기는 여러 면에서 훌륭하다. 논증을 멋지게 세운 뒤, 구체적 사례를 들며 자신의 중심 개념을 예증한다. 사례들은 신중하게 기술되고, 대개는 개인적으로 경험한 것이다. 예를 들면, 해발 26미터 높이로 융기한 페루 해변에서 발견한 고대 옥수수 수심 같은 것이다. 논증을 세우면서 특정 이론을 뒷받침하는 증거를 제공하기도 하지만, 가끔씩 그는 마음이 이끄는 대로 그저 끌려가는 듯 보이기도 한다. 다윈은 새로 입수한 정보에 무한한 호기심과 흥분을 느꼈다. 메츠거가 독일에서 재배했다는 열대 아메리카 옥수수 소식을 들었을 때도 그랬다. 그로서는 줄기에 일어난 변화나 씨가 익는 데 걸린 시간보다는, 씨 그 자체가 변형되었다는 사실이 매우 놀라웠다.

"훨씬 더 놀라운 사실은 씨가 그렇게 빠른 시간 내에 그렇게 크게 변했다는 것이다."

이어 그는 독백에 변증법을 도입해 자기 자신을 상대로 논증을 펼친다.

"꽃과 그 산물인 씨는 줄기와 잎의 구조적 변화에 의해 형성되므로, 줄기와 잎에 일어난 변형은 그 기관들과의 상관성을 통해 열매 맺는 기관으로 확장될 것이다."

다시 말해, 꽃과 그 씨는 줄기와 잎의 조직에서 생기고, 그러므로 줄기와 잎이 기후에 의해 변형되고 있다면 결국 씨도 그만큼 변하는 것이 당연하다는 얘기다. 여기서 다윈은 우리가 오늘날 유전적 관점에서 이해할 수 있는 어떤 사건에 아주 가까이 다가섰다. 한 유기체의 개별 부위들이 항상 개별 유전자의 통제를 받는 것은 아니다. 전혀 그렇지 않다. DNA와 전체 유기체의 형태와 기능 사이의 관계는 그보다 훨씬 더 복잡해서, 한 특정 유전자의 변화가 유기체 전체에 폭넓은 영향을 미칠 수 있다. 인간이든, 개든, 옥수수든 마찬가지다.

독일의 불리한 기후에서 자라기 시작한 지 단 몇 세대 만에 열대 옥수수에 나타난 놀라운 변화를 논할 때, 다윈은 최근에야 자세하게 밝혀진 '표현형 가소성'이라는 개념에 매우 가까이 다가서고 있었다. 지금 우리가 알고 있는 사실은 표현형 가소성에는 '진정한' 진화적 변화라 부를 수 있는 DNA 그 자체의 변화가 필요치 않다는 것이다. 유기체가 DNA를 읽거나 발현하는 방식만 바뀌면 된다. 즉, 표현형 가소성은 유전자 돌연변이 없이도 새로운 것의 원천이 될 수 있다. 그렇지만 야생종의 재배종으로의 변형을 탐구하는 많은 연구들이 근본적인 DNA 부호에 변화가 일어나지 않아도 표현형이 얼마나 많이 달라질 수 있는지를 때때로 잊은 채 유전자 돌연변이에만 초점을 맞춘다. 온대지방에 이식된 메츠거의 열대 옥수수는 표현형이 얼마나 유연할 수 있는지를 보여주는 환상적인 사례다. 그리고 한 최신 연구는 메츠거가 아메리카 옥수수로 증명한 것보다 훨씬 더 놀라운 수준의 가소성을 발견했다.

＊

돌로레스 피퍼노Dolores Piperno는 워싱턴 D.C. 스미소니언 박물관에 재직 중인 고식물학자로, 발사스 계곡의 시우아토스틀라 동굴에서 옥수수 식물석을 발견한 조사를 주도했다. 하지만 그녀의 연구에는 오래 전에 죽은 식물들의 오래된 흔적을 찾는 것뿐 아니라, 그것에 대응하는 현생 식물에 대한 실험도 포함되었다. 그녀가 이끄는 파나마 스미소니언 열대 조사 연구소의 한 연구 팀은 2009~2012년, 옥수수가 작물화되면서 생긴 변이에 표현형 가소성이 얼마나 중요한 요인으로 작용했는지 조사하는 일에 착수했다. 그들은 옥수수의 야생 조상인 테오신트를 가져다 두 종류의 기후 조건으로 구분된 온실에서 길렀다. 둘 중 한 기후는 1만 6천 년 전~1만 1천 년 전에 해당하는 빙하기 말의 기후를 재현했다. 나머지는 대조군으로, 현대 기후를 재현했다. 각 온실에서 식물들이 자란 결과는 놀라웠다.

현대 기후를 재현한 대조군에서는 모든 식물이 야생 테오신트와 비슷했다. 가지가 많고, 수꽃의 수염과 암꽃의 이삭을 둘 다 냈다. 이삭의 낟알은 한꺼번에 여물기보다는 시차를 두고 여물었다. 빙하기 말을 재현한 온실은 약간 달랐다. 식물들의 대부분이 테오신트와 비슷했지만, 일부―다섯 중 하나―는 옥수수와 매우 비슷했다. 이들은 많은 가지를 내기보다는 하나의 가지를 냈다. 중심 가지에 직접 붙은 암꽃은 옥수수 이삭으로 자랐고, 이삭의 모든 낟알이 동시에 여물었다.

왜 테오신트가 초기 농부들에게 경작의 매력적인 후보로 보였을까? 이는 언제나 미스터리였다. 하지만 만일 빙하기 말 일부 테오신트가 오늘날의 옥수수처럼 줄기에 이삭이 바싹 붙어 있어 수확하기 쉽고 씨가 동시에 여물었다면, 이제는 별로 이상할 게 없는 일이 된다.

빙하기 조건에서 재배된, 옥수수와 비슷한 이 식물에서 씨를 받아 그것을 빙하기 직후의 1만 년 전 홀로세 기후와 비슷한 조건에 심자, 훨씬 더 신기한 일이 일어났다. 역시 그 씨에서 자라난 식물의 절반이 테오신트보다 옥수수와 더 비슷했던 것이다. 이는 초기 곡물 재배자들 또한 옥수수와 같은 표현형을 거의 모두 갖춘 식물을 매우 빨리 얻어낼 수 있었음을 의미한다. 옥수수가 작물화될 때 유전적 변화도 일어났지만, 표현형 가소성은 생각보다 중요한 부분인 듯하다. 옥수수의 인상적인 가소성은 변화에 대한 적응에 해당할 것이다. 즉, 옥수수의 조상들은 요동치는 환경조건에 노출되었고, 그런 조건에서는 새로운 환경에 빠르게 적응할 수 있는 개체가 그렇지 않은 개체보다 성공했음을 암시한다. 표현형 가소성이라는 현상을 계속 간과한다면, 우리는 과거에 식물이 작물화된 경위(그리고 동물이 가축화된 경위)와 오늘날 환경과 생태의 중요한 역할을 진정으로 이해할 수 없을 것이다.

현지 적응을 위한 옥수수의 세 가지 전략

이렇게 옥수수는 기후, 그리고 인간 재배자들의 선택에 대응해 그 형태를 바꾸면서 농업 열풍이 이어지는 동안 고향인 멕시코 열대림에서부터 고지대로, 그리고 더 북쪽과 더 남쪽 위도로 퍼져나갔다. 아메리카 대륙 전역으로 점진적으로 퍼짐에 따라 옥수수는 서로 다른 환경에 적응할 수 있었고, 그 결과 저지대 식물이자 고지대 식물, 열대식물이자 온대식물이 되었다.

표현형 가소성과 새로운 유전자 돌연변이는 새로운 형질을 만드는 두 가지 중요한 원천으로서 '뛰어나고 독보적인' 옥수수의 다양성을 낳는 데 일조한다. 하지만 새로운 환경에 적응할 수 있는 놀라운 능력에 기여한 또 다른 요인이 있었던 것 같다. 그것은 **야생 친척으로부터 받은 약간의 도움이었다.** 초기 옥수수는 멕시코 저지대에서 고지대로 퍼져나가면서 산지에 사는 테오신트의 아종인 제아 메이스 멕시카나와 교잡했다. 유전학 연구 결과, 고지대 옥수수가 가진 게놈의 약 20퍼센트가 멕시카나로부터 왔음이 밝혀졌다. 작물화된 보리가 시리아사막에서 자라던 야생 변종의 가뭄 저항성을 가져온 것처럼, 옥수수도 확산하는 동안 야생의 친척종들과 교잡함으로써 현지의 유전적 '지식'을 최대한 활용했던 셈이다.

옥수수는 멕시코에서 고지대와 저지대의 개별 경로를 통해 과테말라로, 그런 다음 더 남쪽으로 이주한 듯하다. 그리고 마침내 7500년 전 남아메리카 북단에 도착했다. 이어 4700년 전에는 브라질 저지대에서 재배되고 있었고, 4천 년 전에는 안데스산맥에서 자라고 있었다. 이에 그치지 않고 옥수수는 남아메리카 북단에서부터 북쪽의 트리니다드섬과 토바고섬, 카리브해의 다른 섬들로 퍼져나갔다. 북아메리카로의 확산은 훨씬 늦어서, 2천 년 전에 와서야 남서쪽 모퉁이에서 확산되기 시작했다. 하지만 그런 다음에는 곧장, 단 2백 년 만에 북동쪽으로 퍼져나가 오늘날의 캐나다에 해당하는 지역까지 이르렀다.

유럽과 아메리카의 접촉이 시작될 때쯤에는 이미 엄청나게 다양한 옥수수 변종들이 생겨나 멕시코에서부터 북동 아메리카까지, 카리브 해 연안과 브라질 계곡에서부터 안데스산맥 고지까지 모든 지역에서 자라고 있었다. 그 모든 형태의 옥수수는 각기 매우 잘 적응되어 있었고 변이가 풍부한 작물이었다. 즉, 콜럼버스가 아메리카 해변에 발을 디디자마자 전 세계로 빠르게 확산할 준비가 되어 있었다.

5

감자

Solanum tuberosum

조잡한 장화가 삽날의 어깨에 깊숙이 자리 잡고, 삽자루는

안쪽 무릎에 단단히 맞댄 지렛대.

아버지는 씨알 굵은 걸 모두 찾아, 빛나는 삽날을 깊게 묻고

흩뿌리는 햇감자들을 우리가 주웠다.

손바닥의 그 차가운 딱딱함이 기분 좋았다.

— 셰이머스 히니, 〈땅파기〉

고대 감자

잿빛에 쭈글쭈글하고 얇고 질긴 물질의 조각. 손가락 끝에 놓을 수 있을 정도로 작다. 아무런 감흥도 불러일으키지 않는 물질이다. 뒷마당에서 그것을 발견했다면 그저 최근에 퇴비 더미에서 떨어져 나온 유기 쇄설물 정도로 생각했으리라(바닷가재의 굴에서 밀려 나온 펜석기 조각만큼 평범한 것). 하지만 사실 이것은 매우 귀중한 고고학 증거다.

이 작고 검은 유기물 조각은 1980년대 칠레 남부에서 발굴된 '몬테베르데Monte Verde'라는 고고학 유적에서 나온 깃이다. 연대가 약 1만 4600년 전으로 밝혀진 그 유적은 남북 아메리카를 통틀어 가장 오래되었고, 연대가 확실한 인간 거주지 중 하나다. 레반트 지역의 나투프 유적들과 거의 동시대지만 큰 차이가 있다. 근동 지역에서는 현생인류가 그 이전에도 수만 년 동안 살아온 반면, 몬테베르데에서 현생인류는 비교적 신참이었다.

2008년 나는 몬테베르데를 방문했다. 그곳을 발굴한 지질학자 마리오 피뇨Mario Piño와 함께였다. 엄청나게 중요한 이 장소에 도착한 우리는 유속이 빠른 친치우아피 하천Chinchihuapi Creek의 이끼 낀 둑 위에서 몇 마리 양이 풀을 뜯고 있는 들판을 발견했다. 잉글랜드에서 아주 먼 곳이었지만, 마치 레이크 디스트릭트*를 걷는 기분이었다. 그만큼 익숙한 시골 풍경이었다. 그리고 피뇨의 전문적인 도움이 없었다면 나는 그 유적의 정확한 위치를 찾는 데 큰 어려움을 겪었을 것이다. 고고학 유적이 모두 감추어져 있어 주변 경관과 전혀 구별되지 않았기 때문이다. 아마 그곳에 유적이 있는지도 몰랐으리라. "다른 많은 유적들처럼 이곳도 우연히 발견되었습니다." 그는 말했다. "마을 사람들이 하천을 확장하고 있었어요. 퇴적물을 제거하며 만곡을 깎아내다가 거대한 뼈들을 발견한 거죠. 사람들은 그걸 잘 챙겨뒀고, 그곳을 여행하던 대

---

*   영국 잉글랜드 북서부의 아름다운 호수와 산으로 이루어진 관광지.

학생 두 명이 뼈를 발디비아로 가져갔어요."

버리지 않기를 잘한 것이다. 그 거대한 뼈들은 약 1만 1천 년 전에 멸종한 빙하기 동물의 것으로 판명되었다. 발디비아 대학교의 과학자들은 서둘러 추가 조사에 나섰다. 처음에는 플라이스토세 동물 유해를 포함하고 있는 순수한 고생물학 유적으로 보였지만, 석기와 다른 유물이 발견되기 시작하면서 훨씬 더 흥미로워졌다. 아주 오래 전부터 이곳에는 사람들도 살았음이 분명했다.

유적의 축축한 이탄질 토양은 유기물이 엄청나게 잘 보존되어 있다는 뜻이었다. 대부분의 유적에서는 재빨리 썩어 없어지는 것들이 이곳에서는 타임캡슐에 싸여 살아남은 셈이다. 고고학자들은 땅에 박힌 나무 말뚝들의 잔재를 발견했고, 곧 그것이 건물―일종의 오두막―의 뼈대가 세워져 있던 윤곽임을 알았다. 건물은 너비가 약 20미터로 제법 컸다. 말뚝 주변 토양에는 검은색의 질긴 유기물 파편들이 있었는데, 그것은 그 긴 오두막을 덮는 데 쓰인 동물 가죽이었다. 또한 고고학자들은 건물 내부와 외부에서 숯으로 가득한 불구덩이 혹은 난로의 증거도 찾아냈다. 보존 상태는 그야말로 놀라웠다. 어린이 발자국까지 진흙에 완벽하게 보존된 채로 남아 있었다. 그들은 약 30미터 떨어진 곳에서 더 작은 오두막의 흔적도 발견했는데, 그곳은 도축된 마스토돈의 뼈와 씹어서 뱉은 해초 덩어리를 포함한 동식물 잔해로 가득했다.

그 유적은 버려진 뒤 상당히 빠르게 파묻힌 듯했다. 늪지대가 되었

감자

거나, 사람들이 떠난 뒤 갈대밭이 빠르게 그곳을 차지했을 것이다. 이 탄이 축적되면서 고고학 증거가 밀봉된 덕분에 그 모든 귀중한 유기물 잔해가 보존된 것이다. 그리고 마을 사람들이 하천을 확장하기로 결정할 때까지 잊혔다.

유적에 보존된 유기물은 고고학자들에게 그곳에 살았던 수렵채집인의 식생활을 구성했던 광범위한 동식물을 조사할 전례 없는 기회를 제공했다. 몬테베르데 사람들은 코끼리처럼 생긴 곰포테리움과 동물들과 고대 라마를 포함해 지금은 멸종한 동물들의 고기뿐 아니라, 총 마흔여섯 종이나 되는 엄청나게 다양한 식물을 먹었다. 식물 가운데는 식용 해초 네 종이 포함되었는데 그 일부는 씹어서 뱉은 덩어리여서 치료에 이용되었을 가능성을 암시한다. 그리고 식물 잔해들 중에는 별다른 특색이 없는 작고 질긴 조각도 있었다. 바로 고대 야생 감자 *Solanum maglia* 껍질의 쭈글쭈글한 자투리였다. 이런 조각이 오두막 안의 작은 난로 또는 식물 구덩이에서 총 아홉 점 발견되었다. 내부 표면에 여전히 붙어 있는 녹말 입자를 분석한 결과, **고대 야생 감자가 확실했다.** 이 조각들은 지금까지도 인간과 관련하여 발견된 가장 오래된 감자 잔해다. 우리 조상들은 약 1만 4600년 전에 이미 이 보잘것없는 식물의 맛을 알았던 것이다. 그 유적에서는 감자 캐기에 완벽한 나무 막대기도 발견되었다.

"사계절 음식이 모두 있었습니다." 피뇨의 말이다. 따라서 이 장소는 한 계절 머물다 떠나는 야영지가 아니라 1년 내내 이용된 것으로 보인다. 이 역시 홍미로운 사실이다. 보통 이 시기 사람들은 일시적인 야영지를 만들었다가 그것을 철거하고 이동하는 유목 생활을 했으리라 추정되기 때문이다. 잉글랜드에서는 시기가 약간 늦은 중석기 유적 스타 카가 이러한 추정에 도전한 바 있다. 몬테베르데는 남아메리카에서 똑같은 사실을 상기시킨다. 우리는 과거의 특정 시기에 완벽하게 들어맞는 무언가를 기대해서는 안 되고, 우리 조상들이 얼마나 정교한 문화를 가졌는지에 대해서도 과소평가하면 안 된다. 장소에 따라서는 유목 생활을 유지하는 편이 합리적이었을 것이다. 하지만 환경조건과 자원을 감안할 때 한 곳에 정착하는 것이 완벽한 방법인 장소들도 있었다. 인간의 행동은 지역 생태에 맞추어 변하기 마련이다.

몬테베르데 유적은 이른 연대 탓에 몇 가지 논란을 불러일으켰다. 20세기에 우세했던 가설은, 아메리카 대륙의 초기 거주자들이 약 1만 3천 년 전 북쪽에 도착해 '클로비스Clovis' 문화로 알려진 석기 도구 상자를 가져왔다는 것이었다. '클로비스'는 뉴멕시코 유적의 이름을 딴 명칭으로, 1930년대에 그곳에서 특징적인 돌촉이 발견되었다. 몬테베르데 유적은 그 모델에 끼워 맞추기에는 너무 이르다.

1997년에 수석 고고학자 톰 딜리헤이Tom Dillehay는 몬테베르데의 연대가 맞지 않는 것 같다는 비판에 시달린 끝에, 그 유물들을 직접 보고 스스로 판단하라며 일군의 저명한 동료들을 유적으로 초청했다. 초청에 응한 모든 고고학자들은 그곳이 실제로 고고학 유적이며 클로비스 이전의 방사성탄소연대를 의심할 이유가 없다는 데 동의했다.

이제 몬테베르데는 '클로비스 최초' 가설에서 말하는 것보다 훨씬 더 일찍 아메리카 대륙에 인간이 거주했음을 확실히 보여주는 여러 '클로비스 이전' 유적들 중 한 곳에 불과하다. 그렇더라도 합의된 의견은, 최초의 이주자들이 동북아시아에서 베링육교를 건너 북부에 도착했다는 것이다. 유콘Yukon* 북부에 초기 유적 몇 곳이 존재하는데, 이는 마지막 빙하기가 정점에 이르기 이전인 2만 년 전 그 고위도 지역에 인간이 존재했음을 가리킨다. 그땐 사실상 북아메리카 대부분이 거대한 빙상에 봉쇄된 상태였다. 북아메리카 대륙의 나머지와 남아메리카를 점유하려면 빙하가 녹기 시작할 때까지 기다려야 했다. 북아메리카와 남아메리카의 클로비스 이전 유적들은 그러한 점유가 마지막 빙하기가 정점을 막 지났을 때인, 1만 7천 년 전 무렵에 일어났음을 보여준다. 이 시점에는 아직 북아메리카의 대부분이 거대한 빙상 아래 있었지만, 환경 분석 결과는 북아메리카 태평양 연안이 이미 충분히 녹아서 사람들이 이곳을 통해 이동할 수 있었음을 보여준다. 그런 다음 그들은 남쪽으로 퍼져나갔다. 1만 4600년 전 칠레에 도착할 만큼 충분한 시간이 있었던 셈이다.

남아메리카의 초기 수렵채집인들이 흙 속에 감추어진 작고 맛있는 덩어리를 발견할 때까지는 얼마나 걸렸을까? 추측건대, 결코 오래 걸리지는 않았을 것이다. 덩이줄기를 얻기 위해 땅을 파는 것은 잘 생각

---

*　캐나다 북서부의 준주로 서쪽은 미국 알래스카주에 인접한 지역.

해 보면 식량을 구하는 대단히 독창적인 방법이다. 나무에서 과일과 견과류를 따거나 해변의 바위 위에서 해초를 채집하는 것까지는 명백히 수렵채집 생활 방식으로 보이는 반면, 직접 막대기를 깎아 저 아래 감추어진 맛있는 음식을 찾기 위해 땅을 이리저리 뒤적이는 것은 언뜻 매우 이상하거나 필사적인 행동, 아니면 천재적인 발상으로 보인다.

하지만 우리 조상들은 수천 년이 아니라, 아마 **수백만 년** 동안 이런 방식으로 행동해왔을 것이다.

파묻힌 보물

현존하는 동물 중 우리와 가장 가까운 친척은 침팬지와 고릴라다. 숲에 사는 이 유인원들은 모두 잘 익은 과일을 좋아한다. 하지만 과일을 구하기 힘들 경우, 잎과 줄기 안의 수심을 예비 식량으로 이용한다. 약 6백만 년 전~7백만 년 전 인간과 침팬지의 공통 조상 역시 비슷한 식생활에 의존했을 가능성이 높다. 하지만 그 뒤로 인간과 침팬지의 조상들이 갈라졌다. 지구 생명의 계통수에서 인류 가지에 속하는 유인원들을 '호미닌hominin'이라 부른다. 두 다리로 걸으며, 조상들에 비해 큰 뇌를 가진 것이 이들의 특징이다. 우리는 생명의 나무에서 한때 무성했던 호미닌 가지 중 유일하게 살아남은 종이다. 현재까지 밝혀진 바로는 약 스무 종의 호미닌이 있었다고 추정되는데, 우리만 빼고 모두 멸종했다.

화석 기록에 처음 등장한 초기 호미닌은 2족 보행에 적합한 골격 적응을 가지고 있었을 뿐 아니라, 치아 모양도 달라져 있었다. 그들은 선조들보다 훨씬 더 두꺼운 에나멜로 덮인 더 큰 어금니를 가지고 있었다. 다른 영장류의 치아 모양과 크기를 보면, 평상시 선호하는 먹이보다는 어려울 때 기대는 먹이 종류와 더 밀접한 관련을 보이는 듯한데, 이는 호미닌 치아에 일어난 변화도 예비 식량의 변화와 관련이 있을 수 있음을 암시한다. 아프리카의 거대하고 울창한 숲이 조각나면서 경관이 더욱 다양해지고 있었고, 이때 우리 조상들은 탁 트인 환경을 이용하기 시작한 듯하다.

사바나와 숲 생태계 사이에는 몇 가지 명백한 차이가 있지만, 지하에 감추어진 중요한 차이도 하나 있다. 사바나에는 뿌리줄기, 구경, 구근, 덩이줄기 같은 '지하 저장 기관'을 가진 식물이 더 많이 자란다. 생태학자들은 탄자니아 북부의 현대 사바나를 중앙아프리카공화국의 열대우림과 비교한 결과, 덩이줄기와 그 밖의 지하 저장 기관의 밀도에 커다란 차이가 있음을 밝혀냈다. 사바나의 경우 면적 1제곱킬로미터당 4만 킬로그램의 지하 저장 기관이 자라는 반면 열대우림은 1제곱킬로미터당 1백 킬로그램에 불과했다. 우리 조상들이 아프리카의 확장하는 초원 아래 감추어진 이 풍부한 자원을 이용했을까? 쉬운 일은 아니었겠지만, 아마 그들은 덩이줄기 같은 식량을 캐냄으로써 열량의 보고를 손에 넣을 수 있었을 것이다. 최상의 음식은 아니었을지라도 절망적인 시기에는 그것이 생사를 갈랐을지 모른다. 초기 조상들의 더 크고 잘 무장된 치아는 이 새로운 예비 식량에 대한 적응이었을 가능성이 있다.

현대의 수렵채집인은 뿌리, 덩이줄기, 구근을 잘 활용한다. 나는 그중 한 집단인 하드자족Hadza이 어떻게 이 특별한 유형의 식량을 이용하는지 직접 볼 기회가 있었다. 2010년 인류학자 알리사 크리텐던Alyssa Crittenden과 탄자니아의 외딴 지역에 사는 하드자족 집단을 만나러 탐사 여행을 떠났을 때였다.

✳

비행기를 타고 킬리만자로 공항에 도착한 다음, 사륜구동 차를 타고 출발했다. 약 세 시간 동안은 포장도로라 작은 마을들을 지나가는 길이 비교적 수월했다. 하지만 갑자기 좌회전을 해 흙길로 들어선 뒤부터 세 시간 동안은 달리는 내내 차에서 이리저리 내동댕이쳐졌다. 운전사 페드로는 모래투성이 강바닥으로 내려갔다 가파른 강둑으로 올라갔다 하며 바큇자국이 깊이 파인 길을 따라 능숙하게 차를 몰았고, 우리는 마침내 에야시Eyasi 호숫가에 이르렀다. 에야시 호수는 물의 흔적이 거의 없는 광대한 소금 들판이었다. 그 호수로 내려가던 중, 차의 바퀴가 난감한 각도로 빠졌다. 할 수 있는 것은 아무것도 없었다. 자동차는 옴짝달싹도 하지 않았다.

늦은 시각이었고 빠르게 어두워지고 있었다. 랜드 크루저에서 밤을 보내고 싶지는 않았기에 이미 도착해 야영 중이던 선발대에 연락했다. 그들이 또 다른 랜드 크루저를 타고 달려와 자동차를 빼내고 우리를 구조했다.

아영지는 그리 멀지 않았다. 그곳에 도착한 나는 벌써 수년째 토착 수렵채집인 집단과 함께 생활하며 조사를 이어가고 있던 인류학자 크리텐던을 만났다. 우리가 천막을 친 곳은 하드자족의 야영지 근처 나무 밑이었다. 늦은 시각이라 모든 사람들이 이미 자러 갔으리라 생각했지만, 크리텐던으로부터 하드자족이 나를 만나기 위해 기다리고 있다는 얘기를 들었다. 어둑어둑해지는 가운데 우리는 함께 그들에게 갔다. 약 스무 명으로 이루어진 집단에 소개된 나는 그들과 악수를 나누며 "음타나Mtana"라고 인사했다. 여성들은 원피스를 입고 무늬가 들어간 밝은 천으로 만든 캉가*를 걸친 차림이었다. 몇 명은 구슬로 만든 머리띠를 했다. 남자들은 일부는 티셔츠와 반바지를 입었고, 일부는 샅바만 착용한 채 검은색, 빨간색, 흰색 구슬로 만든 목걸이를 걸치고 있었다. 머리카락은 다들 매우 짧았다. 나는 크리텐던이 미리 부탁한 작은 선물을 나눠주었다. 여성에게는 작은 구슬 주머니, 남성에게는 화살촉에 박아 넣는 강철못을 건넸다. 부족민들은 친구의 친구인 나를, 따뜻하고 열린 마음으로 맞아주었다.

비록 짧은 시간 동안 언뜻 보았을 뿐이지만, 하드자족과 함께 보낸 며칠 동안 나는 그들의 생활 방식에 대해 엄청난 것을 배운 느낌이었다. 크리텐던을 가이드로 둔 것은 대단한 행운이었으니, 그녀의 지식

---

* 　동아프리카 여성이 몸에 걸치는 화려한 의장의 얇은 면포.

의 깊이는 일반적인 수준을 훌쩍 뛰어넘었다. 나는 하드자족 남성들과 소년들이 활과 화살을 수리해 사냥을 떠나는 모습을 보았고, 또 한 남성이 성난 벌의 침에 쏘이는 것도 불사하고 나무에 매달린 벌통에서 꿀을 수집하는 모습을—안전한 거리에서—지켜보기도 했다. 야영지로 돌아오자 여성들과 아이들이 그 남성에게로 떼 지어 몰려들어 벌집을 한 조각씩 달라고 했다. 나는 두 차례의 통역을 거쳐 하드자족 여성들과 육아에 대한 이야기를 나누었고 그들이 숲으로 채집을 나갈 때는 함께 따라나섰다. 그들의 목표는 덩이줄기였다.

　여성들과 함께 채집을 떠난 어느 날이었다. 아이들도 모두 함께였다. 아기들은 천으로 만든 단순한 아기띠로 엄마 가슴에 안겼고, 걷기 시작한 아이들은 종종걸음으로, 더 큰 아이들은 뛰고 달리며 쫓아왔다. 우리는 중간중간 멈추어 딸기를 먹어가며 1.5킬로미터쯤 남쪽으로 걸었다. 마침내 울창한 관목림 앞에 이르자, 여성들과 아이들이 관목림 안으로 사라지더니 덩굴식물들의 뿌리 주변을 파 덩이줄기를 캐기 시작했다.

　'에크와ekwa'라 불리는 그 덩이줄기는 내가 상상한 모습과 전혀 달랐다. 우리 집 채소 화단에 열리는 감자와는 달랐고, 오히려 부풀어 오른 뿌리에 가까운 모습이었다. 나도 나빌레Nabile라는 여성과 함께 숲으로 기어들었다. 나빌레는 임신해 배가 많이 불렀으나 전혀 개의치 않았다. 나빌레가 끝이 뾰족한 막대기로 땅 파는 방법을 알려주어, 나도 한번 해보았다. 정말 쓸모 있는 도구였다. 그것으로 딱딱한 땅을 부수

감자

고 뾰족한 끝으로 에크와를 떨어뜨린 다음 손으로 파내면 되었다. 나빌레는 땅을 파다가 이따금씩 멈추고 칼을 꺼내 막대기 끝을 깎았다. 우리는 곧 관목의 뿌리에 닿았다. 주변의 흙에서 뿌리의 한 부분을 떼어낸 뒤, 나빌레는 다시 칼을 사용해 한 조각을 잘라 그 자리에서 먹었다. 이 덩이줄기 조각은 길이가 약 20센티미터, 두께가 3센티미터쯤 되었다. 그녀가 이로 나무껍질 같은 외피를 벗겨낸 다음 칼로 가볍게 칼집을 내자 뿌리의 가느다란 조각이 찢어졌다. 나빌레는 자리에 앉아 그것을 씹었다. 내게도 좀 주었는데 뜻밖에도 꽤 맛있었다. 처음 한 입을 깨물 때는 셀러리 줄기가 떠올랐지만, 맛은 전혀 달랐다. 질긴 섬유질이면서도 나무 열매 맛이 났고 매우 촉촉했다.

하드자족 여성들은 덩이줄기를 파낸 그 자리에서 일부를 날로 맛본 뒤 각자 천 가방에 많은 양을 담아 어깨에 메고 거주지로 돌아갔다. 거주지에 도착하자, 이번엔 불을 피우고 장작불에 덩이줄기를 구웠다. 내게도 먹어보라고 한 조각 주었다. 이제 껍질이 잘 벗겨졌고 내부의 살은 훨씬 부드러웠다. 그리고 정말 맛있었다. 구운 밤 같은 맛이었다.

하드자족과 함께 잠시 시간을 보냈던 경험은, 뭐라 설명하기는 어렵지만, 그들의 생활 방식과 나 자신의 생활 방식에 대해 깨우침을 주었다. 일과 가정의 균형을 맞추는 것에서부터 식습관에 이르기까지, 나는 내 문화를 새로운 관점으로 보게 되었다. 우리는 과거와 다른 현재의 문화를 장밋빛 안경을 통해 보기 쉽다. 하지만 '서구' 세계의 우리는 전통적인 삶의 방식에서 많은 것을 배울 수 있다. 전통적 생활 방식 역시 전부 장밋빛은 아닐 테지만 말이다. 그들은 가족과 공동체에 중심을 두었다. 그들의 삶에는 '직업'이 존재하지 않고 따라서 실업도 존재하지 않았다. 모든 이에겐 각각의 역할이 있었다. 아이들도 한 부분을 담당했다. 자식을 낳는 것이 여성의 사회적 지위에 해를 끼칠 수 있다는 기미는 보이지 않았다.

야생 감자가 인간 뇌에 미친 영향

다시 식량 얘기로 돌아오면, 나는 무엇보다 꿀이 얼마나 중요한지를 보고 놀랐다. 꿀을 가지고 돌아오는 남자들은 고기를 가지고 돌아오는 남자들보다 더욱 열렬한 환영을 받았다. 단맛에 대한 욕구는 예나 지금이나 그대로다. 단맛이 문제가 되는 경우는 영국 같은 곳에서처럼 값싸고 손쉽게 구할 수 있을 때다. 그리고 다채로운 식생활에 대해 말하자면, 하드자족은 내가 순진하게 추정했던 것보다 훨씬 더 광범위한 식품을 이용할 줄 알았다. 그중에서도 식물 뿌리가 그들의 식생활에 얼마나 중요한지를 깨달았고 나는 깊은 인상을 받았다.

뿌리와 덩이줄기는 사실 질이 낮은 음식에 속한다. 열량의 양으로 따지면 과일과 씨, 고기와 꿀과는 상대가 되지 않는다. 하지만 뿌리와 구근은 **의지할 정도는** 된다. 인류학자들이 하드자족에게 좋아하는 음식이 무엇인지 물어본 일이 있다. 자연에서 가장 에너지 밀도가 높은 음식인 꿀이 1등이었다. 구근은 항상 꼴찌였고, 고기나 산딸기류 열매, 바오밥나무 열매가 중위권을 차지했다. 하지만 순위가 낮음에도 불구하고 구근은 하드자족 식생활의 상당 부분을 차지하는데, 그것이 의지할 수 있는 식량이기 때문이다. 인류학자들은 또 이들이 야영지로 가져오는 개별 식량 유형들의 무게를 측정해보았는데, 식량의 비율이 계절마다 변하고 지역에 따라서도 달랐다. 그중 구근은 1년 내내 먹는 주식이면서도 다른 식량이 바닥날 때 훨씬 더 많이 의존하는 예비 식량이었다.

열대 위도에 사는 대부분의 수렵채집인들이 뿌리나 구근을 캐 먹는 다는 사실은 인류가 아주 오랫동안 그렇게 했음을 암시한다. 아마 현생인류가 지구상에 존재한 만큼이나 오래되었을 것이다. **적어도 20만 년은 되었다는 얘기다.** 하지만 초기 호미닌의 두꺼운 에나멜과 큰 치아는 이 행동이 심지어 더 오래되었을 가능성을 시사한다. 땅 파는 단순한 막대기는 우리 조상들이 아프리카 평원에서 살아남을 수 있었던 비결이었을지도 모른다. 어디까지나 추측이다. 가설로도 손색이 없다. 하지만 검증되지 않으면 가설일 뿐이다. 우리 조상들이 덩이줄기를 먹었음을 보여주는 더 확실한 증거를 찾을 수 있을까?

이 질문에 대한 대답은 어느 정도까지는 '그렇다'이다. 화석 분석 기법의 발전으로 이제는 크기와 형태를 바탕으로 뼈를 해석하는 것을 넘어, 뼈의 화학적 구성을 면밀하게 조사할 수도 있다. 우리 몸의 모든 조직은 결국 우리가 먹어서 소화시킨 분자들로 이루어지므로, 화석 뼈를 화학적으로 분석하면 고대 식생활에 대한 단서를 찾을 수 있다.

특정한 화학원소들은 동위원소라 불리는 약간 다른 형태들로 존재한다. 이 동위원소들 중 일부는 안정한 원소인 반면 나머지는 불안정한 방사성원소들이다. 탄소는 자연에서 세 가지 형태로 존재한다. 불안정한 방사성탄소인 탄소-14는 매우 드물지만 고고학자들에게는 더없이 유용한데, 그것이 방사성탄소연대측정법에 쓰이기 때문이다. 지구상의 탄소 대부분은 탄소-12의 형태로 존재한다. 이것은 핵 안에 중성자 여섯 개와 양성자 여섯 개를 가지고 있다. 그리고 여전히 안정하지만 약간 더 무거운 형태도 있는데, 이것은 중성자를 한 개 더 가지고 있는 탄소-13이다.

식물은 광합성을 할 때 태양에너지를 이용해 반응을 일으킨다. 이 반응은 대기 중의 이산화탄소를 붙잡아 결국 그 탄소를 새로운 당 분자로 만든다. 광합성에는 몇 가지 유형이 있으며, 각각은 서로 다른 화학 경로를 이용한다. 나무와 관목이 이용하는 형태의 광합성은 광합성의 최초 산물로 탄소원자 세 개를 가진 분자를 만든다. 창의력 넘치는 식물학자들이 그런 식물을 'C3 식물'이라고 부르기로 했다. 그다음으로, 풀과 사초 같은 식물들은 약간 다른 광합성을 이용해 탄소 원자가 네 개인 분자를 만든다. 이 식물들은 뭐라고 부를까? 물론 'C4 식물'이다.

C4 경로는 물 분자를 더 효율적으로 이용할 뿐 아니라(건조한 환경에서 유용한 적응이다), 그 경로를 이용하는 식물은 보다 무겁고 안정한 동위원소인 탄소-13을 더 많이 포획한다. 따라서 C4 식물들에는 탄소-13이 비교적 풍부하다. 만일 한 동물이 C4 식물(예컨대 사초의 뿌리와

구경이 여기에 포함된다)을 많이 먹는다면, 그 동물의 뼈에도 탄소-13이 풍부해질 것이다.

C3 식물과 C4 식물 사이의 이런 차이를 이용해 인류학자들은 유용한 결과를 얻어냈다. 침팬지의 식생활은 주로 잎이 무성한 C3 식물들로 이루어지므로 그들의 뼈에는 C-13이 풍부하지 않다. 약 450만 년 전 우리의 초기 호미닌 조상들은 침팬지와 비슷한 C3 식물 위주의 식생활을 한 듯하다. 그러다 기후가 변동을 거듭하던 4백만 년 전~1백만 년 전, 그들이 거주하던 지역은 대체로 더 건조한 초원이 되어갔다. 우리는 약 350만 년 전에 그들이 C3 식물과 C4 식물을 함께 먹고 있었음을 알고 있다. 아마 C4 식물로는 대체로 녹말이 풍부한 뿌리와 덩이줄기를 먹었을 것이다. 땅 밑에 감추어져 있지만 어디에나 존재한 그 식량 덕분에 고대 조상들은 변화무쌍하고 예측 불가능한 새로운 환경에서도 인구를 불리며 번성할 수 있었을지 모른다.

이어 250만 년 전에 식생활이 둘로 갈라지게 된다. 매우 튼튼한 치아와 턱을 가지고 있는 일부 호미닌은 주로 C4 식물을 먹었다(아마 계절에 따라 풀잎, 씨, 사초, 구경 등을 먹었을 것이다). 비슷한 시기에 우리가 속한 호모속의 초기 구성원들을 포함한 다른 호미닌들은 C3 식물과 C4 식물을 계속 함께 먹었다.

정기적인 육식이 우리 조상들의 뇌를 더 크게 진화시키는 데 필요한 에너지를 공급했다고들 하지만, 최근 몇몇 연구자들이 식물 식량, 특히 덩이줄기처럼 녹말이 풍부한 식물 식량의 역할이 그동안 간과되었음을 주장하고 나섰다. 하나는 문화와 관련이 있고 하나는 유전자와 관련이 있는 두 가지 중요한 발전이 녹말에 묶인 에너지를 꺼내 쓰는 데 엄청난 도움을 주었을 것이다. **문화적 발전은 요리의 탄생이고 유전적 발전은 녹말을 분해하는 침 속 효소를 생산하는 유전자의 중복이었다.** 이 유전자 중복은 1백만 년 전 이후의 어느 시점에 일어난 것으로 알려져 있다. 침 속 아밀라아제는 날것인 녹말보다 조리된 녹말에 훨씬 효과적으로 작용한다. 따라서 이 유전자 사본의 수가 늘어난 것은 요리가 도입된 직후였을 것이다.

인간이 무려 160만 년 전에 불을 이용했다는 고고학적 증거가 존재하며, 난로에 대한 확실한 증거는 78만 년 전에 나타난다. 조리와 침 속 아밀라아제의 양이 힘을 합쳐 뇌를 키울 수 있는 에너지를, 아마도 곧바로 사용할 수 있는 글루코오스의 형태로 제공했을 것이다. 더불어 녹말 식량에 적합한 비슷한 적응이 개에게도 일어났다. 개는 침 속 아밀라아제를 생산하지는 않지만 췌장에서 녹말 분해 효소를 생산한다. 그리고 많은 개들이 췌장 아밀라아제 유전자의 사본을 여러 개 가지고 있다.

우리 조상들은 3백만 년 이상 석기를 만들고 사용해왔다. 그런 도구들은 분명 고기와 식물 식량을 가공하는 데 쓰였으리라. 유기물 잔해는 고고학 증거로 남지 않으므로, 조상들이 땅 파는 막대기를 언제부터 사용하기 시작했는지는 알 수 없다. 하지만 이 간단한 도구를 발명하자마자 그들은 땅에 묻힌 보물을 꺼낼 수 있었을 것이고, 그것은 의

지할 수 있는 자원으로서 수많은 수렵채집인의 주식인 동시에 예비 식량이 되었으리라.

우리가 어느 정도 확실하게 말할 수 있는 부분은, 사람들이 몬테베르데에 살고 있었을 무렵에는 이미 땅 파는 막대기로 뿌리와 덩이줄기를 캐 먹은 지 오래되었다는 것이다. 몬테베르데 사람들이 야생 감자를 먹은 것은 실은 뿌리 깊은 행동 방식의 표출일 뿐이었다.

그렇다면 야생에서 채집되는 식량이었던 감자가 재배되는 작물종으로 바뀐 것은 언제, 어디서였을까?

감자는 언제, 어디서 작물종이 되었을까

칠레산 야생 감자 솔라눔 마글리아*Solanum maglia*는 흰 꽃이 피고 직경 4센티미터 언저리의 작은 보랏빛 덩이줄기가 달리는 예쁜 식물이다. 그것은 칠레 중부의 해안 근처, 해수면에 가까운 저지대의 습한 골짜기와 습지 주변에서 잘 자란다. 종명은 칠레 중부의 토착민인 마푸체Mapuche 사람들의 언어로 같은 식물을 지칭하는 말인 '말라malla'에서 따왔다. 1835년 다윈은 비글호를 타고 항해하던 중 이 식물들을 보았다. 그는 탐험가 알렉산더 훔볼트Alexander Humboldt가 이 야생식물에 대해 썼다는 사실을 알았고, 그것이 작물화된 감자의 조상이라고 추측했다. 다윈은 자신의 일기에 이렇게 썼다.

야생 감자는 이 섬들의 해변 근처에 펼쳐진 얕은 모래 토양에서 풍부하게 자란다. 가장 큰 식물은 키가 약 1.2미터였다. 덩이줄기는 일반적으로 작지만, 나는 타원형이고 직경이 약 5센티미터쯤 되는 것을 하나 발견했다. 덩이줄기는 영국 감자와 모든 면에서 비슷했고, 냄새도 같았다. 하지만 끓였더니 확 쪼그라들고 흐물흐물해지더니 쓴맛이 사라져 풍미가 없었다. 그것은 이 지역의 토종 식물임이 분명하다.

칠레 전역과 그 인근에서 재배되는 작물화된 감자 솔라눔 투베로숨 *Solanum tuberosum*은 그 야생 사촌과 매우 비슷하다. 얼마나 비슷한가 하면, 다윈조차 자신이 수집한 솔라눔 투베로숨 표본을 솔라눔 마글리아로 오인할 정도였다. 하지만 현미경의 도움을 받으면 훨씬 확인하기 쉽다. 몬테베르데에서 발견된 감자 껍질 조각이 야생식물 솔라눔 마글리아의 덩이줄기 잔해임을 확인시켜준 것은 껍질 조각 안쪽에 붙어 있던 녹말 입자였다.

몬테베르데를 발굴한 고고학자들은 야생 감자를 직접 맛보고 싶었다. 그들은 덩이줄기 한 개를 얻어 그것을 30분쯤 끓인 다음 먹어보았다. 실로 용감한 행동이 아닐 수 없다. 야생 감자가 지독히 쓰다는 주장이 있어온 터였다. 야생 감자는 글리코알칼로이드(예를 들면 솔라닌) 수치가 비교적 높고, 이는 감염과 해충을 막기 위한 감자의 자연 방어기제다. 따라서 인간이 먹으면 안 된다는 말도 나올 법하다. 글리코알칼로이드는 감자에 쓴맛을 부여하고, 그 수치가 높을 경우 독성을 띤다. 야생 감자의 경우 보통은 이 화합물의 수치가 매우 높아서 조리한 뒤에도 독성이 남아 있다고 여겨졌다.

하지만 고고학자들은 다윈처럼 직접 먹어보고도 무사했을 뿐 아니라, 이 소형 감자에서 쓴맛을 전혀 감지하지 못했다. 안데스산맥의 북쪽에서 자라는 다른 야생 감자들은 덩이줄기가 쓴지 몰라도, 칠레의 야생 감자는 맛이 아주 좋은 듯했다. 그리고 고고학자들의 보고에 따르면, 오늘날 칠레 중부의 현지인들은 야생 감자를 잘 먹는다.

하지만 솔라눔 마글리아가 지금 우리가 먹는 작물화된 감자의 조상일까? 이 문제에 대해서는 의견이 분분하다. 적어도 지금까지는 그랬다. 다른 많은 종에서 그랬듯이, 이 질문도 꽤나 익숙한 형태로 시작되었다. 작물화의 중심이 한곳이었을까 아니면 여러 곳이었을까?

세상에는 수백 가지 유형의 감자가 존재하며, 식물학자들은 이들을 품종과 종으로 나누는 방법에 대해 논쟁해왔다. 어떤 유형의 감자는 두 종 사이의 잡종이라 일을 훨씬 더 어렵게 만든다. 감자의 유형은 결국 235종으로 분류되었지만, 유전학적 데이터를 포함한 최신 분석에 따르면 모든 감자는 사실상 107종의 야생종과 네 종의 작물종으로 나눌 수 있는 듯하다.

감자의 가장 오래된 품종, 즉 근원종 가운데 일부는 베네수엘라 서부에서부터 아르헨티나 북부에 이르는 해발 3500미터 높이의 안데스산맥 고지대와 칠레 중남부 저지대에서 재배된다. 이 근원종들은 네 종으로 나눌 수 있다. 그중 하나인 솔라눔 투베로숨은 분명하게 구별되는 두 재배 품종(또는 아종)인 안데스 품종과 칠레 품종을 포함한다.

＊

　20세기 초 러시아 식물학자들은 감자의 작물화 중심을 크게 두 곳으로 지목했다. 티티카카 호수 근처에 있는 페루와 볼리비아 고원지대, 그리고 칠레 남부의 저지대였다. 하지만 이어 영국 식물학자들이 다른 모델을 제시했다. 작물화된 감자가 안데스산맥 한곳에서 기원한 다음 남쪽의 칠레 해안으로 확장해 그곳의 지역 조건에 적응했다는 것이다. 이 견해는 증거와도 잘 맞아떨어지는 듯했다. 솔라눔 투베로숨의 조상으로 추정되는 야생종이 칠레에 비해 안데스산맥 고지에 훨씬 더 많았기 때문이다.

　작물화된 감자의 존재를 암시하는 가장 빠른 증거는 안데스산맥에서 나온다. 해발 4천 미터에 이르는 페루 고지대에 자리한 쿠에바 트레스 벤타나스Cueva Tres Ventanas로, 풀이하면 '세 창문 동굴'이다. 이 동굴에서는 세계에서 가장 오래된 미라가 발견되었는데, 대략 8천 년 전에서 1만 년 전의 것으로 추정된다. 감자 잔해는 더 나중인 약 6천 년 전의 층에서 나온다. 실험 결과 안데스 유형의 감자는 칠레 유형처럼 보이는 것으로 쉽게 변형이 가능했다. 따라서 한동안은 작물화된 감자가 단일 기원을 가지며 그곳은 안데스 고지대라는 가설이 가장 유력해 보였다.

　하지만 1990년대에 또 하나의 가설이 등장했다. 칠레 유형은 안데스 유형과 칠레 지역에 자생하는 야생종과의 잡종으로 시작되었다는

　　　　　　　　　　　　　　　　　　　　　　　　　　　.감자

주장이었다. 그 야생종이 바로 몬테베르데 사람들이 먹은 야생 감자인 솔라눔 마글리아일 가능성이 제기되었다. 물론 야생종의 수는 엄청나게 많고, 감자 유전학은 매우 복잡하다. 그럼에도 마침내 이 혼돈 속에서 어떤 형태의 분명한 그림이 나오고 있는 듯한데 러시아 식물학자들과 영국 식물학자들 둘 다 어느 정도 옳았다.

최신 고고학 및 유전학 증거에 따르면 한 야생 감자종이 8천 년 전 ~ 4천 년 전 안데스산맥 고지의 티티카카 호수 주변 어딘가에서 처음 작물화된 듯하다. 그런 한편 유전학은 칠레 재배종 감자의 잡종 기원을 뒷받침하는 증거 또한 제공하는데, **이는 안데스 작물종이 퍼져나가면서 다른 야생종과 교잡했음을 뜻한다.** 즉, 한 종 이상의 야생종이 최초 작물종의 유전자 풀에 기여한 것이고, 이로써 비교적 간단했던 기원에 관한 질문은 (사실 복잡하게 뒤엉킨 생물학을 생각하면 너무 간단해 보이긴 했다) 이제 보다 다층적인 의미를 띠게 되었다.

여러 곳의 독립된 작물화 중심에서 기원한 개별 계통들이 나중에 교잡을 통해 몇 가지 재배품종을 생산한 걸까? 아니면 하나의 장소에서 한 번 기원한 뒤 확산하며 다른 종들과 교잡했던 걸까? 유전학적 관점에서 보자면 크게 중요한 문제는 아니다. 어쨌든 칠레 재배종에 저지대와 고지대의 유전자가 모여 있다는 사실은 달라지지 않으니까. 하지만 인간의 관점에서 보면 이는 중요한 질문이다. 문화와 혁신에 대한 것이기 때문이다. 감자를 재배한다는 생각이 딱 한 번 떠올라 뿌리내렸을까? 이 생각이 안데스산맥 기슭을 따라 내려가며 퍼진 다음, 다시 칠레 해안 평야로 내려갔을까? 아니면, 일단 수렵채집인들이 감자를 먹기 시작하면 일부 야생종이 작물화되는 것이 불가피했을 테니, 이런 일은 적어도 두 장소, 어쩌면 더 많은 장소에서 일어났을까? 단일 기원이 훨씬 유력해 보이긴 하지만, 이 질문에 확실히 답하기에는 우리가 가진 도구와 증거가 아직 충분하지 않은 듯하다. 이 미스터리를 풀려면 아직 할 일이 많다.

재화가 된 감자

작물화가 어디서 처음 시작되었든, 그 사건은 야생 감자를 인간에게 훨씬 더 유용한 것으로 바꾸어놓았다. 야생 감자와 작물 감자의 가장 인상적인 차이는 덩이줄기의 크기와 기는줄기의 길이에 있다. 기는줄기란 새로운 식물을 싹 틔우기 위해 수평으로 뻗는 가느다란 줄기를 말한다. 야생 감자는 기는줄기가 매우 긴데, 이는 새로운 식물이 부모 식물에서 멀리 떨어진 장소에서 증식할 수 있게 한다. 그리고 야생 감자는 덩이줄기가 작다. 작물화는 기는줄기의 길이를 단축시키고 덩이줄기의 크기를 키웠다. 두 가지 특징 모두 야생에서는 적응도를 떨어뜨리지만 수확을 쉽게 만든다. 밀의 질긴 이삭 가지 형질과 비슷하게 야생식물에는 극도로 불리한 특징이지만, 인간과 협력 관계를 맺은 식물에게는 요긴하게 쓰이는 셈이다. 작물화된 감자에는 또한 일부 야생 감자의 맛을 매우 쓰게 만들고 심지어는 독성을 띠게 하는 글리코알칼로이드도 적다.

감자는 서서히 페루 사회에 점점 더 중요한 작물이 되었다. 이어 안데스문명이 일어나, 서기 1000년이 되었을 무렵에는 감자가 중요한 주식 작물로서 사회에 깊이 뿌리내렸다. 서기 12세기에 일어나 에콰도르에서 산티아고까지 뻗어나갔던 잉카제국은 이 지하 작물을 연료 삼아 건설되었다. 잉카문명에는 심지어 '악소마마Axomama'라 불리는, 혹이 난 감자 여신도 있었다. 또한 잉카제국 사람들이 수많은 감자 변종을 길렀기에, 그것들을 구별하기 위한 독창적인 명칭도 발명되었다. 예컨대 굴곡이 많은 종인 카타리 파파Katari Papa는 '뱀 감자'로, 껍질을 벗기기 어려운 종인 카칸 후아카키Cachan huacachi는 '며느리 눈물 짜는 감자'로 불렸다.

1960년 영국에 방영된 '웃는 화성인' 광고*가 즉석 으깬 감자의 유행을 불러오기 2천 년 전에 이미 고대 안데스인들은 그와 비슷한 보존 방법을 생각해냈다. 이 방법은 사실상—적어도 해가 졌을 때는—감자가 냉동고에 있는 효과를 냈다. 그들은 밤이 되면 감자를 땅 위에 펼쳐 놓았다가 낮이 되어 그것들이 녹으면 밟아 수분을 짜냈다. 그런 다음 내버려두면 다시 어는데, 이런 식으로 사나흘 밤낮을 보내면 감자는 추뇨chuño, 즉 동결건조 된 감자로 변한다. 이런 가공 방식은 덩이줄기를 탈수시킬 뿐 아니라 글리코알칼로이드를 제거해 신선한 감자보

---

* 인스턴트 매시드 포테이토 '스매시'의 광고로, 킬킬거리는 로봇 화성인들이 등장했다.

다 쓴맛을 덜어주기도 한다.

작물화 과정에서 가장 맛없는 감자가 도태되었지만(이 과정은 경작 이전에 시작되었을 것이다), 몇몇 감자는 여전히 너무 썼다. 쓴맛을 줄이는 또 다른 방법은 감자를 진흙에 담가 먹는 것이었다. 진흙이 글리코알칼로이드와 결합하기 때문이다. 오늘날 티티카카 호수 주변의 아이마라족Aymara 사람들은 여전히 이런 식으로 감자를 먹는다. 하지만 추뇨의 무엇보다 중요한 의미는 감자를 장기간, 때로는 수년 동안 저장할 수 있는 형태로 바꾸었다는 사실일 것이다. 비옥한 초승달 지대에 있던 농업 사회의 엘리트 계층이 저장 밀과 가축 무리를 축적함으로써 부자가 되었다면, 잉카 사회의 족장들은 저장한 건조 감자를 바탕으로 부와 지방을 축적했다. **추뇨는 그 자체로 통화가 되었다.** 농부들은 그것으로 세금을 지불했고, 노동자와 상인들은 그것으로 대금을 지불받았다.

유럽인이 아메리카 대륙과 접촉했을 때는, 작물화된 감자가 안데스산맥의 고원 분지 알티플라노Altiplano에서부터 칠레 저지대에 이르는 남아메리카 서부 지역에 널리 재배되고 있었다. 그리고 스페인 사람들이 더 공격적인 방식으로 남아메리카로 들어왔을 때, 추뇨의 가치를 알게 되었다. 그들은 해발 4천미터 높이의 볼리비아 안데스 고지에서 은으로 가득한 산을 발견했고, 잉카제국이 수백 년에 걸쳐 채굴했던 이곳은 세로 리코Cerro Rico, 즉 '부유한 산'으로 알려지게 되었다. 스페인 사람들에게 그것은 놓칠 수 없는 기회였다. 콜럼버스가 꿈꾸었던 보물이 바로 이곳에 있었다. 그 광산들이 은을 쏟아냄에 따라 산기슭에서 도시가 성장했다. 바로 포토시Potosi다. 그곳은 스페인 식민지 조폐국 자리가 되었고, 16세기에는 전 세계 은의 60퍼센트가 그곳에서 나왔다. 처음에 스페인 사람들은 아메리카 원주민을 광산에 보냈다. 일부는 징발되었고, 일부는 돈을 벌기 위해 갔다. 하지만 그 일은 위험하고 생명을 단축시켰다. 17세기에 이르러 토착민 노동력이 줄어들자, 광산 소유주들은 아프리카 노예들을 데려왔다. 수만 명이 끌려왔는데, 그들에게 식량으로 추뇨가 제공되었다. 감자에 저장된 에너지를 믿을 수 없을 정도로 많은 은으로 바꾸면서, 스페인 사람들은 유럽 시장에 그 귀한 금속을 쏟아냈다.

유럽에 도착한 안데스산맥의 은은 신세계의 약속을 이루어주었다. 굉장한 부가 실제로 그곳에 있었다. 하지만 '부유한 산' 깊은 곳에서 일하던 사람들은 그 값을 목숨과 비극으로 혹독하게 치렀다. 고통은 거기서 끝나지 않았으니, 유럽에 은이 쏟아져 들어오면서 인플레이션이 일어나고 경제가 불안정해졌다. 그러는 동안, 광산에서 은을 퍼내는 동력이 된 식량도 유럽으로 건너왔다. 감자가 구세계로 들어오고 있었다.

긴 낮과 감자의 진화

하지만 솔라눔 투베로숨의 아종들로서 유전적으로 가까운 안데스산맥 고지대종과 칠레 저지대종 가운데 어느 것이 먼저 유럽에 들어왔을까? 예상할 수 있다시피 둘 모두 후보로 거론된다. 이 두 재배종은 겉모습이 아주 미묘하게 다르다. 칠레 품종이 안데스 품종보다 잎이 좀 넓은 정도다. 하지만 무엇보다 중요한 것은 지리와 기후에 대한 적응이다. 그중에서도 결정적인 것은 고도나 온도보다 위도에 대한 적응이다.

안데스산맥, 지금의 콜롬비아에서 재배되는 감자는 적도에 비교적 가까운 장소에서 진화했다. 그곳에서 감자는 열두 시간이라는 낮의 길이에 익숙해졌다. 이 감자로서는 온대 위도로 올라가는 것이 커다란 도전이었을 것이다. 겨울의 짧은 낮보다는 여름의 긴 낮이 문제였다. 낮이 너무 길면 덩이줄기의 생성이 저해되기 때문이다. 하지만 적도에서 보다 먼 곳에서 자라는 칠레 재배종들은 이미 여름의 비교적 긴 낮 길이에 적응되어 있었을 것이다.

식물생리학자들은 덩이줄기 형성을 제어하는 요인들을 밝혀냈다. 감자 식물의 잎은 일조량과 낮의 길이를 감지해 화학 신호를 내보내는데 이것이 뿌리와 덩이줄기의 발생에 영향을 미친다. 이 필수적인 화학 신호들 중 일부가 확인되었다. 분자생물학(그리고 천문학)에서는 최초로 발견된 화합물(또는 천체)에 꽤나 다정한 이름을 붙이지만, 그다음 분자들(그리고 항성)부터는 과학자들이 상상력에 한계를 느껴 일련의 철자(대개는 관련된 화합물의 긴 명칭에서 따온 머리글자)와 숫자를 붙이고 마는 경향이 있다. 덩이줄기의 형성에도 그렇게 이름 붙여진 수많은 분자들이 참여한다. 피토크롬 B, 지베렐린, 자스모네이트에서부터 miR172, POTH1, StSP6A까지. 하지만 지레 겁먹을 필요는 없다. 이 장의 나머지 부분을 덩이줄기 형성의 전 과정과 그 분자 기제를 설명하는 데 할애할 생각은 없으니까(실망하는 독자에게는 미안하지만). 여기서는 덩이줄기 형성의 생리학이 상당히 복잡하다는 것만 알아두면 된다. 여하튼 얘기를 계속하면, 덩이줄기 형성의 전체 과정은 손대지 않은 채 한 부분 또는 몇 부분만 바꾸려면 어떻게 해야 할까? 또 감자가 온대 위도로 퍼져나갈 때 도움이 되는 무작위 돌연변이가 생겨날 확률은 얼마나 될까?

마치 진화의 작동 방식에 대해 우리가 아는 모든 사실을 동원해도 풀기 어려운 철학적 난제와 마주하는 느낌이다. 하지만 넘을 수 없는 장애물은 아니다. 그럴 수가 없는 것이, 우리가 알기로 감자는 이미 어떤 식으로든 그 장애물을 넘었기 때문이다. 우리는 특정 유전자에 생기는 작은 변화가 생화학 경로의 핵심 분자들이 맡고 있는 역할을 바꿀 수 있다는 사실을 알고 있다. 그런 중요하고 기본적인 역할을 하는 유전자를 흔히 '마스터 제어 유전자master control genes'라고 부른다. 그 유전자가 지정하는 단백질들을 조절 인자라 부르는데, 이들은 일종의 분자 스위치처럼 작동한다. 즉 다른 유전자를 켜고 끄거나, 한 유전자가 얼마나 강하게 발현될지를 미세하게 조정하는 것이다. 따라서 이 중요한 분자 스위치들 중 하나를 지정하는 유전자에 사소한 변화만 생겨도 크고 폭넓은 영향을 미칠 수 있다. 설령 진화의 마법이 유전자 수준의 작은 변화를 통해 일어난다 해도, 그러한 작은 변화들 중 일부는 한 유기체의 표현형인 구조와 기능에 넓고 깊은 영향을 미치는 것이다. 다시 말해, 진화는 갑작스러운 도약을 하게 된다.

감자 덩이줄기 형성 과정에도 그런 중요한 분자 스위치—또는 조절 인자—가 될 만한 유력한 후보가 존재한다. **작은 변화가 실제로 뚜렷한 생리적 변화를 초래할 수 있다는 뜻이다.** 개체군 내에 이미 존재하는 변화도 중요한 재료다. 종은 한 덩어리로 된 유기체가 아니며, 하나의 유전체로 되어 있지도 않다. 그것은 부분들의 총합이며, 각 부분은 변한다. 감자 농사가 여름 낮이 더 긴 남쪽 위도로 퍼져나갔을 때, 그 중에는 다른 개체보다 덩이줄기를 더 잘 생산하는 감자 개체들이 있었음이 분명하다. 그런 변종들은 온대 지방으로 갈수록 유리해졌을 터이고, 나머지는 자연선택에 의해 제거되었을 것이다.

위도에 대한 적응을 고려하면, 유럽에서는 칠레 감자가 적도와 더 가까운 장소에서 자라는 안데스 북부 감자보다 승률이 높았으리라 예상할 수 있다. 1929년 러시아 식물학자들이 바로 유럽 감자가 칠레 기원일 가능성을 제기했다. 반면 영국 연구자들은 최초의 유럽 감자는 안데스산맥에서 왔다고 확신했다. 역사 기록을 보면 감자가 유럽에 온 시점에 스페인 사람들은 칠레에서는 아직 완전히 정착하지 못한 듯하지만, 안데스 북부 주변의 국가들인 콜롬비아, 에콰도르, 볼리비아, 페루는 이미 반세기 전에 정복한 상태였기 때문이다.

많은 식물학자들은 확률의 추가 하나의 특정 방향으로 기운다고 믿었다. 지난 60~70년 동안 우세한 가설은 영국 과학자들의 주장, 즉 유럽 감자가 안데스 북부 계통에서 유래했다는 견해를 따랐다. 카나리아제도와 인도에서 자라는 감자의 오래된 품종들이 안데스 북부 계통과 비슷해 보인다는 사실 또한 이 주장을 지지하는 듯했다.

그런 다음 유전학자들이 뛰어들었고, 그들은 늘 그렇듯 분란을 일으켰다. 카나리아제도의 감자에는 칠레 계통과 안데스 계통이 섞여 있는 것으로 밝혀졌다. 인도 감자는 분명한 칠레 기원이었다.

흥미를 느낀 유전학자들은 이번에는 유럽 본토의 감자를 조사하기 시작했다. 그들은 식물표본실에 보관된 1700~1910년의 표본을 대상으로 유전학적 분석을 실시했다. 그 결과 18세기의 유럽 본토 감자는 대체로 안데스 계통으로 밝혀졌다. 안데스 계통의 감자는 긴 여름낮에 빠르게 적응한 것이 틀림없다. 아마 어느 마스터 분자 스위치에 일어난 새로운 돌연변이가 폭넓은 영향을 미침으로써 빠른 적응을 도왔을 것이다. 사실 그런 돌연변이가 새롭게 발생할 필요도 없었다. 새로 수입된 안데스 감자들에는 이미 긴 낮과 관련한 변종들이 존재했을 테니까. 이러한 변종들에서 이따금씩 그런 특징이 나타난다는 것을 우리는 알고 있다. 즉, 온대 위도에 대한 적응은 생각만큼 어려운 일이 아니었을 것이다.

하지만 이야기는 이것으로 끝이 아니었다. 유전학자들이 1811년 이후의 유럽 감자 표본에서 칠레 계통의 증거를 발견한 것이다. 이전에 몇몇 연구자들은 감자 잎마름병이 유행하면서 초기에 도입된 안데스 북부 계통을 휩쓴 뒤인 1845년부터 칠레 변종이 도입되기 시작했다는 의견을 내놓았다. 이 가설에는 해결되지 않는 문제가 있었는데, 바로 칠레 감자는 잎마름병에 대한 저항성을 보이지 않는다는 점이었다. 그렇다 해도 어떤 이유로든 칠레 변종은 19세기 유럽에 도입되었고, 그런 다음 빠르게 확산했다. 비록 유럽에 최초로 자리 잡은 감자는 안데스 변종이었지만, 낮이 긴 장소에서 오랫동안 자란 역사를 가진 칠레 감자가 유럽에서 번성하는 데 태생적으로 더 유리했던 것 같다. 결국 오늘날 재배되는 유럽 변종들에서 우세한 것은 그들의 DNA인 것을 보면 말이다.

감자의 화려한 유럽 진출기

감자가 처음에 유럽에 어떻게 도착했느냐고 물으면 대부분은 아마 옥수수와 마찬가지로 콜럼버스가 신세계에 가져왔다고 확신할 것이다. 하지만 사실이 아니다. 콜럼버스와 그 밖의 모험가들이 아메리카와 처음 접촉한 시기에 여러 가지 식량을 배에 실어 유럽으로 가져온 것은 사실이지만, 감자는 거기 없었다. 감자는 안데스산맥에서부터 칠레 저지대까지 남아메리카 **서쪽**에서 재배되었고, 스페인 사람들은 콜럼버스가 대서양을 가로질러 첫 탐험을 시작한 시점으로부터 약 40년쯤 뒤인 1530년대까지 안데스산맥에 도달하지 못했기 때문이다. 감자에 관한 최초의 문서 기록은 1536년에 스페인 탐험가들이 남긴 글이다. 그들은 콜롬비아의 막달레나 계곡에서 감자가 자라는 것을 발견했다.

유럽에 감자가 처음 도착한 것과 관련한 역사 기록이 전혀 없다는 점 때문에 문제는 더 복잡해진다. 대서양을 건너온 감자를 누가 받았든, 그 사람은 그것을 기록할 가치를 느끼지 못했던 모양이다. 아니면 그들의 신나는 보고서가 애석하게도 역사 속으로 사라졌는지도 모르겠다. 게다가 언어도 상황이 꼬이는 데 한몫을 했다. 스페인어로 고구마*Ipomoea batatas*는 바타타*batata*, 감자*Solanum tuberosum*는 파타타*patata*이기 때문이다.

실제로 스페인 문헌에 최초로 언급된 감자로 보이는 것은 1552년이다. 곧이어 카나리아제도에서도 감자에 대한 기록이 등장한다. 유럽에 감자가 작물이 아닌 수입품으로 처음 언급된 것은 1567년으로, 그란 카나리아섬에서 안트베르펜까지 감자가 운송되었다는 내용이다.

유럽에 감자가 처음 언급된 지 6년 뒤 스페인에서 감자를 경작하고 있었음을 암시하는 상당히 확실한 증거가 있다. 스페인의 항구도시 세비야에서 카르멜회 수도회가 운영하던 피의 병원Hospital de la Sangre의 1573년 기록을 보면 그해 4분기에 감자를 샀다는 내용이 있다. **이는 감자가 그 지역에서 계절 작물로 재배되었음을 뜻한다.** 또한 안데스 품종에 적합한, 낮이 짧은 계절인 가을에 감자가 재배되었다는 의미이기도 하다. 카리브해 품종의 옥수수와 마찬가지로, (고도와는 관계없이) 아메리카의 열대 위도에서 온 감자는 유럽 남부 지중해 지역에 비교적 쉽게 정착했던 모양이다.

스페인에 발판을 마련한 감자는 이탈리아로 빠르게 퍼졌다. 카르

멜회 수사들이 이탈리아에 감자를 도입했다. 그런 다음, 역시 옥수수와 마찬가지로 이 외래종 채소는 유럽의 식물원들을 통해 확산되면서 16세기 후반에 쓰인 식물지들에 등장한다. 스위스 식물학자 가스파르 보앵Gaspard Bauhin이 감자의 라틴어 학명을 붙였다. 솔라눔 투베로숨*Solanum tuberosum*, '흙 묻은 덩어리'라는 뜻이다. 한편 옥수수의 한 품종이 터키에서 왔다고 생각했던 영국 식물학자 존 제라드는 감자의 기원도 혼동했으니, 감자가 버지니아에서 왔다고 확신하고 바타타 비르기니아나*Battata virginiana*, 즉 '버지니아 고구마'로 명명했다. 이렇게 해서 그는 월터 롤리 경이 신세계 식민지에서 잉글랜드로 감자를 들여왔다는 전설의 씨앗을 뿌렸다. 한편 프랜시스 드레이크 경이 버지니아에서 잉글랜드로 감자를 수송했다는 또 다른 전설도 있는데, 이 역시 근거 없는 이야기다.

가톨릭교회와 얽힌 상류층 인맥을 통해 유럽에 들어와 확산된 감자는 이탈리아 농민 계층의 열렬한 환영을 받았던 듯하다. 17세기 초, 그들은 순무, 당근과 함께 감자를 먹고 있었고, 돼지에게도 감자를 먹였다. 한편 감자는 동쪽으로도 퍼져나가 같은 시기 중국에 도달했고, 아메리카에서는 스페인 제국의 북상과 더불어 북아메리카 서해안에 감자가 도입되었다. 또한 거꾸로 유럽에서 영국 상인 및 이민자들과 함께 대서양을 건너가, 1685년 감자가 펜실베이니아에서 잘 자라고 있다는 윌리엄 펜William Penn의 보고에 등장하게 된다.

하지만 감자 열풍이 유럽 북쪽으로 전파되기까지는 시간이 좀 걸렸다.

이렇게 뒤늦은 도입에는 감자와 관련한 뿌리 깊은 미신이 한몫을 한 듯하다. 아마도 기형적인 팔다리를 닮은 못생긴 덩이줄기 때문에 감자는 나병을 연상시켰던 모양이다. 감자가 성경에 나오지 않는다는 사실도 미신에 일조했다. 게다가 독성이 있는 가짓과 식물 까마중과 비슷하게 생긴 모양이 사람들을 경악시켰는데, 독성에 대한 두려움이 완전히 터무니없는 것은 아니었다. 감자가 녹색으로 변해 싹이 나기 시작하면 솔라닌 수치가 해로울 정도로 증가한다. 감자를 어두운 장소에 보관해야 하는 이유다. 감자 독을 피하려면 안전하게 저장하는 방법을 알아내는 것이 중요했을 것이다. 그 밖에도 배에 가스가 차고 욕정이 커질 수 있다는 것도 감자와 관련한 우려였다. 두 반응이 동시에 일어나지 않기만을 바랄 뿐이었다. 또한 많은 나라에서 감자를 먹는 것을 꺼렸으니, 이는 동물들을 먹이기 위한 사료 작물로 처음 도입되었기 때문이다. 1770년 나폴리의 굶주린 주민들에게 구호품으로 감자를 보냈을 때, 그들은 거부했다.

북유럽에서 감자를 늦게 받아들인 데는 금기와 미신 외에 더 세속적인 이유가 있었던 것 같다. 순수하게 기능적인 관점에서 보면, 로마 시대 이래 유럽 전역에서 시행된 삼포식 돌려짓기 제도에 감자를 끼워 넣기에는 어려움이 있었다. 다른 농부들과 공유하는 큰 밭에서 농부 개개인이 어느 한 뙈기만을 바꾸려면 눈치가 보였을 것이다.

그럼에도 결국은 감자 확장을 가로막고 있던 문화적 장벽들이, 폭삭 내려앉은 것까지는 아니었을지라도 점차 무너져 내리기 시작했다.

마침내 종교와 정치의 흥미로운 합작으로 감자가 남유럽에서 북쪽과 동쪽으로 진출한 것이다. 17세기 말, 위그노와 여타 개신교 집단이 프랑스에서 쫓겨나면서 가는 곳마다 은세공, 조산술, 감자 재배 같은 다양한 분야의 전문 지식을 가져갔다. 18세기 말에는 칠년전쟁의 여파 속에서 **감자의 또 다른 이점이 입증되었다.** 이 작물은 다른 곡물들과 달리 땅속에 있기 때문에 불에 타고 짓밟힌 밭에서도 살아남을 수 있었다.

프랑스군에서 약사로 일했던 앙투안-오귀스탱 파르망티에Antoine-Augustin Parmentier는 프로이센에 포로로 잡혔을 때 감옥에서 감자를 먹었다. 감자를 가축 사료로만 생각했던 그는 이런 대우에 좌절하기보다는 감옥 식사로 나오는 감자의 영양적 가치에 깊은 인상을 받았고, 1763년 프랑스로 돌아왔을 때는 감자의 열렬한 옹호자가 되어 있었다. 그는 명망 높은 사람들을 초대해 감자 위주의 만찬을 열었고, 루이 16세와 마리 앙투아네트에게 감자 꽃다발을 선물했다. 하지만 프랑스 요리에 이 보잘것없는 덩이줄기의 자리를 확고히 자리매김한 계기는 흉작, 혁명, 기근 같은 연속된 악운이었다. 파르망티에의 개척자 정신은 오늘날 이런저런 형태로 감자를 포함하는 많은 프랑스 요리의 이름으로 기억되고 있으며 지금 파리에 있는 그의 무덤은 그가 사랑해 마지않았던 그 식물에 둘러싸여 있다.

프랑스의 파르망티에, 독일의 프리드리히 대왕과 러시아의 예카테리나 대제를 포함한 다른 옹호자들에 힘입어 감자는 수도원과 식물원

감자

담장을 넘어 북유럽의 들판으로 진출했다. 감자는 그동안 먹었던 주식과 순무 같은 예비 식량을 대체하면서 곡물에만 의존하던 위험한 식생활에 실질적인 대안을 제공했다. 그래도 이따금 양식이 모자라 굶어야 했지만, 그럴 때 의지할 또 하나의 주식이 생겼으므로 그 빈도가 줄었다.

다른 아메리카산 수입 작물인 옥수수와 함께 감자는 유럽 인구의 놀라운 증가에 기여했다. 1750년에서 1850년까지 1백 년 사이에 유럽 인구는 1억 4천만에서 2억 7천만으로 거의 두 배나 늘어났다. 잉카제국 건설자들에게 열량을 제공했던 감자는 이제 중유럽과 북유럽 국가들에서 성장하는 인구에 에너지를 제공하고 도시화와 산업화의 기반을 마련함으로써 경제성장을 견인했다. 증기로 돌아가는 산업혁명 시대 기계들이 석탄을 먹고 일하는 동안, 노동자들은 값싸고 믿을 수 있고 양이 풍부한 감자를 먹고 일했다. 이어 유럽 정치권력의 균형은 따뜻하고 화창한 남쪽 나라들에서 춥고 칙칙한 북쪽 나라들로 옮겨가기 시작했는데, 18세기와 19세기에 유럽 열강이 부상한 이면에는 여러 복잡한 요인들과 함께 어두컴컴한 땅 밑의 감자도 한몫을 했다. 그리고 20세기에 찾아온 위기 때도 감자는 군대 식량으로서 제 몫을 했다. 제2차 세계대전 당시 군용 배급품 중에는 안데스 지역 사람들이 오랫동안 이용했던 건조 감자가 있었다.

제국들이 일어서고 몰락하는 동안, 또 전쟁에서 승리하고 패배하는 동안, **감자 또한 역사에서 제 역할을 했다.** 그러면서 감자도 변화를 겪었다. 19세기와 20세기 초 감자와 여타 재배 작물들에 대한 강도 높은 선택 육종이 시행되면서 엄청나게 다양한 새로운 품종이 생겨났다. 한때 스페인 사람들이 노예를 동원해 은을 캘 수 있도록 도왔던 감자는 마침내 그 자체로 보물로 대접받게 되었다. 감자 육종가들은 엄청난 부자가 되었으니, 20세기 초에 만들어진 한 새로운 품종에는 심지어 '엘도라도Eldorado'라는 이름이 붙을 정도였다. 하지만 아메리카에서 온 이 보물은 저주 또한 불러왔다.

인간의 통제가 불러온 비극

감자는 유럽에서 또 하나의 주식이 되며 식량 안보에 기여했지만, 거기에는 한계가 있었다. 문제는 국가들이 감자에 지나치게 의존하기 시작했을 때 발생했는데, 원인은 주로 이 작물이 번식하는 방식에 있었다. 감자 농사는, 망하면 그야말로 폭삭 망했다.

여러분이 앞마당에 감자를 심고 싶다면, 씨감자 한 봉지를 사다 심으면 된다. 그런데 이 씨감자라는 이름에는 어폐가 있다. 씨감자는 감자이지 씨가 아니기 때문이다. 혈통을 순수하게 유지하고 서로 다른 품종들 사이의 교잡을 최소화하기 위해 세심하게 통제한 조건에서 키워진 이 작은 감자에서 자라나는 식물들은 부모 세대와 유전적으로 동일한 클론이다.

감자는 꽃을 피우는 식물이다. 꽃잎이 다섯 장인 라일락 빛깔의 아주 예쁜 이 꽃의 목적은 유성생식이다. 곤충이 자신들에게 필요한 꿀을 얻기 위해 날아들 때 그들 몸에는 다른 꽃에서 묻혀 온 꽃가루가 있다. 꽃가루는 식물의 정자로, 그 안에는 식물 염색체의 절반이 들어 있다. 즉 곤충은 다른 식물, 때에 따라서는 같은 식물의 수술(꽃의 수컷) DNA를 묻혀 오는 것이다. 이 DNA에서 중요한 점은 꽃가루가 만들어질 때 새롭게 뒤섞였다는 사실이다. 밑씨(식물의 난소)에서도 같은 일이 일어난다. 배우자(꽃가루와 밑씨)를 만드는 생식세포들은 염색체 쌍들을 가지고 있다. 각 쌍에서 염색체들은 감수분열(배우자를 만드는 특수한 형태의 세포분열)이 일어나는 동안 서로 유전자를 교환한다. (이 시점에 유전자 중복이 일어날 수 있다. 개들에게서 본 아밀라아제 유전자의 중복을 떠올려보라.) 한 염색체에 있는 한 유전자는 쌍을 이룬 다른 염색체에 있는 상응하는 유전자와 약간 다를 수 있다. 각 염색체 쌍 가운데 한 부만 꽃가루 알갱이 또는 밑씨에 들어가는데, 이 염색체는 부모의 염색체 쌍 여기저기서 대립유전자들을 선별해 만든 것이다. 따라서 이미 부모 염색체와는 다른, 새로운 것이라 할 수 있다.

꽃가루와 밑씨가 결합할 때 양쪽 부모에게서 온 염색체들이 쌍을 이루고, 이로써 대립유전자들의 완전히 새로운 조합이 탄생한다. 유성생식은 곧 새로운 것과 변이를 창조하는 일이다. 하지만 감자는 자연상태에서 무성생식으로도 번식할 수 있다. 사실 그것이 바로 덩이줄기가 존재하는 이유이기도 하다. 인간의 (또는 다른 동물의) 소비를 위해서가 아니라, 자기 자신의 새로운 버전을 창조하기 위한 것이다.

감자에서 씨를 모아 이듬해에 심을 수도 있지만, 이것이 다음 세대를 창조하는 가장 쉬운 방법은 아니다. 몇 개의 작은 감자를 확보해두었다가 심는 편이 훨씬 쉽다. 게다가 씨를 이용하면 이듬해 작물에 불확실성이 가미된다. 유성생식을 하면 일정 수준의 변이가 일어날 수밖에 없는데, 만일 특정 형질을 가진 식물을 재배하려 한다면 그런 변이가 달갑지 않을 것이다. '씨'감자를 이용하면 그러한 불확실성이 제거된다. 여러분이 심는 그 감자는 실제로는 새로운 세대가 아니다. 그보다는 그 감자가 달려 있던 식물의 일란성 쌍둥이다. 이것이 무성생식이다. **새로운 작물은 구작물의 클론이다.**

좋은 생각처럼 들릴 수 있다. 원하는 특정 형질을 가진 작물을 가지고 있다면 그 특징을 붙잡고 싶을 테니까. 하지만 변이를 제거하는 것은 위험한 게임이다. 수많은 동식물이 유성생식을 하는 데는 중요한 이유가 있다. 그것은 그것대로의 효과가 있기 때문이다. 새로운 세대가 생길 때마다 변이를 창조하면 새로운 변종이 생기고, 이것은 환경이 변할 때 특히 유리할 것이다. 그러므로 변이 생산은 환경 변화에 유연하게 대처할 수 있는 종을 생산하는 자연의 방법이다.

환경은 한 동식물이 사는 물리적 환경만을 의미하는 것이 아니다. 생물학적 환경도 있는데, 그 생물과 상호작용 할 가능성이 있는 다른 모든 생물학적 실체가 여기 포함된다. 바이러스, 세균, 균류, 다른 동식물 등. 그런 실체들의 대다수가 위협을 가한다. 그리고 그런 잠재적 적들은 항상 더 나은 공격 방법, 위협에 처한 유기체가 진화시킨 방어책을 피할 더 나은 방법을 진화시키고 있다. 이른바 진화적 군비경쟁으로, 방어자가 공격자를 따라잡지 못하면 어떻게 될지는 불 보듯 훤하다.

씨감자로 감자를 재배하고 그렇게 얻은 감자를 다시 심기를 반복하면, 그 감자들의 진화는 정지된다. 아마 제초제를 치면, 피해를 입히거나 경쟁하는 식물들로부터 감자를 충분히 보호할 수 있을 것이다. 또 잎이나 덩이줄기를 씹어 먹기 좋아하는 동물들로부터 보호하는 일도 어렵지 않을 것이다(감자잎벌레라면 얘기가 좀 다르지만). 하지만 무엇보다 사악하고 치명적인 위협을 가하는 것이 있으니, 너무 작아 인간의 맨눈으로는 보이지도 않는 병원체들인 바이러스, 세균, 균류가 바로 그것이다. 이 병원체들, 이 악당들은 내쫓는다고 순순히 물러나지 않는다. 그들은 감자에 접근할 더 강력하고 유해한 방법을 끊임없이 진화시킬 것이다. 그리고 결국에는 그들이 이긴다. 재배하는 감자들 사이에 혹시 변이가 있다면 일부는 저항성을 가져서 병원체의 공격에서 살아남을 확률이 있다. 하지만 변이가 거의 없는 경우라면 병원체의 기세는 그야말로 파죽지세다. 한 작물이 통째로 날아가버린다. 심한 경우에는 한 세기분의 작물이 날아가기도 한다. 1840년대에 아일랜드에 바로 그런 일이 발생했다.

＊

북유럽과 서유럽의 다른 나라들이 미적거리는 사이 아일랜드가 먼저 통념을 깨고 감자 농사를 받아들였다. 1640년에 잉글랜드 이민자들이 감자를 아일랜드에 도입했을 때, 그곳 농부들은 이 작물을 열렬히 환영했다. 그들은 더 비옥한 밭에 잉글랜드의 부재지주들을 위한 작물을 재배하는 한편, 열악한 땅에서 자신들이 먹기 위해 재배할 작물로 감자를 선택했다. 17세기 중엽에 아일랜드에 도입된 감자는 아직까지는 안데스 품종이었을 것이다. 북쪽 위도에 그렇게 쉽게 정착한 것이 좀 이상해 보일 수도 있지만 아일랜드는 9월이 6월만큼 따뜻한 매우 온화한 기후라 감자를 가을까지 재배할 수 있었다. 조상들이 자랐던 적도 근처의 낮이 짧은 환경에 익숙한 감자는 온대기후인 아일랜드의 춘(추)분점 근처에서도 똑같이 열매를 맺었다.

19세기에 이를 즈음 아일랜드 농부들은 곡물의 대다수를 잉글랜드로 수출하고, 자신들의 식량으로는 감자에 의존했다. 감자를 제외한 다른 것은 거의 없었다. 하지만 초목으로 뒤덮이고 급수가 충분한 이 섬에 사는 농부들은 수확물을 저장할 줄 몰랐다. 기르고 먹고 다시 기를 뿐이었다. 게다가 작물의 유전적 다양성까지 지극히 빈약했으니, 이들은 럼퍼Lumper라는 단 한 종류의 감자만을 길렀다. 말하자면 유전적으로 동일한 한 가지 작물로 단일 재배 실험을 벌인 셈이었고, 그 실험은 실패할 수밖에 없었다.

1845년 여름, 감자역병균Phytophthora infestans이라 불리는 균류가 아일랜드 해안에 도착했다. 아마 아메리카에서 들어오는 배에 포자가 실려왔을 것이다. 아일랜드의 감자는 그 새로운 병원체에 저항성이 없었다. 이 요괴는 바람에 실려 이 밭에서 저 밭으로, 놀라운 속도로 퍼져

감자

나갔다. 잎과 줄기가 검게 변했고, 땅 밑 덩이줄기는 곤죽으로 변했다. 공기는 온통 썩는 냄새로 가득했다. 이 마름병은 1846년과 1848년에 다시 닥쳐 유럽 전역의 감자 작물을 휩쓸었지만, 그 결과가 가장 참혹했던 곳은 아일랜드였다.

놀랍게도 농부들의 곤경에는 잔인하게 등을 돌린 채, 곡물은 여전히 잉글랜드로 실려 나갔다. 사회적 불평등은 이 생물학적 비극을 더 악화시켰다. 아일랜드 농부들은 달리 의지할 주식 작물이 없었고, 남은 땅에는 기아와 발진티푸스와 콜레라가 만연했다. 마름병으로 시작된 이 비극은 대기근, 또는 아일랜드 감자 기근으로 알려지게 되었다. 사람들이 떼 지어 아일랜드를 떠나기 시작해 난민 행렬이 끝도 없이 이어졌다. 북아메리카에 도착한 사람들은 무사했다. 반면 아일랜드에서는 단 3년 사이에 1백만 명이 죽었다. 지금도 아일랜드의 인구는 기근과 대규모 이민 행렬이 촉발되기 전 수준을 밑돌아, 1840년대에 8백만 명이 넘었던 인구가 오늘날에는 약 5백만 명에 불과하다.

그 끔찍한 비극은 오늘의 우리에게 중요한 교훈을 준다. 우리가 식용으로 기르는 동식물의 형질을 제어하는 행위는 언뜻 바람직한 일처럼 보인다. 그렇게 함으로써 사전 계획에 따라 수요와 공급을 관리할 수 있기 때문이다. 하지만 그런 행위에는 대가가 따르고, 그것이 재배종의 진화를 막는다면, 게다가 그 일에 병원체가 연루되어 있다면, 대가는 치명적이다.

농업이 처음부터 끝까지 위기관리 활동이라고 생각하던 와중에 이렇게 쉽게 무너졌다는 것은 그야말로 역설이 아닐 수 없다. 수렵채집 생활 방식은 농경에 비하면 불안정하다. 수렵채집인은 자연에 의존하는 반면, 농부는 수확량을 제어하고 남은 식량을 비상시를 대비해 저장할 뿐 아니라, 잉여 농산물로 부와 권력을 얻을 수도 있다. 하지만 자연을 통제한다는 것은 생각보다 어렵고, 심지어는 우리의 착각일 수도 있다. 자연의 기본 방식이 **변화**인데도, 우리는 생물을 고정시켜 변화를 막으려 하고 있다. 우리는 재배종의 진화를 제한함으로써 재배종을 매우 취약하게 만든다.

우리는 다양한 감자를 만날 수 있을까

더하여, 우리는 수렵채집인들로부터 유연성을 배울 수 있다. 그들 역시 덩이줄기를 이용하지만, 단 몇 가지 식량원에만 의존하지 않는다. 수렵채집을 하자는 얘기가 아니다. 그렇게 살아가기에는 세상에 사람들이 너무 많다. 이렇게 인구를 불린 것은 다름 아닌 농업이지만 우리는 이 문화적 발명품에 갇히고 말았다. 이 역시 역설이다. 온갖종류의 동식물이 있는데도 우리는 선택지를 좁혀왔다. 언뜻 콜럼버스의 교환이 대서양 양편에 새로운 다양성을 창조한 듯하지만, 결과적으로 전 세계의 사람들은 비교적 좁은 범위의 동식물에 의존하게 되었다. 게다가 그런 재배종 내의 다양성은 위험할 정도로 급격하게 줄어들 수 있다. **머나먼 안데스에서 온 재배종 감자의 유전적 다양성은 현재 보잘것없는 수준이다.**

안데스의 농부는 한 사람당 열 가지가 넘는 품종의 토마토를 재배한다. 구근, 꽃의 색깔과 모양, 성장 패턴까지 모두 각양각색이다. 이 품종들은 조금만 거리가 멀어져도 환경조건이 극적으로 달라지는 안데스산맥에서 저마다 약간씩 다른 생태적 지위에 적합한 형태로 진화한다. 반면 산업화된 농업은 품종의 범위를 점점 더 좁혀 거대한 지역을 단일 재배로 채우려 한다. 우리가 육종으로 탄생시키는 유기체들은 태생적으로 허약하다.

자연 저술가이자 환경 철학자 사이의 생태적 지위를 차지하고 있는 마이클 폴란Michael Pollan은 이렇게 썼다. "서양인의 눈에 그 [안데스] 농장들은 어딘가 모자라고 무질서해 보이고 (…) 우리의 익숙한 균형 감각을 만족시키는 질서 정연한 경관을 전혀 제공하지 않는다."

하지만 다양한 종류의 재배종 감자들이 야생의 이웃들과 함께 자유롭게 교배하고, 병충해와 가뭄에 대비해 다양성을 보험으로 들어둔 덕분에 적어도 몇몇 품종들은 기어코 살아남게 될 이 농장은 산업적인 단일 재배보다 든든한 해법이다. 안데스 농부들이 얼마나 알고 그렇게 했는지는 모르지만, 그들은 작물을 재배하면서도 유전적 다양성을 보존하는 데 성공했다.

농부들은 수백 년 동안, 어쩌면 수천 년 동안 동계교배의 문제를 알고 있었을 것이다. 변이가 매우 적은 동식물 개체군을 생산하면 문화적 관습과 슈퍼마켓의 요구는 만족시킬 수 있겠지만, 그 동식물들은 위험할 정도로 질병에 취약해진다. 드문 품종들은 훨씬 풍성한 유전적 다양성을 보관하는 귀한 유전자 도서관이며, 따라서 그런 품종들을 보존하는 것(식물의 경우 씨를 모아 저장하는 것)은 엄청나게 중요한 일이다. 자연은 물론, 씨앗 은행 같은 보관소에 크고 다양한 유전자 도서관을 운영하는 일이야말로 환경이 변해도 대처할 능력이 있는 재배종을 생산할 최고의 방법일 것이다. 그 도서관 어딘가에는 아직 위협으로 떠오르지도 않은 질병들에 대한 저항성과 바람직한 새로운 형질을 창조할 재료가 항상 보관되는 있는 셈이니까.

그런데, 작물에 도움이 되는 새로운 유전형질을 주입하는 또 다른 방법이 있다. 선택 육종은 효과적이지만 속도가 느린 데다 원하는 결과를 장담할 수도 없다. 수백 년 동안 우리에게는 그 방법뿐이었고, 그 방법으로 재배식물과 가축에서 인상적인 변화를 생산해낼 수 있었다. 하지만 신기술은 우리의 필요에 맞게 유기체를 바꾼다는 개념을 완전히 다른 방향으로 돌려놓았다. 유전자 자체를 바꾸는 것이다. 우리는 특정 병원체에 저항성을 갖도록 유전자 변형된 식물을 설계할 수 있다. 1990년 중반에 북아메리카의 농부들은 '뉴 리프New leaf'라 불리는 감자를 재배하는 실험을 했는데, 그 감자는 콜로라도 감자잎벌레를 막는 독소를 자체적으로 생산하도록 유전자가 변형된 품종이었다. 즉, 식물의 유전체에 다른 유기체, 이 경우에는 세균의 유전자가 도입된 '형질전환' 감자였다.

유전자 변형은 유용한 도구일 수 있지만, 그렇다고 해서 유전적 다양성을 보존할 필요가 없어지는 것은 아니다. 작물과 병원체 사이의 군비경쟁은 결코 끝나지 않는다. 진화는 멈추어 서지 않는다. 또한 유전자 변형은 아직 논란이 있는 기술이다. 유전부호에 새로운 것을 도입하는 일이 예측 불가능한 효과를 불러올지도 모른다. 나아가, 유전자 변형에는 한 종에서 다른 종으로 유전정보를 옮겨 오는 과정이 수반되는데, 종의 경계를 넘어서고 또 하나의 '생물학 규칙'을 깨는 일이다. 선택 육종은 이미 존재하는 변이들 사이에서 선택하는 일이었다. 육종가는 변이를 새로 **창조**하지는 않는다.

다윈이 《종의 기원》에 썼듯이 "인간은 실제로 다양성을 생산하지 않는다." 하지만 유전공학에서 우리는 바로 그 일을 하고 있다. 종의 경계를 넘을 때 일어날 수 있는 일들, 우리가 아직 모르는 장기적 결과를 우려하는 목소리가 여기저기서 들려온다. 새로운 유전자가 야생식물로 들어갈 때 일어날 수 있는 일들에 대한 우려도 있다. 일각에서는 이 기술을 밀어붙이는 대기업들의 동기를 의심한다.

결국 뉴 리프 감자는 실제로 시장에서 잘 팔리지 않았다. 이 유전자 변형 감자는 값이 비쌌고, 감자잎벌레에 저항성이 생길 가능성을 줄이기 위해서는 복잡한 윤작이 필요했다. 게다가 효과적인 새로운 살충제가 시장에 출시된 터였다. **10년도 채 되지 않아 이 실험에 종지부를 찍은 것은 윤리적 반대가 아니라 시장의 힘이었다.**

하지만 아직은 유전자 변형에 등을 돌릴 때가 아니다. 재배종에 있기를 바라는 특징을 생산하기 위해 그 기술을 사용할 다른 방법이 있다. 해당 종의 유전자 레퍼토리에 이미 존재하는 특정 유전자의 원하는 버전을 찾은 다음, 육종 집단에 그 유전자를 퍼뜨리는 것이다. 이 방법은 종의 경계를 넘어 유전자를 이동시키는 대신, 선택 육종이라는 전통적인 관행을 단축한다. 나는 이런 '유전자 편집'이 실제로 어떻게 작동하는지 알고 싶어서 에든버러에 있는 로슬린 연구소Roslin institute를 찾아가 유전학자들과 그들의 동물 무리를 만나기로 했다.

6

닭

Gallus gallus domesticus

닭은 달걀이 또 다른 달걀을 만드는 방법일 뿐이다.

— 새뮤얼 버틀러

'내일의 닭' 대회와 대규모 육종 시장

오늘날 지구에는 닭이 사람보다 세 배 이상 많다. 닭은 지구상에 가장 흔한 새이고, 그들의 살을 탐하는 우리의 식욕을 위해 매년 약 6백억 마리가 길러져 도축된다. 닭은 지구에서 가장 중요한 농장 동물이 되었다. 하지만 원래부터 이랬던 건 아니다. 사실, 닭의 세계 지배는 아주 최근 매우 빠른 속도로 일어났다. 그리고 모든 것은 1945년에 시작된, 미래의 닭을 찾는 미국의 한 대회에서 시작되었다.

미국에서 가장 통통한 닭을 찾는 이 대회의 취지는 닭 육종가들이 달걀만이 아니라 고기에도 다시 관심을 갖게끔 하자는 것이었다. 대회를 후원한 미국 최대 가금류 소매사인 A&P 푸드스토어스는 1948년

〈내일의 닭Chicken-of-Tomorrow〉이라는 독창적인 제목의 영화를 찍기도
했다.

영화는 솜털로 뒤덮인 병아리들이 담긴 나무 상자를 클로즈업하면
서 시작한다. 그런 다음 음악이 서서히 잦아들고 장면이 바뀌며 흰 셔
츠를 입은 여성 두 명이 등장한다. 그들은 삐악삐악 우는 작고 귀여운
병아리들을 어루만지며 그들을 한 나무 상자에서 또 다른 나무 상자
로 던진다. "가금류가 미국에서 세 번째로 큰 농작물이며, 총 30억 달
러에 이르는 사업이라는 사실을 알고 계십니까?" 내레이터는 미국 인
포머셜infomercial* 스타일로 이렇게 읊조린다. 대본을 읽는 사람은 그 영
화를 만든 사람이자 아나운서인 로웰 토머스Lowell Thomas로, 1952년까지
20세기 폭스사의 뉴스영화에 등장하는 목소리의 주인공이기도 하다.

그다음 장면에는 더 많은 여성들이 등장한다. 이제 그들은 달걀을
선반으로 옮긴다. "육종가들은 평균적인 암탉의 달걀 생산량을 촉진
하는 데 있어서 큰 결실을 얻어냈습니다. 오늘날 암탉은 연평균 154개
의 달걀을 낳습니다. 어떤 닭은 연간 3백 개 이상을 낳기도 하지요." 좋
은 소식 같지만, 이것만으로는 부족하다. "하지만 달걀 생산을 강조한
결과 가금류 고기는 이 산업의 부산물로 전락했습니다." 내레이션이
계속된다. 그리고 흰 가운을 입은 남성 두 명이 등장해 피골이 상접한
채 죽어 있는 닭을 검사한 다음, 갈고리에 닭의 발을 건다. 가금류 산

---

*   '정보'와 '광고'의 합성어로 프로그램 형태로 만들어진, 정보량이 많은 상업광고.

업은 전시에 붉은 육류를 군인들에게 배급하면서 생긴 시장의 빈틈을 메우며 성장하기 시작했다는 설명이 나온다. 가금류 업계 지도자들은 전쟁이 끝난 뒤 수요를 어떻게 유지할지가 걱정이었고, 그래서 A&P 푸드스토어스(정식 명칭은 더 그레이트 애틀랜틱 & 퍼시픽 티 컴퍼니)가 난국에 대처하기 위해 전국 대회를 후원했다. 그들이 농장주들과 육종가들에게 원하는 것은 분명했다.

"가슴이 넓고, 다리가 크고, 허벅다리가 통통하고, 흰 살코기층이 많은 닭."

그들은 자신들이 원하는 미래의 닭의 모습을 본뜬 밀랍 모형도 만들었다. 요컨대, 그들이 원하는 건 칠면조와 더 비슷한 닭이었다.

영화는 계속해서 대회를 묘사하지만 이를 진지하게 보고 있기는 어려운데, 다름 아닌 경쾌한 음악 반주 때문이다. 이 〈리버티 벨The Liberty Bell〉 행진곡은 나중에 영국 코미디 집단 몬티 파이튼Monty Python이 채간다. 다음 장면은 달걀 안에서 발달하는 닭 배아의 모습을 담은 닭 발생학으로 넘어간다. 각 단계마다 달걀 껍데기의 한 부분이 제거되어 배아가 발달하는 모습을 보여준다.

그런 다음 다시 껍데기가 한 군데도 제거되지 않은 온전한 달걀들이 얹힌 선반으로 다시 돌아와, 관객은 결선에 오른 모든 후보들이 똑같은 조건에서 배양되고 부화되어 길러진다는 이야기를 듣는다. 가금류 산업에 종사하는 남자 다섯 명이 양복 차림으로 병아리들을 만족스러운 듯 검사한다. 그런 다음 예쁜 흰색 블라우스와 진주 목걸이를 착용한 여성이 불쑥 나타난다. 양쪽이 말려 올라간 검은 머리카락에 선홍색 립스틱을 발랐다. 손에는 병아리 두 마리를 감싸 쥐고 있다. 그녀는 병아리들을 볼에 들어 올리며 미소를 짓는다. "정말 예쁜 영계들이죠?" 내레이션은 열정적인 어조로 논평하지만, 이중의 의미를 지닌 그 말은 다른 곳에 시선을 집중시킨다. 잠시 긴장을 풀어주는 장면이 지나간 뒤, 날개에 각 계군이 적힌 숫자 띠를 두르는 '어마어마한 작업'을 하는 남자들로 다시 돌아온다.

우리는 그 닭들이 크고 잘생긴 새로 성장하는 12주의 짧은 인생을 따라간다. 일부는 갈색이고, 일부는 회색 줄무늬가 있고, 일부는 눈처럼 희다. 그들은 운송을 위한 상자에 담겨 우리로 옮겨지고⋯⋯ 갑자기 갈고리에 매달린 사체가 되어 판정을 기다린다. "각 표본에서 열두 마리는 전시용으로 포장되고, 나머지는 내장 제거 라인으로 갔습니다." 내레이터의 설명이다. 여기서 여성들이 다시 등장해 옷걸이처럼 생긴 고리에 거꾸로 매달린 닭들을 차례차례 밀어낸다. 한 남성이 그 안에서 닭들을 검사한다. 그런 다음 마지막 전시 장면이 비춰진다. 본보기를 위한 수탉 몇 마리가 우리에 갇혀 있고, 상자에 담긴 닭 사체는 얇은 포일로 장식되어 있다. 한편 밖에서는 아주 특별한 손님이 지나간다. 흰 털로 뒤덮이고 양옆에 미국 국기 두 개가 달린 사륜마차 안에 흰옷을 입고 왕관을 쓴 여성이 타고 있다. '내일의 닭' 여왕으로 뽑힌 낸시 맥기Nancy McGee는 '프로그램을 보충하는 볼거리'로 묘사된다.

하지만 낸시에게 시선이 집중되는 것도 잠시, 이 대회의 진짜 우승자가 등장한다. 바로, 찰스 밴트리스Charles Vantress와 케네스 밴트리스 Kenneth Vantress 형제가 길러낸 소규모 계군이다. 그들은 레드 코니시 품종의 수탉과 뉴햄프셔 품종의 암탉을 교배시켰다. 이 조합은 닭의 체중과, 먹이를 생체중*으로 전환하는 효율(투자한 돈에 대비해 더 많은 식품을 얻을 수 있다는 뜻이다)을 키움으로써 밴트리스 형제에게 승리를 안겨주었다. 하지만 이제 시작일 뿐이다. 영화의 목적은 결과를 발표하는 것만이 아니라 또 다른 전국 대회의 개시를 알리는 것으로, 다음 대회는 1951년 열릴 예정이다. 양복을 입은 많은 남자들은 다음 대회가 열린다는 사실에 흡족한 듯하다. 이제 마무리 내레이션이 흘러나온다. "오늘도 가정주부들은 개량된 육계를 즐겁게 먹고 있습니다." 가정주부들이 일렬로 서서 기름으로 번들번들한 손가락으로 튀긴 닭다리를 먹으며 활짝 웃는다.

이 영화는 지금과는 매우 다른 시대에 제작되었다. 남자들만 진지한 일을 하고, 여자들은 솜털로 뒤덮인 병아리들을 볼에 댄 채 장식품처럼 서 있거나 지루하고 반복적인 작업을 했던 시대. 또한 닭들이 비쩍 말라서 가금류 산업이 그 닭들을 지금의 닭처럼 만들기를 꿈꾸었던 시대이기도 하다. 빨리 자라고, 통통하며, 살이 하얀 괴물. 그때와 바뀌지 않은 것은 접근 방식이다. 육계의 육종은 시작부터 이미 산업이었다. 영화를 시작하는 내레이션에 닭이 '농작물'로 언급되었다는

---

*   도살 전 가축의 체중.

사실은 의미심장하다. 1948년에 우승한 닭의 유전자는 오늘날에도 상업적인 계군들 속에 섞여 있다.

대회 우승자인 레드 코니시 잡종은 순혈종 범주에서 우승한 깃털이 흰 레그혼과 교배되었다. 그 결과인 아버 에이커 품종은 엄청난 성공을 거두어, 과일과 채소를 주로 재배하고 곁다리로 닭을 키우던 소농장들이 순식간에 미국 육계 회사들의 주요 공급처가 되었다. 1964년에 아버 에이커 품종은 넬슨 록펠러Nelson Rockefeller에게 팔려 세계무대로 진출했다. 중국에 있는 닭의 절반이 아버 에이커 계통의 자손이다. 그러니까 그 대회 우승자의 자손인 셈이다. 정말 놀라운 이야기다. **육종이 닭을 어떻게 그렇게 빨리, 그렇게 완전하게 바꾸었는지** 도저히 상상이 되지 않는다.

닭 생산이 거대한 글로벌 산업으로 탈바꿈하기 위해서는 전례 없는 규모의 선택 육종뿐 아니라, 육종에 대한 매우 엄격한 규제가 필요했다. 오늘날 닭 육종과 닭 사육은 완전히 별개의 것이다. 닭이 낳은 알을 암탉이 아닌 기계로 부화시킬 수 있다는 사실이 이런 완전한 분업을 가능하게 한다. 닭 농장주들은 흔히 닭을 대규모로 사육하지만 닭을 육종하는 사람들은 아니다. 그 일은 육종 기업이 한다. 그리고 아비아젠Aviagen과 코브-밴트리스Cobb-Vantress라는 단 **두 개**의 **거대** 다국적기업이 육종 시장을 지배한다.

이 회사들은 종자닭(순계) 집단을 매우 엄격하게 통제한다. 그들이 보호하는 순계에서 3대째에 이르러 생산된 '종계(부모계)'를 육계 육종

농장에 팔면, 그곳에서 개별 유전 계통의 닭들을 함께 교배해 최종 잡종을 만든다. 그 병아리들은 육계 '사육' 농장으로 보내진다. 우리가 먹는 방목 유기 닭조차 이런 산업적인 육계 육종사에서 온 것일 수 있다. 전통적인 유기농 시장을 위해 천천히 자라는 닭을 전문으로 취급하는 더 작은 육종 회사들이 몇 곳 있긴 하지만, 대부분의 닭은 빨리 자라서 단 6주 만에 도축된다. 사실상 우리는 너무 커진 병아리를 먹는 셈이다. 심지어 뼈끝이 연골에서 뼈로 변하기도 전의 병아리 말이다. 순계인 증조할머니 닭 한 마리가 3백 만 마리의 육계 후손을 볼 수 있고, 이들은 성체가 되지 못한다.

닭 육종사들은 표현형의 관점에서 순계의 특징을 조심스럽게 통제(성장 경로, 체중, 먹이 소비를 세심히 살핀다)할 뿐 아니라 이제는 유전체학을 이용해 자신들의 선택 육종 기법을 연마한다. 하지만 유전학 발전으로 우리는 닭의 유전자형을 분석해 유리한 변이 유전자들을 찾아낼 수 있을 뿐 아니라, **닭을 유전적으로 변형할 수 있다.** 아직 실용계*가 유전적으로 변형된 예는 없지만 이미 연구실에서 그런 기법들을 시험하는 중이다. 닭과 여타 가축의 DNA를 편집하는 도구들—DNA의 불량 유전자를 제거하고 유리한 유전자를 삽입하는 기술—은 이미 존재한다. 그 방법이 제대로 작동하는 단계까지 오는 것도 힘든 여정이

---

*   품종개량이나 번식 목적이 아니라, 식용란을 얻거나 닭고기를 생산하기 위해 사육되는 닭.

닭

었다. 이제 계군을 개선하기 위해 이를 이용할 방법을 찾는 경주가 시작되었다. 댄 브라운Dan brown의 소설《다빈치 코드The Da Vinci Code》의 배경이 된 스코틀랜드의 아름다운 15세기 건축물 로슬린 성당에서 차로 7분만 가면 나오는 로슬린 연구소에서, 연구자들은 다른 종류의 혈통과 다른 종류의 코드(부호)를 조사하느라 바쁘다. 나는 이 부호 해독자들을 만나기 위해 미들로디언으로 갔다.

로슬린 연구소의 닭 유전자 전문가들

로슬린 연구소는 일군의 최첨단 건물들로 이루어진 연구 단지로, 건물의 일부는 닭들을 수용해 닭으로부터 최선을 끄집어낼 수 있도록 설계되었고, 또 다른 일부는 과학자들을 수용해 과학자로부터 최선을 끄집어낼 수 있게끔 설계되었다. 이 연구소의 과학자들은 닭을 최적화하는 일에 집중하는데, 그들이 사용하는 수단은 단지 선택 육종만이 아니다. 선택 육종은 지난 1천 년 동안 닭에게 기적을 일으켰다. 지난 60여 년은 정말 비범한 방식으로 그렇게 했다. 하지만 우리가 유기체의 유전부호를 직접 다룰 수 있는 지금, 선택 육종은 구식으로 여겨진다. 가축화는 지속적인 과정이며 현 시점에서 이곳은 가축화의 선두에 서 있다.

유전자를 변형하는 새로운 기법들은 그야말로 불가능한 일들을 약속한다. 그 기법들의 도움을 받으면 우리는 미래에 훨씬 더 효율적이고, 지속 가능하며, 평등한 방식으로 가축 농장을 운영할 수 있다. 그렇다 해도 그것은 두려운 일이다. 선택 육종은 그렇다 쳐도, 효소를 이용해 DNA를 변형하는 직접적인 유전자 조작은 많은 사람들에게 정도가 지나친 일, 건너서는 안 될 루비콘강으로 보인다.

본능적으로 뭔가 잘못되고 있다는 느낌이 든다. 과학 영화는 심지어 나조차 유전자 변형 생물들을 경계하게 만든다. 소설가이자 저널리스트인 윌 셀프Will Self는 불편하고 불안한 타자에 대한 글쓰기의 대가로, 그의 책《데이브의 책Book of Dave》에는 '모토moto'라 불리는 돼지처럼 생긴 유전자 변형 동물이 등장한다. 이 동물은 반려동물인 동시에 가축이다. 그들은 똑똑하고, 아기처럼 불완전한 언어를 구사한다. 하지만 결국은 도축되어 먹힌다. 모토는 식용으로 기르는 동물들에 대한 우리의 인식에 문제를 제기한다. 우리는 그들의 삶보다 우리의 미래를 더 중요하게 여긴다. 나는 이 점에 심한 인지 부조화를 느꼈고, 그래서 8년 동안 완전한 채식주의자로 살았다. 지금은 죄책감을 다스려가며 생선을 조금 먹지만, 다른 동물의 살을 먹는 것은 아직 힘들다.

우리는 마음속으로 우리와 여타 동물들을 나누어 생각한다. 동물들을 먹기 위해서는 반드시 필요한 분리 과정이다. 아마 다른 사람을 먹겠다는 생각을 해본 사람은 아무도 없을 것이다. 하지만 대부분의 사람들이 농장 동물을 도축하고 먹는 것에는 아무런 문제를 느끼지 않는다. 그러면 **그 동물들을 바꾸는 일은?** 괜찮을 것 같다. 어디까지나 그 방법이 선택 육종이라면 말이다. 대상이 식물인 경우에는, 방사능 또는 돌연변이 유도 물질로 돌연변이를 일으켜 유전자 변형 작물을 만들어낸다는 생각에도 그리 불편함을 느끼지 않는 듯하다.

언뜻 듣기에는 새롭고 위험한 일 같지만 실은 1930년대부터 늘 해왔던 일이기도 하다. 그때 이후 3200종류가 넘는 돌연변이 발생 식물이 창조되어 출시되었다. 그 일부는 현재 유기 농산물로 재배되고 판촉된다. 아르헨티나에서 재배되는 땅콩의 대다수는 방사선 조사 돌연변이에서 탄생한 것이다. 오스트레일리아에서 재배되는 쌀의 대다수도 방사선 조사에 의한 돌연변이형에서 만들어졌다. 중국, 인도, 파키스탄에서는 돌연변이 벼가 재배되고, 유럽에서는 돌연변이 보리와 귀리가 널리 재배된다. 영국에서는, 식물에 감마선을 조사해 만들어낸 돌연변이 식물인 '골든 프라미스Golden Promise' 보리가 맥주와 위스키 생산용으로 재배된다. 현재 재배되는 작물에는 방사능 위험이 전혀 없다. 방사선은 조상의 DNA를 뒤섞어 유용한 변종을 생산함으로써 이미 제 임무를 마쳤기 때문이다.

언급한 식물들은 분명 유전적으로 변형되었다. 그러면 왜 감마선 조사처럼 무딘 도구를 이용해 유전자를 변형하는 것은 괜찮고, 훨씬 더 정확하고 엄격한 방법인 효소를 이용해 같은 종류의 일을 하는 것은 위험하게 느껴질까? 국제원자력기구는 '방사선 육종'을 생물학적 유전자 변형과 분리하고 싶어 한다. 돌연변이는 다양성의 재료이자 진화의 근원인데, 방사선 육종은 유기체에서 자연적으로 발생하는 돌연변이의 빠른 버전일 뿐이라는 얘기다. 하지만 만일 우리가 이미 방사선을 이용해 DNA를 변형하고 있고 그것을 '방사선 육종'이라고 부른다면, 더 정확하고 통제된 생물학적 버전은 '효소 육종'이라고 불러야 하지 않을까?

그래서 나는 로슬린 연구소로 들어가, 그들이 하고 있는 유전공학과 그 최신 도구들에 대해 연구자들과 직접 이야기를 나눠보고 싶었다. 그들은 이 분야의 최전선에서 일하고 있는 선구자로서, 과학뿐 아니라 인식, 편견, 타당한 우려가 뒤섞인 혼돈의 도가니를 누구보다 잘 이해하고 있는 사람들이다. 그리고 2004년 완전유전체* 서열이 분석된 최초의 가축 동물인 닭의 유전자를 잘 아는 전문가들이기도 하다. 애덤 발릭Adam Balic은 유전공학의 기법들과 그것의 잠재적 용도에 대해 설명했고, 헬렌 생Helen Sang은 이 분야의 과학과 그것을 둘러싼 정치적 쟁점에 대해 대략적으로 설명해주었으며, 마이크 맥그루Mike McGrew는 흥분되는 신기술과, 이 기술이 세상에 끼칠 수 있는 선한 힘에 대한 자신의 비전을 들려주었다.

유전자 변형 기술과 질병 저항성

나는 애덤 발릭의 안내에 따라 그의 사무실로 갔다. 빛으로 가득한 그 방은 로슬린 연구소의 철과 유리와 구리로 뒤덮인 건물 중 과학자들이 일하는 1층에 자리하고 있었다. 병아리 배아 발생 과정을 보여주는 포스터가 벽에 붙어 있었다. 자리에 앉자, 그는 책상 공간의 대

---

*   세포 내 DNA 전체, 즉 한 생명체가 가지는 모든 DNA 염기 서열의 총합.

부분을 차지하는 컴퓨터 스크린에 이미지를 띄웠다. 검은 바탕 군데군데 밝은 녹색 빛을 발하는 곳이 보였다. 현미경 아래서 찍은 이 사진들은 닭 배아가 발생하는 과정을 보여주고 있었다. 우리는 목 부분을 보는 중이었는데, 녹색으로 빛나는 부분들은 '림프조직'이라는 특정 유형의 조직이었다. 우리 인간의 림프절을 구성하는 것과 같은 종류의 조직이다. 이 조직은 원래 녹색으로 빛나지 않지만, 애덤이 닭 배아를 유전자 조작한 터였다. 그는 림프조직이 발생하는 곳마다 녹색 형광 빛을 내는 '리포터 유전자'를 병아리 유전체에 삽입했다.

그는 병아리 배아의 DNA에 이러한 변화를 줄 때 전통적인 기법, 어쨌든 닭에 사용된 지 12년은 된 방법을 사용했다. 그리고 바이러스를 동원했다. 바이러스는 숙주의 유전체에 DNA를 삽입해 살아가기 때문에, 바이러스에 관심 있는 유전자를 실어 다른 유기체의 세포에 삽입할 수 있다. 이러한 '바이러스 운반체'는 원래 인간의 유전자 치료를 위해 개발되었지만 닭에서도 잘 작동한다. 새로운 유전체의 특정 위치에 바이러스 운반체를 삽입하는 것은 대체로 불가능하지만, 유전자가 숙주세포에 의해 발현될 확률이 높은 장소를 바이러스가 잘 찾는 듯하다.

발릭이 이 검증된 방법으로 하려 한 일은 병아리 배아에서 림프조직 세포가 빛을 발하게 만드는 것이었다. 그러기 위해 그는 림프조직 세포에서는 만들어지되 다른 세포에서는 만들어지지 않는 단백질을 찾아낸 다음, '작동 스위치'—그 단백질 유전자의 염기 서열 바로 앞에 있는 조절 유전자 염기 서열—를 찾았다. 이어 그 '작동 스위치'를 녹색 발광 단백질을 만드는 유전자(해파리에서 분리한 것)에 붙여 새로운 DNA 절편을 만들었다. 발릭은 바이러스 스위치와 해파리 발광 유전 자가 결합된 새로운 꾸러미를 바이러스 운반체에 실어 닭 배아에 삽 입하는 데 성공했다. 이제 림프조직 세포 단백질을 만드는 모든 세포 에서 그 스위치가 켜질 때마다 발광 단백질 유전자도 함께 켜질 터였 다. 유전자 변형된 배아는 명령에 따라 순순히 '자신을 염색'했다. 현 미경 아래 자외선을 조사하자 림프조직이 아주 선명하게 드러났다.

"그냥 아름답기만 한 사진이 아닙니다. 이 사진은 무언가를 눈으로 확인할 수 있게 해주죠." 발릭이 설명했다. 사진은 닭 배아에서 림프조 직이 발생하는 장소가 정확히 어디인지를 보여주었다. **림프조직은 면 역계와 관계가 있다.** 이 인상적인 이미지들은 병아리 면역계의 발달을 연구하는 애덤이 면역계와 관련한 세포 및 조직들이 어떻게 형성되는 지 알아내는 데 매우 중요한 역할을 했다. 컴퓨터 화면에서 우리는 병 아리의 방어기제가 어떻게 설계되어 있는지 보고 있었던 셈인데, 이 는 마치 고대 요새를 상세히 파악해 전투가 어떻게 치러졌는지를 이 해하는 것과 비슷했다. 조류는 포유류와는 매우 다른 면역계를 가지 고 있는데, 이는 매우 독특해서 대체 그들이 포유류가 개발한 도구들 없이 어떻게 생존하는지 궁금해질 정도다.

"우리가 포유류를 통해 알고 있는 사실에 비추어 보면 조류는 세상 에 존재할 수 없어요." 발릭이 말했다. "하지만 그들은 같은 환경, 같은 병원체에 우리와는 다른 방법으로 잘 대처합니다." 이런 차이에 주목하고 왜 그런 차이가 존재하는지 이해하려고 시도하는 것이 바로 과학이다. 림프절은 우리를 포함한 포유류에서 매우 중요한 역할을 하는 듯하다. 조류는 군데군데 흩어진 림프조직을 가지고 있지만, 림프절 같은 독립된 기관은 없다. 게다가 림프절 없이도 잘 산다. 흥미로운 수수께끼다. 림프절은 발명해내기에는 상당히 복잡한 구조인 모양이다. 왜 포유류에는 필요한 반면 조류에는 그렇지 않을까? 조류가 그들만의 독특한 면역계로 감염을 퇴치하는 방법을 알아낸다면, 자연스럽게 인간 면역계에 대한 이해도 높아질 것이다.

유전자 변형 기술 덕분에 발생 과정을 그 어느 때보다 정확하게 파악할 수 있게 되었다. 이 기술이 기초과학 연구에 중요한 도구임이 분명하다. 하지만 유전자 변형 기술을 실험실 밖으로 가져가 식용 닭을 육종하는 일에 응용한다면 어떨까? 로슬린의 연구자들도 고려하고 있고, 그러기 위해 배아 발생의 우연성을 놀랍도록 정확한 새로운 유전자 편집 기술과 결합하고 있다.

한 유전자의 특정 버전을 하나의 계군에 널리 퍼뜨리기 위해서는 배우자(난자와 정자)를 생산하는 세포에 그 유전자를 삽입해야 한다. 닭(그리고 인간)의 생식선에 있는 그런 배우자 생산 세포를 원시생식세포라고 한다. 이 세포들은 본질적으로 불멸의 세포들이다. 즉 계속 분열하면서 일부는 동물의 성별에 따라 난자 또는 정자로 '성장'하고, 일부는—더 많은 정자와 난자를 만들고 자기 자신을 대체하기 위해—다시 분열할 준비를 갖춘 생식세포로 남는다. 원하는 유전자를 이런 원시생식세포에 삽입하기 위해 종래에 사용한 방법은 간접적이고 우연에 기대는 선택 육종이다. 특정 형질을 가진 닭들을 찾아 그들을 교배시킨 뒤, 그 형질을 만드는 유전자가 그 닭들의 난자와 정자들 중 일부에 포함되어 다음 세대의 일부 닭들에게 나타나기를 기대하는 것이다. 이런 방식으로 한 형질을 한 계군에 널리 퍼뜨리려면 수 세대가 걸린다. 그런데 이 과정을 단축할 수 있다고 상상해보라. 한 암탉의 모든 난자 또는 한 수탉의 모든 정자에 원하는 유전자가 포함되면 모든 자손이 그 유전자를 가질 테고, 따라서 원하는 형질이 즉시 나타날 것이다. 최신 유전자 편집 도구로 할 수 있는 일이 바로 이것이다. 그리고 운 좋게도, 원시생식세포를 변형하기 위해 병아리 배아에서 그것을 제거하기는 비교적 쉽다.

아리스토텔레스가 달걀이 병아리가 되는 3주간의 발생 과정을 추적한 이래 병아리는 발생학자들을 매료시켜왔다. 달걀 껍데기의 한 부분을 들어 올리면 배아를 죽이지 않고도 발생 중인 배아를 관찰하고 심지어는 그것과 교류할 수도 있다. 배아는 알의 한쪽에서 발생한다. 닭의 알이 어떻게 생겼는지는 잘 알 것이다. 흰자와 껍질로 덮이기 전에 알은 노란색의 작은 조각으로, 육중한 노른자가 대부분을 차지한다.

배란된 암탉의 알은 직경이 약 2.5센티미터인 반면, 인간의 난자는 직경이 단 0.14밀리미터에 불과하다. 하지만 사실 난자는 우리 몸의 다른 세포들에 비하면 아주 큰 세포로, 거기에는 수정 뒤 배아 발생을 진행시키는 데 필요한 세포질—세포 내용물—이 들어 있다. 수정된 인간의 난자는 크기가 커지지 않은 채 분할되어 공 안에 세포들이 들어찬 형태가 된다. 이에 비하면 암탉의 미수정란은 그야말로 **거대한데, 대부분이 노른자다.** 발생하는 배아를 부양하기 위한 영양소인 노른자로 꽉 채워져 있고 한쪽 끝에 작디작은 세포질이 있는 하나의 거대한 세포. 그 세포질에 있는 염색체들은 배아에 암컷 유전 성분을 준다. 수컷의 유전 성분은 정자가 제공한다.

흥미로워지기 시작하는 것은 이때부터다. 포유류의 수정란은 단 두 개의 세포로 분열하는 첫 번째 세포분열에만 스물네 시간이 걸리는 반면, 수정된 닭의 알은 시간을 끌지 않는다. 짝짓기한 암탉이 알을 낳을 무렵, 즉 수정 후 스물네 시간이 지나면 이미 2만 개에 이르는 세포들로 분열한 원반이 형성된다. 이때 달걀을 열면 달걀노른자 한쪽에 형성된 하얀 원반을 볼 수 있다. 수정된 달걀을 적정 온도에 두면, 배반(조금 전 말한 그 2만 개의 세포들)이 계속 성장하고 증식해 병아리 배아로 발달한다.

달걀을 낳은 지 나흘이 지나면, 배반은 이미 병아리의 몸이 될 덩어리로 동그랗게 말려 있다. 발달 중인 눈이 분명히 보이고, 심장도 이미 뛴다. (인간 배아는 수정 후 4주 뒤에야 같은 단계에 이른다.) 이 시점에는 병아리 배아 주위에 망처럼 얽힌 혈관들도 발달해 달걀노른자로 뻗어 있다. 수정되어 부화한 지 나흘째인 달걀에 불을 비춰보면, 중앙의 붉은

점(이것이 배아다)에서 가늘고 구불구불한 붉은 덩굴손처럼 사방으로 퍼져나가는 혈관을 아주 분명하게 볼 수 있다. 만일 달걀에 구멍을 내고 이 단계의 배아 혈관들 중 하나에 작은 바늘을 찔러 넣는다면 소량의 혈액 샘플을 뽑을 수도 있다. 그 샘플 안에는 초기 혈액세포들뿐 아니라, 매우 중요한 줄기세포도 있다. 바로, 장차 발생할 병아리의 생식선에 자리를 잡고 닭의 성별에 따라 난자 또는 정자가 될 준비를 하게 될 원시생식세포다.

*

마이크 맥그루는 수정된 지 이틀 반쯤 된 약간 더 어린 배아에서 혈액을 채취하는 작업을 하고 있다. 이 단계에서는 아주 미세한 샘플에도 1백 개의 생식세포가 들어 있다. 그다음에 해내야 할 일은 그 세포들을 배아 밖에서 몇 달 동안 배양하는 것이다. 이 기간이 새로운 기법을 사용해 세포의 유전자를 편집할 적기다. 즉, DNA의 일부 조각들을 잘라내고 새로운 조각을 붙여 유전자에 정확한 변형을 가하는 것이다.

이런 조작을 가한 원시생식세포들을, 자체 생식세포를 생산하지 못하도록 유전자 조작된 병아리 배아에 넣을 수 있는데, 놀랍게도 이렇게 해도 발생이 정상적으로 진행된다. 유전자가 변형된 원시생식세포들이 발생 중인 병아리의 난소 또는 정소로 이동하기 때문이다. 그 병아리가 부화해 암탉 또는 수탉이 되면, 그 닭이 생산하는 모든 난자 또는 정자는 변형된 DNA를 포함하게 된다.

닭

유전체에 정확한 변형을 가할 수 있게끔 해주는 이 도구를 '크리스퍼CRISPR'라고 부른다. 유전공학 도구 상자에서 가장 에리한 새로운 도구라 할 수 있다. 전통적인 바이러스 운반체 방법보다 훨씬 더 정교하지만 이 역시 자연에서 빌려 온 것으로, 바이러스와 세균이 서로 싸우는 방식을 수년간 공들여 연구한 끝에 얻어냈다.

몇몇 세균은 바이러스 공격에 맞서 자신을 방어하는 영리한 방법을 갖추고 있는데, 그것은 사실상 그 세균에게 바이러스에 대한 면역을 제공한다. 바이러스에 노출된 세균은 그 바이러스 유전부호의 한 부분을 복사해 자기 유전체에 붙여 넣는다. 바이러스를 돕는 어리석은 방법처럼 보일 수 있지만 실은 그렇지 않다. 세균은 이런 식으로 그 병원체를 '기억'해 다음번에 효과적으로 싸울 수 있다. 병원체 DNA 조각 양옆에는 기이한 반복 서열로 이루어진 유전부호가 놓여 있고, 세균은 그 부분을 '즐겨찾기'에 등록해둔다. 이러한 즐겨찾기 서열이 바로 '크리스퍼'다. '간헐적으로 반복되는 회문 구조 염기 서열 집합체Clustered Regularly Interspaced Short Palindromic Repeats'의 영문 머릿글자를 따서 붙인 명칭이다.

세균 세포는 감염이 되면 즐겨찾기를 검색해 병원체 DNA의 짧은 반복 서열을 읽고, 약간 다른 분자인 RNA(RNA는 리보핵산을 말하고, DNA는 데오시리보핵산을 말한다)를 이용해 그 서열을 복사한다. 복제물인 RNA '가이드'는 세균 세포 안에서 분자 가위처럼 작동하는 DNA 절단 효소와 연합한다. 즉 RNA 가이드가 침입한 병원체가 가져온 DNA

를 발견해 추적하면, DNA 절단 효소가 그것을 잘라 불능으로 만드는 것이다. 따라서 만일 DNA의 한 조각을 아주 정확하게 자르고 싶다면 RNA 가이드를 만들어 표적을 분명하게 명시하면 된다. 그런 다음 그것을 가위 효소에게 넘겨주면 그 효소가 원하는 위치에서 정확히 가위질을 할 것이다. 따라서 우리는 어디에서든, 무엇이든 자를 수 있다.

이를 응용할 곳은 무궁무진하다. 이 새로운 유전자 편집 기술로 특정 유전자를 매우 정밀하게 잘라내 '녹아웃knockout' 배아를 만드는 것도 가능하다. 녹아웃 배아가 발생하는 과정에서 잘라낸 유전자가 없을 때 무슨 일이 일어나는지 지켜보면 해당 유전자의 기능이 무엇이었는지 밝혀낼 수 있다. **배아 발생을 더 깊이 이해함으로써 우리는 닭만이 아니라 척추동물 전반에서 질병과 싸우는 데 큰 도움을 얻을 수 있을 것이다.**

크리스퍼를 치료용으로도 쓸 수 있는데, 살아 있는 생명체에서 크리스퍼로 손상된 DNA를 제거하면 된다. 이 기술은 이미 연구실에서, 바이러스 DNA의 암 유발 부위를 인간 세포로부터 제거하는 데 쓰이고 있다. 사실 이 기술은 유전체에서 한 염색체상에 있는 단 하나의 뉴클레오티드 '문자'를 잘라낼 수 있을 정도로 정교하다. 하지만 크리스퍼가 할 수 있는 일은 DNA를 제거하는 것만이 아니다. DNA의 한 부분을 정확히 제거해 다른 곳에 붙일 수도 있다. DNA가 잘려나갈 때 세포도 손 놓고 가만히 있지만은 않는다. 분자 기제를 동원해 손상 복구에 돌입한다. 보통은 손상된 DNA를 복원하기 위해 쌍을 이루는 상대 염색체를 살펴본다. 그때 그 세포에게 우리가 직접 만든 주형 DNA*를 건네주면서 그것을 대신 복제하라고 제안할 수 있는 것이다. 우리는 이미 그렇게 함으로써 효모를 변형해 생물 연료를 만들고, 작물 품종을 변형하고, 말라리아에 저항성을 갖는 모기를 만들고 있다. 미국과학진흥협회American Association of the Advancement of Science는 2015년에 이 새로운 유전자 편집 기술을 그해의 가장 획기적인 과학적 사건으로 꼽았다. 이 분야는 빠르게 발전하고 있으며 응용할 곳이 무수히 많지만, 이를 둘러싼 윤리적 질문들도 만만치 않다.

유전자 변형을 둘러싼 논란

척추동물의 발생을 연구하고 있는 헬렌 생은 유전자 변형 기법을 사용한 지 40년이 넘었다. 그녀의 주 관심사는 여전히 배아 발생 과정을 세밀하게 밝혀내는 것이지만, 닭이 원래는 만들지 않는 가치 있는 단백질들을 생산할 수 있도록 닭을 유전적으로 변형하는 방법도 연구하고 있다.

생은 암탉의 달걀과 인간의 인터페론을 가지고 이 일을 해왔다. 인터페론은 인체에서 자연적으로 만들어지는 단백질로 바이러스 감염을 퇴치하는 약물로도 쓰인다. 암탉이 만드는 달걀흰자에는 난백알부민이 들어 있다. 난백알부민의 조절유전자 서열, 즉 '작동 스위치'를

---

*　　DNA를 복제할 때 바탕으로 쓰이는 DNA.

인간의 인터페론 유전자에 붙인 다음 그것을 암탉에 넣으면, 암탉이 난백알부민과 함께 인터페론을 생산하기 시작할 것이다. 따라서 애덤이 녹색 발광 단백질을 생산하도록 닭 배아를 조작해 림프조직 세포가 발생하는 위치를 파악했듯이 닭에 유전적 변형을 가함으로써 발생 과정을 더 수월하게 연구할 수 있고, 닭이 달걀에서 인간의 인터페론 같은 유용한 단백질을 만들게 할 수도 있다.

하지만 최근 생은 우리가 먹는 닭을 변형하는 방법을 조사하는 쪽으로 연구의 초점을 옮겼다. 그녀는 실생활과 당장 관련이 있는 문제, 바로 **닭의 질병 저항성을 높이는 것에** 관심이 있었다. 결과를 정확하고 빠르게 얻을 수 있는 크리스퍼의 잠재력에 생은 흥분을 감추지 못했고 그 방법이 어떻게 작동하는지 설명했다.

먼저, 조류독감 같은 질병에 저항성을 가진 닭들을 가려내고, 그런 다음 그 저항성과 관련이 있는 유전자를 찾는다. 해당 유전자는 다른 닭에 있는 같은 유전자와 서열상으로 단 몇 개의 뉴클레오티드 차이를 보일 뿐이지만, 이 차이가 중요한 역할을 할 수 있다. 유용한 유전자를 찾아내면 크리스퍼를 이용해 다른 닭에 있는 상응하는 유전자를 잘라낸 다음 찾아낸 유용한 유전자로 교체하면 된다. 이렇게 하면 선택 육종이라는 힘든 과정을 통하지 않고도 닭에 이미 존재하는 변이 유전자를 한 계군 전체로 퍼뜨릴 수 있다.

물론 또 다른 가능성도 있다. 이 기법은 같은 종의 변이 유전자뿐 아니라 다른 종의 유전자를 도입하는 데도 쓰일 수 있다.

"우리는 유전자 정보를 어디에서 어디로든 이동시킬 수 있어요" 생은 이 기법에 경외심을 내비치며 차분하게 말했다.

"그건 더 큰 우려를 불러일으킬 텐데요. 종의 경계를 넘어 유전정보를 이동시킨다는 뜻이니까요." 내가 말했다.

"글쎄요, 그거나 저거나 모두 DNA인걸요." 헬렌은 이렇게 대답했다. "DNA가 돌아다닌다는 건 다 아는 사실입니다. 우리 안에서도 다른 종에서 온 DNA를 찾을 수 있어요."

맞는 말이다. 우리 안에는 다른 유전체에 자신의 유전물질을 찔러 넣기 좋아하는 바이러스들에서 온 DNA 조각들이 존재한다.

사실, 유전학자들이 할 수 있는 일은 자연 발생하는 유전자를 한 종에서 다른 종으로 이동시키는 것만이 아니다. 현재 그들은 완전히 새로운 인공 유전자를 만들 수 있다. 놀라운 일처럼 들리지만, 이미 닭에서 결실을 맺고 있다. "조류독감 바이러스에 대해 자세히 알면, 그 바이러스를 망가뜨릴 새로운 방법을 고안할 수 있을 겁니다." 생이 설명했다. 이미 이 길을 모색하고 있는 유전학자들은 바이러스 복제 기제를 망가뜨리는 인공 유전자를 설계하고 있다. 예컨대, 닭 세포가 바이러스에 문제를 일으키는 작은 RNA 분자를 만들도록 유도하는 전도유망한 유전자가 만들어지기도 했다. 하지만 생의 실험 결과, 이는 완전한 저항성을 부여하지 못했다. 조류독감에 저항성을 갖도록 유전자를 편집한 닭이 현실화되기까지는 아직 해야 할 일들이 많다. 내가 로슬린 연구소에서 확신한 것은, 우리가 분명 그쪽으로 가고 있으며 그 현실이 머지않았다는 사실이다.

질병 저항성처럼 명백한 이점이 있는 측면에 공을 들인다면 유전자 변형을 가축과 작물의 개발에 이용하는 일이 훨씬 수월하게 받아들여질 것이다. 샘은 크리스퍼 그 자체가 몇 가지 두려움을 가라앉히는 데 도움이 될 거라고 생각했다. 크리스퍼는 정밀하기 때문에 한 유전자를, 해당 세포의 다른 작동을 망가뜨리지 않는 자리(유전학자들은 이런 장소를 '안전한 항구safe harbour'라고 부른다)인 동시에 그 세포에 의해 발현될 확률이 높은 자리에 삽입할 수 있다. 바이러스를 이용하는 전통적인 방법에서는 바이러스 운반체에 실린 유전자가 **어디에** 삽입될지 예측할 수 없다. 물론 나중에 확인할 수는 있지만 말이다. 하지만 크리스퍼를 이용하면 해당 유전자를 원하는 곳에 정확하게 가져다 놓을 수 있다.

＊

헬렌 샘은 유전자 변형을 바라보는 대중의 인식에 대해 할 말이 많다. 경직된 정치 노선을 가진 특정 로비 단체가 논쟁을 가로채는 바람에, 대중이 그 기술을 수용할지 말지 선택할 기회를 빼앗겼다는 것이다. "현재로서 유전자 변형은 선택의 대상조차 아니에요. 지금 당장 슈퍼마켓에 가도 유전자 변형 닭을 구매할 수 없어요. 지금은 유전자가 변형된 어떤 것도 팔지 않죠. 사람들에게 선택권을 주지 않고 하나의 기술을 통째로 배제시키는 것은 매우 이례적인 상황입니다."

샘이 이 분야에서 처음 일하기 시작했을 때만 해도 자신이 하고 있

닭

는 일에 대해 말하면 사람들의 반응이 대체로 긍정적이었다고 한다. "사람들은 그것을 정말 괜찮은 생각, 좋은 생각이라고 여겼어요. 그러다 갑자기, 식품에 관한 한 혐오의 대상이 되었죠."

1980년대에 생명공학 회사 몬산토Monsanto가 논란 속에서 유전자 변형 콩을 유럽에 도입하려다 낭패를 본 일이 이 모든 문제의 시작이 아니었을까? 그녀도 그 문제의 영향이 컸다고 인정한다. 어찌 된 일인지 유전자 변형을 둘러싼 논쟁은 거대 다국적기업의 지배를 우려하는 목소리와 속절없이 뒤엉켜버렸다. 그녀가 걱정하는 것도 그 부분이다. "우리가 먹는 것이 어디서 오는가와 관련해 걱정되는 점이 많은 것이 사실입니다. 그 점에 대해서는 저도 지구의 벗Friends of the Earth과 다르지 않아요." 좀 뜻밖이었다. "하지만 유전자 변형에 초점을 맞추는 건 문제의 본질을 완전히 빗나가는 거죠. 유전자 변형은 분명 도움이 되는 기술입니다. 실제로 도움이 되게끔 만들어 사람들이 스스로 선택할 수 있는 방향으로 가야합니다. 유전자 변형은 나쁜 대기업의 상징이 되었지만, 그저 또 다른 도구일 뿐이에요."

유전자 변형을 대기업과 묶어 비난하는 것은 이 기술에 대한 사회적 편견을 해결하는 데 도움이 되지 않을 뿐 아니라, 식품 생산의 미래와 관련한 실질적 문제에 가야 할 관심을 엉뚱한 데로 돌리게 만들 뿐이다. "점점 더 적은 수의 거대 기업이 식품 생산을 좌지우지하고 있습니다. 이건 과학의 문제가 아니라 정치와 경제의 문제죠." 그녀는 설명했다. "그리고 만만치 않은 문제입니다. 우리는 유전자 변형이 매우 효율적인 기술임을 받아들여야 해요. 앞으로 많은 사람들을 먹여야 하니까요. 하지만 보다 세심한 접근이 필요합니다. 우리는 그 기술의 효율을 활용하면서도 환경을 보호하고 이익이 사회로 돌아가게 할 방법을 논의해야 해요."

어떤 면에서 보면, 유전자 변형을 둘러싼 우려와 잇따라 가해지는 놀랍도록 엄격한 규제들은 문제를 악화시킬 뿐이다. 규제 기관의 요구에 맞추려면 큰 비용이 든다는 점에서 규제는 사실상 금지나 마찬가지다. 이렇게 되면 오직 덩치 큰 다국적기업들만이 유전자 변형에 투자할 수 있다. 그 결과 혁신의 진정한 창구가 막혀 소수의 큰 기업들만 바라볼 수밖에 없다.

나는 생에게 다른 질문을 하나 했다. "향후 10년 동안 어떤 일이 일어날까요? 유전자 변형이 더 널리 받아들여지게 될까요?" 그녀는 그럴 것이라고 했다. 젊은 사람들은 다짜고짜 거부할 가능성이 적어 보인다. "하지만 미국에서 유전자 변형에 대한 반발이 일어나고 있어요." 그녀가 말했다. 미국의 일부 주들에서는 유전자 변형 식품 표시 라벨을 의무화하려는 움직임이 일고 있다. 지금까지는 그렇게 하지 않았다. 어떤 것에 'GMGenerically Modified'이라는 라벨을 붙인다는 생각은 많은 면에서 이상하다. 특히 효소에 의한 변형만 표시하고, 생물에 방사선을 조사함으로써 만들어진 것에는 표시하지 않는다면 말이다. 설령 유전자 변형 식품을 생산하는 데 사용된 방법들에 동의하지 않는다 해도, 그런 식품을 먹는 것은 인간의 건강에 아무런 위험을 주지 않는

닭

다. 그러면 'GM' 라벨로 뭘 알려야 할까? 적어도 어떤 변형을 가했고 그래서 뭐가 바뀌었는지는 알려야 한다. "어쨌든 소비자는 뭐든 원하는 것을 알 권리가 있어요." 셍은 말했다. "정말 어려운 문제죠."

우리는 대중에게서 다양한 반응을 얻은 '황금쌀Golden Rice', —결핍된 영양소 문제를 해결하기 위해 비타민 A 수치를 높인 유전자 변형 쌀—에 대해 이야기를 나누었다. 어떤 사람들은 황금쌀을 진정한 박애주의적 노력으로 받아들이며 그것이 가난한 나라 사람들의 비타민 A 결핍을 해소해주리라 믿는다. 한편 황금쌀은 '유전자 변형 산업'에서 설득의 도구로 끌어들인 얼굴마담일 뿐이라고 생각하는 사람도 있다. 즉 유전자 변형의 그럴싸한 얼굴을 믿다가는 큰 코 다친다는 얘기다. 제초제에 내성을 지니는 유전자 변형 작물을 내세우면서 뒤에서는 자사의 제초제를 더 많이 팔려는 대기업을 불신하는 것은 어찌 보면 당연한 일이다. 하지만 완전히 비영리 활동으로 생산된 질병 저항성을 가진 유전자 변형 작물인 'Bt 가지Bt Brinjal'처럼 가난한 농부들과 지역사회를 돕기 위한 노력에는 더욱 신뢰를 보내야 한다. "더 효율적이고 지속 가능한 방식으로 식품을 생산하고 싶다면, 그렇게 할 수 있는 방법들을 차단해서는 안 될 것입니다." 이것이 그녀의 결론이다.

냉소는 쉽다. 이 기술이 대학이나 비영리단체에서 처음 개발되고 시행되지 않은 것이 유감이다. 그랬더라면 지금처럼 이 기술이 반발과 불신을 불러일으키는 일은 없었으리라. 하지만 유전자 변형은 이미 대기업의 의심스러운 동기와 엮여 오명을 뒤집어썼다. 심지어는 공적 기금으로 운영되는 대학 연구소에서 연구한다 해도 마찬가지로 오명을 씻기는 쉽지 않다.

유전자 편집 기술이 실험실을 넘어 실제 세계에 허용된다면 어떤 흥미 진진한 일이 일어날 수 있을까? 로슬린 연구소의 마이크 맥그루는 무엇보다 개발도상국에서 농장 동물의 질병 저항성을 키울 수 있으리라 기대한다. "우리는 아프리카에서 빌 게이츠 재단Bill Gates Foundation과 협력하고 있습니다." 마이크가 자부심을 드러내며 말했다. "실용계가 그곳에서 더 잘 자라 번성하고, 이상적인 기후와는 거리가 먼 곳에서 실제로 알을 낳게 된다면, 아프리카 사람들에게 엄청난 이익을 줄 겁니다."

하지만 마이크의 관심은 아프리카 같은 곳에서 이 새로운 기술을 이용해 더 나은 실용계를 길러내는 것만이 아니다. 그는 야생 닭에도 그 기술을 적용하고 싶어 한다. "진정으로 하고 싶은 일은 보존 생물학입니다. 하와이의 섬들에 사는 꿀빨기새들을 생각해보세요. 인간 탓에 하와이에 조류 말라리아가 들어왔지만, 그 섬의 토종 새인 꿀빨기새들은 아무런 저항성이 없습니다. 지금까지 조류 말라리아를 겪은 적이 없으니까요." 고도가 낮은 지역에 사는 꿀빨기새들은 모두 멸종했다. 남아 있는 꿀빨기새들은 산맥 고지대에 서식하는 종류들이다. 그곳은 기후가 서늘해 모기가 살 수 없기 때문이다. 하지만 현재 지구온난화로 기온이 상승하면서 모기가 더 높은 고도로 올라가고 있고, 따라서 꿀빨기새는 더 큰 멸종 위협에 처했다. "우리가 좀 더 똑똑해서 조류 말라리아 저항성에 관여하는 유전자들을 알았다면 어땠을까요?" 마이크는 말했다. "이 야생 개체군의 유전자를 편집한 다음 다시 야생에 풀어줄 수 있었겠죠. 그러면 지금쯤 조류 말라리아 저항성이 있는 꿀빨기새들이 잘 살고 있지 않을까요? 한번 상상해보세요."

마이크는 유전자 변형의 초점이 식품에 맞춰질 때 사람들이 느끼는 반감을 십분 이해한다. "하지만 그것 말고도 이 기술을 이용할 수 있는 곳들이 많이 있고 우리가 인류를 위해, 이 지구를 위해 유용한 뭔가를 할 수 있다면, 사람들도 유전자 변형의 잠재력을 인식하고 받아들일 거라고 생각합니다." 그는 열정적으로, 하지만 어떤 과장도 없이 말했다. "교육이 더 필요합니다. 인터넷이나 타블로이드판 신문에 등장하는 가짜 뉴스가 아닌 진실 말이죠. 사람들은 DNA가 동물의 본질 또는 영혼이라고 생각합니다. 하지만 DNA가 실제로 무엇인지, 이 기술이 어떤 것인지 이해한다면 지금처럼 겁내지 않을 거예요."

그렇다 해도 최초의 유전자 변형 닭들이 육계 산업에서 부화할 것 같지는 않다. 상업적인 기업들은 로비스트에 지나치게 민감하니까. 그리고 미국 식품의약국Food and Drug Administration, FDA이 유전자 변형 표시 라벨(단일 염기쌍 수준까지 철저히)을 신약을 규제하는 것과 똑같은 수준으로 요구하려는 지금, 그 기술이 미국에서 날아오를 것 같지도 않다. 그러면 마이크는 최초의 유전자 변형 닭이 마침내 인간의 먹이사슬로 들어올 장소가 어디라고 생각할까? "아마 중국이겠죠." 그가 대답했다. "당연히 중국입니다. 중국은 유전학 기술을 가지고 있고, 조류독감도 겪으니까요." 내가 내기를 좋아하는 사람이라면 나 역시 그쪽에 돈을 걸 것이다. 나는 마이크의 말대로 되리라 확신한다. 당장 내일은 아니라도 곧 그렇게 될 것이다.

닭의 기원을 찾아서

앞 단락에서 언급했듯이, 우리는 유전자를 직접 변형한 최초의 실용계가 어디서 등장할지 추측할 수 있다. 그런데 사실 인간은 수백 년 동안 닭 유전체를 간접적으로 편집해왔는데, 그 일은 언제 어디서 처음 시작되었을까? 이 질문에 대한 대답은 인류 최고의 철학자들을 완전하고 철저한 당혹 속으로 밀어넣은 한 오래된 질문에 대한 해답을 제공한다. 머리를 혼란스럽게 하고 미쳐서 돌아버리게 하는 것만이 유일한 목적처럼 보이는 한 가지 수수께끼.

뭐가 먼저일까? 닭일까, 알일까?

자, 정답을 들려주겠다. 진화생물학자들이 이 질문에 대한 답을 찾았다. 닭 이전에 산닭이 있었지만, 그 산닭도 알에서 나왔다. 그리고 산닭의 조상들도 그랬고, 그런 식으로 공룡까지 거슬러 올라가고, 거기서 다시 더 올라가면, 결국에는 알이 먼저였다.

이 역대급 질문에 대한 답은 나왔으나, 우리에게는 아직 **닭의 기원을 밝히는 문제가** 남았다. 1990년대의 연구자들은 모든 닭이 단일 기원에서 유래했고, 닭의 조상 종은 붉은산닭이었으며(이번에도 다윈의 예측이 옳았다), 가축화는 남아시아 또는 동남아시아의 특정 지역에서 일어났다고 상당히 확신했던 듯하다. 현대 닭의 유전적 다양성은 그 지역에서 가장 높고, 중국, 유럽, 아프리카에서는 훨씬 낮다. 일부 연구자들은 닭이 청동기시대인 4천 년 전~4천 5백 년 전(기원전 2500~2000년) 인더스 계곡에서 기원했다면서 닭의 고향을 아주 구체적으로 제시했다. 메소포타미아에서 나온, 설형문자가 적힌 기원전 2000년의 점토판에 언급된 '멜루하의 새bird of Meluha'는 닭과 관련이 있을 가능성이 있다. 멜루하는 인더스 계곡을 부르는 고대 명칭으로 여겨진다. 하지만 일군의 다른 연구자들은 닭이 더 동쪽에서 기원했다는 가설을 선호했다. 오늘날 붉은산닭의 여러 아종들이 인도, 스리랑카, 방글라데시에서부터 태국, 미얀마, 베트남, 인도네시아, 남중국까지 남아시아와 동남아시아 전역의 숲들에서 간신히 명맥을 유지하고 있다.

이번에도 이야기가 비슷하게 흘러간다고? 그렇다면 우리는 그다음 이야기도 안다. 더 폭넓은 유전학 연구에서 더 많은 정보가 나오면서 닭의 기원에 대한 이론은 다시 작성되었다.

한 이론은 닭의 지리적 기원으로 남아시아와 동남아시아에 걸친 다양한 지역을 지목한다. 하지만 다중 기원처럼 보인 것은, 단일 기원이 비교적 넓은 지역에 걸쳐 있는 데다 다른 장소로 퍼져나가면서 야생종과 광범위하게 교잡했기 때문일 수도 있다. 현대 닭의 유전체에는 붉은산닭의 다른 아종들도 포함해 유연관계가 매우 가까운 새들뿐 아니라 회색산닭과 실론산닭 같은 다른 종들과의 교잡을 통해 들어간 혈통 가닥들이 포함되어 있다.

2014년 중국 유전학자들이 발표한 연구 논문은 비둘기들 사이에 고양이를 던져 넣은 듯한 소동을 일으켰다(더 나은 은유를 원한다면, 닭들 사이에 여우를 던져 넣은 것과 같다고 말할 수 있다). 그들은 닭이 8천 년 전 북중국 평원에서 가축화되었다는 놀라운 주장을 펼쳤다. 다른 닭 연구들과 일치하는 구석이 없는 가설이었기에 일대 소동이 일었다. 대부분의 연구자들은 회의적이었는데, 거기에는 여러 이유가 있었다.

첫째, 1만 년 전 북중국 평원의 기후는 닭의 야생 조상으로 널리 받아들여지는 열대 동물인 산닭이 살기에는 결코 적합하지 않았다. 둘째, 이 평원의 고고학 유적들에서 출토된 뼈의 정체가 상당히 의심스러웠다. 닭의 뼈로 추정된 몇몇 뼈들은 꿩의 것일 가능성이 있었다. 게다가 그 외의 다른 뼈들은 완전히 오인된 것으로, 어떤 조류의 것도 아닌 개의 뼈였다. 중국 유전학자들의 주장은 특이한 주장으로 끝난 듯하다. 그것을 입증하려면 꼭 필요한, 확고하고 비범한 증거는 없는 것으로 밝혀졌기 때문이다. 남아시아와 동남아시아는 여전히 닭의 가장 유력한 고향으로 남았다. 그리고 닭은 그 출발점에서 세계를 정복해 나가기 시작했다.

＊

닭의 고향에서 수천 킬로미터 떨어진 곳에서, 인류의 아메리카로의 이주와 관련한 논쟁판이 닭을 끌어들였다. 닭의 역사가 인간의 역사와 긴밀하게 얽혀 있다면 닭의 먼 과거에 있었던 사건들을 해명함으로써 인간이 뭘 했는지도 밝힐 수 있다는 것이 전제였다.

태평양 연안으로의 집단 이동을 재구성하는 일은 그리 호락호락하지 않았다. 태평양의 섬들에 사람이 거주하게 된 것은 비교적 최근인 지난 3500년 동안의 일이지만, 이주자들의 물결이 거듭되면서 남겨진 발자국들이 뭐가 뭔지 구별이 되지 않았던 탓이다. 이 일은 모래에 찍힌 발자국을 조사해 과거에 그곳을 다녀간 사람들의 증거를 찾는 것과 비슷하다. 어느 여름, 날이 저물 무렵 영국의 한 유명한 해변에 서 있다고 상상해보자. 마지막 방문객들이 바람막이와 수건, 양동이, 삽을 챙겨 떠난다. 만일 우리가 그 해변에 남겨진 모든 발자국을 파악한다면, 그날 있었던 사건 전부를 재구성할 수 있을까? 얼마나 많은 사람이 그곳에 다녀갔고, 그들이 어느 방향에서 해변으로 걸어갔으며, 그들이 도착한 시각이 대략 언제인지 알아낼 수 있을까? 아마 보통 일은 아닐 것이다.

고대 이주를 재구성하는 것은 그보다 훨씬 더 만만찮은 일이다. 그럼에도 고고학 증거와 유전학 증거가 합쳐지고 있어서 곧 가능해질 듯하다. 태평양의 외딴섬들에 도착할 때 인간은 혼자가 아니었다. 그들은 다양한 종들을 데려왔다. 일부는 일부러, 일부는 어쩌다 데려왔지만, 그 모두는 저마다 이야기를 들려준다. 유전학자들은 태평양 연안으로의 인류 확산을 추적하기 위해 호리병박, 고구마, 돼지, 개, 쥐 그리고 닭 같은 다양한 종에 감추어진 분자 비밀을 캤다.

태평양 남서쪽에 있는 니어 오세아니아Near Oceania의 섬들에는 3만 년 전 플라이스토세부터 사람들이 살았다. 하지만 리모트 오세아니아 Remote Oceania — 미크로네시아와 폴리네시아로도 알려져 있는 군도를 포함하는 곳 — 에는 훨씬 나중까지 사람이 살지 않다가 신석기에 이르러 사람들이 들어왔는데, 이것은 아무도 살지 않는 땅을 찾아 떠나는 인류의 마지막 대이주였다. 고고학자들과 언어학자들은 이 이주가 두 차례에 걸쳐 일어났으리라 추정했다. 첫 번째는 약 3500년 전에 시작된, 라피타Lapita라는 특징적인 토기를 지닌 농경인의 이주였고, 두 번째는 약 2천 년 전의 이주였다. 하지만 닭은 이 두 차례 이주 모델을 입증하지 못하는 듯하다.

현대 닭과 고대 닭 양쪽의 미토콘드리아 DNA를 조사해보니, 선사시대에 폴리네시아에 닭이 딱 한 번 도입되었음을 나타내는 뚜렷한 흔적이 있었다. 거기서 떠오른 그림은 놀랍도록 선명했다. 즉, 시조 계통이 있었고 거기서 훗날의 모든 태평양 제도 계통들이 진화했다는 것이다. 서쪽에 있는 솔로몬섬과 산타크루스섬에서부터 동쪽에 있는 바누아투섬과 마르키즈섬까지, 닭의 미토콘드리아 계통은 먼 과거 태평양 제도에 농경인과 그들의 닭이 처음 도착한 시점으로 거슬러 올라간다. 인간에 관한 유전학적 연구들도 한동안은 그 이주가 한 번의 물결이었을 가능성을 제기했지만, 최근에 고대 인류의 유전체를 분석한 결과는 폴리네시아섬들 사이에 물질문화와 언어가 확산된 정황을 토대로 제시된 두 단계 모델을 뒷받침한다. 닭이 우리를 현혹하고 있었던 셈인데, 사실 이런 일이 처음도 아니다.

한동안은 동쪽으로 확산한 농경인과 그들이 데려간 닭이 태평양 건너편까지 도달했다고 여겨졌다. 이스디섬과 남아메리카의 닭에서 모두 확인된 특정 미토콘드리아 DNA 유형이 둘 사이의 관련성을 암시했던 것이다. 이는 흥미진진한 가능성이었지만 동시에 논란을 초래했다. 콜럼버스 이전에 태평양 제도와 아메리카 사이에 접촉이 있었음을 뜻했기 때문이다. 하지만 불순물이 섞이지 않게끔 매우 신중하게 주의를 기울여 수행한 닭에 관한 최신 연구는 둘 사이에 아무런 관련이 없음을 밝혀냈다. 이스터 섬과 남아메리카의 DNA는 분명히 달랐다. 남아메리카 닭은 사실상 유럽 닭의 자손이었는데, 이는 닭이 콜럼버스 이후 유럽에서 도입되었다는, 논란이 훨씬 적은 가설과 일치한다.

그렇다고 해서 태평양 제도와 남아메리카 사이의 더 이른 접촉이 없었다는 뜻은 아니다. 고구마는 유럽 사람들이 신세계에 도착하기 이미 오래 전에 남아메리카에서 폴리네시아섬들로 갔기 때문이다. 그리고 유럽인이 이스터섬에 도착한 것은 1722년의 일이지만, 현대 이스터섬 사람들의 유전체에는 1280~1495년에 아메리카 원주민과 교잡한 흔적이 있다. 물론 이는 정황증거에 지나지 않는다. 이 문제를 매듭짓기 위해서는 아메리카 또는 폴리네시아의 콜럼버스 이전 뼈들에서 과거에 교잡이 있었음을 보여주는 DNA 증거를 찾아내야 한다. 지금으로서는 쉽지 않아 보인다.

유전학은 우리가 고고학, 언어학, 역사학 데이터에서 얻을 수 있는 이야기를 보충하고 보완하는 중요한 종류의 증거를 추가할 뿐 그러한 자료원들을 대체하지는 않는다. 각각은 우리에게 고대 현실에 대한 독립된 관점을 제공한다. 하지만 이렇게 포괄적인 렌즈를 통해 과거를 응시할 때, 우리는 이들이 오늘날 우리가 만나는 사람들, 동물들, 식물들과 다를 바 없는 존재였음을 잊기 쉽다. **다시 말해 그들은 종이 아니라 개체들이다.** 과학은 우리의 질문에 답해줄 수 있다는 점에서 실로 강력한 도구지만, 때때로 나는 추상화된 존재의 냉기를 절실히 느낀다. 이런 식으로 지식이 축적되는 것이 분명한 사실이라 해도, 그러는 사이 우리는 개인적이고 내밀한 순간을 놓칠지도 모른다.

그러면 사람들에 대해 생각해보자. 우리는 초기 농경인이 태평양의 섬들로 항해해 그곳에서 수렵채집인 곁에 정착하는 모습을 상상할 수 있다. 분명 양방향의 정보 흐름이 일어났으리라. 수렵채집인은 자신들이 가진 식물과 동물에 관한 지식—어디 가면 그들을 찾을 수 있고 무엇을 먹으면 좋은지—을 공유했다. 농경인도 자신들의 지식과, 더불어 작물과 가축을 공유했다. 물론 항상 이렇게 훈훈하지는 않았을 테지만 말이다. 머지않아 수렵채집인은 점점 농경인의 생활 방식을 채택하여 작물을 기르고 동물을 기르기 시작했다. 이 과정은 서서히 진행되었고, 아마 그렇게 하겠다는 결심 같은 것은 없었을 것이다. 그들은 이렇게 신석기 혁명의 일부가 되었다.

가축 닭의 인기가 상승한 이유

유럽에서 신석기의 시작을 알린 사람과 사상과 가축의 확산에 닭은 포함되지 않았다. 그들은 훨씬 나중에 가축화되었다. 닭이 유럽에 도착했을 무렵에는 청동기가 이미 시작되었다. 기원전 2000년에는 닭이 인더스 계곡에서 이란까지 퍼져 있었다. 닭은 중동에서부터 해안선을 따라 그리스로 가고, 에게해를 건너 이탈리아로 확산할 수 있었을 것이다. 청동기시대 무렵에는 해상무역이 이미 날개를 단 터였다. 이때는 미케네, 미노스, 페니키아 문명의 시대였으니까. 지중해 연안은 교역하는 상선들로 빽빽했다. 닭이 퍼져나간 또 다른 경로는 중동에서부터 스키타이를 통해 북쪽으로 간 다음 거기서 다시 서쪽의 중유럽으로 가는 길이었을 것이다. 하지만 일부는 훨씬 더 동쪽인 중국에서부터 북쪽을 거쳐 남러시아를 통해 유럽으로 갔을 가능성도 있다.

여러 연구자들은 북유럽 닭과 남유럽 닭의 차이가 닭이 유입된 독립된 두 경로를 반영하리라 추측해왔다. 하지만 이번에도 마찬가지로 이 가축 종의 역사는 끔찍하게 복잡할뿐 아니라 인류 역사와 복잡하게 얽혀 있다. 유럽으로 처음 들어온 닭의 흔적을 추적하기는 쉽지 않다. 최초의 닭들이 도착한 이래 닭은 자연선택과 인위선택에 처했고, 계군들이 질병으로 사라져 대체되었으며, 이 새들은 아주 먼 거리를 이동했다. 19세기 후반의 닭 육종가들은 자신들이 원하는 것을 얻을 때까지 특정 형질을 가진 닭을 골라 교배시킴으로써 잡종을 창조했고, 그 과정에서 유럽 닭의 유전적 역사를 뒤섞어놓았다. 하지만 그렇다 해도 복잡하게 뒤엉킨 실타래를 푸는 것은 가능하다. 살아 있는 닭의 DNA에 그 역사가 아직 파묻혀 있기 때문이다.

열여섯 종의 '고급 품종fancy breed'과 실용계 품종을 포함하는 네덜란드 닭에 관한 방대한 규모의 조사에서 매혹적인 결과가 나왔다. 이 닭들의 대부분이 중동과 인도의 닭과 한 무리를 이루는 미토콘드리아 DNA를 가지고 있었다. 인도아대륙이 이 모계 그룹의 지리적 기원인 듯하다. 하지만 몇몇 품종들은 극동 지역에 있는 중국과 일본의 닭에서 특징적으로 나타나는 미토콘드리아 DNA를 가지고 있었다. 세 종의 네덜란드 고급 품종 — 라켄벨더르Lakenvelder, 보터트 반탐Booted Bantam, 브레다 포플Breda Fowl — 뿐 아니라 미국의 몇몇 산란용 실용계 품종들이 여기에 포함되었다. 극동 지역의 미토콘드리아 유전자들을 가지고 있는 이 품종들은 극동 지역에서 닭이 북쪽 경로를 통해 유럽으로 들어갔다는 가설을 어느 정도 뒷받침한다. 하지만 이 소수의 동쪽 계통들은 서로 유전적으로 그리 가깝지 않아서, 실제로는 더 최근에 유래했을 가능성이 훨씬 높다.

상궤를 벗어난 이 동아시아 계통의 흔적들은 청동기시대에 유럽에 도착한 닭의 첫 번째 물결에서 유래한 것이 아니라 19세기 육종가들이 훨씬 나중에 들여온 외래 품종의 자손으로, 매우 짧은 역사를 지니고 있는 듯하다. 따라서 지금까지 나온 닭에 관한 유전학 연구 결과들은 극동 지역에서 시작된 북쪽 경로를 전혀 뒷받침하지 않는다. 이 친숙한 가금류가 유럽으로 들어온 주된 경로는 지중해를 경유하는 길이었다.

영국에서 닭의 존재를 암시하는 최초의 증거는 기원전 1세기 후반인 청동기시대가 되어서야 뒤늦게 나타나지만, 북서유럽의 이 귀퉁이에서 닭을 실제로 유행시킨 것은 로마인들이었다. 닭은 단연코 로마 제국 시대 영국의 고고학 유적들에서 발견되는 가장 대표적인 조류종 이다. 하지만 닭 뼈는 돼지, 양, 소의 뼈 같은 포유류 뼈에 비해 많지 않 다. 조류의 뼈는 비교적 약해서 청소동물에 의해 산산조각 나기 쉬우 므로, 남아 있는 것을 발견하는 것 자체가 놀라운 일이다. 로마의 영향 과 권력의 중심에서 떨어진 시골 거주지에는 닭의 흔적이 별로 없지 만, 더 로마화된 거주지인 도시, 대저택, 요새에서는 그 흔적이 엿보인 다. 닭 뼈가 남아 있을 희박한 확률을 고려하면 이 증거는 닭과 달걀이 로마제국 시대의 영국에서, 적어도 지배 계층에서는 중요한 식량이었 음을 암시한다.

닭은 로마인들의 손길이 미치지 않는 훨씬 북쪽에서도 똑같이 유행 하게 된 듯하다. 스코틀랜드의 아우터 헤브리디스제도의 사우스유이 스트섬South Uist에 청동기시대 닭 뼈의 흔적이 미약하게나마 존재한다. 하지만 가축화된 닭의 증거가 더 폭넓게 나타나는 것은 그 뒤 차가운 헤브리디스제도를 용감하게 건너온 스칸디나비아인들의 시대였다.

가축 닭의 증거가 곧 사람들이 닭과 달걀을 먹었다는 증거라고 추 정하기 쉽지만, 성급한 결론은 금물이다. 가축 닭이 중동을 가로지르 고 그런 다음 유럽으로 처음 확산한 것은 실제로는 고기와 달걀을 먹 은 증거라기보다는 유혈 스포츠를 즐긴 증거일 수 있다. 수탉 싸움을 담은 그림이 기원전 9세기에 이집트, 팔레스타인, 이스라엘의 인장과 토기에 등장한다. 이 스포츠는 고대 그리스에서 유행했지만, 로마제국 전역으로도 수출된 것으로 보인다.

네덜란드의 펠선Velsen과 영국의 요크, 도체스터, 실체스터에서 고고학 유물로 수집된 닭 뼈들 가운데는 수탉의 비율이 매우 높다. 실체스터와 볼독에서는 가짜 며느리발톱이 발견되기도 했다. 하지만 고대 영국인들은 로마인들이 도착하기 전부터 닭싸움을 즐긴 듯하다. 율리우스 카이사르는 《갈리아 전기》에 이렇게 썼다. "[영국인들은] 수탉을 (⋯) 먹는 것을 불법으로 간주했다. (⋯) 대신 그들은 오락과 즐거움을 위해 수탉을 길렀다."

닭이 유럽 전역으로 확산된 것이 고기 이외의 다른 이유에서였다는 가설을 뒷받침하는 두 가지 증거가 있다. 첫째, 중세 시대에는 닭의 크기가 비교적 작았다. 이는 고기가 육종가들의 최우선 관심사가 아니었음을 뜻한다. **암탉은 달걀을 위해, 수탉은 닭싸움을 위해 길렀을 것이다.** 그리고 문서 증거도 있다. 중세의 식사 메뉴에는 거위와 꿩이 오늘날 더 인기 있는 사촌보다 훨씬 더 자주 등장했다.

포동포동 유전자의 확산과 모성본능 상실

가축화된 닭은 20세기 동안, 주로 '내일의 닭' 대회를 계기로 선택 육종에 대한 체계적인 접근법이 도입되면서부터 변모하기 시작했다. 하지만 그 전부터 이미 닭은 포동포동해지면서 붉은산닭 조상들에서 갈라져 나왔다. 지난 몇 년 동안 유전학자들은 시간이 흐름에 따라 변한 것으로 보이는 유전체의 특정 부위들을 찾아낼 수 있었는데, 그것은 크기 증가와 관련이 있는 듯했다.

유전학자들은 또한 이런 유전체 변화들이 **언제** 일어났는지도 추정할 수 있었다. 한 연구는 전 세계의 현대 닭을 조사한 결과, 조사한 닭 모두가 대사와 관련이 있는 유전자의 특정 변이형을 두 부 가지고 있음을 밝혀냈다. 그 유전자는 갑상샘자극호르몬TSH 수용체 단백질을 만든다. 오늘날의 닭에 널리 퍼져 있는 이 유전자의 특정 변종은 닭을 매우 포동포동하게 만들었다. 포동포동한 살집은 작물화된 밀이나 옥수수의 씨가 커지는 것만큼 필수적인 변화이기에, **그 변종 유전자는 닭의 초기 가축화와 관련이 있음이 분명해 보인다.** 하지만 1천 년 전 닭의 DNA에는 이 변종이 거의 없었다. 그 변종 유전자가 갑자기 흔해져 닭 개체군들 속으로 널리 퍼진 것은 중세 시대에 들어서였다.

포동포동 유전자가 갑자기 확산한 시점은 유럽의 고고학 유적들에서 닭 뼈의 비율이 갑자기 동물 뼈의 5퍼센트에서 15퍼센트로 크게 증가하는 10세기 무렵이다. 이 변화는 베네딕트 수도회 개혁 운동으로 촉발된 종교 문화적 변화와 관련이 있어 보인다. 그 개혁은 단식 기간 (무려 1년의 3분의 1에 달했다) 동안 네발짐승을 먹는 것을 금했지만 두발 동물 및 달걀과 생선은 허용했다. 사람들은 갑자기 통통한 닭을 원하게 되었고, 그러자 인간이 매개하는 자연선택에 의해 그 대사 유전자 변이가 닭 개체군 내에 기적적으로 빠르게 확산되었다. 도시화도 필시 중요한 역할을 했을 것이다. 도시 거주자들은 시골에서 생산되는 농산물에 크게 의존했을 테지만, 그럼에도 염소, 돼지, 닭 같은 일부

동물들은 집 뒤뜰에서 직접 기를 수 있었기 때문이다.

동물의 대사뿐 아니라 행동에도 영향을 미칠 수 있는 호르몬은 가축 닭의 행동에서 필수적인 한 측면에 기여했다. **바로 모성 본능의 완전한 상실이다.** 이는 야생에서라면 분명 생존에 악영향을 미칠 것이다. 알을 낳은 뒤 알을 두고 가버리는 암탉은 자신의 유전자를 후대로 전달할 확률이 낮다. 하지만 가축 닭에서는 아주 바람직한 일이다. 알 낳기를 멈추고 알을 품는 암탉은 달걀 생산에 득이 될 리 없다. 야생의 붉은산닭은 1년에 달걀을 열 개도 낳지 못하는 반면, 오늘날의 가축화된 산란계는 3백 개를 낳을 수 있다. 알을 품는 본능이 어떤 식으로든 닭에게서 제거되었기 때문이다. 이는 닭 농장의 농부들이 인공부화 기술을 개발했을 때 비로소 가능해졌다. 최초의 달걀 부화기는 오래전, 고대 이집트까지 거슬러 올라간다. 하지만 닭의 모성 행동이 눈에 띄게 사라진 것과 관련이 있는 유전적 변화는 훨씬 더 최근에 일어난 것으로 보인다. 밀과 옥수수의 비탈립성 이삭 가지처럼 알 품는 본능의 상실도 야생에서는 성공적인 번식을 방해하지만, 가축화에서는 득이 된다.

유전학자들은 이 행동 변화의 유전적 바탕을 확인하는 일에 착수했다. 그들은 모성 본능에 큰 차이를 보이는 두 품종의 닭에서 유전체를 서로 비교했다. 하나는 알 품는 행동을 상실한 산란용 순계로 잘 알려져 있는 화이트 레그혼White Leghorn 품종이고, 다른 하나는 알 품기를 좋아하는 실키Silkie 품종(오골계)이다. 유전학자들은 두 품종의 유전체에서 큰 차이를 보이는 두 부위를 찾아냈다. 하나는 5번 염색체에, 다른 하나는 8번 염색체에 있었다. 두 부위 모두, 이번에도 갑상샘호르몬 시스템과 관련이 있었다. 게다가 5번 염색체상의 부위는 TSH 수용체 유전자가 있는 곳이다. 이 유전자의 몇 가지 변화가 1천 년 전 닭의 계군들 사이로 퍼져나갔고, 지금은 산란용으로 육종된 닭과 육계로 육종된 닭 모두에서 발견된다. 하지만 TSH 수용체 유전자에는 더 최근에 일어난 변화도 있는 듯한데, 이는 화이트 레그혼과 실키 같은 현대 품종들에서 나타나는 달걀 생산과 모성 행동의 차이를 설명해준다.

결과적으로 닭의 갑상샘호르몬 시스템을 조작함으로써 한 번의 유전적 변화로 두 가지 표현형 변화를 일으키는 일석이조의 효과를 거둔 셈이다. **이번에도 우리는 한 특정 형질에 대한 선택이 또 다른 형질에 영향을 미치는 현상을 목격하고 있는 것이다.** 이 경우엔 하나의 유전자가 포동포동한 살집과 산란 행동에 영향을 미친 듯하다.

유전자, 몸, 행동에 일어난 비교적 최근의 변화들은 가축화가 실제로는 하나의 단독 사건이 아니라 지속적인 과정임을 상기시킨다. 그리고 유전자 편집 기술의 도래는, 교황 칙령의 힘을 빌려야 했던 10세기보다 훨씬 빠르게 유용한 변화가 도입될 수 있음을 의미한다.

7

쌀

Oryza sativa

정오의 태양 아래, 그는 논에서 괭이를 올린다,

땀방울이 흙으로 쉴 새 없이 떨어진다.

아는가, 모르는가? 우리가 먹는 한 공기의 밥은

그의 노동으로 맺힌 씨, 낟알, 열매라는 것을.

— 리선, 〈딱한 농부를 생각하며〉

세계적인 작물

중국 남서부 광시 좡족 자치구의 룽성에 가면, 농업이 바꿔놓은 경관을 볼 수 있다. 그곳에 사는 사람들은 수백 년 된 생활 방식을 여전히 고수하고 있다. 솟아오른 가파른 언덕 밑으로 계곡이 똬리를 틀고 있고, 모든 비탈에는 계단이 파여 있다. 구불구불한 계단식 논은 마치 살아 있는 동물 같다. 꼭 잠자는 거대한 뱀처럼 보인다. 룽성산맥은 실제로 온몸을 비틀고 있고, 계단식 단은 옆구리에 달린 비늘 같다.

쌀

룽성龍勝은 '용의 등'이라는 뜻이다.

몇 년 전 나는 그 계단식 논을 찾아가 농부인 랴오 중푸Liao Jongpu를 만났다. 그의 가족은 몇 세대 동안 그곳에서 벼를 재배해왔다. 초여름이었고, 우리는 모가 담긴 양동이를 들고 언덕을 올랐다. 얼마 전에 갈아놓은 논에 새 작물을 심기 위해서였다. 우리 밑으로 펼쳐진 더 많은 계단식 논에서는 모내기 준비가 한창이었다. 좁고 구부러진 그 땅은 현대식 농기계가 소용없는 곳이었지만, 쟁기를 끄는 한 마리 황소는 쉽게 지나갈 수 있었다.

랴오가 먼저 모 심는 법을 보여주었다. 한 번에 서너 개의 모를 집어 물에 잠긴 비옥한 진흙에 밀어 넣는다. 모는 풀처럼 생겼다. 물론, 모는 풀*이다. 밀과 마찬가지로 쌀은 볏과Poaceae에 속하며 식품으로 유망해 보이지도 않는다. 하지만 쌀은 막대한 세계 인구를 먹이는 가장 중요한 곡류 중 하나가 되어, 전 세계에서 소비되는 열량의 약 5분의 1, 총 단백질의 약 8분의 1에 기여한다. 매년 약 7억 4천 만 톤이 생산되는 쌀은 남극을 제외한 모든 대륙에서 재배되며 사하라사막 이남 아프리카와 라틴아메리카에서도 점점 중요한 주곡이 되고 있지만, 전세계 쌀의 약 90퍼센트가 아시아에서 재배되고 소비된다. 세계 곳곳에서 35억이 넘는 사람들이 주식으로 쌀을 먹고, 저소득 국가와 중간소득 이하의 국가에서 쌀은 가장 중요한 식용작물이다. 열대 인구의

* 볏과, 사초과, 골풀과에 속하는 키가 작고 목본성이 아닌 녹색식물을 가리킴.

가장 가난한 20퍼센트에게 쌀은 콩, 고기, 우유보다 더 많은 단백질을 제공한다.

많은 저소득 국가의 국민들이 영양실조에 시달린다. 전 세계에서 10억 명이 굶주리고 있고, 또 다른 20억 명이 비타민과 미네랄을 포함한 필수적인 미량영양소가 부족한 '숨은 기아'를 겪는다. 가장 널리 퍼져 있는 세 가지 미량영양소 결핍은 요오드와 철, 비타민 A 또는 그중 한 종류인 레티놀과 관련이 있다.

비타민 A가 결핍되면 감염에 취약해진다. 영양실조와 감염성 질환은 흔히 공존하고, 서로를 악화시킨다. 영양실조 상태의 몸이 감염되면 악순환이 시작된다. 감염성 질환은 식욕을 억제하고 소화관의 영양소 흡수에 영향을 미친다. 그러면 몸의 방어 체계가 무너진다. 감염과의 무서운 시너지뿐 아니라, 비타민 A 부족은 예방 가능한 어린이 실명의 가장 중요한 원인 중 하나로, 매년 약 50만 명의 어린이가 이로 인해 실명한다. 이 어린이들의 절반이 시력을 잃고 나서 1년 안에 죽는다. 비타민 A는 고기, 우유, 달걀 같은 동물성 식품에 들어 있다. 이 식품들을 거의 먹지 못하는 곳에는 비타민 A 결핍이 더 만연할 것이다. 비타민 A의 전구체인 베타카로틴은 녹색 채소, 주황색 과일과 채소를 포함한 몇몇 식물성 식품에도 들어 있지만, 사람의 몸에서 베타카로틴이 비타민 A로 전환되는 효율은 매우 낮다. 따라서 식물성 식품에서 충분한 비타민 A를 얻으려면 많이 먹어야 하는데, 가난한 나라에 사는 사람들은 대체로 그럴 수가 없다.

비타민 A 결핍 문제를 줄이기 위한 공공 보건 정책에는, 사람들에게 식생활 습관을 바꾸고 엽채류, 망고, 파파야처럼 카로티노이드가 풍부한 음식을 직접 재배하도록 권고하고, 어린이와 수유 중인 여성들에게 비타민 A 보충제를 제공하는 방안이 있다. 비타민 A 섭취를 높이는 또 다른 방법은 널리 소비되지만 비타민 함량이 낮은 식품에 영양소를 강화하는 것이다. 고소득 국가들은 흔히 아침 식사용 시리얼과 마가린에 비타민 A를 강화한다. 하지만 가난한 사람들이 그런 가공식품을 사 먹을 리 없는 저소득 국가들에서는 써먹을 수 없는 전략이다.

그러나 주곡에 더 많은 비타민 A를 주입하는 방법이 아직 남아 있다. 수확된 곡물을 가공하는 대신, **식물이 자체적으로 비타민 A 또는 그 전구체를 늘리도록 유도하는 것이다.** 유전자 변형은 이 일을 시도해볼 기회를 주고, 전 세계적으로 중요한 작물인 쌀은 비타민 A를 전달할 완벽한 수단이다.

황금쌀, 기회일까 위협일까

8년간의 연구 끝에 자체적으로 베타카로틴을 생산할 수 있는 유전자 변형 쌀을 만들어냈다는 소식이 2000년 과학 학술지 〈사이언스Science〉에 발표되었다. 4년 뒤 미국에서 현장 시험이 시작되었고, 뒤따라 필리핀과 방글라데시에서도 실시되었다. 한편, 이 쌀을 섭취했을 때 어떤 영향이 있는지 조사한 결과, 먹어도 안전하며 작은 컵으로 한 컵 분량이면 하루에 필요한 비타민 A 전구체의 절반을 제공할 수 있다는 결론이 나왔다.

하지만 처음부터 '황금쌀'은 논란을 불러일으켰다. 반대 여론을 이끈 그린피스Green Peace는 유전공학을 대중에게 홍보하는 데 황금쌀이 이용되고 있다며 우려를 표했다. 황금쌀은 더 수익성이 높은 유전자 변형 작물들이 들어올 수 있도록 문을 열어줄 뿐인, 즉 포장만 인도주의적인 기획이라는 얘기였다. 그린피스는 황금쌀을 가리켜, "한마디로 잘못된 접근법으로, 진짜 해결책은 보지 않고 위험하게 한눈이나 파는 격"이며 환경과 식품 안전에 예측 불가능한 위험을 초래한다고 말했다.

2005년에 황금쌀 프로젝트를 맡은 호르헤 E. 메이어Jorge E. Mayer는 그린피스의 비판을 강력하게 반박했다. 그는 시제품에 포함된 수치보다 스물세 배 이상 풍부한 베타카로틴을 함유하는 신종 황금쌀이 계속해서 환경주의자들의 반대와 멸시를 받자 낙담을 금치 못했다. 그는 그린피스가 증거를 무시하고 '반反생명공학' 의제에 매달린다고 비난했다. 메이어의 입장에서 그린피스와 그 동지들은 분명 새로운 농업 산업혁명에 맞서 싸우는 새로운 러다이트운동가들이었다. 그는 이렇게 썼다.

비타민 A 전구체가 풍부한 황금쌀이 실제로 환경이나 인간의 건강을 위협할 수 있다는 시나리오를 아무도 내놓지 못했다. 반대 진영에 남은 것은, 이해할 수 없으며 아직 분명하지 않은 위험에 근거를 둔, 흔히 말하는 기술의 위험뿐이다. 반면 진짜 위협이 존재한다. 바로 광범위하게 퍼져 있는 미량영양소 결핍이 전 세계 수백 만 명의 어린이와 성인을 죽이고 있다는 것이다.

황금쌀을 비판하는 사람들은 성공 확률이 낮은 그런 모험 때문에 지금 운영되고 있는 영양소 강화 및 식이 보충제 프로그램이 자칫 무산될 가능성을 우려했다. 이 비판에 대해 메이어는 유전자 변형 쌀이 비타민 A 결핍에 대한 지속 가능하고 비용 효율이 높은 해결책이라는 사실도, 기존 프로그램이 그것이 가장 필요한 외딴 시골 지역에는 도움을 주지 못했다는 사실도 인정하지 않으려 한다고 주장했다. 그러면서, 가장 가난한 지역 주민들의 건강에 이렇게 긍정적인 영향을 미칠 수 있는 방안을 반대하는 것이 과연 도덕적으로 정당한지 반론했다. 그는 정부, 특히 유럽연합을 향해, 어떻게 그렇게 부실한 증거를 토대로 장차 도움이 될 발전을 엄격한 규제의 끈으로 묶어 목 졸라 죽이겠다고 협박할 수 있느냐고 물었다.

황금쌀은 가난한 사람 편이라는 증명서, 유전자 변형의 잠재력을 상징하는 얼굴마담 같은 것이 되었으며, 생명공학 산업은 점점 더 스스로를 환경 친화적인 모습으로 포장하는 일에 힘쓰고 있다. 하지만 한쪽에서는 의심의 눈초리를 보낸다. 유전자 변형 개발자들이 아무리 지속 가능하고 진보적이며 배려하는 척해도, 이 모두는 이기적인 기업 일당이 자기 잇속을 채우려는 수작일 뿐이라는 것이다. 신뢰는 깨졌다. 그리고 전선이 구축된 것은 이미 황금쌀이 등장하기 10년 전이었다.

거대 괴물의 창조

유전자 변형 업계에서 가장 큰 기업인 몬산토는 세계 농업에서 유전자 변형 작물이 담당하는 역할에 대해 듣는 이를 헷갈리게 하는 상반된 메시지를 보냈다. 1990년 몬산토의 수석 과학자 하워드 슈네이더만Howard Schneiderman은 유전자 변형이 가진 많은 장점들을 강조한 한편, 그것은 세계 농업의 모든 필요를 한 방에 해결할 만병통치약이 아니며, 농부들을 단일 재배와 돈벌이 작물로 내모는 결과를 초래해서는 안 된다고 충고했다. 하지만 그러면서도 거대 기업 몬산토는 꿋꿋하고 단호하게 자신의 길을 갔다. 즉 몬산토는 제초제와 살충제에 저항성을 갖는 몇 가지 표준화된 변종 면화와 옥수수를 열심히 개발했는데, 그것은 누가 봐도 단일 재배와 돈벌이용으로 설계된 것이었다.

인류학자 도미닉 글로버Dominic Glover는, 이런 식으로 선도적인 과학자의 비전과 기업 관행을 분리하는 전략은 몬산토가 생명공학 거대 기업으로 등장했을 때부터 시작되었다고 말한다. 1970년대에 몬산토는 농업용을 포함한 석유화학제품을 만들었다. 하지만 석유화학은 위험부담이 큰 사업이었다. 이윤이 석유 가격과 밀접하게 맞물려 있는데다, 상황이 가장 좋을 때도 마진이 별로 남지 않았다. 녹색혁명으로 농업이 새로운 국면을 맞았고, 새로운 품종의 곡류와 새로운 관개시설, 살충제, 합성 비료 덕분에 생산량은 1961~1985년에 두 배로 뛰었다. 하지만 수십 년의 혁신을 거듭한 뒤, 이전 것보다 더 효과적인 새로운 농약을 찾는 일은 점점 어려워지고 있었다.

또한 다이옥신과 PCB를 포함해 그동안 생산했던 화학물질의 일부가 인간의 건강과 환경에 해악을 끼친다고 밝혀지면서 몬산토는 난관에 봉착했다. 소송이 무더기로 제기되었고, 회사는 위기에 처했다. 몬산토는 단 하나의 제초제―세계적인 베스트셀러인 '라운드업Roundup'이라는 상표명으로 판매되는 글리포세이트―에 점점 더 의존했다. 이 제초제는 엄청난 상업적 성공을 거두었지만, 몬산토는 그 영예에 안주할 수 없었다. 글리포세이트에 대한 특허는 결국 만료될 것이기 때문이었다. 몬산토로서는 영역을 넓힐 필요가 있었다.

1973년에 스탠리 코언Stanley Cohen과 허버트 보이어Herbert Boyer가 한 종에서 다른 종으로 DNA를 이동시킨 최초의 형질전환 생물을 창조했다. 그들은 한 세균의 유전부호에서 일부를 떼어 다른 세균에 도입했다. 생명공학 기술, 특히 유전자 변형은 탐험하고 투자하기에 유망한 분야로 보였다. 몬산토는 화학물질과 플라스틱 부문을 버리고 생명공학 개척자로 거듭났다. 그리하여 첫 번째 상업적인 유전자 변형 작물로 글리포세이트에 저항성을 갖는 '라운드업 레디Roundup Ready' 대두(콩)를 출시했고, 이렇게 함으로써 라운드업 시장도 부양했다. 이 유전자 변형 콩을 심고 밭에 라운드업을 뿌리면, 잡초는 죽지만 콩은 잘 자랄 터였다. 1994년에 미국은 라운드업 레디 콩을 농업 용도로 승인했다. 이어 1996년, 몬산토는 이 대두를 유럽에 출시하고자 시도했다. 하지만 그들은 하필 최악의 시점을 골랐다.

✳

산업적인 농법과 정부를 향한 의심이 무서울 정도로 팽배해 있던 시기였다. 10년 전, 영국 소에서 '광우병'으로 알려진 우뇌해면증bovine spongiform encephalopathy, BSE이 발생했다. 치료 불가능한 이 끔찍한 병에 걸린 소는 몇 년간의 잠복기를 거친 뒤 잘 서지 못하고 비틀대다가 공격성을 보이고, 결국 죽는다. 이 유행병은 1986년부터 1998년까지 계속되었다.

질병의 원인은 결국 송아지에게 먹인 단백질 보충제(고기와 뼈 사료)로 밝혀졌는데, 그 사료에는 스크래피*에 감염된 양의 잔해가 들어가 있었다. 소에게 고기와 뼈 사료를 먹이는 것이 금지되었고, 수백만 마리의 소가 도살되었다. 하지만 이미 수십만 마리의 감염된 소가 인간의 식품 공급망에 들어와 있었다. 광우병에 걸린 소의 고기를 먹으면 인간도 감염될 수 있다는 두려움이 팽배했지만, 영국 정부는 걱정하는 대중을 안심시키려 했다. 1990년, 영국 농림부 장관 존 검머John Gummer는 영국 소고기가 안전함을 보여주기 위해 네 살배기 딸 코딜리어를 데리고 텔레비전에 출연해 햄버거를 먹기까지 했다. 하지만 곧 광우병의 인간형으로 의심되는 병에 걸린 사람들이 나오기 시작했다.

---

*   양에게 광우병과 같은 증상을 일으키는 병.

병에 걸린 사람들은 비틀거리고 몸을 떨다가 결국 혼수상태에 빠져 사망했다. 죽은 환자들의 뇌는 구멍이 숭숭 뚫린 스펀지가 되어 있었는데, 광우병에 걸린 소의 증상과 꼭 같았다. 추가 연구에서 광우병과 그것의 인간형 변종 크로이츠펠트-야콥병variant Creutzfeldt-Jakob disease, vCJD의 관계가 입증되었다. vCJD로 사망한 사람들의 수는 다른 병에 비하면 매우 적었지만(2000년에 한 해에 스물여덟 명이 사망해 정점을 찍었다), 이 병이 피해자의 목숨을 앗아 가는 방식에는 끔찍한 뭔가가 있었다.

1996년에 영국 정부는 결국 광우병에 걸린 소의 고기가 인간의 건강을 위협할 수 있음을 인정했으나, 산업적인 농법과 정부에 대한 대중의 신뢰는 이미 갈가리 찢긴 뒤였다. 몬산토가 등장한 것이 바로 이때였다. 유럽연합이 1996년에 몬산토가 생산한 유전자 변형 대두의 수입을 승인했지만, 영국 소비자들은 깊은 의심을 품었다. 타블로이드 판 신문들이 냄새를 맡았다. 1998년 찰스 왕자는 영국 일간지 〈텔레그래프Telegraph〉에 '재앙의 씨앗'이라는 제목의 글을 기고해, 종 사이의 유전자 이동은 "신, 오직 신에게만 속한 영역으로 인류를 데려가는 일"이라고 경고했다. 그린피스가 세간의 이목을 끄는 캠페인에 뛰어들면서 유전자 변형 생물, 즉 GMO에 대한 두려움은 일파만파 퍼져나가기 시작했다. GMO는 고삐 풀린 과학이 창조한 괴물로 간주되었고, 언론은 프랑켄슈타인에 빗대어 '프랑켄푸드Frankenfoods'라는 꼬리표를 붙였다. 유럽 전역의 슈퍼마켓이 유전자 변형 성분이 들어간 식품의 판매를 거부했다.

이에 맞서 몬산토는 유전자 변형의 인도주의적 잠재력을 내세우는 광고 캠페인을 내걸며 "걱정한다고 굶주릴 미래 세대가 먹을 것이 나오지는 않는다. 하지만 식품 생명공학을 하면 나온다"라고 주장했다. 1999년에 몬산토 CEO인 로버트 샤피로Robert Shapiro는 그린피스의 연례 행사인 제4회 비즈니스 콘퍼런스에 연사로 나서서, 자신은 논쟁이 아니라 대화를 원한다고 말했다. 또한 몬산토가 자사의 기술이 미칠 수 있는 유익한 영향을 지나치게 과신했음을 시인했다. 하지만 그의 말은 누가 봐도 거짓 사과 같았다. 그는 생명공학이 물 사용, 토양침식, 이산화탄소 배출을 줄이는 데 도움이 될 수 있다고 강조했지만, 몬산토가 유럽에 들어오려는 GMO가 제초제 저항성을 지닌 대두였다는 점에서 이런 이점들은 많은 사람들에게 공허한 약속처럼 들렸다. 그 콩이 아무리 생산적인 작물이라 하더라도, 결국은 자사의 베스트셀러 제초제를 더 많이 팔려는 몬산토의 수작처럼 보일 뿐이었다. 몬산토의 내부 과학자인 로버트 프레일리Robert Fraley조차 이렇게 한탄했다고 전한다. "제초제를 더 많이 파는 게 목적이라면, 우리는 이 사업을 하지 말아야 한다." 말과 행동의 간극이 누가 봐도 극명했던 것이다.

같은 회의에서, 그린피스 영국 지부 상임 이사 피터 멜쳇Peter Melchett은 이렇게 선언했다. "대중은 당신들이 내놓는 것이 무엇인지 꿰뚫어 보고 '싫다'고 말했다. 사람들은 거대과학과 거대 기업을 점점 불신하고 있다." 나아가 그는 유럽인들뿐 아니라 전 세계가 문명사회의 가치와 자연 세계에 대한 존중을 근거로 유전자 변형을 거부할 것이라 예측했다. 그의 말이 옳았다. 유전자 변형 반대는 순식간에 세계적 현상이 되었다. 1999년에 도이체방크Deutsche bank 분석가들은 "GMO는 죽었다"고 선언했다.

2006년에 세계무역기구는 유전자 변형 식품 수출국들인 미국, 캐나다, 아르헨티나와 유럽연합 간의 무역 분쟁에 대해, 유럽연합이 유전자 변형 식품의 수입을 사실상 금지함으로써 불법을 행사했으며, 공공 보건의 위험에 대한 우려는 과학적 근거가 없다고 판결했다. 하지만 정부들만이 무역 장벽을 세우고 있었던 것은 아니었다. 소비자와 슈퍼마켓들은 계속 저항했다. 광우병을 경험한 유럽 소비자들은 특히 거대 기업과 관련이 있는 경우에 더욱 예민하게 반응했다.

언제나 조금 추잡하긴 했지만, 몬산토의 이미지는 이제 악마로 변했다. 인터넷에서 '#monsantoevil(악마 몬산토)'을 검색해보면 이 거대 기술 기업을 향한 증오와 불신이 어느 정도인지 엿볼 수 있다. 유전자 변형 기술, 보잘것없는 인간이 감히 뿌려서는 안 될 '악마의 씨앗'인 유전자 변형 콩은 이렇게 해서 몬산토의 '슈퍼 악당' 이미지와 떼려야 뗄 수 없는 관계가 되었다. 출시부터 악재를 만난 제초제 저항 대두가 거대과학과 거대 기업에 대한 뿌리 깊은 불신과 함께 이 기술의 발을 묶어버린 셈이다.

새로운 세기를 앞두고 열린 그린피스 회의에서 샤피로가 한 연설에는 뼈아프고 아이러니한 측면이 있다. 몬산토 CEO는 성공으로 가는 길은 양극화된 논쟁이 아니라 대화라고 말했다. 몬산토가 생명공학 연구 프로그램을 시작할 때 처음부터 그런 식으로 시작했더라면―즉 진정한 양방향 의사소통과, 농부와 소비자들과의 동반자 관계를 중시 했다면―이야기는 매우 달라졌을 것이다. 하지만 그들은 유전자 변형의 이점을 너무도 확신한 나머지(몬산토의 수석 과학자는 유전자 변형을 "지금껏 이루어진 가장 중요한 과학기술적 발견"이라고 불렀다) 사람들을 납득 시키기만 하면 만사형통이라고 생각했던 것 같다. 전 세계의 고분고 분한 대중이 자신들의 기술을 순순히 받아들이리라 예상한 몬산토의 경영진에게 1990년대 말 유럽에서 일어난 유전자 변형에 대한 반발은 정말 뜻밖이었을 것이다.

유럽 시장이 사실상 닫히자 몬산토는 서둘러 다른 소비자들을 찾아 야 했고, 그들의 관심은 개발도상국에 쏠렸다. 그들은 제3세계의 생명 공학 회사와 종자 회사들을 사들여, 가난한 농부들을 지원하고 환경 을 보호하겠다는 공약과 함께 소규모 자작농 프로그램을 시작했으며, 유전자 변형 작물이 가난한 나라들에 미치는 영향을 조사하는 연구에 투자했다. 한발 비켜선 채로 이 모든 것이 그 기술에 대한 반대를 무마 시키기 위한 대중 홍보 활동에 불과하다고 여기기는 쉽다. 하지만 유 럽의 반발에 직면하면서부터 몬산토의 경영진은 줄곧 빈자 친화적인 언어로 말해왔다. 언뜻 이해되지 않겠지만, 아마도 거센 논란과 반대 가 몬산토에는 약이 된 모양이다. 기업의 방향을 가장 열정적인 과학 자들의 비전과 더 가깝게, 즉 진정으로 인도주의적인 길로 돌렸기 때 문이다. 또한 냉소적으로 반응하는 것은 쉽지만, 유전자 변형의 일부

쌀

는—로슬린 연구소의 마이크 맥그루가 믿는 것처럼—세계의 가장 가난한 동네들을 도울 가능성이 실제로 있다.

몬산토는 가난한 농부들을 지원하겠다고 공약하는 동시에, 지적재산에 대해서도 너그러운 태도를 취했다. 이들은 자사의 지식과 기술을 쌀 유전체를 연구하는 공공 분야 과학자들과 공유했는데, 황금쌀을 개발하고 있는 유럽의 과학자들도 거기에 포함되었다.

유전자 변형 작물에 관한 세 가지 우려

스위스 연방 공과대학의 잉고 포트리쿠스Ingo Potrykus 박사와 독일 프라이부르크 대학교의 페터 바이어Peter Beyer 박사가 이끄는 연구 팀이 개발한 황금쌀의 첫 버전이 1999년에 공개되었다. 이어 2000년 황금쌀은 〈타임Time〉지의 표지를 장식했지만, 10년이 지나도 농부들이 이용할 수 없었다. 당시 가장 흔한 유전자 변형 작물은 제초제에 저항성을 가진 콩과, 이어서 출시된 제초제와 해충 저항성을 지닌 옥수수 품종들이었다. 모두 산업적 규모의 상품 작물들이었다. 가난한 사람들을 위한 유전자 변형 쌀의 개발은 질질 끌며 더디게 진행되는 듯했다.

1세대 황금쌀을 연구한 유전학자들은 두 개의 유전자—수선화 유전자와 세균 유전자—를 쌀의 한 품종으로 이동시켜, 해당 쌀 품종이 베타카로틴을 자체적으로 합성하도록 만드는 데 성공했다. 2005년에는 (몬산토의 경쟁사인 스위스 농화학 및 생명공학 거대 기업 신젠타Syngenta에 의한) 추가 유전자 조작으로 수선화 유전자가 옥수수 유전자로 교체되었고, 그 결과로 탄생한 2세대 황금쌀은 1세대보다 훨씬 더 많은 베타카로틴을 생산했다.

황금쌀의 창시자들은 새로운 유전자들을 오리자 사티바 야포니카 *Oryza sativa japonica*라는 쌀 품종에 넣기로 했지만, 아시아에서 가장 널리 재배되는 품종은 오리자 사티바 인디카*Oryza sativa indica*다. '**황금 형질**'**을 야포니카 품종에서 인디카 품종으로 옮기기 위해, 쌀 육종가들은 기존의 육종 기법에 의지했다.** 2004년과 2005년 미국에서 현장 시험이 실시된 뒤 2008년에 아시아에서 소규모 시험이 실시되었고, 이어서 2013년에 더 폭넓은 시험이 이루어졌다. 현재 인도의 농업 연구자들은 인기 있는 인도 쌀 품종들에 그 형질을 도입하려 시도하고 있다.

하지만 2016년 현재, 농부들이 재배할 수 있는 종류의 황금쌀 종사는 **여전히** 존재하지 않았다. 실험실에서 유망해 보이는 것을 실세계의 작물로 바꾸는 일은 예상보다 훨씬 더 어려운 과정이었다. 한 가지 난제는, 그 황금 형질을 다른 쌀 품종들에 넣으면 수확량이 감소한다는 것이었다. 하지만 황금쌀을 옹호하는 사람들이 볼 때는 유전자 변형 반대 운동도 더딘 진행에 책임이 있다. 사실상 간접적인 그들의 행동과 직접적인 행동 모두가 그 작물의 개발을 저지해왔다는 점에는 의문의 여지가 없다. 필리핀의 시험 작물들을 파괴한 사람들은 농부들이 아니라 활동가들이었다.

우리가 이미 보았듯이, 황금쌀을 포함한 유전자 변형 작물에 대한 반감은 거대과학, 거대 기업, 산업적 농업에 대한 우려에서 비롯하고,

위험을 인정하지 않으며 우리와 환경을 보호하지 못하는 무력한 정부에 대한 불신도 한몫을 한다. 비판자들이 인식하는 위험은 식품 안전에 대한 우려에서부터 환경에 미치는 여파, 농부들의 주권 상실에 이르기까지 다양하다. 이 가운데 첫 번째는 쉽게 떨쳐버릴 수 있는 듯하다. 유전자 변형 식품이 인간의 건강에 어떤 종류의 위협을 준다는 증거가 전혀 없기 때문이다.

하지만 두 번째 위험은 실재한다. 야생종이 유전자 변형 작물의 유전자로 '오염'될 확률은 매우 높고, 그것이 생태계에 미칠 영향을 예측하기란 어렵다. 멕시코에서는 유전자 변형 옥수수로부터 오래된 지역 품종들로 흘러드는 형질전환 유전자들이 큰 우려를 낳고 있다. 최초의 유전자 변형 작물이 심어진 중국에서는 해충 저항성을 지닌 목화가 대체로 성공을 거두었지만, 이렇게 성공할 수 있었던 것은 규제를 지키지 않아 유전자 변형 형질이 '사람들 모르게' 지역 품종에 도입되었기 때문이다. 이런 새로운 기술은 한번 나오면 다시 주워 담을 방법이 없다.

변형된 유전자들이 주변 환경으로 퍼지는 문제를 해결하기 위해 우리가 어떻게 할 것인지는 유전자 변형을 보는 관점에 달려 있다. 작물화된 종과 그들의 야생 조상 사이에 늘 일어나는 교잡이 동반되는 전통적인 육종 기법의 연장으로 볼 것인가, 아니면 완전히 새로운 현상으로 볼 것인가. 유전자 변형 옹호자들은 전자의 관점을 지지하는 경향이 있다. 그들은 서로 다른 종 사이의 유전자 교환을 둘러싼 우려를 대단치 않게 여기고, 유전자 변형을 식물 육종 기법의 자연스러운 발전으로 보는 견해를 적극 지지한다. 그들에 따르면, 이는 산업혁명으로 생긴 직물 공장들을 방적과 직조의 자연스러운 연장으로 보는 것과 마찬가지다. 그렇더라도, 방사선 육종 같은 다른 최첨단 육종 기법은 같은 수준의 우려를 촉발하지 않았다.

유전자 변형을 반대하는 압력단체는, 유전자 변형은 판도를 바꾸는 기술이며, 인간과 작물, 그리고 나머지 자연 세계 사이의 관계를 근본적으로 바꾼다고 확신한다. 양측의 입장은 확실히 갈리지만, 그럼에도 양쪽 다 일리가 있다. 유전자 변형은 판도를 근본적으로 바꾼다. 적어도 식물 육종에 관한 규칙을 상당히 왜곡하는 것이 사실이다. 하지만 농업은, 그리고 그 전의 수렵채집조차 자연 세계에 늘 영향을 미쳐왔다. 이 새로운 발전의 장기적 효과를 예측하기란 사실상 불가능하다. 이는 새로운 기술에 늘 도사리고 있는 문제이며, 정부가 유전자 변형 작물을 허용하는 문제를 사전 예방 원칙을 적용해 신중하게 검토해온 가장 큰 이유이기도 할 것이다.

세 번째, 가난한 집단의 식량 주권도 심각한 문제다. 과학자, 정치인, 기자들은 유전자 변형 기술을 흔히 '가난한 사람들을 위한' 기술로 옹호하지만, 이것이 개발도상국 집단들에 어떤 실질적인 이익을 준다는 증거는 지금까지 별로 없었다. 현재 이용 가능한 형질전환 작물들의 대부분은 부유한 나라들의 산업화된 농장을 위해 설계된 것들이다. 일반적으로 유전자 변형 작물이 더 가난한 나라들에 긍정적인 경제적

이익을 가져다준다는 것이 조사 결과 밝혀졌지만, '악마는 디테일에 있는' 법이다. 그런 작물이 개발도상국에서 재배된다고 해서 작은 농장에서 가난한 농부들이 재배하는 것은 아니다. 예컨대 아르헨티나에서 유전자 변형 작물의 대부분은 순수한 돈벌이 작물들로, 대규모 산업화된 농장에서 재배된다. 그 작물들을 재배하는 목적은 지역 주민을 먹이는 것이 아니라 이윤을 생산하는 것이다.

그럼에도 유전자 변형 작물은 일부 지역에서 기반을 다져가고 있다. 실제든 추정이든 각종 위험이 있음에도 불구하고, 유전자 변형 작물들은 일단 금지가 풀리면 순식간에 채택된다. 남아프리카에서는 2001년에 유전자 변형 흰 옥수수를 합법화한 뒤로 10년도 채 지나지 않아 유전자 변형 작물이 흰 옥수수의 70퍼센트 이상을 차지했다. 2002년에 해충 저항성을 가진 유전자 변형 목화를 합법적으로 심을 수 있게 된 인도의 경우에도, 12년 만에 그 나라에서 재배되는 목화의 90퍼센트가 유전자 변형 작물이 되었다. 브라질에서도, 정부가 유전자 변형 콩을 합법화한 2003년으로부터 8년이 흘렀을 때 콩의 80퍼센트 이상이 유전자 변형 작물이 되어 있었다. 마찬가지로 필리핀에서도 노란 옥수수가 합법화된 후로 유전자 변형 작물이 빠르게 확대되었고, 중국에서는 유전자 변형 파파야가, 부르키나파소에서는 유전자 변형 목화가 같은 길을 따랐다.

황금쌀의 미래도, 새로운 변종의 수확량 문제를 해결할 수 있고 경제적 채산성이 있다면 유망할 것이다. 하지만 황금쌀에는 그 잠재력을 가로막을 수 있는, 다른 유전자 변형 작물들의 성공 스토리와 차별화되는 요인이 한 가지 있다. 바로 황금쌀이 **식량 작물**이라는 점이다.

산업 작물은 위험과 이익에 대한 개념이 식량 자원과 매우 다르다. 예컨대 동물 사료로 쓰이는 옥수수나, 섬유산업에 쓰이는 목화가 그런 경우다. 유럽이 인간을 위한 유전자 변형 식품에 관해서는 정부, 유통업자, 소비자 수준에서 사실상의 금지 조치를 내리면서도 동물에게는 유전자 변형 옥수수와 콩을 널리 먹인다는 사실은 흥미롭다. 유럽에서 사용되는 동물 사료의 거의 90퍼센트가 남북 아메리카에서 수입한 유전자 변형 작물이다. 유전자 변형 식품은 반드시 표시를 해야 하지만, 유전자 변형 사료를 먹은 동물에서 유래하는 식품에는 그런 표시를 할 필요가 없다.

아무리 인간의 건강에 대한 불안이 근거 없는 것이고 농부와 경제에 줄 수 있는 잠재적 이익에 대한 증거가 확실하다 해도, 식량 작물의 경우에는 전자가 후자보다 훨씬 중요한 것 같다. 2002년 인도 정부는 해충 저항성을 가진 유전자 변형 목화를 심을 수 있도록 승인했지만, 2009년에 해충 저항성을 가진 Bt 가지의 이용은 금지했다. 가지에 해충 저항성을 부여하는 유전형질은 목화에 있는 그것과 정확히 똑같이, 삽입된 세균 유전자에서 온다. 이 유전자 산물이 해충 유충에게 독으로 작용하는데, 그 살충 단백질이 인간에게도 유독할 수 있다는, 과학적으로 아무런 근거도 없는 우려가 Bt 가지 반대를 주도했다. 인도와 전 세계 과학자들의 항의에도 불구하고, 인도 환경부 장관은 입장을 굽히지 않고 유전자 변형 가지를 추방했다. 뭐가 뭔지 혼란스럽다. 하지만 이야기가 늘 똑같지는 않다. 나라마다, 직물마다, 정치·사회·경제적 환경이 바뀐다. 2013년 방글라데시는 Bt 가지를 합법화했다. 지금까지의 결과는 유망해 보인다. 살충제 사용이 줄고 수확량이 증가했기 때문이다. 하지만 논란은 계속되고 있다.

연구 결과, 유전자 변형 식품의 이점이 보다 명백할 때 소비자들은 마음을 바꾸는 듯하다. 뉴질랜드, 스웨덴, 벨기에, 독일, 프랑스, 영국에서 재래식, 유기농, 해충 저항성이 있는 유전자 변형 과일을 길가의 과일 진열대에 놓고 판매하는 실험을 해보니, 소비자들은 가격이 적당할 경우 유전자 변형 과일을 기꺼이 구매했다. 유전자 변형 과일이 살충제를 뿌리지 않은 과일이고 유기농보다 값이 저렴하다면, 그것은 구미가 당기는 선택지가 되었다.

Bt 가지나 황금쌀 같은 유전자 변형 작물을 우리 농업에 포함시키는 것이 생산성과 경제, 인간의 건강에 분명한 이점이 있다고 밝혀진다면, 이런 이점을 위험과 신중하게 비교·검토해볼 필요가 있다. 형질전환 유전자들이 환경으로 퍼지는 상황은 불가피하며, 사회적 함의가 가볍지 않기 때문이다. 하지만 주로 선진국 시민들인, 유전자 변형을 소리 높여 반대하는 사람들은 자신들의 반대가 개발도상국에서 유전자 변형 작물을 기르려는 농부들에게 어떤 영향을 미칠지 신중하게 고려해야 한다. 정치학자 로널드 헤링Ronald Herring과 로버트 팔버그Robert Paarlberg는 이렇게 말했다. "부자 나라에 사는 소비자들이 유전자 변형 작물에 대한 생각을 바꿀 때까지 (…) 개발도상국 농부들은 식량 작물의 새로운 변종들을 이용할 수 없을 것이다. 부자들의 입맛이 가난한 사람들의 복지를 움직이는 상황이 역사에서 이번이 처음은 아니다."

하필 광우병 파동 직후 유럽에 유전자 변형 콩을 들여오려 했던 몬산토의 불운한 시도는 그린피스의 멜쳇이 예측했던 대로 유전자 변형에 저항하는 역풍을 일으켰다. 그로부터 거의 20년이 흘러서야 우리는 유전자 변형 작물의 진정한 영향을 이해하기 시작했다. 황금쌀이 받아들여져 뿌리를 내릴지는 시간이 지나봐야 알 수 있다. 조만간 농부들이 황금쌀을 이용할 수 있게 되면, 그것이 개발자들의 바람대로 비타민 A 결핍을 퇴치할 수 있는 값싸고 효과적인 방법인지에 대한 검증이 이루어질 것이다.

황금쌀이 기다릴 가치가 있는 것이었는지는 그때야 비로소 판명될 것이다.

보잘것없던 풀이 주식이 되기까지

오늘날 모든 곳에서 쌀을 먹는다. 쌀이야말로 전 세계에 널리 퍼진 비타민 결핍증을 퇴치하기 위해 새로운 유전자를 삽입하기에 더없이 적절한 작물이며, 바로 그런 이유로 유전자 변형 논쟁의 핵심에 있다. 하지만 작물화된 쌀의 기원도 논란으로 가득하기는 마찬가지다.

작물 쌀에는 두 종이 있다. 아프리카 쌀인 오리자 글라베리마*Oryza glaberrima*는 서아프리카의 작은 지역에서 재배되고, 남아메리카에서도 드물게 재배된다. 아시아 쌀인 오리자 사티바*Oryza sativa*의 재배 지역은 훨씬 더 광범위하다. 오리자 사티바의 두 가지 주요 아종이 앞서 언급한 야포니카와 인디카이다. 낟알이 찰지고 짧은 야포니카 품종은 원래 건조한 논에서 재배되는 고지대 식물이다. 이와 달리 인디카 품종은 찰기가 없고 긴 낟알이 열리며, 라오 중푸의 물에 잠긴 구불구불한 계단식 논처럼 저지대의 물에 잠긴 논에서 잘 자란다. 인디카 품종은 거의 전부가 열대식물인 반면, 야포니카 품종은 열대 형태와 온대 형태가 모두 존재한다. 두 품종 모두 야생 쌀 오리자 루피포곤*Oryza rufipogon*과 유전적으로 가깝다. **야포니카와 인디카 중 한 품종이 다른 품종의 조상일까? 아니면 둘은 별개의 조상에서 기원했을까?**

오리자 루피포곤의 야생 조상은 습지식물로, 동인도에서부터 베트남, 태국, 말레이시아, 인도네시아를 포함한 동남아시아를 거쳐 중국의 남부와 동부까지 아시아의 드넓은 땅에서 자란다. 하지만 고고학 및 식물학 단서들은 이 가운데서 중국의 특정 지역을 작물화된 쌀의 고향으로 지목했다. 이 작물화 중심은 세계에 팥, 조, 감귤류 과일, 멜론, 오이, 아몬드, 망고, 차를 제공한 곳이기도 하다. 쌀은 초기 작물종에 속하며, 작물화에 대한 초기 고고학 증거는 약 1만 년 전으로 거슬러 올라간다.

2000년, 유전학자들은 쌀의 기원 문제와 관련이 있는 증거들을 수집하고 있었고, 고고학적 증거와 유전자 표지가 똑같이 작물화된 쌀의 단일 기원을 이야기하고 있는 듯했다. 즉 인디카 품종이 남중국에서 작물화되었고, 야포니카 품종은 나중에 고지대에 대한 적응으로 생겨난 품종이라는 것이었다. 하지만 모두가 이에 동의했던 것은 아니다. 일부 유전학자들은 인디카와 야포니카는 차이가 너무 커서 그렇게 짧은 시간 동안 진화할 수 없었다고 주장했다. 두 품종이 각기 따로 작물화되었다는 얘기였다.

이후의 연구들은 이 이중 기원 모델을 뒷받침했지만, 한 가지 걸림돌이 있었다. 두 아종의 유전체에 예상 외로 비슷한 부위가 몇 군데 있었던 것이다. 그리고 이 부위들은 탈립성의 감소, 곁가지를 적게 내며 더 곧게 자라는 경향, 검은색 왕겨에서 흰색 왕겨로의 변화 등 작물화의 핵심적인 특징들과 관련이 있었다. 야포니카와 인디카가 야생 쌀의 서로 다른 두 아종으로부터 각기 따로 기원했다면, 해당 유전자들이 서로 달라야 한다.

이야기의 전개는 우리가 익히 아는 경로를 따라가는 듯했다. 즉, 초기 유전학 연구가 단 몇 가지 유전자 표지만을 조사해 단순한 단일 기원을 제안했지만, 이후 더 폭넓은 유전학 연구가 여러 지역에서의 다중 기원을 암시했다. 그리고 곧 이와 상반되는 증거를 제시하는 듯 보이는 유전체 부위들이 포착된 것이다.

2012년 중국 유전학자들이 이 문제에 다시 도전했고, 자신들의 연구 결과를 〈네이처〉에 발표했다. 그들은 야생 쌀과 작물 쌀의 다양한 품종들을 대상으로 유전체 전체 조사를 실시했다. 그리고 또다시, 유전체에서 특히 작물화 형질들과 관련이 있는 몇몇 부위들이 최근의

쌀

분기와 작물화된 쌀의 단일 기원을 암시한다는 사실을 밝혀냈다. 하지만 다른 부위에는 다중 기원을 가리키는 훨씬 더 먼 과거의 조상 이야기가 감추어져 있었다. 이 수수께끼에 실마리를 제공한 것은 **그 재배 품종들이 독립된 지리적 지역의 서로 다른 야생 쌀 변종들과 가깝다는 사실이었다.** 작물화 형질들과 밀접한 관련이 있는 유전체의 쉰다섯 개 위치에서, 인디카 품종과 야포니카 품종은 모두 남중국에서 자라는 야생 쌀의 한 특정 집단과 가장 가까웠다. 따라서 그 야생 쌀의 조상들이 바로 작물화된 쌀의 조상일 가능성이 있었다. 하지만 유전체를 전체적으로 조사해보니, 야포니카는 여전히 남중국의 야생 쌀과 가장 가까웠던 반면, 인디카는 동남아시아와 남아시아의 야생 쌀과 더 가까웠다.

이 결과는 쌀이 남중국에서 처음 작물화되었고, 그런 다음 야포니카 품종이 서쪽으로 퍼져나가며 현지의 야생 쌀 변종들과 광범위하게 교잡했다고 가정할 때 가장 논리적으로 설명된다. 물론 쌀은 제 발로 이주하지 않았다. 근동 지역에서와 같이 중국에서도 신석기시대가 촉발한 인구 팽창으로 농경인이 이주를 시작했다. 현대 티베트인의 Y 염색체에는 7천 년 전~1만 년 전에 있었던 이주 물결에 대한 증거가 있다. 결국 동쪽에서 온 작물화된 야포니카 쌀은 거의 작물화된 인디카 쌀과 접촉했을 것이다. 그러니까 쌀의 경우도 옥수수와 마찬가지로 하나의 조상에서 기원한 다음, 확산하면서 다른 야생 변종, 즉 다른 '원형-작물종'과 교잡했던 것이다.

＊

작물화된 쌀의 기원에 대해 생각할 때면 나는 랴오 중푸가 물에 잠긴 좁고 구불구불한 논에 심으라고 건네준 그 신통찮은 모종, 뿌리가 붙은 몇 포기 풀이 떠오른다. 이 풀이 어떻게 우리의 그토록 중요한 동반자가 되었을까? **밀이 그랬고 옥수수가 그랬듯이, 야생 쌀을 처음 식품으로 사용하게 된 계기도 다소 미스터리다.** 작물화가 시작되기 전, 그 중요한 비탈립성 이삭 가지가 생기기 전, 낟알 크기와 수확량이 증가하기 전, 도대체 누가, 무슨 이유로, 딱딱하고 작은 낟알을 흩뿌리는 이 보잘것없는 풀로 끼니를 해결하려 했는지 도무지 상상이 되지 않는다.

해답의 일부는 식생활의 복잡성과 작물화의 기나긴 여정에 있다. 현대의 관점에서야 매우 중요해 보이지만, 처음에 쌀은 부차적인 작물이었다. 초기 곡류로는 조가 더 중요했다. 조는 1만 년 전 작물화되었으며, 쌀보다 먼저 확산되었다. 그런데 조를 보면 쌀의 작물화가 더욱 이해되지 않는다. 작물화된 조는 말할 것도 없고, 야생 조도 이삭에 낟알이 무지하게 많이 달려서 수렵채집인이 충분히 눈여겨보았을 법하다. 반면 쌀의 경우는, 어떻게 작물화 기회를 얻었는지 이해하기가 쉽지 않다.

하지만 벼가 신통찮은 야생 풀에서 중요한 주식으로 갑자기 도약한 것은 아니다. 처음에는 남중국 사람들이 채집해 먹은 광범위한 식량들 가운데 극히 일부만을 차지했을 것이다. 동아시아의 초기 농부들은 마나 타로토란처럼 녹말이 많은 뿌리와 덩이줄기뿐 아니라 호리병박 또는 황마 같은 식량 외 식물들을 포함해 광범위한 작물을 경작했다. 그리고 오늘날의 허난성 황허강 근처의 8천 년 전 자허Jiahu 유적에서 밝혀졌듯이, 그들은 연과 마름, 물고기 같은 야생의 식량들을 많이 먹었다. 하지만 쌀도 그 안에 있었고, 그 중요도는 점점 커지게 된다.

벼의 작물화가 정확히 어디서 처음 시작되었는지에 대해 고고학자들과 유전학자들은 대략 의견이 일치하는 듯하나, 어디까지나 대략적으로다. 유전자와 고고학은 모두 남중국을 가리키지만, 남중국은 꽤 넓은 장소다. '단일 기원 뒤 교잡' 모델을 처음 발표한 중국 유전학자들은 오늘날의 광시 좡족 자치구, 주장강 계곡 중류를 작물화된 벼의 고향으로 지목했다. 룽성의 유명한 논에서 느낀 영원 같은 느낌, 적어도 장구한 시간의 느낌이 그저 낭만적인 관념만은 아니었을지도 모른다.

주장강 계곡을 작물화된 벼의 고향으로 보는 유전학 연구 결과의 문제는, 그것이 고고학 증거와 맞지 않는다는 점이다. 작물화된 벼의 가장 오래된 흔적은 더 북쪽인 양쯔강 주변에서 발견되었다. 이 강 하류 주변에는 1만 년 전~1만 2천 년 전 야생 벼를 집중적으로 채집하기 시작했으며, 그보다 훨씬 전에도 산발적으로 이용했다는 증거가 존재한다. 양쯔강 계곡 동굴들에서는 곡식을 가는 평평한 돌과 야생 쌀의 왕겨가 발견되기도 했다. 이들의 연대는 1만 년 전 이상으로 밝혀졌다. 뒤이어, 작물화된 쌀알처럼 보이는 것의 왕겨가 저장성의 상산Shangshan에 있는 유적의 신석기 토기에서 발견되었다. 아마 점토를 빚을 때 비짐*으로 사용되었을 것이다. 그 토기는 약 1만 년 전의 것이다. 근처의 후시Huxi 유적에서 나온 9천 년 전 벼의 작은이삭들은 작물화의 정수인 비탈립성 형질을 분명하게 보여준다. 야생 벼와 작물 벼에서 서로 다르게 나타나는 식물석 또한 약 1만 년 전부터 **벼가 서서히 작물로 변하기 시작한 증거**로 제시되었다. 8천 년 전부터는 양쯔강 계곡의 여러 고고학 유적들에서 낟알의 특징 그 자체로 작물화된 벼임을 확인할 수 있는 흔적이 나타난다. 그런 다음 약 7천 년 전이 되면 그 균형이 바뀌어 작물화된 유형이 야생형보다 수적 우세를 보이기 시작한다.

물론, 양쯔강 계곡에서 나온 더 오래된 흔적은 그저 인위적 구성물일 가능성도 다분하다. 연구자들이 단지 그곳을 더 열심히 더 오래 살폈거나, 심지어는 그 지역에서 더 운이 좋았을지도 모르고, 주장강 계곡의 더 오래된 유적들이 아직 발견되지 않은 것일 뿐인지도 모른다. 따라서 일군의 고고학자들은 몇 곳의 유적에 의존하는 대신 더 정교한 접근법을 취해, 아시아 전역에서 구할 수 있는 고고학 증거들을 최대한 이용하여 벼의 확산과 관련한 컴퓨터 모델을 만들었다. 이 모델은 벼 작물화의 기원에 대해 양쯔강 중류와 하류 지역에서의 단일 기

---

* 비가소성 첨가물. 토기를 점토로만 제작하면 건조되면서 수축이 심하게 일어나기 쉽고 소성되면서 깨지기도 쉽다. 따라서 찰기를 줄여 성형을 용이하게 하고 수축률을 줄이기 위하여 조가비 가루나 다른 토기 알갱이, 모래, 암편 등을 비짐으로 첨가한다.

원, 또는 더 유력한 가능성으로 매우 긴밀하게 연결된 두 개의 기원을 예측했다. 만일 내기를 한다면, 룽성의 그 경이로운 경관에 아무리 낭만적인 애착을 느낀다 해도, 나 역시 양쯔강 쪽에 걸겠다.

신석기 사람들이 긴 겨울을 버티는 방법

벼의 작물화가 시작된 시점은 중요하다. 같은 시점에 아시아의 반대편 끝에서는 사람들이 그곳에서 자라는 야생 곡류―호밀, 보리, 귀리, 밀―를 경작하기 시작했다. 1만 1천 년 전~8천 년 전 비옥한 초승달 지대에서 자라던 그런 곡류들은 주곡이 되었고, 조와 쌀이 극동 지역에서 그랬듯이 야생 풀에서 작물로 변모했다.

우연으로 치부하기에는 너무나 절묘하다. 아시아의 정반대 쪽에 사는 두 집단의 수렵채집인들이 동시에 야생 풀을 좋아하게 되고 그 풀에 점점 더 의존하다가 결국에는 그것을 작물로 경작하게 되었다? 인간 행동에 일어난 이런 동일한 변화들을 이어주는 연결 고리, 6500킬로미터 이상 떨어진 비옥한 초승달 지대와 양쯔강 계곡에서 동시에 작동한 뭔가가 분명 있었을 것이다. 그리고 그 '뭔가'는 기후변화일 가능성이 매우 높다.

마지막 빙하기가 절정에 이른 춥고 건조했던 시기, 야생 벼는 동아시아 열대지방의 습한 레퓨지아에서만 자랐을 것이다. 그러다 약 1만 5천 년 전부터 기온이 올라가면서 대기 중에 증가하는 이산화탄소에 힘입어 야생 벼가 퍼져나간다. 빽빽하게 자라고 낟알이 촘촘하게 맺히는 야생 곡류는 아시아 전역의 수렵채집인들에게 든든하고 수확이 용이한 식량을 제공했다. **유리한 기후 조건 아래 자라고 있던 야생 벼와 조는 어쩌면 우리가 생각하는 것보다 더 매력적인 식량 후보였을지도 모른다.** 아마 옥수수의 경우처럼, 작물화 과정에서 모든 개체군들이 갖게 되는 형질들을 이미 얼추 지니고 있던 식물—낟알이 더 크고 겉가지가 적은 식물—은 이미 훌륭한 식량원처럼 보였으며 수확하기도 쉬웠으리라.

하지만 약 1만 2900년 전, 춥고 건조한 시기가 1천 년 이상 지속된 신드리아스기가 왔다. 야생 식량의 감소에 직면한 사람들은 필사적으로 자원을 통제하려 했을 테고, 이미 의존하게 된 야생 풀을 경작하기 시작했을지도 모른다. 신드리아스기 직전에 인구가 증가해 있었기에, 기후가 악화하기 시작했을 때 자원 압박은 더욱 가중될 수밖에 없었을 것이다. 이렇게 보면 서아시아의 밀과 동아시아의 쌀, 그리고 아마도 중앙아메리카의 옥수수까지, 모두 신드리아스기를 계기로 인류와 손을 잡고 수백 년 또는 수천 년 동안 이어지는 동맹을 맺었으리라 생각해 볼 수 있다. 의존할 수 있는 자원인 곡류는 식생활에서 더 중요해졌고, 결국에는 주곡이 되었다. 경작은 그다음이었을 것이다.

이는 우리에게 익숙한 역사관과는 매우 다른 관점이다. 독창성과 창의력에 힘입은 승리의 전진이 아니라, 어쩌다 보니 그렇게 된 일. 어려운 시기에 처해 어쩔 수 없이 생활 방식을 바꾸어 변화하는 환경에 적응하고 순응한 사람들. 아시아의 정반대쪽에서 동시에 곡류가 주곡이 되고 그런 다음 경작이 이루어진 상황도, 선택이 아니라 기후 악화가 가져온 필연으로 본다면 충분히 납득이 된다.

하지만 서아시아와 동아시아에서 곡물을 경작하게 된 계기가 똑같이 기후변화였다 해도 이 광대한 대륙의 양끝에서 신석기는 매우 다른 방식으로 발전했다. 서아시아에서는 농경의 발명 이후에 토기가 발명되었고, 긴 '선토기 신석기'가 거의 1만 2천 년 전부터 약 8천 년 전까지 지속되었다. 반면 동아시아에서는 토기가 먼저였다. 토기는 농업에 대한 초창기 증거보다 훨씬 더 일찍 고고학 기록에 등장한다. 선토기 신석기가 아니라 선신석기 토기가 존재하는 것이다. 그리고 그 시점은 점점 더 앞당겨지고 있다.

일본의 정교한 수렵채집 문화인 조몬Jomon 문화의 토기는 거의 1만 3천 년 전의 것으로, 오랫동안 전 세계 최초의 토기로 여겨졌다. 그러다가 지난 10년 사이 이보다 빠른 토기 전통에 대한 증거가 아시아에서 나타났다. 러시아 동부와 시베리아의 유적들에서 무려 1만 4천 년 전에서 1만 6천 년 전의 토기에 대한 증거가 발견되었다. 남중국 다오현의 한 동굴에서 나온 토기 조각들과 이와 관련한 유물들을 분석한 결과는 1만 5천 년에서 1만 8천 년 전이라는 놀랍도록 빠른 연대를 제시한다. 이 연구는 2009년에 발표되었는데, 그로부터 몇 년 뒤 시기는 더 앞당겨졌다.

2012년 과학 학술지 〈사이언스〉에 실린 한 논문은 중국 장시성 셴런둥Xianrendong 동굴에서 마지막 빙하기가 절정에 달했던 약 2만 년 전의 토기 조각이 발견되었다고 발표했다. 따라서 중국에서는 농업이 시작된 시점보다 약 1만 년 앞선 시기부터 토기가 사용되고 있었던 셈이다. 그 그릇들을 어디에 썼을까? 사슴과 야생 멧돼지의 뼈들뿐 아니라 벼의 식물석도 그 동굴에서 발견되었다. 이렇게 먼 과거인 빙하기부터, 수렵채집인들은 다른 식물 음식과 고기와 함께 야생 쌀을 먹고 있었던 것 같다. 토기 조각들에 대한 잔류물 분석이 실시되었다는 보고는 아직 나오지 않았지만, 바깥쪽 표면에 검게 그은 자국들이 있는 것으로 보아 그 토기들은 불 위에서 사용된 듯하다. 장시성의 수렵채집인들이 저녁으로 무엇을 먹었는지는 몰라도, 그들이 토기에 뭔가를 담아 조리한 것만은 틀림없어 보인다. 이 초창기 토기 조각들을 보고한 고고학자들은 녹말이 풍부한 음식과 고기를 조리함으로써 얻은 이점은 열량이었을 것이라고 지적한다. 하지만 내가 보기에, 우리는 때때로 너무 추상적인 생각에 사로잡혀 더 명백한 이점을 놓치는 것 같다. 뜨거운 음식은 빙하기가 한창이던 시기에 수렵과 채집으로 힘들고 추운 하루를 보낸 뒤 기대할 만한 멋진 음식이었음이 틀림없다.

다른 선사시대 토기는 저장과 음식 준비(치즈 제조기를 잊지 말라), 술 양조에 쓰인 것으로 밝혀졌다. 이것은 중국에서 농업이 발달하기 이전의 기술이고, 어쩌면 사회가 그 방향으로—복잡성과 계층화, 더 정착된 생활 방식으로—가도록 도왔을 것이다. 세부 내용에는 차이가 있을지언정, 우리는 다시 한 번 농업이 복잡한 사회의 발달을 추동했다는 오래된 개념이 뒤집히는 것을 보게 된다. 물론 신중할 필요가 있다. 중국에서 정착 사회와 농업은 토기 사용에 대한 최초의 증거로부터 오랜 뒤에 도래한다. 그 사이에는 수천 년이라는 간격이 존재한다.

그렇다 해도, 토기, 정착 생활, 농업이라는 오래된 '신석기 패키지'는 셴런둥 동굴에서 발견된 토기 조각들과 정면충돌해 산산조각 난다. 쌀알을 섞어 토기를 빚던 상산 유적 같은 마을에 사람들이 살고 있던 무렵에는 이미 인류가 이미 정착 생활로 이행해 채집과 동시에 경작을 시작한 뒤였던 데 반해, 2만 년 전의 셴런둥 동굴의 토기 제작자들은 유목 수렵채집인들이었으니 말이다.

벼의 행진

중국에 있는 약 9천 년 전(기원전 7000년)의 상산과 그 밖의 초기 신석기 유적들에서 우리는 사람, 경관, 벼 그 자체를 탈바꿈시킨 새로운 생활 방식을 엿볼 수 있다. 이런 고대 마을들에는 사각형의 집들이 옹기종기 모여 있었는데, 어떤 집은 너비가 14미터나 되었다. 사람들은 아직 구식 석기시대 도구를 사용하고 있었다. 대개는 돌멩이에서 떼어낸 석편(격지석기)이었지만, 괭이처럼 땅을 파는 손도끼, 나무를 베는 도끼, 씨를 가는 돌도 있었다. 음식을 저장하고 준비하기 위해 토기를 사용하기도 했다. 여전히 수렵, 채집, 어로 생활을 했지만, 벼의 중요성이 점점 커지고 있었을 것이다.

6천 년 전(기원전 4000년)에 이르러 벼는 남쪽의 양쯔강과 북쪽의 황허강 사이의 드넓은 땅에서 조와 함께 경작되고 있었다. 벼농사는 계속해서 남쪽으로 퍼져나가, 5천 년 전~4천 년 전에 주장강 계곡에서 벼가 광범위하게 경작되었던 흔적이 나타난다. 벼농사는 또한 중국 북쪽과 한국, 일본으로도 퍼져나갔다. 일본에서 초기 벼농사는 4천 년 전에 시작되었다. 바로 조몬 문화의 토기에 쌀알이 박힌 자국이 등장하는 시기다. 이 시기에 쌀은 아마 부차적인 작물로, 조와 콩 같은 더 중요한 작물들과 함께 비교적 소량으로 재배되었을 것이다. 하지만 물론 우리가 잘 알고 있듯이, 그중에서 쌀의 비중만 증가하게 된다. 오늘날 쌀이 없는 일본 요리는 상상하기 어렵다.

인도 북부에도 쌀이 오래전부터 이용되었다는 증거가 있다. 이 증거를 본 고고학자들은 작물화의 개별 중심이 그곳에 존재한다고 추측하기까지 했다. 갠지스강 유역의 라후라데바Lahuradeva 유적에서 나온 검게 탄 쌀알은 약 8천 년 전(기원전 6000년)의 것이었다. 하지만 지금은 그것을 야생 쌀로 본다. 둘을 구별하기는 매우 어렵지만, 야생 낟알은 이삭 가지에서 분리되는 부분에 매끈하고 둥근 모양의 절단 흔적이 생기는 반면, 작물화된 쌀알은 우툴두툴하고 콩팥 모양의 흔적이 생기는 경향이 있다.

4천 년 전의 신석기 유적인 인도 북동부 마하가라Mahagara에서 나온 쌀 작은이삭의 형태는 작물화된 쌀의 확실한 증거를 보여준다. 이 작은이삭들은 비탈립 형질을 분명하게 발달시킨 상태였다. 또한 이때는 바로 야포니카 쌀이 동쪽에서—작물화 유전자들과 함께—도착한 시점이기도 하다. 그 밖에도 살구, 복숭아, 삼 같은 다른 동아시아 작물들과 함께, 중국의 더 오래된 유적들에서 발견되는 것과 비슷한 추수용 돌칼도 이 시기에 인도 북부로 들어온다. 고고학자들은 이 새로운 문물들이 동아시아와 남아시아의 문화들을 연결하는 교환 네트워크―실크로드의 전구체―를 통해 인도에 도착했으리라 추측한다.

야포니카 쌀이 동쪽에서 도착했을 때, 그 작물종이 작물 품종에서 기대되는 일군의 특징들을 아직 온전히 갖추지 못한 인도의 초기 재배종과 교잡했다는 주장이 있다. 그렇다면 그 후 이주한 작물종과 현지 원형 작물 사이의 교잡으로 생산된 작물이 작물화의 유익한 형질과 현지 기후에 유리한 적응을 결합했고, 이것이 오리자 사티바 인디카 품종이 되었을 가능성이 있다.

하지만 최근 인도 북서부의 고고학 유적들에서 실시된 연구는 이 사건들의 순서에 의문을 제기한다. 마드수드푸르Madsudpur I과 VII이라는 4500년 전 유적들에서 발견된 쌀알의 10퍼센트가 작물화된 형태로 보이기 때문이다. 작물화 형질들이 동쪽에서 온 야포니카 쌀에서 도입되었다고 생각하기에는 유적들의 시기가 너무 이른 듯하다. 고고학자들은 이 증거는 인도 북부에―비록 더 늦긴 해도―벼 작물화의 독립된 중심이 실제로 존재했을 가능성을 제기한다고 지적했지만, 그러한 해석은 유전학적 데이터와 맞지 않는다. 오늘날 인디카 쌀에 있는 작물화 대립유전자들(비탈립성뿐 아니라 흰색 왕겨, 큰 낟알과 관련이 있는)은 모두 야포니카 쌀에서 유래하기 때문이다.

그렇다면 가능성은 두 가지다. 하나는 인디카 쌀의 초기 변종이 이미 자체 작물화 대립유전자들을 가지고 진화했다가 나중에 야포니카 대립유전자로 완전히 대체되어 오늘날 우리가 쌀에서 보는 특징을 생산했을 가능성. 다른 하나는—이쪽이 더 유력한데—야포니카 쌀이 4천 년 전보다 더 일찍 인도 북부에 도착했을 가능성이다. 이 문제를 풀 유일한 방법은 마드수드푸르에서 나온 쌀알들에 보존된 고대 DNA(만일 DNA가 남아 있다면)를 분석하는 것이다.

이 논쟁은 또한 **경작과 작물화의 중요한 차이에도 주목한다.** 경작이 인간이 식물에 행하는 어떤 일, 즉 식물을 심고 돌보고 추수하는 일이라면, 작물화는 인간이 한 식물종과 상호작용 하는 과정에서 선택을 유발하는 환경이 알게 모르게 조성될 때 해당 종에 일어나게 되는 유전형과 표현형의 변화들을 말한다. 그 차이를 고려하면, 설령 인도 북부의 쌀이 동쪽에서 들어온 품종과 접촉하기 전까지는 아직 진정한 작물이 아니었다 해도, 인도 북부 지역은 사실상 농업의 독립적인 중심이었을 것이다. 다른 작물들의 경우도 마찬가지다. 어떤 작물이 다른 곳에서 들어오기 오래 전부터 녹두를 비롯해 씨가 작은 몇몇 지역 식물들이 갠지스강 유역에서 경작되었다는 유력한 증거가 존재한다. 인도에 벼가 경작되기 시작할 때 무슨 일이 있었는지는 몰라도 기원전 1000년경 벼는 이미 인도아대륙 전역에서 재배되고 있었다.

서아프리카의 작물화된 벼의 기원에 대해서는 그런 논쟁이 존재하지 않는다. 그곳에는 별개의 농업 중심이 존재하고, 약 3천 년 전(기원전 1000년) 완전히 다른 야생 조상에서 벼가 작물화되었다. 서아프리카의 신석기는 소, 양, 염소의 도입과 함께 시작되었다. 목축인들이 그 땅에 서서히 정착해 쌀, 수수, 진주조 같은 곡류뿐 아니라 마를 재배한 것이다. 나일강 주변의 초기 농경인들은 야생의 오리자 바르티이*Oryza barthii*를 경작했고, 이것은 작물화된 종인 오리자 글라베리마, 즉 아프리카 쌀로 진화했다. 아프리카 쌀의 전체 유전체를 분석한 결과는 아프리카 쌀이 여러 곳의 작물화 중심에서 유래한 것이 아니라 단일 기원에서 유래했음을 암시한다.

이런 연구들은 또한 작물화 과정에 대한 흥미로운 사실을 밝혀냈다. 유전학자들은 아프리카의 야생 벼와 작물 벼의 유전체에서 인위선택의 영향을 받은 부위들, 즉 작물화 과정에서 선택된 표현형 형질들과 관련이 있는 부위를 샅샅이 찾았다. 그들이 알고 싶은 것은 아프리카의 작물화 관련 유전자들이 아시아에서 선택된 유전자들과 얼마나 비슷한가였다. 각 종에서 상동인(상응하는) 유전자들을 조사한 결과, 이들이 **작물화가 일어나기 오래전 아프리카와 아시아 벼의 공통 조상에서 유래한, 매우 비슷한 유전자들임이 밝혀졌다.** 유전학자들은 왕겨의 색깔, 탈립, 꽃 피우기 등, 작물화 형질과 관련한 여러 유전자들에 일어난 중요한 변화들도 찾아냈다. 하지만 그러한 유전자 변화들은 작물화된 종마다 각기 다른 형태로 일어났다. 예컨대 탈립에 관여하는 유전자의 경우, 아프리카의 작물화된 벼는 야생의 조상과 비교했을 때 DNA의 한 부분이 빠져 있었지만, 아시아의 작물화된 벼에 있는 상동 유전자는 야생 벼에 비해 DNA의 길이가 추가되어 있었다. 유전부호에 일어난 변화가 완전히 달랐음에도—아프리카 벼에서는 부호의 한 조각이 빠져 있고 아시아 벼에서는 한 조각이 삽입된 것—결과는 똑같았다. 변화가 일어난 유전자들은 모두 탈립성의 감소와 관계가 있었다. 즉 아시아와 아프리카의 농부들은 각기 자신들이 재배한 벼에서 비슷한 형질들을 선택했고, 그 결과 상동 유전자들에서 구조적으로는 다르되 기능적으로 비슷한 변화가 일어난 것이다. 이는 아프리카와 아시아에서 벼농사를 시작한 초기 농부들이 비슷한 형질을 선호했을 뿐 아니라, 아프리카 벼가 완전히 별개의 작물화 과정을 거쳤음을 보여주는 유력한 증거였다. 오리자 사티바 야포니카에서 온 작물화 대립유전자를 지닌 오리자 사티바 인디카와 달리, 아프리카 쌀—오리자 글라베리마—는 자신만의 매우 독자적인 작물화 유전자들을 가지고 있었다.

쌀 재배와 요리의 진화

많은 식물들이 물에 잠긴 토양을 싫어하지만, 물에 잠긴 땅에서 번성하는 식물들도 있다. 벼는 물에 잠긴 땅을 좋아하는데, 이 비밀을 발견한 것은 신석기 농부들이었다. 물에 잠긴 논에 대한 최초의 증거는 양쯔강 계곡 하류에서 나왔다. 그곳에서 기원전 3000년에 만들어진 고대 관개시설이 발견되었다. 식물 증거도 있다. 고고학자들은 양쯔강의 한 지류에 위치한 신석기 유적 발리강Baligang의 고대 퇴적물을 샅샅이 살펴본 결과, 습지 잡초의 씨뿐 아니라 해면동물의 골편과

규조류(실리카 세포벽을 가진 작은 조류)를 발견했다. 이 모두가 약 4천 년 전에서 5천 년 전 이곳에 관개가 잘된 논이 있었음을 시사한다. 이 관행은 점차 퍼져나갔고, **약 2800년 전 한국과 일본에 물을 대는 논농사가 시작되었다는 사실**은 초기 농부들의 이주를 반영한다는 것이 많은 고고학자들의 추측이다.

침수된 논은 잡초를 억제하고 벼의 생산성을 높이는 등, 중요한 이점을 가져다주었을 것이다. 사람들은 처음에 이 비결을 어떻게 알아냈을까? 대부분의 발견이 그렇듯이 우연이었을 것이다. 아마 특별히 비가 많이 온 어느 해 논이 물에 잠겼고, 그래서 농부들은 분명 당황했을 텐데…… 그해 농사가 아주 잘된 것이다. 이 비결은 빠르게 퍼져나갔다. 그리고 마침내 고고학 유물뿐 아니라 문서 기록에도 논농사 문화의 증거가 등장한다. 기원전 8세기의 것으로 여겨지는《시경詩經》에는 산시강의 물을 끌어 논에 댄 사실이 언급되어 있다. 기원전 2세기에 중국 역사가 사마천은 양쯔강 계곡의 논밭을 "불로 갈고 물로 팠다"고 썼는데, 이는 농사를 짓기 위해 불을 놓아 땅을 정리하고, 잡초를 억제하기 위해 물에 잠긴 논을 만드는 관행을 가리키는 것으로 보인다.

젖은 논과 마른 논에서 경작된 벼는 유용한 곡식으로 입증되면서 널리 퍼져나갔다. 여기서도 모든 것을 추상적으로 생각하는 학술 조사의 덫에 빠지기 쉽다. 사람들이 벼를 재배해 쌀을 먹기 시작한 것은 그것이 열량, 단백질, 기타 영양소의 훌륭한 공급원이어서가 아니었다. 그들은 분명 그것이 맛있어서 먹기 시작했을 것이다. 나는 요리 프로그램을 좋아하고, 전 세계의 요리 문화를 보고 배우는 것이 즐겁다. 우리의 신석기 조상들을 과소평가하지 말자. 그들에게도 그들만의 요리가 있었다. 그들도 새롭고 더 맛있는 무언가를 만들기 위해 이런저런 성분들을 이리저리 조합해보기를 즐겼을 것이다. 새로운 어떤 것을 자신들의 식생활에 결합할 기회를 마다했을 리 없다. 게다가 그 결과물이 훌륭하고 의존할 수 있는 식품 공급원으로 판명되면 더할 나위 없었을 것이다. 매력과 유용성의 결합, 우리의 동반자가 된 모든 생물들의 비밀이 거기에 있다.

기원전 1000년경, 야포니카 쌀은 열대 동남아시아에서 재배되고 있었다. 인디카 쌀은 그 이후 그곳에 도착했다. 기원전 1000년대 후반에, 작물화된 벼는 육로를 통해 서쪽으로도 퍼져나갔다. 처음에는 페르시아제국의 상인과 군대, 그런 다음에는 알렉산더대왕의 마케도니아왕국이 지중해 동부로 쌀을 들여오는 데 일조했다. 피라미드에서 탄화된 쌀알이 발견된 바 있다.

하지만 쌀이 유럽, 특히 스페인에 들어온 경위는 아직도 모호하며 논란이 있다. 지중해 북부를 따라 퍼지면서 들어왔을까? 아니면 더 짧은 길인, 북아프리카에서 바다를 건너 들어왔을까? 한쪽에서는 쌀이 서기 1세기 발렌시아 주변에서 이미 재배되고 있었다고 주장하는 한편, 다른 쪽에서는 그보다 훨씬 늦은 서기 7세기에 무어인들(로마인들이 마우레타니아로 알고 있던 북아프리카 지역에서 온 사람들)이 샤프란, 시나몬, 육두구와 함께 쌀을 스페인으로 들여왔으리라 추측한다. 그러고 보니

쌀을 뜻하는 스페인어인 'arroz'는 아라비아어 'al arruz'에서 유래했다.

스페인에 쌀이 들어온 경위는 그렇다 치고, 다른 서유럽인들은 쌀을 유아용 음식으로 간주한 반면 스페인 사람들은 쌀을 보다 적극적으로 받아들였으며, 요리 재료로서의 잠재력을 알아차리고 오늘날 가장 유명한 스페인 요리 중 하나인 '파에야'의 토대를 만들었다. 이어 13~15세기 스페인에서 포르투갈로, 그런 다음 이탈리아로 벼 재배가 퍼져나갔다. 오늘날 스페인은 유럽에서 두 번째로 큰 쌀 생산국이다.

콜럼버스의 '발견의 항해' 이후, 작물화된 벼는 대서양 교역의 일부가 되어 구세계에서 신세계로 건너갔다. 오늘날 열대 국가에 거주하는 라틴아메리카인들에게 쌀은 설탕 다음으로 중요한 단일 열량 공급원이다. 쌀과 콩의 조합은 카리브해 지역의 요리에서 특히 상징적이고 중요한 자리를 차지하지만, 둘의 제휴는 비교적 최근에 시작되었다. 두 재료를 섞은 요리는 겨우 몇 백 년 전의 발명품으로 '세계화의 초기 요리'로 불렸다. 하지만 기본 개념인 풀의 씨와 콩을 섞는다는 생각은 농업이 시작되기 전으로 거슬러 올라가는 오랜 전통을 가지고 있다. 두 음식은 맛과 질감에서 서로를 보완하기도 하지만 그보다 훨씬 중요한 일을 한다. 바로 서로의 결핍을 벌충하는 것이다. 둘의 결합은 인체가 필요로 하지만 만들 수는 없는 모든 아미노산—단백질의 기본단위—을 포함하는 포괄적인 단백질 꾸러미를 창조한다.

동아시아, 비옥한 초승달 지대, 서아프리카, 중앙아프리카, 안데스 산맥을 포함하는 모든 작물화 중심에서, 초기 농부들은 토착종 풀과 콩을 적어도 한 종씩 작물화했다. 이런 곡식과 콩의 시조 작물들의 후손들이 오늘날 세계 인구의 대부분을 먹인다. 비옥한 초승달 지대에서 초기 농부들은 엠머밀, 일립계밀, 보리와 함께 렌즈콩, 완두, 병아리콩, 비터베치콩을 재배했다. 양쯔강 계곡의 농부들은 쌀과 조와 함께 콩과 팥을 재배했다. 사하라 사막 이남 서아프리카의 농업 중심에서는 5천 년 전~3천 년 전 편두(제비콩)와 동부(중국콩)를 진주조, 손가락조, 수수와 함께 경작하고 작물화했다. 남북 아메리카에서는 덩굴강낭콩(프랑스콩으로 잘못 불리기도 한다)과 리마콩이 옥수수와 함께 재배되었다.

대서양 교역은 구세계와 신세계 사이의 작물 교환을 일으켰고, 수세기에 걸친 노예제도도 농업에 흔적을 남겼다. 스페인 이주자들은 쌀을 가지고 남북 아메리카로 건너가 그것을 그곳에 자급용 작물로 심었다. **아메리카 원주민들은 야생 쌀을 채집해 먹고 있었지만, 아시아 쌀이 더 말랑말랑하고 맛있었다.** 게다가 그것은 옥수수를 재배할 수 없는 습한 저지대에서도 잘 자랐다. 외국에서 들어온 쌀은 라틴아메리카와 카리브해 유역에서 주곡 작물로 발전했다. 18세기가 되었을 때 쌀은 사우스캐롤라이나에서 주로 수출용으로 대규모로 재배되고 있었다.

아프리카인들은 신세계에 노예로 끌려올 때 수수와 아프리카 쌀 오리자 글라베리마를 가져왔다. 물론 아시아 쌀 오리자 사티바가 아프리카 쌀보다 수확량이 더 많아 우점 작물이 되었지만 말이다. 그러니

쌀

카리브해 지역에서 유명한 쌀과 콩은, 알고 보면 진정한 세계 요리인 셈이다. 아시아 쌀과―인도에서 작물화되어 아프리카를 경유해 아메리카에 온―비둘기콩Cajanus cajan을 주로 조합하기 때문이다. 이 간단한 음식에 양쯔강 계곡과 인도의 초기 농경인에서부터 유럽인들과 신세계의 접촉, 대서양 노예무역에 이르기까지 놀랍도록 깊은 역사가 들어 있다. 세계화와 인간 교류의 최선과 최악이 이 요리에 간직되어 있는 것이다.

유럽인의 아프리카 식민지화도 그 땅에서 자라는 작물에 흔적을 남겼다. 약 5백 년 전, 포르투갈 식민지 개척자들이 아시아 쌀 오리자 사티바를 서아프리카로 들여왔고, 그것은 높은 수확량 덕분에 아프리카 쌀을 대체했다. 이제 아프리카 쌀은 자급용 작물로서 소규모로만 재배되지만 일부 사람들에게는 여전히 특별한 문화적 의미를 갖는다. 세네갈의 졸라Jola족은 아프리카 쌀을 의식에 사용할 목적으로 재배한다. 그리고 아시아 쌀은 몇 가지 면에서 아프리카 쌀보다 뛰어나지만, 다른 면에서는 영 부실하다. 아프리카 쌀만큼 잡초를 억제하지 못하고, **물을 엄청나게 많이 먹는다.** 즉 아프리카 기후에 적합한 작물이 아니다. 게다가 아프리카 인구가 증가하면서 쌀 생산이 이를 따라잡지 못하는 형편이다. 1960년대만 해도 사하라사막 이남 아프리카에서는 필요량보다 많은 쌀이 생산되었으나, 2006년의 생산량은 소비량의 40퍼센트에도 미치지 못했다.

삶을 바꾸고 생명을 구하는 과학이란

1990년대에 식물 육종가들은 아프리카 환경에 적합한 새로운 품종의 쌀을 생산하기 위해 아프리카 쌀과 아시아 쌀의 잡종을 창조하는 일에 착수했다. 목적은 오리자 사티바의 높은 수확량을 오리자 글라베리마의 가뭄 저항성과 결합하는 것이었다. 이 프로젝트는 '아프리카를 위한 새로운 쌀NERICA, New Rice for Africa'이라는 명칭으로 불렸다. 쌀 육종가들이 의도한 교잡은 꽤 복잡한 일이었다. 결국 독자적인 두 종을 결합하는 시도였기 때문이다. 아프리카 쌀과 아시아 쌀은 자연 상태에서는 교잡하지 않는다. 따라서 과학자들은 식물 버전의 체외수정을 이용했다. 이렇게 탄생한 잡종 배아는 세심한 관리가 필요했고 따라서 실험실의 조직배양기 안에서 길러졌다.

잡종 실험은 성공이었다. 수천 종의 새로운 잡종이 탄생해 이미 뉴기니, 나이지리아, 말리, 베냉, 코트디부아르, 우간다에서 재배되고 있다. 적어도 NERICA 프로젝트의 보고에 따르면, 결과는 유망하다. 이 잡종들은 부모 품종들보다 수확량이 많고, 단백질이 더 풍부하며, 아시아 품종들보다 가뭄을 잘 견딘다. 하지만 NERICA를 비방하는 세력도 있다. 이것을 가난한 농부들의 참여 없이 일방적으로 강요된 하향식 해법의 또 다른 사례로 간주하는 것이다. 그들은 이 프로젝트가 약속은 제대로 이행하지 않고 단일 재배를 조장해 지역의 종자 생산 환경만 해칠 것이라는, 익히 들어본 우려를 제기한다.

NERICA 프로젝트가 생산한 잡종 쌀은 우리를 다시 원점인 황금쌀로 돌려보낸다. 여기서 우리는 유전자 변형에 대한 철학적 반대를 다시 만나게 된다. 독립된 종을 함께 교배해 잡종을 창조하는 일이 농업에서 오랫동안 허용되어왔음에도, 사람들은 개별 유전자 또는 일군의 유전자를 종의 경계 너머로 이동시킨다는 개념에 불안을 느끼는 것이다.

NERICA는 또한 다양성을 보존하는 일이 얼마나 중요한지를 보여준다. 일부 종과 품종이 매우 성공적일지라도, 그들이 다른 모두를 밀어내기 때문이다. 우리는 일원화된 감자, 그런 감자의 질병 취약성, 그리고 그것이 부른 기근을 통해 범위를 좁히는 것에 내재된 위험을 보았다. 작물화된 종과 야생 조상의 다양성은 광대한 변이 창고로서, 작물화 과정에든 야생에서든 다른 시점과 다른 장소에서 유용하게 쓰일 수 있는 적응들을 보유한다. 현존하는 작물에는 개선의 여지가 있고, 살아 있는 유전자 보관소가 우리에게—오랫동안 해왔던 육종을 통해서든, 유전자 편집 같은 새로운 기술을 통해서든—이 일을 할 기회를 준다. 그뿐 아니라, 기후와 환경이 변하면 인간의 필요도 변할 것이다. 지금은 그다지 쓸모없어 보이는 변종들이 미래에는 인정받게 될지 모른다. 단, 그때도 그들이 사라지지 않고 있다면.

한편 NERICA가 우리에게 되새겨주는 교훈은 의도가 어떻든, 농업 발전에 어떤 기술을 동원하든 관계없이, 과학자들과 농부들이 긴밀하게 협력할 필요가 있다는 것이다. 삶을 바꾸고 생명을 구할 수 있는 진보한 농업기술의 잠재력은 진정한 참여를 통해서만, 즉 추상적인 문제를 넘어 땅에서 일하는 사람들과 함께할 때만 실현될 것이다. 랴오 중푸 같은 사람들과 그의 전임자들은 수백 수천 년 동안 땅을 갈고, 모를 심고, 익은 수확물을 거두어들이고, 그 풍요를 마을 사람들과 나누어왔다. 그들은 단지 '최종 소비자'를 넘어 혁신을 추동하는 사람들이기도 하다. 그들을 개발에 참여시키는 것은 도덕적 의무에 그치지 않는다. 수천 년 동안 작물화와 작물 개선에 종사해온 농부들은 우리 모두가 더 나은 결정을 내리도록 도울 것이다.

8

말

Equus caballus

오, 나는 네 것이요, 너는 내 것이었다. 그리고 우리의 것인 무한한 들판에서

북풍이 내 용감한 말인 네 황갈색 갈기를 헝클어뜨렸다.

— 윌리엄 헨리 드러먼드, 〈스트래스코나의 말〉

'조리타'라 불리는 말

조리타와 내가 함께한 시간은 딱 사흘뿐이었지만 우리는 매우 가까웠다. 어쩌다 서로의 친구가 된 우리는 거의 만나자마자 서로를 이해했다. 그 짧은 날 동안 우리는 서로를 보살폈고, 나는 녀석을 매우 좋아하게 되었다. 우리는 절친한 친구가 되었다. 하지만 작별 인사를 할 때, 나는 녀석을 다시는 볼 수 없을 것임을 알았다.

첫날엔 언어 장벽 같은 것이 있었다. 하지만 나는 조리타와 대화하는 법을 빠르게 익혔고, 녀석 또한 내가 원하는 것을 정확히 이해했다. 우리는 함께 강을 통과하고 산을 오르며 계곡 길을 걸었다. 녀석은 나

말

를 태우고 내가 가리키는 방향으로 가다가, 가시로 뒤덮인 관목을 통과하고 가파른 바위투성이 산등성이를 오를 때는 최상의 길을 스스로 골랐다.

나는 칠레 남부의 토레스 델 파이네산Torres del Paine 근처 라스 치나스 계곡Las Chinas Valley에 있는 세로 귀도Cerro Guido 목장의 마구간에서 조리타를 처음 만났다. 루이스라는 이름의 가우초가 내게 이 말을 소개해주었다. 루이스는 헐렁한 검은색 리넨 바지와 빨간 셔츠에 갈색 가죽조끼를 입고 긴 가죽 장화를 신고 있었다. 붉은 노끈이 둘린 검은색 모자 뒤로는 헝클어진 길고 검은 머리가 빠져나와 있었다. 수염이 꺼칠꺼칠하게 자란 얼굴과 손은 햇볕에 검게 변한 모습이었다. 쉰 살쯤 되어 보였지만 더 어렸을지도 모른다. 분명 생의 대부분을 야외에서 말들과 함께 보냈을 것이다. 그는 영어를 거의 하지 못했고 나는 스페인어를 거의 하지 못했지만, 어찌어찌 그는 말을 타본 적이 있느냐고 물었고 나는 몇 번 타봤다고 대답했다. 그는 조리타는 아주 특별한 말이라고 일러주었다. 챔피언이라고. 안장에 올라탈 때, 나는 흥분을 느끼면서도 동시에 주눅이 들었다.

어릴 때 나는 양손으로 고삐를 쥐고 양발은 등자에 꽉 끼운 다음 안장에서 몸을 들어 올린 채 질주하는 영국식 승마를 배웠다. 웨스턴 스타일 승마는 좀 다르다. 한 손으로 고삐를 쥐고 발가락만 등자(발걸이)에 놓은 뒤 안장에 몸을 딱 붙인 채 질주한다. 이런 방식의 승마를 경험해보기는 했으나 몇 년 전의 일이라 처음에는 좀 낯설었지만 금방 적응했다. 그런데 그보다 백배는 인상적인 것이 있었으니, 바로 새 주인을 보자마자 이해하는 듯 보이는 조리타였다. 몇 분 뒤 조리타는 내가 원하는 것, 내가 생각하는 방향과 속도에 완벽하게 맞추어 움직였다. 우리는 마구간을 떠나 길게 이어진 계곡으로 갔다. 멀리 눈 덮인 산이 보였다. 걷듯이 달린 지 한 시간쯤 지났을 때, 루이스가 말을 타고 내 옆으로 왔다.

"괜찮아요?" 그가 물었다. "아주 좋아요." 내가 대답했다. "달려볼래요?" 그가 물었다. 그러더니 내가 미처 대답도 하기 전에 자신의 말에 박차를 가하는 바람에, 나도 어쩔 도리 없이 조리타에게 똑같이 했다. 녀석도 마구간을 떠나올 때부터 내내 달리고 싶었는지, 곧 날 듯이 계곡을 달리기 시작했다. 들판에 내딛는 발굽 소리가 천둥처럼 울렸다. 정말 짜릿했다.

세 시간을 달린 뒤 우리는 목적지에 도착해 강가에 텐트를 쳤다. 나는 칠레 고생물학자 마르셀로 레페Marcelo Leppe와 함께 공룡의 화석을 찾고 있었다. 그의 야영지가 우리보다 지대가 높은 산 위쪽이어서, 다음날 우리는 말을 타고 그쪽으로 올라갔다. 오르막길의 전반부는 가파르긴 했지만 풀과 이끼로 뒤덮인 지형이었다. 더 높이 올라가자 식물은 사라지고, 흙과 바위뿐인 훨씬 가파른 산비탈길이 나왔다. 경사가 거의 45도나 되었다. 나는 앞서 올라가는 루이스를 바라보았다.

그의 말은 돌로 이루어진 순전한 경사면 위에 위태롭게 걸려 있다시피 했다. 나도 조리타를 타고 그의 뒤를 따라갔다. 조리타는 처음에는 약간 경계하는 듯 발 디딜 자리(발굽 디딜 자리라고 해야 할까?)를 시험했다. 그러더니 스스로 좁다란 길을 뚫어가며 걸었다. 이곳에는 사실상 길이 없었다. 조리타의 발굽이 닿은 자리에서 돌 몇 개가 튀었고, 그 돌들은 산비탈을 굴러 재빨리 아래로 떨어졌다. 나는 돌들을 내려다보지 않으려고 애썼다. 모퉁이를 돌아가자 비교적 완만하고 풀로 덮인 경사면이 나왔다. 정상인가 싶었지만 아니었다. 꼭대기 근처에 있는 화석 발굴지에 도착하려면 좀 더 가야 했다. 그래도 가장 가파르고 위험해 보이는 부분은 끝난 터였다. 나는 안도의 한숨을 내쉬었다. 사실, 그 힘든 오르막을 오르는 내내 숨도 제대로 못 쉬었던 것 같다.

우리는 화석 발굴지에 도착해 몇 시간 동안 표면에 드러난 화석들을 수집하며 알찬 시간을 보냈다. 겨울에 쌓인 눈이 녹고 바람이 불면서 노출된 화석들이었다. 우리가 고대 유물을 수색하는 동안에도 바람이 계속 불어 모래가 얼굴을 채찍처럼 내리쳤다. 나는 6800만 년 전에 살았던 오리주둥이공룡 하드로사우루스의 척추뼈 한 점과 칠레삼나무 화석 여러 점을 발견했다. 특히 나무의 화석은 나뭇결과 심지어 나이테까지 선명할 정도로 보존 상태가 매우 좋았다.

이제 어둠이 우리를 삼키기 전에 다시 야영지로 내려가야 했다. 내리막길은 올라올 때보다 훨씬 더 무서웠다. 도무지 내려다보지 않을 방법이 없었다. 나는 등자에 발을 뻗디딘 채 안장 뒤로 몸을 젖혔다. 조리타가 미끄러지기라도 한다면 우리 둘 다 비탈 아래로 떨어질 터였다. 물론 말에서 내려 걸어갈 수도 있었지만 난 조리타를 믿었고, 녀석은 나를 안전하게 데려갔다.

그건 다른 존재와의 아주 특별한 동반자 관계였다. **인간과 말은 수 백 년에 걸쳐 서로를 알아가고 의사소통하는 방법을 알아내고, 신뢰를 구축했다.** 이 관계는 말의 타고난 성향, 그들의 본성에 깊숙이 뿌리박 혀 있는 뭔가에 의존하는 듯도 하다. 즉, 그들도 개와 마찬가지로 종 을 뛰어넘는 동반자 관계를 적극적으로 시작할 수 있다는 뜻이다. 그 들은 타고나기를 사교적인 생물이다. 우리가 가는 도중에, 또는 야영 지에 멈출 때마다 조리타는 다른 말들에게 가까이 가고 싶어 하는 기 색이 역력했다. 출발 준비를 할 때는 다른 말들을 가볍게 밀기도 했다. 머리로 그들의 옆구리와 어깨를 밀고 코를 비볐다. 다른 말들도 조리 타에게 똑같이 했다. 우리는 말 몇 마리를 야영지에 묶어둔 채 떠났는 데, 산을 내려와 야영지로 돌아왔을 때 조리타는 그들을 보자마자 신 이 나 히이잉 하고 울었다. 그들도 똑같이 응답했다. 누가 봐도 서로를 다시 만나 기뻐하는 행동이었다.

가우초들은 매일 저녁 마구간으로 말들을 데려갔고, 매일 아침 말 을 타고 계곡을 달려 우리 야영지로 왔다. 그러던 어느 날 저녁에는 라 스 치나스 계곡 주변을 어슬렁거리던 야생말bagual을 한 마리 붙잡았다 는 소식을 듣기도 했다. 마지막 날이 되어, 우리는 텐트를 철거하고 말 을 타고 산길을 내려왔다. 나는 마구간 근처의 작은 방목지에서 내려 조리타를 울타리 기둥에 묶고 어깨를 톡톡 치며 애정 어린 작별 인사 를 건넸다. 탐사대의 나머지 인원이 도착하고 모든 말들이 울타리를

385　　　　　　　　　　　　　　　　　　　　　　　　　　　　　**말**

따라 일렬로 묶이는 동안, 조리타는 그 자리에 차분하게 서 있었다.

붙잡혔다던 야생말은 밧줄로 된 단순한 굴레에 묶인 채 다른 말들에서 떨어져 모퉁이에 서 있었다. 녀석의 검은 갈기와 꼬리는 화려할 정도로 길었다. 야생말은 겁을 먹었다기보다는 호기심 어린 모습이었다. 하지만 야생 생물로서의 삶은 이제 끝이었다. 야생 본능은 곧 길들여질 것이고, 녀석은 마구간에서도 잘 살아갈 터였다. 그리고 그곳에서 퓨마의 공격을 피하고 충분한 건초도 배불리 먹겠지. 그렇다 해도 녀석이 조금은 짠하게 느껴지는 것은 어쩔 수가 없었다.

내가 걸어 나가 문을 닫자 조리타는 마구 화를 냈다. 내가 떠나서 그랬다고 생각하고 싶다. 조리타는 엄청난 힘으로 뒷발로 일어서며 견고한 울타리 기둥을 땅에서 완전히 뽑아냈다. 히잉거리고 발굽을 높이 쳐드는 등 야단법석이 벌어졌다. 하지만 가우초들이 뛰어 들어가 밧줄을 잡고 지친 말들을 진정시켰다. 다행히 조리타는 자신에게 상처를 입히는 일 없이 곧 진정되었다. 충분히 길들여졌음에도, 조리타의 본성에는 야성이 아직 살아 있었다.

말은 어디에서 어디로 이동했을까

칠레의 야생말들은 꼭 길들여지지 않은 땅에 속한 존재 같다. 구아나코, 퓨마, 아르마딜로, 콘도르만큼이나 그들은 야생의 일부인 듯하다. 하지만 가우초들이 라스 치나스 계곡에서 붙잡은 야생말의 조상들이 그곳에 산 것은 겨우 몇 백 년에 불과할지도 모른다. 스페인과 포르투갈 사람들이 그곳에 도착하기 전까지 수천 년 동안 아메리카 대륙에는 말이 없었다. 그 야생말의 조상들은 길들여진 말이다. 진정한 **야생**말이 아니라 야생으로 돌아간 말이라는 얘기다.

하지만 과거로 더 멀리 거슬러 올라가면, 상당수의 말과 그 비슷한 초창기 생물들이 아메리카 대륙을 떠돌아다녔다. 사실상 이 집단과 여기서 갈라져 나온 수많은 가지들이 북아메리카에서 기원했다. 말과 그 부류의 진화사는 고대 계통수의 위대한 확산과 다양화를 보여줄 뿐 아니라, 그 찬란했던 다양성이 일부만 남을 때까지 많은 가지가 처참하게 꺾여나간 일도 포함한다.

말은 기제류奇蹄類, 즉 발굽 있는 동물로 분류된다. 사실 '기제'라는 말은 맞지 않는데, 그들이 이상한 발가락을 가지고 있다기보다는, 발가락을 한 개만 가지고 있을 뿐이기 때문이다. 즉, 숫자가 이상한 셈이다. 코뿔소와 맥도 기제류지만 그들의 발가락은 세 개다. 현생 말을 포함하는 분류군인 말과Equidae의 화석 기록은 약 5500만 년 전으로 거슬러 올라가, 크기가 개만 한 북아메리카의 화석 말 에오히푸스Eohippus에서 시작된다.

이 초기 말은 아직 각각의 발에 여러 개의 발가락을 가지고 있었다. 앞발에 세 개, 뒷발에는 네 개였다. 시간이 흐르면서 그들은 발가락을 한 개만 빼고 모두 잃었다. 발가락이 점진적으로 사라졌음을 보여주는 많은 화석들 덕분에, 말의 발가락은 생물학 교과서에 해부 구조의 진화적 변화를 보여주는 대표적인 사례로 등극했다.

해수면이 낮았을 때, 말과 비슷한 초기 생물들은 북아메리카 밖으로 나와 베링육교를 건너 유라시아로 갈 수 있었다. 그에 앞서 약 5200만 년 전, 잎을 먹는 작은 말과 동물들이 아메리카에서 나와 아시아로 확산한 사건이 있었지만, 그 개척자들의 자손은 훗날 멸종했다.

말의 계통수는 2300만 년 전에서 5백만 년 전까지 이어진 지질시대인 마이오세에 정신없이 어지러워진다. 북아메리카에는 모양과 크기가 서로 다른 엄청나게 다양한 '말 비슷한 동물들'이 살았다. 일부는 나뭇잎을 먹었고 일부는 풀을 뜯었지만 모두가 걸음이 빨랐다. 5백만 년 전 화석 기록에 등장하는 말과 동물들은 적어도 열두 개 속屬의 말 비슷한 생물들을 포함한다. 몇 가지만 예를 들면 발가락이 세 개인 메리키푸스*Merychippus*, 발가락이 한 개인 초창기 말 플리오히푸스*Pliohippus*, 아스트로히푸스*Astrohippus*, 디노히푸스*Dinohippus*(현대 말의 조상)가 있다. 그리고 시노히푸스*Sinohippus*와 히파리온*Hipparion* 같은 몇몇 종이 다시 베링육교를 건너 아시아로 갔다.

마이오세 초기에 북아메리카와 남아메리카는 '거대한 아메리카 해로*Great America Seaway*'라 불리는 큰 물길을 사이에 두고 분리되어 있었다. 마이오세 중반 그 해로 밑의 해저화산들이 남북 아메리카 사이에 섬들을 흩뿌렸고, 이 섬들 주변에 퇴적물이 서서히 축적되어 마침내 파나마지협이 만들어졌다. 이 육교의 출현으로 동식물들이 북아메리카에서 남아메리카로, 그리고 반대 방향으로도 퍼져나갈 수 있었다. 약 3백만 년 전 정점에 이른 이 이주 사건은 훗날 '대규모 아메리카 교환

great America interchange'으로 알려지게 된다. 그리고 말도 이 이주에 동참해 남아메리카로 확장했다. 처음 도착한 종류는 지금은 멸종한 계통인 히피디온속*Hippidion*에 속하는, 짧은 다리를 가진 우스꽝스럽게 생긴 소형 말이었다. 이들은 1백만 년 전 남아메리카에서, 지금의 길들여진 말과 같은 종인 '진정한 말' 에쿠스 카발루스*Equus caballus*와 만났다.

말과 계통수는 무성하게 증식했을 뿐 아니라 가지치기도 심하게 당했다. 마이오세에 살았던 그 모든 다양한 속들 가운데 **오직 한 계통만이 지금까지 살아남았다.** 바로, 현생하는 모든 말 비슷한 동물들이 속해 있는 말속*Equus*으로, 말, 야생 당나귀, 당나귀(아프리카 야생 당나귀의 길들여진 후손), 얼룩말을 포함한다. 유전학자들은 유콘의 영구동토에 보존된 70만 년 전 말 뼈에서 DNA를 추출해 염기 서열을 분석할 수 있었다. 현재로서는 가장 오래된 것인 그 고대 유전체를 오늘날의 말과 동물들의 유전체와 비교해 차이를 분석한 결과, 말속은 약 4백만 년 전~450만 년 전에 기원했으며, 그런 다음 약 3백만 년 전에 말 계통과 얼룩말-야생 당나귀 계통이 갈라졌다는 결론이 나왔다.

약 2백만 년 전, 현대 야생 당나귀와 얼룩말의 조상들이 아메리카에서 나와 아시아에 도착한 다음 유럽과 아프리카로 퍼져나갔다. 그런 다음 70만 년 전 이후의 어느 시점에 현대 말의 조상들도 베링육교를 건너 북아메리카에서 동북아시아로 왔다. 그들은 순식간에 유라시아 전역으로 확산했다. 적어도 45만 년 전 플라이스토세 중기 초반의 유적인 서퍽주 파크필드*Pakefield*와 50만 년 전의 유적인 서식스 박스그로브Boxgrove에서 말과에 속하는 두 종의 화석들이 발견되었다. 한 종은 야생 당나귀이고, 한 종은 고대 말이었다.

남아메리카와 구세계로 퍼져나간 말속은 고향인 북아메리카에서는 결국 멸종했다. 약 3만 년 전 빙상이 북아메리카를 덮으면서 그곳의 토종말인 '죽마다리stilt-legged' 말이 사라져버린 것이다. 남아메리카에서는 히피디온과 진정한 말이 마지막 빙하기가 정점을 지난 뒤까지 더 오래 버텼다. 만일 1만 5천 년 전쯤의 라스 치나스 계곡으로 돌아갈 수 있다면, 거기서 전정한 야생말을 볼 수 있을 것이다. 어쩌면 말속과 히피디온속의 종들을 모두 볼 수 있을지도 모른다. 하지만 그들 또한 그리 오래 버티지 못했는데, 불리했던 조건은 기후만이 아니었다.

마지막 빙하기가 정점에 이를 무렵에는 해수면이 낮았고, 따라서 인간 사냥꾼들은 베링육교를 건너 북아메리카의 최북단 지역으로 올 수 있었을 것이다. 약 2만 4천 년 전의 것으로 추정되는 도축된 말 뼈들이 유콘의 블루피시 동굴Bluefish Caves에서 발견되었다. 하지만 더 남쪽 땅으로 오는 길은 거대한 빙상에 가로막혀 있었다. 그러다 1만 7천 년 전, 빙상의 가장자리 부분이 녹기 시작했다. 인간 이주자들은 이제 베링육교와 북아메리카 북동쪽 끝에서 그 대륙의 나머지 지역으로 내려올 수 있었다. 1만 4천 년 전 북아메리카 전역은 물론 남아메리카에도 인간이 거주했음을 보여주는 많은 증거가 존재한다. 게다가 이 사람들은 막강한 사냥 무기들을 지녔다.

*

인간의 거주 또는 활동과 관련이 있는 북아메리카 고고학 유적들에서는 이따금씩 말 뼈가 나타난다. 캐나다 앨버타주 남서부의 세인트메리강 상류에 위치한 월리스 해변Wally's Beach에서 빙하기 말의 고대 퇴적물이 풍식작용에 의해 외부로 노출되었는데, 거기에는 고대 진흙에 찍힌 멸종한 아메리카 포유류의 발자국과 보행렬이 그대로 보존되어 있었다. 이 해변은 과거에 사냥감이 자주 지나다닌 길이었음이 분명했다. 멸종한 동물들의 보행흔 옆에는 말, 사향소, 멸종한 아메리카 들소와 순록의 뼈들도 있다. 말과 낙타 뼈들 중 일부에는 도축된 흔적이 분명히 남아 있었다. 그 유적에서는 인공물인 격지석기도 나왔는데 이는 필시 동물들의 사체를 다룰 때 사용한 도구였을 것이다. 월리스 해변에는 여덟 곳의 독립된 도축 장소의 흔적도 있었다.

고고학자들은 이 장소들이 거의 동시대의 흔적일 가능성이 높다고 보았다. 같은 해, 같은 계절, 심지어는 같은 사냥 기간에 별개의 장소들에서 동물들이 도축되었다는 뜻이다. 하지만 이 장소들이 실제로 사냥의 증거일까? 혹시 이 고대 인디언들Paleoindian이 단순히 다른 포식자들이 죽인 동물의 사체를 처리하고 있었던 것은 아닐까? 도축 장소들에서는 어떤 사냥 무기도 발견되지 않은 반면, 근처에서 돌촉 또는 창끝이 몇 점 발견되었다. 그리고 고고학자들이 이 돌촉들을 검사했을 때 그중 두 점에서 말 단백질의 흔적이 나왔다.

이 돌촉들―신중하게 떼어낸 아름다운 창끝―은 클로비스 문화유형이다. 북아메리카에서 발견된 클로비스 문화의 가장 오래된 증거에 따르면 이 문화는 약 1만 3천 년 전에 출현했다. 하지만 월리스 해변의 돌촉은 '맥락에서 벗어나' 있었다. 돌촉의 직접적인 연대를 추정하는 것이 불가능했기 때문이다. 한편 그 돌촉이 발견된 장소에서 좀 떨어져 있는 도축 장소의 연대는 1만 3300년 전으로 밝혀졌다. 따라서 두 가지 가능성이 있다. 말 단백질의 흔적을 가지고 있는 돌촉이 1만 3천 년 전 이후 클로비스 사람들이 말을 사냥한 증거이거나, 아니면 클로비스 문화가 지금까지 알려진 것보다 1백 년에서 2백 년 더 일찍 출현했거나. 월리스 해변의 발견물들이 몇 백 년을 사이에 둔 적어도 두 개의 사건인지, 아니면 하나의 사건인지는 영원히 해결이 불가능한 문제일지도 모른다. **그럼에도 그 돌촉들은 북아메리카에서 고대인들이 말을 사냥했다는 분명한 증거를 제공한다.** 즉, 그것은 '연기 나는 총'의 석기시대 상응물인 셈이다.

파타고니아에서 발견된 히피디온의 마지막 표본들은 1만 1천 년 전의 것으로 추정된다. 북아메리카와 남아메리카 모두에서 말은 그보다 약간 더 오래 버텼을 테지만, 남은 날이 얼마 남지 않은 터였다. 북아메리카에서 진정한 야생말의 마지막 흔적은 뼈가 아닌, 알래스카의 퇴적물에 보존된 DNA에서 나온다. 그것은 1만 5백 년 전 것으로 추정되었다.

현재 아메리카 토종말을 멸종시킨 것이 기후인지 인간인지에 대한 논쟁은 시끌벅적하다. 아메리카 대륙에 인간이 도착한 시점과 말이 사라진 시점 사이에는 수천 년의 중첩이 있었다. 따라서 인간 사냥꾼들이 그곳에 발을 들여놓자마자 마구잡이 사냥으로 대륙 전역을 도륙하지 않았음은 분명하다. 하지만, 비록 가끔일지언정 이 동물들을 사냥하고 있었던 것은 분명하고, 이는 그렇지 않아도 줄어들고 있던 말 개체군에 모종의 영향을 미쳤을 것이다. 기후와 변화하는 환경이 가장 큰 원인이라 해도, 인간 또한 아메리카 말의 멸종을 앞당기는 데 일조했으리라.

19세기에 이르자 아메리카에 살았던 고대 말에 대한 기억은 사라지고 없었다. 모든 사람이 말은 확실한 구세계 동물이며, 스페인 사람들에 의해 아메리카 대륙에 들어왔다고 생각했다. 그러던 1833년 10월 10일, 배에 승선한 영국의 한 자연학자가 산타페 근처의 해안을 탐사하다가 우연히 마주친 그곳의 화석과 지질에 대해 기록했다. 지금은 멸종한 거대한 아르마딜로의 화석 한 점을 조사하던 중, 그는 같은 붉은 점토층에서 말의 이빨처럼 보이는 것을 발현했다. 현대 말의 이빨과 비교하면 약간 이상해 보였지만, 말의 이빨임에는 분명했다.

이 자연학자는 다름 아닌 찰스 다윈으로, 그는 자신의 현장 조사를 기록하며 그 이빨이 훨씬 나중에 쌓인 층에서 쓸려 내려왔을 가능성을 검토했지만 그럴 확률은 낮다는 결론에 이르렀다. 그 이빨은 매우 오래된 것이었다. 다윈은 아메리카에 살았던 고대 토종말의 최초 증거를 발견했던 것이다.

그는 고향으로 돌아와 자신의 발견을, 훗날《비글호 항해기The Voyage of the Beagle》로 새롭게 선보일《H.M.S. 비글호가 방문한 여러 나라의 지질학과 자연사에 관한 연구 저널Journal of Researches into the Geology and Natural History of the Various Countries Visited by H.M.S. Beagle》에 기록했다. 그리고《종의 기원》에서 말의 이빨을 다시 다루며 이렇게 썼다. "마스토돈, 메가테리움, 톡소돈, 그 밖의 다른 멸종한 대형동물들의 유해와 함께 파묻혀 있던 말의 이빨을 (…) 발견했을 때 (…) 나는 경악을 금치 못했다."

저명한 19세기 해부학자 리처드 오언Richard Owen(훗날 다윈 최대의 적이 된 사람)도 비글호 항해 중 수집된 화석 포유류 유해들에 대해 기록을 남겼다. 아르헨티나에서 나온 그 이빨을 살펴보며, 그는 다윈의 말이 옳다는 것을 인정하지 않을 수 없었다. "그 이빨은 (…) 산타페 바하다에 있는 팜파스*의 붉은 점토질에서 나온 것으로 (…) 같은 장소에서 나온 마스토돈과 톡소돈의 유해와 색깔과 상태가 너무 비슷해서, 나는 그 이빨의 주인인 말이 그들과 동시대에 존재했다는 사실을 조금도 의심할 수 없다." 그런 다음 그는 마지못해 이렇게 적는다. "남아메리카에서 멸종했다가 그 대륙에 다시 도입된 한 동물 속의 존재를 보여주는 이 증거는 다윈 씨가 이룬 고생물학 발견의 가장 흥미로운 산물 중 하나다."

흥미로운 **산물이고말고**. 다윈이 "경악을 금치 못"한 것도 당연했다.

---

*   아르헨티나 대초원 지대.

그야말로 굉장한 발견이었으니 말이다. 16세기 벽두에 아메리카에 말을 데려온 스페인 사람들은 실은 그 신세계에 이미 수천 년 동안 존재했던 계통을 **재도입**하고 있었던 것이다. 나아가《종의 기원》에서 다윈은 산타페의 말 이빨 화석을 멸종에 대한 자신의 생각을 예증하는 증거로 사용했다. 콜럼버스가 탐사 항해를 떠나기 오래전에 이미 고대 말들이 남아메리카 전역을 질주했고, 그런 다음 사라졌음을 증명한 것이다.

광범위한 숲과 말의 번성

아메리카 대륙에서 말 개체군이 줄어들다가 결국 완전히 사라지는 동안, 구세계의 친척들인 말과 야생 당나귀와 얼룩말은 살아남았다. 아메리카의 사촌들이 멸종을 맞는 사이 대규모의 야생말 무리들이 시베리아 북부와 유럽 전역을 계속 돌아다녔다.

플라이스토기말 아메리카 대륙에서 멸종한 말이 유라시아에서는 살아남았다는 사실은 언뜻 기이해 보인다. 그들은 두 장소에서 모두 기후변화와 인간의 포식이라는 비슷한 압력을 받고 있었으니까. 게다가 말이 인간의 날카로운 사냥 무기를 경험한 역사는 아메리카 대륙에서보다 유라시아에서 훨씬 더 길었다.

약 20만 년 전 아프리카에서 기원한 우리 종, 호모 사피엔스는 적어도 4만 년 전에는 유럽과 시베리아 모두로 확산했다. 하지만 말은 그보다 훨씬 전인 수십만 년 전부터 초기 인류 집단들에 잡아먹혔다.

서식스 박스그로브에서 발견된 50만 년 전의 말 어깨뼈에는 창에 손
상된 흔적이 있는데, 이는 초기 인류, 아마도 호모 하이델베르겐시스
*Homo heidelbergensis*가 말을 사냥하고 있었음을 나타낸다. 마지막 빙하기
의 정점에 북유럽 서부의 말 개체군은 차가운 기후와 구석기 사냥꾼
들의 치명적인 창 양면의 공격으로 그 수가 급감했을 것이다.

　말은 서유럽의 빙하기 거주자들에게는 매우 친숙한 동물이어서 동
굴벽화의 주제가 되기도 했는데, 그 이미지들은 수천 년 뒤 발견되어
경이를 불러일으킨다. 프랑스 남서부 베제르강 계곡의 몽티냐크라는
도시 근처에 있는 유명한 라스코Lascaux 동굴에 가보면 배가 불룩한 소
형 말들이 황소와 순록과 함께 동굴 벽을 따라 달리는 모습을 볼 수 있
다. 이는 약 1만 7천 년 전에 그려진 그림으로 추정된다. 하지만 빙하
기 말의 그림들 가운데 내가 가장 좋아하는 것은 라스코에서 남쪽으
로 약 1백 킬로미터 떨어진 곳에 있는 또 다른 동굴인 페슈 메를Pech Mer-
le동굴에 있다. 이 동굴의 그림들은 훨씬 앞서 2만 5천 년 전 무렵에 그
려진 것으로 추정된다. 나는 2008년 몇 명의 사람들과 함께 그 동굴을
방문하는 행운을 누렸고, 그곳에서 내가 본 것에 대해 썼다.

　돌계단 층계를 내려가 (…) 〔문을 통과해〕 산허리 깊숙한 곳에 있는
　석회암 동굴로 들어왔다. 나는 거대한 유석流石, 어마어마한 석순과
　종유석이 있는 웅장한 공간들을 통과해 걸었다. 석순과 종유석의 일
　부는 천장과 바닥 사이에서 만나 거대한 기둥을 이루었다. 한 커다란

방으로 들어서자 (…) 내 왼쪽 동굴 벽면 위, 드물게 나타나는 매끈한 부분 중 한 곳에 검은색 선으로 그려진 아름다운 두 마리 말이 서로를 등지고 있었다. 뒷부분은 약간 겹쳐진 모습이었다. 두 마리 말은 검은 점으로 덮여 있었는데, 마치 위장을 하듯 그 점들이 주변의 배경에까지 흘러나와 있었다. 왼쪽 말의 배와 다른 말의 옆구리에는 붉은색 오크로 칠해진 점들도 있었다. 평평한 암벽의 왼쪽 끝부분의 윤곽선이 기이한 부분은 꼭 말의 머리 같았다. 마치 벽화를 그린 화가가 암석 화폭의 자연적인 모양에서 영감을 받은 듯 보였다. (…) 그 말들은 자연을 그대로 표현했다기보다는 양식화된 모습으로, 크고 굽은 목과 작은 머리, 둥근 몸과 호리호리한 다리를 가지고 있었다. 그 그림들은 실제 말의 예술적 재현이었을까? 아니면 신화 속 동물의 모습이었을까?

그 이미지들이 무엇을 재현했든—실제 말에 상상력을 가미한 것이든, 말 정령이든, 심지어는 말의 신이든—우리는 유럽의 구석기 수렵 채집인들이 말의 생김새를 잘 알았을 뿐 아니라 말고기 맛도 알고 있었음을 확신할 수 있다. 빙하기의 많은 고고학 유적에서 도축된 말 뼈가 나오기 때문이다. 사실 말은 아메리카들소와 함께 고고학 유물에서 가장 흔한 대형 포유류다. 유럽과 시베리아에 있는 빙하기 말 고고학 유적들 가운데 약 60퍼센트에서 말 뼈가 발견되었다.

빙하기가 정점을 지난 뒤 기후가 좋아지기 시작했고, 많은 목초지가 형성되면서 말의 서식 범위도 늘어났지만, 말의 개체수는 계속 줄었다. 유라시아의 말 개체군에 꾸준히 가해진 압력은 인간의 사냥이었음이 틀림없다. 게다가 이 무렵 시베리아와 유럽의 사냥꾼들은 개까지 대동하고 다녔다.

세계는 계속 따뜻해졌고 그에 따라 환경도 계속 바뀌었다. 유럽은 점점 더 산림으로 뒤덮이면서 초지가 축소되기 시작했다. 신드리아스기의 한파에 이 추세가 주춤하자 서유럽의 숲들이 잠시 빙하기 툰드라로 되돌아가기도 했지만, 그런 다음 온기가 다시 돌아왔다. 1만 2천 년 무렵에는 '매머드 스텝'으로 알려진 탁 트인 빙하기 초원이 유럽에서 거의 사라지고, 그들과 함께 매머드도 사라졌다. 대신 이제는 광범위한 숲이 존재했다. 북쪽에서는 주로 자작나무가, 남쪽에서는 소나무가 자랐다. 약 1만 년 전부터 중유럽의 저지대에는 참나무가 우점하는 훨씬 더 울창한 혼합 낙엽수림이 형성되었다. 사슴과 갈색곰처럼 온기를 좋아하는 숲 동물들은 갑자기 최적의 환경을 만나 남유럽의 레퓨지아에서 북쪽으로 퍼져나갔다.

반면 말은 서서히 서식지를 잃어가다가 8천 년 전 중유럽에서 사라졌다. 하지만 홀로세 중엽으로 접어들 무렵, 말에게 적합한 훨씬 광범위한 서식지가 다른 지역에 존재했으니, 바로 이베리아의 초원들과 유라시아 스텝이었다. 후자는 흑해 북쪽의 흑해-카스피아 스텝에서부터 러시아와 카자흐스탄을 거쳐 몽골과 만주까지 뻗어 있었다. 그 초원들에는 뜯어 먹을 풀이 당연히 많았지만, 사냥꾼 또한 많았다.

심지어는 유럽에도 소수의 말들이 버틸 수 있었던 레퓨지아가 존재했던 것으로 보인다. 영국과 스칸디나비아에서부터 폴란드까지, 야생말의 증거를 보존하고 있는 1만 2천 년 전~6천 년 전의 고고학 유적들은 2백 곳이 넘는다. 즉, 매머드와 대형 사슴 같은 동물들은 새로운 낙엽수림이 너무 울창했던 탓에 멸종에 직면하고 말았지만, 작은 단위로 뿔뿔이 흩어진 말 개체군들은 풀을 뜯을 만한 소규모 삼림지들을 충분히 만날 수 있었다는 뜻이다. 소나무숲에 자주 발생하는 산불은 개방지 조성에 도움을 주었을 것이고, 큰 강의 경로를 따라 일어나는 정기적인 홍수는 숲을 억제함으로써 풀 뜯는 대형 포유류에 적합한 강가 목초지를 만들어주었을 것이다.

그리고 야생말을 위한 서식지 조성에 도움을 준 또 다른 요인이 있었다. 약 7500년 전(기원전 5500년), 유럽 전역의 고고학 유적들에서 말 유골의 빈도가 증가한다. **말이 급증하는 시점**은 유럽에 새로운 생활 방식인 농업이 도래한 시점, 즉 신석기가 시작된 시점과 일치하는 듯하다. 초기 농부들이 농업, 소, 양을 위한 공간을 만들기 위해 나무를 베기 시작했을 때, 그들은 의도치 않게 야생말을 위한 공간도 만들고 있었던 셈이다.

우리의 동맹자가 되어 우리와 협력한 종들에게 돌아간 이익은 훨씬 더 직접적이고 뚜렷했을 것이다. 빙하기 말은 생태적 대격변의 시대였다. 매머드와 마스토돈 같은 상징적인 대형 초식동물들을 포함해 많은 대형 포유류가 1만 5천 년 전~1만 년 전에 멸종했다. 먹이가 줄어들어들면서 포식자들도 심한 타격을 받았다. 동굴사자는 약 1만 4천 년 전 유라시아에서 사라졌고, 아메리카사자는 약 1만 3천 년 전 멸종했다. 검치호랑이는 약 1만 1천 년 전까지 신세계에서 버텼다. 늑대 집단은 비록 살아남았지만 심한 타격을 입었다. 하지만 물론 한 계통은 엄청난 성공을 거두게 되었는데, 바로 인간과 함께 사냥을 시작해 개가 된 늑대들이다. 현재 전 세계에 개는 5억 마리가 훌쩍 넘는 반면 늑대는 30만 마리가량 존재하는 것으로 추산된다. 즉, 오늘날 개는 살아남은 그들의 야생 친척보다 적어도 1500배 많은 것이다. 전 세계에 붉은산닭의 수가 얼마나 되는지 추측하겠다고 나설 사람은 한 명도 없을 듯하지만, 사람 수보다 적어도 세 배는 많은 2백억 마리의 닭에 비하면 미미한 숫자일 것이다. 소의 경우는 어떤가. 오록스는 현재 전무한 데 반해 소는 대략 15억 마리가 존재한다.

야생말도 비슷하게 위태로운 생활을 영위해왔다. 서식지 상실과 인간의 사냥은 말 집단에 타격을 주었다. 신석기에 숲을 베어내면서 소규모의 서식지가 군데군데 생겨나 개체수가 일시적 증가를 보이기도 했지만 말의 수는 계속 줄었다. 가축 말과 가까운 야생의 친척인 에쿠스 페루스*Equus ferus*의 수는 20세기에 0으로 떨어졌다. 또 다른 종인 에쿠스 프르제발스키*Equus przewalskii*에 속하는 몽골 야생말의 마지막 개체가 포착된 것은 1960년대였다. 하지만 재도입 프로그램에 의해 복원되어 지금은 약 3백 개체가 야생에 살고 있다. 그리고 운명의 장난처럼, 체르노빌 주변의 출입 금지 구역에서 야생말들이 말코손바닥사슴,

사슴, 멧돼지, 황새, 고니, 독수리와 함께 잘 살고 있는 것으로 드러났다. 이는 인간의 활동이 자연 생태계에 미치는 영향과 관련한 도발적이고 예상치 못한 사례이기도 하다. 이 지역에서 인간이 사라짐으로써 초래되는 긍정적인 영향이 방사능의 부정적 효과를 무색하게 하고 있는 듯하다.

물론 모든 말이 야생에만 머문 것은 아니었다. 야생말을 한 번도 못 본 사람이라 해도 길들여진 말은 많이 보았을 것이다. 여러분 중 말을 타본 사람도 있을 것이다. 다리를 올려 안장에 미끄러지듯 걸터앉을 때, 말이 그 자리에 순하게 서 있던가? 아마 그랬을 것이다.

조리타는 순하다고 할 만한 말은 아니었지만, 내가 자신의 등에 올라타려 할 때 싫은 내색은 전혀 비치지 않았다. 어쨌든 나를 떨어뜨리려고 시도하지는 않았다. 하지만 만일 내가 야생말에 올라타려 한다면 무슨 일이 일어날까? 녀석은 가만히 있지 않을 것이다. 그의 야생 조상들도 마찬가지였으리라. 뒷발로 쉽게 일어서거나 질주할 수 있고 누구든 저 멀리 내동댕이쳐 아주 심각한 상처를 입힐 수 있는 발 빠른 대형 포유류에게 자신을 내맡긴 일. 이는 인간이 늑대와 가까워진 것, 즉 늑대가 그 힘과 무시무시한 이빨을 우리에게 사용하지 않으리라 믿는 것만큼이나 놀라운 사건이다.

인간이 처음 말을 탔을 때

역사상 처음으로 야생말을 잡는 모습을 상상해보자. 그동안은 누구도 야생말을 잡은 적이 없다. 그런데 누군가 물고 발길질하는 야생말을 처음 집으로 데려와 묶어두고 먹이를 준다. 식구들은 그가 미쳤다고 생각한다. 그리고 그 말을 죽였으면 한다. 그렇게 하면 **몇 주** 동안 모두를 먹일 수 있는 양식이 생길 테니까. 하지만 그는 이 어린 야생동물을 살려두고 싶다. 녀석이 좋다. 그리고 그에게는 생각이 하나 있다. 모두가 말도 안 된다고 여기는 생각이다.

그는 야생말이 그의 접근에 익숙해질 때까지 기다린다. 그러면서 조금씩 가까이 다가간다. 그가 갈기와 목을 쓰다듬어도 녀석은 가만히 있는다. 이제 그는 갈기를 잡고 녀석의 등에 올라탄다. 녀석은 언짢아한다. 녀석은 기둥에 묶인 밧줄을 잡아당긴다. 그를 떨어뜨리기 위해 등을 굽히고 머리를 낮추며 뛰어오른다. 그는 납작 엎드려 녀석의 목을 잡는다. 그렇게 계속 버틴다. 녀석의 흥분이 가라앉자, 그는 몸을 일으켜 목을 잡고 있던 손을 풀고 그 대신 갈기를 단단히 붙잡는다.

잠시 후, 녀석이 콧바람을 불고 발을 구르면서도 그를 흔들어 떨어뜨리려 하지 않게 되었을 때, 그는 녀석의 목둘레에 걸린 밧줄로 한손을 내린다. 그러고는 매듭을 살살 푼다. 녀석도 그것을 안다. 밧줄이 땅에 떨어지자 녀석은 자신이 자유임을 안다. 그는 안중에도 없다. 녀석은 획 돌아 젖은 땅에 발굽을 내리꽂으며 달린다. 발굽이 날 듯이 움직이고 숨소리와 발소리의 리듬이 딱딱 맞는다. 그는 필사적으로 달라붙는다. 마치 날아오르는 느낌, 죽었다가 다시 태어나는 느낌, 바람과 야생, 주위 경관과 천국이 하나가 되는 느낌이다. 그는 계속해서 녀석을 단단히 붙잡는다. 율동적인 질주에 그의 몸은 녀석의 등짝에서 위아래로 정신없이 출렁인다. 녀석은 급히 방향을 바꾸며 그를 떨어뜨리려고 시도한다. 하지만 그는 버틴다. 녀석은 달리고, 달리고, 또 달린다. 어느덧 집에서 아주 먼 곳까지 왔다.

마침내 녀석이 지친다. 콧바람을 불고 고개를 뒤로 돌려 그에게 콧물을 뿜는다. 녀석은 이제 구보驅步로 달린다. 옆구리와 목이 땀으로 축축하다. 그의 손은 갈기 속으로 얽혀 들어가 있다. 녀석은 빠른 걸음으로 걷다가 속도를 늦추더니 멈추어 선다. 그도, 녀석도, 가만히 서서 잠시 숨을 고른다. 질주는 진을 쏙 빼놓았고, 무서웠고…… 짜릿했다.

이제 그가 몸을 조금 일으킨다. 그러고는 갈기를 부드럽게 당긴다. 녀석이 몸을 좀 돌렸으면 싶다. 녀석은 그렇게 한다. 이제 그는 원하는 방향으로 가고 있다. 야영지는 저쪽이다. 이 계곡을 따라가면 나오는 저 언덕의 왼편이다. 녀석에게 돌아가자고 부탁할 수 있을까?

그는 체중을 앞으로 약간 옮긴다. 그러자 녀석이 앞으로 내딛는다. 그는 녀석의 갈기를 쓰다듬는다. 그런 다음 다시 한 번 체중을 앞으로 옮기고 발로 녀석의 옆구리를 누른다. 그러자 녀석이 빨리 걷기 시작한다.

그는 녀석의 목을 너무 꼭 쥐지 않으려고 노력한다. 몸을 뒤로 약간 젖혀 갈기를 이쪽이나 저쪽으로 잡아당기면 방향을 안내할 수 있다. 그는 한 야생동물과 놀라운 유대를 맺었다. 강을 건너 반대쪽 강둑으로 올라온 다음 언덕의 측면을 돌아가니 야영지와 천막이 보인다. 불

말

을 피운 연기가 꿈틀거리며 하늘로 올라가고 있다. 이 멋진 생물을 타고 오는 모습을 보면 저들은 뭐라고 말할까? 그는 녀석의 영혼을 사로잡고 녀석의 힘을 느꼈다. 사냥하고 죽여서 먹는 것으로는 절대 하지 못할 일이다. 말의 잠재력이 풀려났다. 그는 사람들 속에서 신이 된 기분이다. 형제자매, 부모, 삼촌, 숙모, 사촌, 친구들이 모두 달려 나와 그를 환영할 것이다.

야영지에 거의 다 왔다. 녀석이 발걸음을 늦춘다. 대개는 사람들에게서 멀리 떨어져 지내왔던 탓이다. 그는 녀석을 재촉한다. 녀석은 이제 그의 것이다.

야영지에 있는 개들 중 한 마리가 달려와 말의 다리에 코를 대고 킁킁거린다. 말이 뒷발로 선다. 그는 갈기를 꼭 붙잡는다. 녀석은 뒷발로 선 채 격렬하게 몸부림친다. 그는 녀석의 등에서 내던져져 붕 떴다가 땅바닥에 떨어진다. 깜짝 놀란 그는 땅에 누워 숨을 헐떡거린다. 다행히 무사하다. 갈비뼈의 통증은 며칠 가겠지만 결국 사라질 것이다. 숨이 정상으로 돌아왔을 때 그는 왼손을 들어 가슴에 댄다. 손가락을 펼치자 손바닥에서 검고 뻣뻣한 말 털이 한 줌 나온다. 그는 녀석과 함께 여행했다. 녀석은 이제 가고 없지만, 야생마를 타고 달렸던 기억은 영원할 것이다.

그 일이 있은 뒤 친구들도 다들 말을 타보고 싶어 한다. 그것은 일종의 게임이 된다. 겁도 없이 말을 붙잡아 타려는 자들은 누구일까? 그것은 짜릿한 치기, 청춘의 권리다. 하지만 머지않아 말을 탈 뿐 아니라 말을 기르는 소규모의 사람들이 생겨난다. 그들은 막강한 세력이 된다. 무모한 청년들은 이제 지배 계층으로 떠오른다.

수년 뒤 그는 부족의 어른이 되고, 주변에 말이 흔해진다. 그는 예전 이야기를 들려준다. **지금은 우리의 협력자처럼 보이는 이 동물들이 야생동물이었던 시절이 있었다고.** 그리고 그가 바로 야생말에 올라탄, 그 상상할 수도 없는 일을 시도한 최초의 사람이었다고. 그는 마법을 깼다. 최초의 말은 도망가버리고 그는 땅에 부딪쳐 갈비뼈에 금이 갔지만, 사람들은 무엇이 가능한지 보았다. 그가 사는 동안 많은 것이 바뀌었다. 말은 많은 것을 가져다주었다. 고기와 젖뿐 아니라 운송, 무역, 습격, 더 넓은 세상과의 연결을 가능하게 해주었다. 그는 이야기로만 들었던 먼 곳의 사람들과 접촉하기 시작했다. 어릴 때는 불가능해 보였던 모든 것들이 지금은 원래부터 그랬던 것처럼 일상의 일부가 되었다. 이제 사촌을 만나러 하루에 50킬로미터 이상 여행하는 것쯤은 예삿일이다. 먼 곳에 있는 다른 부족의 야영지를 습격해 그들의 구리와 동물을 훔치는 것도 특별한 일이 아니다.

그의 자식들은 당연한 일인 듯 말을 타며 자랐다. 그리고 그가 처음 말을 탔던 짜릿했던 그날로부터 20년이 지난 지금, 말을 타는 부족은 그의 부족만이 아니다. 말타기는 들불처럼 번졌다. 그는 세 부족의 지도자들에게 말을 선물하고 그들의 우정과 충성을 확보했다. 젊은 여성들은 결혼해 다른 부족으로 떠날 때 말을 가져간다. 사람과 말 사이의 유대는 스텝 전역으로 퍼져나가며 굳건하게 뿌리내렸다. 더 많은 야생말이 잡혀 길들여졌고, 길들여진 암말에게서 매년 새로운 망아지들이 태어난다.

보타이 유적에서 발견한 말의 흔적

처음에 말이 어떻게, 그리고 왜 길들여졌는지 정확하게 아는 사람은 아무도 없다. 하지만 고고학은 우리에게 몇 가지 단서를 제공한다. 말 가축화의 지리적 기원은 스텝에서 찾을 수 있는데, 유럽의 대부분이 숲으로 덮이는 동안에도 이곳에서는 풀을 뜯는 이 동물이 계속해서 번성할 수 있었기 때문이다. 광대한 유라시아 스텝에서 인간과 말은 수천 년 동안 경관을 공유해왔다. 그러다 5500년 전 무렵, 사냥꾼과 사냥감이던 그동안의 관계가 변하기 시작해, 말의 운명과 인류 역사의 경로가 깊숙이 얽히게 된다.

고고학 유적의 '부엌 찌꺼기'는 매우 유익한 정보를 제공한다. 이 찌꺼기로부터 우리는 당시의 인간이 구체적으로 어떤 음식을 먹었는지 알아낼 수 있다. 유럽의 중석기와 신석기 유적에서 발견되는 동물 뼈 가운데 말 뼈의 비율은 얼마 되지 않는다. 하지만 스텝 지역의 유적에서만큼은 말 뼈의 비율이 약 40퍼센트 정도로 매우 높다. 그곳에 사는 사람들은 말을 잡아 길들이기 오래전부터 말에 의존했고 말과 매우 친밀했다.

하지만 그것도 소를 길들인 것보다는 훨씬 늦었다. 소 목축이 흑해-카스피해 스텝에 도래한 것은 7천 년 전이었다. 이때 흑해 북쪽 해안으로 흐르는 드네프르강 주변의 수렵채집인들은 소뿐 아니라 돼지, 양, 염소를 데리고 북쪽과 동쪽으로 확산하고 있던 농경인들과 접촉했다.

소 치는 사람들은 야생말을 아직은 길들이지 않고 평소와 같이 사냥하고 있었을 가능성이 높다. 인류학자 데이비드 앤서니David Anthony는 얼음장 같은 기후가 말을 길들이게 된 동인이었을 것이라는 견해를 제시했다. 소와 양의 경우, 눈 속에서 먹이를 파먹는 일에는 젬병이다. 눈 위에 얼음이 덮이면 더욱 그렇다. 게다가 물을 얻기 위해 얼음을 깨지도 못한다. 하지만 말은 발굽을 이용해 이 모두를 한다. 말은 차가운 초원에 잘 적응된 생물이다.

앤서니에 따르면, 인류는 6200년 전~5800년 전 기후가 나빠졌을 때 소떼가 혹독한 겨울을 헤쳐나가기 위해 고군분투하는 것을 보고 스텝의 말과 동물을 잡게 되었을 가능성이 있다. 다른 가능성으로, 말을 사냥하는 문화에서 자연스럽게 말을 길들이게 되었다고 생각해 볼 수도 있다. 수백 년, 또는 수천 년 동안 말을 사냥해왔고, 그래서 말을 잘 이해했던 사람들이 다른 야생말을 사냥하려는 목적으로 말을 잡아서 타기 시작한 것이다. 하지만 이조차 너무 의도적이고 너무 전략적인 설명 같다. 야생말의 등에 처음 올라탄 이들은 그동안 상상도 못했던 일, 바보 아니면 용감한 자만이 할 수 있었을 이 일을 해보라고 서로를 부추긴 10대들이었음이 틀림없다.

신석기 초 카자흐스탄 북부의 스텝 지역에 살던 사람들은 아직은 대체로 수렵채집인으로, 일시적인 야영지에 살았다. 그들은 말은 물론 뿔이 짧은 들소에서부터 사이가산양과 붉은사슴에 이르기까지 다양한 야생동물들을 사냥했다. 하지만 5700년 전 무렵부터 특별히 말을 겨냥한 사냥을 시작했음을 암시하는 듯한 증거가 1980년대 보타이Botai라 불리는 유적의 발굴 조사에서 발견되었다. 현재 잘 알려져 있듯이, 보타이 민족은 이때 반정착 생활도 시작했다. 그들이 야생말 무리를 따라 이동하는 유목민은 확실히 아니었음을 보여주는 대목이다. 그들은 유목보다는 정착에 훨씬 더 가까운 생활을 했다.

기원전 4천 년대의 보타이 및 비슷한 유적들에서 나오는 동물 뼈의 대다수는 말 뼈다. **보타이 사람들은 이때쯤 말고기를 많이 먹고 있었음이 분명하다.** 또한 증거에 따르면, 보타이 민족은 말을 무리째 한꺼번에 포획할 수 있었을 뿐 아니라 사체를 집으로 실어올 수도 있었다. 이는 수수께끼를 풀 중요한 단서였다. 즉, 사체가 거주지로 실려 왔다면, 월리스 해변에서와 같이 그 말들이 **현장에서** 도축되지 않았다는 얘기다. 고고학자들은 보타이 민족은 사냥하기 위해 말을 탔으며, 말을 이동 수단으로 이용했음이 틀림없다고 주장했다. 하지만 더 많은 증거가 나오면서 보타이 유적과 관련 유적들에 대한 해석이 변화를 보이기 시작했다. 보타이 유적의 고고학 유물들 가운데는 창끝은 거의 없는 반면, 미세 마모의 특징적 패턴을 보이는 뼈 도구가 다량 존재하는데, 이는 가죽 세공 도구로 보인다. 이 단서들은 보타이 민족이 말을 사냥하는 것에 그치지 않고 말을 길렀음을 암시한다. 말을 탄 것은 말할 나위도 없다. 고고학자들은 이 가설을 검증하기 위해 증거에 대한 추가 조사를 실시했다.

말과의 서로 다른 종들, 그리고 야생말과 가축 말 사이에는 뼈 모양의 확연한 차이가 없지만, 정강이뼈에만큼은 풍부한 정보가 담겨 있다. 이에 고고학자들은 보타이 유적에서 나온 말의 정강이뼈를 다른 장소 및 시기의 것과 비교했다. 그들은 보타이의 뼈가 상당히 호리호리하며, 확실한 가축 말의 뼈를 포함하는 더 나중 유적들에서 발견된 것들과 비슷하다는 사실을 알아냈다. 또한 보타이의 뼈는 현대 몽골 말의 정강이뼈와 호리호리한 정도가 비슷했다.

그런 다음 고고학자들은 보타이 말들의 이빨을 살펴보다가 아주 특별한 점을 찾아냈다. 어금니의 앞쪽 가장자리에서 띠 모양으로 마모된 흔적을 발견한 것이다. 에나멜은 상아질까지 닳아 있었다. 말의 입 안을 들여다보면 말의 앞쪽 치아와 뒤쪽 치아 사이에 틈이 있는 것을 볼 수 있는데, 그것을 치격이라고 한다. 보타이 말의 치격에 정기적으로 무언가를 끼워 넣었을 때만이 이빨에 이런 마모 패턴을 일으킬 수 있다. 이는 분명 재갈을 물린 흔적이었다. 다른 두 점의 이빨들에도 더 약하지만 재갈 마모의 흔적이 있었다. 분명한 마모흔을 가진 이빨들은 방사성탄소연대측정법을 통해 4700년 전의 것으로 밝혀졌다. 하악골 네 점의 표면에서 융기도 발견되었는데, 돌출 부위는 말의 입안에서 재갈이 물려지는 지점인 이빨 사이의 틈이었다.

마지막으로, 고고학자들은 보타이 유적에서 나온 토기로 관심을 돌렸다. 조리용 토기 조각들의 안쪽 표면에 붙어 있는 잔류물을 분석한 결과, 그들은 말 지방뿐 아니라 젖에서 유래하는 지질의 증거를 발견했다. 야생말 사냥꾼들이 암말을 사냥했을 때 이따금씩 말 젖을 맛보았음이 틀림없으며, 조리 용기 안의 젖은 보다 정기적인 소비를 암시한다. 양, 염소, 소의 가축화 중심에서 멀리 떨어져 있는 유라시아 스텝의 민족들은 그들만의 독자적인 낙농 형태를 독립적으로 생각해냈다. 그것은 말고기와 말 젖에 중점을 둔 생활 방식이자 경제로, 카자흐스탄에서 오늘날에 이르기까지 매우 오랫동안 계속되었다. 알타이산맥의 목축인들은 그 오래된 생활 방식의 상속인들로, 발효시킨 말젖인 쿠미스Kumis는 지금도 유라시아 스텝에서 즐겨 먹는 음료다.

다리뼈, 재갈 마모의 분명한 흔적, 말 젖의 이용이라는 세 가지 증거는 모두 똑같은 것을 가리킨다. 고대 카자흐스탄의 보타이 민족은 기원전 4000년대에 말에 마구를 달고, 말 젖을 짰으며, 말을 길렀다. 하지만 그것이 어떤 것의 **시작**을 알리는 것은 아니다. 이는 고고학자들이 '하한 연대terminus ante quem'라 부르는 것으로, 해당 시점에는 가축화가 이미 일어났음을 말해준다.

재갈 마모는 보타이의 말에 마구가 달려 있었다는 증거다. 굴레는 말을 부리는 데 사용되었을 가능성도 있지만, 말을 타는 데 사용되었을 가능성이 더 높다. 보타이 문화가 존재한 것은 말을 길들였음을 암시하는 이 특정한 증거 이전인 5500년 전으로 거슬러 올라간다. 게다가 말타기는 이보다 훨씬 더 일찍 시작되었을 가능성이 높다. 6500년 전 흑해-카스피해 스텝의 무덤들에는 소와 양의 뼈들과 함께 말의 골격 유해가 포함되어 있는데, 이는 이런 동물들 사이에 어떤 관계가 있었음을 말해준다. 그 증거와 관련해 고고학자들은, 사람들이 이렇게 일찍 말을 탄 것은 다른 동물들을 돌보기 위해였을 것이라고 지적했다.

고대 스텝 유목민의 확산을 돕다

지금의 루마니아와 우크라이나에 있는 도나우강 델타에서 다른 단서들을 찾을 수 있는데, 그곳에는 약 6200년 전의 것으로 추정되는 말머리 모양의 돌 전곤戰棍*과 스텝 문화의 특징적인 무덤인 쿠르간이 출현한다. 이는 당시 스텝의 기마민족들이 남쪽으로 이동하고 있었음을 강력히 암시한다. 쿠르간 내부에는 망자가 소장품과 함께 묻혀 있었고, 그 가운데는 조개껍데기와 이빨을 엮어 만든 목걸이뿐 아니라, 새로운 재료로 만든 도끼, 꼬임이 있는 목둘레 고리, 나선 코일 형태의 팔찌 등도 있었다. 그 새로운 재료는 바로 그들이 도나우강 주변의 오래된 유럽 도시 사람들과 무역을 통해 획득한 구리였다. 이는 그들이 금석병용기 또는 순동시대로 접어들었으며, 가단성 있고 반짝이는 이 금속이 높은 지위의 상징이 되었다는 증거다. 스텝 민족은 이러한 초기 확산 때 말과 함께 그들의 문화도 함께 퍼뜨렸을 것이다. 추정에 따르면 그들은 원시 인도유럽어를 사용하고 있었고, 이 언어는 그

---

*　끝에 못 같은 것이 박힌 곤봉 모양의 옛날 무기.

　　　　　　　　　　　　　　　　　　　　　　　　　　　　　　말

들이 더 남쪽으로 이동함에 따라 아나톨리아어로 진화한 듯하다.

즉, 말 길들이기와 기마는 보타이 문화가 출현한 시점보다 1천 년쯤 앞선 기원전 5000년대에 시작된 것으로 보인다. 기원전 4000년대, 그러니까 지금으로부터 5500년 전에서 5천 년 전에는 이미 스텝 남쪽의 흑해와 카스피해 사이에 펼쳐진 산맥 지역인 카프카스 주변에서 말 뼈가 더 자주 출현하고 있었다. 같은 일이 흑해 서쪽의 도나우강 델타에서도 일어나고 있었다. 5천 년 전에는, 독일 중부의 몇몇 유적들에서 말 뼈가 모든 동물 뼈의 20퍼센트를 차지할 정도로 증가한 상태였다. 두 사건의 관계는 분명하다. 기마와 가축 말이 빠르게 확산되고 있었던 것이다. 말과 기마는 카프카스의 남쪽으로도 확산된다. 5300년 전 이후에는 메소포타미아에서 말이 더 자주 발견되는데, 수메르문명이 꽃을 피우기 시작한 것이 바로 이 시점이다.

말을 탐으로써 일어난 진전은 말의 가축화만이 아니었다. 기마를 통해 인간은 다른 동물들을 훨씬 더 효율적으로 관리할 수 있었다. 한 사람이 걸어서 다니고 개의 도움을 받을 때 2백 마리의 양을 기를 수 있다면, 말을 타고 개의 도움을 받는 경우엔 5백 마리를 통제할 수 있을 뿐 아니라 훨씬 더 넓은 지역으로 나아갈 수 있다. 영역 확장은 분명 목축인들 사이에 무력 충돌을 유발했을 것이고, 따라서 동맹을 맺거나 선물을 주는 것이 중요해졌을 것이다. 고고학 기록에 구리와 금으로 만든 보석이 급증하는 것은 사람들이 전과 달리 지위를 추구하고 부를 과시하고 있었음을 암시한다. 하지만 이 모든 것에는 대가가 따랐다. 바로 이 시점에 마제석기인 전곤도 출현하기 시작하는데 그 중 일부는 말 머리 모양을 하고 있다. 이는 기마와 전투가 초기 단계부터 밀접한 관계로 연결되어 있었음을 보여준다. 정식 기병대는 약 3천 년 전 철기시대에 와서야 출현하지만, 다른 부족의 동물을 훔치기 위한 마상 습격과 내전은 말을 타기 시작함과 거의 동시에 시작되었을 것이다.

✳

기원전 4000년대 말로 접어들면서 스텝 목축인들의 이동 범위는 점점 더 넓어지고 있었다. 기원전 4000년대의 첫 몇 백 년 동안 좋았던 기후가 다시 악화되었던 것이다. 큰 동물 무리에게 풀을 충분히 뜯게 하려면 더 광범위한 목초지가 필요했다. 이는 새로운 생활 방식, 새로운 문화의 출현을 촉진한 것으로 보인다. 목축인들은 보타이에서와 같은 반정착 생활로는 더 이상 삶을 지탱할 수 없었기에 가축 무리와 함께 이동할 필요가 있었다. 그래서 생각해낸 해법이 달구지였다. 이 바퀴 달린 탈것이 스텝에 처음 출현한 것은 약 5천 년 전이다. 놀랍도록 정확한 추측이다. 대체 고고학자들은 어떻게 땅에 흔적을 거의 남기지 않는 탈것에 대해 이런 주장을 할 수 있었을까? 바큇자국은 수천 년을 견디지 못한다(그리고 발견되어도 썰매 자국과 구별할 수 없다).

이 질문에 대한 답은 이 스텝 민족의 무덤 안에서 찾을 수 있다. 그들은 여전히 쿠르간을 만들고 있었고, 이 흙무더기 안에 대체로 남성이었던 자신들의 지배자를 **그가 쓰던 달구지와 함께** 묻었다. 시신과 해체된 달구지를 구덩이에 넣는 이 특별한 무덤은 기원전 3000년~기원전 2200년에, 흑해-카스피해 스텝 전역에서 나타난다. 그리고 이러한 매장 의식은 그 새로운 문화에 정작 그 사람들은 모르는 '얌나야 Yamnaya'라는 이름을 제공했다. 얌나야는 러시아어로 '구덩이 무덤'이라는 뜻이다.

바퀴 자체가 스텝에서 발명된 것은 아닌 듯하다. 바퀴 달린 탈것이라는 아이디어는 서쪽의 유럽에서, 또는 남쪽의 메소포타미아에서부터 그곳으로 전파되었다고 여겨진다. 바퀴 달린 탈것을 묘사한 이미지 가운데 가장 이른 시대의 것은 폴란드의 한 유적지에서 나온 것으로 연대가 기원전 3500년경으로 추정되는 한편, 터키에서 나온 달구지의 진흙 모형은 기원전 3400년경으로 추정된다. 황소가 끄는 천막 덮인 달구지를 이동식 집으로 이용한 얌나야 목축인들은 거대한 가축 무리를 따라 광대한 땅을 이동할 수 있었다. 물론 말도 계속 탔다. 고고학자들은 그 목축인들이 한 해의 주기에 따라 봄과 여름에는 탁 트인 스텝으로 나가고 겨울에는 강 계곡에서 야영을 했으리라 추정한다. 게다가 그런 계곡들에는 나무가 있어서 연료용 땔감과 달구지를 수리할 목재도 구하기 쉬웠을 것이다.

소달구지를 캠핑카로 이용하고 쿠르간을 만든 이 기마 문화는 흑해-카스피아 스텝 전역에 펼쳐져 있었지만, 그들이 기른 가축과 먹은 식물 유형에는 지역적 차이가 있었다. 돈강 건너편의 동쪽 스텝에서는 사람들이 양과 염소를 주로 길렀고, 이동할 때는 적은 수의 소와 말을 이용했다. 그들은 양고기와 염소고기뿐 아니라, 채집한 덩이줄기와 명아주 씨(퀴노아와 매우 가까운 식물)를 먹었다. 서쪽 스텝의 사람들은 정착 생활에 가까운 생활을 했고, 소와 돼지를 길렀으며, 몇 가지 곡물을 재배했다.

하지만 기원전 5000년대의 초기 기마유목민들처럼 얌나야 문화도 스텝에만 머물지 않았다. 기원전 3000년경 그들은 도나우강 계곡 하류와 헝가리 대평원을 향해 서쪽으로 확산하기 시작했다. 스텝의 목축인들이 동쪽으로도 확산해 중국의 초기 농경인들과 접촉했고, 이때 서쪽에서 길들여진 작물과 동물들이 동쪽으로 퍼져나갔다. 구리 야금*도 서쪽에서 중국으로 갔다. 얌나야 문화 이후에도 스텝 민족은 여러 차례에 걸쳐 동쪽과 서쪽 모두로 확산한 것으로 보인다. 이 시나리오는 5천 년에 걸쳐 반복되었고, 역사에 기록된 마지막 물결은 13세기에 있었던 몽골 침입이다.

선사시대에 스텝 유목민의 확산은 동쪽과 서쪽에 존재했던 사회들에 서로 다른 영향을 끼친 듯하다. 중국에서는 유목민들이 정착 사회와 융합한 것으로 보이지만, 서쪽에서 그들은 다른 유목 목축인들이 점유한 땅을 침입했다. 그리고 마치 도미노 효과처럼 이들을 점점 더 서쪽으로 밀어냈다.

*   광석에서 금속을 추출·정련하여 사용 목적에 적합한 형상으로 만드는 공정.

얌나야 문화의 유럽으로의 확산은 지대한 문화적 영향을 미쳤고 그 영향은 오늘날까지 이어지고 있다. 유전학자들과 비교해부학자들은 현대 생물들, 그리고 가능한 경우 고대 생물들까지 포함해 그들 사이에 나타나는 유사점과 차이점의 패턴을 이용해 계통도, 즉 진화사를 보여주는 일종의 족보를 작성한다. 언어학자들은 문법과 어휘의 비교를 통해 똑같은 일을 할 수 있다. 영어에서부터 우르두어까지, 산스크리트어에서 고대 그리스어까지 많은 고대어와 현대어가 인도유럽어족으로 묶인다. 또한 언어학자들은 소리의 진화를 추적해 올라가, 약 1500개 음으로 이루어진 인도유럽어의 기원에 가까운 것을 찾아냈다. 그들이 실제로 한 고대어의 흔적을 찾은 것인지 검증하기는 어렵다. 하지만 그 이후 히타이트어와 미케네 그리스어의 새로운 단어들을 밝혀낸 고고학적 발견들은 역사언어학자들의 방법들로 예측한 것과 정확히 일치하며, 이는 학자들의 재구*를 신뢰할 만한 근거가 된다.

원시 인도유럽어의 조각들 속에는 수달, 늑대, 붉은사슴을 뜻하는 단어들뿐 아니라 벌과 꿀, 소, 양, 돼지, 개, 말 등을 뜻하는 단어들도 있다. 이는 원시 인도유럽어가 분명 신석기 시작 이후에 생겨난 언어 뿌리임을 뜻한다. **이 언어에는 길들여진 동물들과 관련한 단어들이 포함되어 있기 때문이다.** 그렇다 해도, '말'을 지칭하는 단어가 '길들여진 말'을 뜻하는 것인지는 분명하지 않다. 하지만 다른 단서들이 존재하

---

*   언어 간 비교를 통해 언어의 기원으로 거슬러 올라가는 작업.

는데, 재구된 원시 인도유럽어에는 바퀴, 차축, 마차를 뜻하는 단어들도 있다는 점이다. 말을 타고 마차를 끌었던 스텝의 유목민 얌나야 민족은 오늘날 유럽 전역과 서아시아, 남아시아에서 우리가 오늘날까지 사용하는 모든 인도유럽어의 바탕을 이루는 언어를 말하고 있었다. 스텝 지역 고대 문화의 희미한 잔재를 포함하는 단어들을 우리가 아직도 사용하고 있다니, 얼마나 경이로운 일인가.

지구상에 마지막으로 남은 야생말

지금쯤은 익숙한 얘기겠지만, 가축 말의 기원을 푸는 일도 쉽지만은 않았다. 늑대와 초기 개가 그랬고, 오록스와 초기 소가 그랬던 것처럼, 야생말과 가축 말도 뼈로 둘의 차이를 구별하기 어렵다. 보타이 유적에서 나온 정강이뼈들은 야생말의 뼈와 아주 미묘한 차이만 보일 뿐이었다. 사실, 일반적으로 말과에 속하는 모든 종은 골격에 큰 차이가 없다. 예컨대 얼룩말의 골격과 야생 당나귀의 골격을 비교해 둘을 구별하려면 진땀을 빼야 할 것이다. 이번에도 유전학이 구조에 나섰다. 그런데 가축 말의 기원을 살펴보기 전에, 오늘날 존재하는 다양한 말과 종들 사이의 차이점부터 확실하게 이해할 필요가 있다. 최근에 밝혀진 바에 따르면 몇 가지 차이점들은 우리가 생각했던 것보다 '차이'가 훨씬 적었다.

과거에는 말과의 여러 종을 분류학적으로 나누는 일에 지나치게 집착하는 경향이 있었다. 하지만 유전자분석에 따르면, 그동안 별개의 종으로 간주된 일부 독립된 집단들이 실제로는 유전적으로 훨씬 더 가까울지도 모른다. 예컨대, 사바나얼룩말과 멸종한 콰가얼룩말은 그동안 주로 겉모습을 토대로 별개의 종으로 분류되었지만, 현대 유전학은 그들이 같은 종이라고 말한다. 마찬가지로, 멸종한 아메리카 토종말인 '죽마다리' 말도 유전적으로는 현대 가축 말과 매우 가깝다. 말하자면, 현대 가축 말의 가까운 사촌인 셈이다. 하지만 말의 계통수가 예측했던 것보다 가지가 적고 유연관계가 더 가까운 형태로 포개지는 동안에도, 이 계통수의 한 가지 핵심 부분은 논란의 여지 없이 자리를 지켰다. 그것은 가축 말 에쿠스 카발루스가, 그들의 야생 조상 및 친척들인 에쿠스 페루스와 더불어 중앙아시아에 살아남은 진정한 야생 말 에쿠스 프르제발스키와 매우 가까운 관계라는 사실이다. 이 작지만 강건한 프르제발스키 말은 모래색이나 붉은색 털, 연한 빛을 띠는 주둥이와 배, 억센 갈색 갈기, 그리고 등과 나란한 줄무늬를 가진 것이 특징이다.

유전자분석은 진정한 말의 가계도를 복원하고 그 연대를 밝히는 일을 가능하게 했다. 가축 말의 야생 조상들은 가축화되기 훨씬 전인 약 4만 5천 년 전, 프르제발스키 말의 조상들에서 분리되어 독립된 계통으로 등장했다. **하지만 계통이 갈라진 뒤에도 어느 정도의 이종교배는 계속되었다.** 상호 유전자 이동의 증거가 오늘날의 유전체에 아주 분명하게 나타난다. 이종교배의 대부분이 일어난 시점은 오래 전인 약 2만 년 전으로, 마지막 빙하기가 정점에 이르기 전이었다. 하지만 빙하기 이후에도 프르제발스키 말의 유전자가 가축 말의 조상들로 일부 유입되었으며, 심지어는 가축화 이후까지도 유전자 이동이 계속되었다. 더 나중인 20세기 초반에는 거꾸로 현대 말에서 프르제발스키 말로 유전자가 이동한 증거가 존재하는데, 가축 말 유전자가 프르제발스키 말로 유입된 이 마지막 사건은 인간이 프르제발스키 말을 기르며 포획 상태에서 교배시키기 시작한 시점과 정확히 일치한다.

이 두 종류의 말 집단이 실제로 교배할 수 있다는 사실은 놀랍다. 둘은 별개의 종으로 간주될 만큼 형태적으로나 유전적으로나 뚜렷이 구분되는 집단이기 때문이다. 게다가 이들은 염색체 개수도 다른데, 염색체 개수 차이는 흔히 이종교배를 가로막는 완벽한 장벽으로 간주된다. 가축 말은 예순네 개의 염색체(서른두 쌍)를 가지는 반면, 프르제발스키 말은 예순여섯 개(서른세 쌍)를 가진다. 포유류의 난자 또는 정자가 만들어질 때 정자와 난자에는 몸의 다른 세포들에 있는 유전물질의 절반만 들어가게 되고, 수정 시 난자의 유전물질이 정자의 유전물질과 결합해 다시 완전한 한 벌을 만든다. 난자에서 온 각 염색체가 정자에서 온 짝과 쌍을 이루어야 수정란이 분열을 시작해 배아를 만들 수 있다. 그런데 가축 말과 프르제발스키 말이 짝짓기하면, 수정란은 서른두 개짜리 염색체 한 벌과 서른세 개짜리 염색체 한 벌을 가지게 되는 것이다. 그럼에도 어떤 식으로든 (심지어 유전학자들조차 깜짝 놀라는데) 염색체들은 쌍을 이룬다. 쌍을 이루지 못하면 생식력을 갖춘 자손이 태어날 수 없다. 그리고 현대 가축 말과 프르제발스키 말의 유전체에 남겨진 이종교배의 흔적들은 그 자손들이 생식력을 갖추었을 뿐 아니라 실제로 후대를 생산할 수 있었음을 보여준다.

물론 말과 종들 사이에서 탄생한 잡종은 잘 알려져 있다. 버새는 수말과 암탕나귀 사이에서 탄생한 잡종이다. 노새는 반대로 암말과 수탕나귀 사이의 잡종이다. 버새와 노새는 대개 불임이지만, 이따금씩은 그들도 번식에 성공한다. 당나귀가 서른한 쌍의 염색체를 가지고 말이 서른두 쌍의 염색체를 가진다는 사실을 고려하면 이 역시 상당히 놀라운 일이다. 하지만 서로 다른 말과 종의 유전체에는 훨씬 더 놀라운 사건의 증거가 들어 있다. 바로, 서른한 쌍의 염색체를 가진 소말리 당나귀와 스물세 쌍의 염색체를 가진 그레비얼룩말 사이에 이종교배와 유전자 이동이 일어난 일이다. 이러한 연구 결과들은 생물학의 작동 방식과 관련한 우리의 고정관념을 깨뜨린다. 종의 경계에는 유전체학 이전에 예상한 것보다 훨씬 더 구멍이 많은 것으로 밝혀지고 있다. 염색체 개수의 차이조차 우리 생각과 달리 번식의 장벽이 되지 못하는 듯하다.

유전학을 통해 우리는 이종교배 문제를 다룰 수 있을 뿐 아니라, **고대 집단의 크기가 시간이 흐름에 따라 어떻게 변동했는지에 대해서도 알 수 있다**. 에쿠스 페루스라고 알려져 있는 가축 말의 조상들과 프르제 발스키 말은 약 1만 년 전에서 2만 년 전 무렵인 플라이스토세 후기와 홀로세 초기에 개체군 붕괴를 겪었다. 집단의 크기는 약 5천 년 전의 가축화 시점까지 계속 줄었다. 그런 다음 가축화된 말인 에쿠스 카발루스의 미래는 장밋빛으로 바뀌기 시작했지만, 이 말이 계속 증가해 전 세계로 퍼져나가는 동안 야생에 사는 그들의 사촌들은 멸종 위기를 맞게 되었다.

가축 말과 가까운 야생 사촌으로 '타팬 말Tarpen'로도 알려져 있는 에쿠스 페루스는 모랫빛이 도는 회색 털과 연한 색 배, 검은색 다리, 짧은 갈기가 특징인 말인데, 1909년에 결국 멸종했다. 프르제발스키 말도 멸종 일로를 걸었다. 1879년에 중앙아시아 스텝을 가로지르던 러시아의 탐험가이자 지리학자인 니콜라이 미하일로비치 프르제발스키Nikolai Mikhailovich Przewalski가 이 희귀하고 겁 많은 말을 목격했다. 그 무렵 이 야생말의 분포는 좁은 범위로 줄어 있었고, 작은 무리들만이 몽골과 내몽골(네이멍구자치구)의 스텝을 돌아다니고 있었다. 몽골을 떠날 준비를 하고 있던 프르제발스키는 총에 맞은 말의 가죽과 두개골을 선물받고 그것을 당연히 상트페테르부르크로 가져왔는데, 이 유해를 동물학자 I. S. 폴리아코프I.S.Poliakov가 연구해 1881년 이 특별한 말에 대한 논문을 발표했다. 몽골에서 온 이 말의 유해는 과학계가 새 종으로 간주해야 할 정도로 가축 말과 현격히 다르다고 판단한 폴리아코프는 발견자의 이름을 따서 이 말에 새로운 종명을 부여했다. 말은 그 즉시 수집 목록에 올랐고, 동물원을 채울 표본을 포획하기 위한 탐험대가 몽골로 출발하면서부터는 야생 집단이 더욱 줄어들었다. 마지막으로 포획된 프르제발스키 말은 오를리차Orlitza라는 이름의 암말로 망아지일 때 포획되었다. 프르제발스키 말은 야생에서 점점 사라져갔다.

말

새 종으로 인정받은 것이 몰락을 부른 셈이다. 이들은 동물원 수집 목록을 채우기 위한 탐험대에 의해 죽임을 당하거나 흩어질 수밖에 없었다.

1969년 몽골 남서부 준가얼 고비Dzungarian Gobi에서 야생 프르제발스키 말의 마지막 모습이 보고되었다. 프르제발스키 말은 야생에서는 멸종했으나, 동물원에서 몇 마리가 살아남아 번식에 성공했다. 1980년대와 1990년대에는 오를리차를 포함해 단 열네 개체로 이루어진 모집단에서 번식시킨 말들을 이용해 프르제발스키 말을 야생으로 되돌려보내는 프로그램이 실시되어 성공을 거두었다. 1960년대와 1996년 사이에 '야생에서 멸종한 것'으로 간주되던 프르제발스키 말은 2008년에 되돌아왔다. 처음에는 숫자가 적어서 '위기 심각종'으로 지정되었으나 점차 개체수가 늘어나 2011년에는 '위기종'이 되었다. 이는 쉰 마리 이상의 성숙한 동물로 이루어진 집단이 야생에 살고 있다는 뜻이다.

지금은 몇 백 마리 정도의 프르제발스키 말이 야생에서 서식하는 것으로 추정된다. 개체수가 적다는 것은 곧 질병과 혹독한 겨울이 닥치면 집단의 존속이 어려워진다는 뜻이지만, 도움의 손길이 미치고 있다. 2001년에 프르제발스키 말을 야생으로 돌려보낸 중국 신장 자치구의 카라마이리Kalamaili 자연보호구역에서는 매년 이들을 덫 울타리에 모아 먹이를 제공하고 가축 말과의 경쟁으로부터 보호한다. 2014년에는 야생으로 돌려보낸 프르제발스키 말 집단에 124개체가 존재했다.

이는 중국에서 시도된 재도입 시도 가운데 가장 성공적인 사례로 알려져 있다.

포획 상태의 집단도 건강해 보인다. 전 세계 동물원에 약 1800마리가 존재하며, 그 수는 증가하고 있다. 야생 재도입 프로그램은 멸종하기 전 야생에서 마지막으로 포착된 장소 주변인 중국과 몽골에서 주로 시행되지만, 우즈베키스탄이나 우크라이나, 헝가리, 프랑스의 자연보호구역과 국립공원에도 프르제발스키 말을 일부 풀어놓았다.

우리는 이런 야생말 이야기를 통해 그들의 가축화된 사촌인 에쿠스 카발루스의 다른 역사를 유추해볼 수 있다. **이 말들이 야생에 머물렀다면 무슨 일이 일어났을까?** 인류 역사의 경로가 바뀌었으리라는 점에는 추호의 의심도 없다. 하지만 말의 운명도 크게 달라졌을 것이다. 야생말은 우리의 구석기 수렵채집인 조상들에게 중요한 고기 공급원이었지만, 그 밖의 다른 방식으로 유용성을 입증하지 못했더라면 그들도 분명 사냥당해 멸종하거나 멸종 위기에 처했을 것이다. 하지만 말은 사람들을 태워 광대한 스텝을 가로질렀고 기사들을 태워 전장으로 갔다. 전차, 마차, 대포를 끌었으며, 인류 사회에서 지위와 명성의 상징이 되었다. 프르제발스키 말을 야생에 재도입한 것은 재야생화 프로그램의 승리로 언뜻 성공담처럼 보지만, 전 세계에 존재하는 프르제발스키 말은 야생과 포획 상태를 모두 합쳐도 기껏해야 몇 천 마리에 불과하다. 이에 비해 가축 말은 약 6백만 마리가 존재한다. 가축 말의 유전적 다양성이 줄어들고 많은 품종이 사라져간다는 점에 대한 우려는 있으나, 에쿠스 카발루스는 위기종과는 거리가 멀다.

야생 암말의 미토콘드리아 DNA

이 가축의 기원 장소는 언뜻 확고부동한 듯 보인다. 하지만 고고학 기록에 등장하는 가장 빠른 가축화된 말이 흑해-카스피해 스텝에 있다고 해서 오늘날의 모든 말이 하나의 기원에서 유래했다는 법은 없다. 그 이후에 등장한 독립적인 가축화 중심이 있을 수 있다. 따지고 보면 말은 유라시아 전역에 널리 분포했으니까. 흑해-카스피해 스텝 외에도 많은 장소에서 말과 인간은 수천 년 동안 접촉했다.

다지역 분산 모델에 따르면, 각기 독립적으로 생겨난 작은 무리들이 훗날 다양한 말이 모인 하나의 가축 말 집단으로 융합했고, 이에 따라 가축 말에는 지역적 차이와 개별 기원이 반영되었다. 개와 마찬가지로 현대 말이 다양성을 보이는 것은 다지역 기원설이 옳다는 증거로 볼 수 있다.

과거에는 일부 가축화된 품종들과 현지 야생 조랑말 사이의 유사성이 다지역 기원설을 뒷받침하는 증거로 거론되었다. 뼈의 모양과 크기를 조사한 형태학 연구 결과들은 엑스무어 포니Exmoor pony, 바스크 지방의 포톡 포니Pottok pony, 그리고 멸종한 타펜 말 사이에 강력한 유사성이 있음을 암시한다. 카마르그Camargue의 아름다운 반半야생말이 빙하기 동굴벽화에 등장하는 진정한 야생말인 고대 솔뤼트레Solutré 말의 직계 후손이라고 주장하는 사람들도 있다. 하지만 유전자는 이와는 조금 다른 더욱 흥미로운 이야기를 들려준다.

＊

2001년에 말 서른일곱 개체로부터 채취한 샘플에서 미토콘드리아 DNA의 특정 부위를 분석한 연구 결과가 발표되었는데, 이 DNA 부위는 실제로 변이가 심했다. 하지만 이 다양성이 나타내는 것이 가축화 이전에 분기한 계통들일까, 아니면 가축화 이후에 분기한 계통들일까? 만일 이전이라면 이는 현대 말의 기원이 여럿임을 암시한다. 만일 이후라면 이는 단일 기원을 뒷받침한다.

이 질문에 대한 답을 얻기 위해 당나귀의 미토콘드리아 DNA를 조사해보니, 말의 미토콘드리아 DNA와 16퍼센트의 차이를 보였다. 유전학자들은 당나귀와 말이 2백만 년 전(화석 기록에 따른 것)과 4백만 년 전(당시의 유전학적 추측에 따른 것) 사이의 어느 시점에 서로 갈라졌다고 추정했다. 이는 일종의 눈금을 제공했다. 즉, 우리는 1백만 년 동안 유전자 염기 서열의 차이가 4퍼센트(4백만 년 전에 분기) 내지 8퍼센트(2백만 년 전에 분기)씩 벌어졌을 것이라고 예상할 수 있다. 유전학자들이 현대 말의 미토콘드리아 DNA 내부에서 발견한 차이(약 2.6퍼센트)에 이 속도를 적용했더니, 현대 말에서 발견된 계통들은 32만 년 내지 63만 년 동안 분기한 것이 틀림없었다. **32만 년으로 본다 해도 이 유전적 다양성의 기원은 가축화 시점보다 한참 앞선 약 6천 년 전이 된다.**

유전학자들은 이어서, 야생말이 드넓은 지역에 걸쳐 포획되었고 고기와 이동 수단 모두로 쓰였을 것이라 추측했다. 그 후 야생 집단이 사라지기 시작하자 가축화된 무리의 중요성이 커지며 이종교배가 시도되었고, 이것이 현대 말의 유전적 바탕이 되었다는 것이다. 연구자들은 말의 가축화 역사를 개, 소, 양, 염소의 역사와 대조했다. 우선 앞의 다른 종들은 훨씬 더 일찍 가축화되었고(여기까진 사실이다), 모두 한정된 지역에서 기원해 퍼져나갔다. 반면 말의 가축화는 여러 차례 일어난 듯했으며, 대체로 가축화된 동물들 그 자체가 확산되기보다는 가축화라는 아이디어, 즉 기술이 확산되었다.

그러나 이는 암말의 이야기다. 종마種馬는 어떨까? 종마의 경우 완전히 다른 이야기를 들려주었다. 인류학자 데이비드 앤서니는 말이 '유전적 정신분열 상태'라고 표현했다. 모계로 유전되는 미토콘드리아 DNA는 현대의 가축 말이 다양한 야생 암컷 조상들에서 기원했음을 암시한다. 말의 미토콘드리아 DNA가 보여주는 유전적 다양성의 어마어마함은 다른 가축들과 비교하면 매우 이례적이다. 하지만 부계로 유전되는 Y 염색체에는 소수의 야생 수컷 조상들만이 기록되어 있다.

미토콘드리아 데이터와 Y 염색체 데이터의 불일치는, 어느 정도는 자연적인 번식 패턴을 반영한다. 프르제발스키 말과 야생말 모두 암컷 무리가 한 마리의 수컷을 따라다니는 하렘harem*을 구성하는데, 이는 말 사회의 자연스러운 상태라 할 수 있다. 즉, 우세한 한 마리 종마가 암컷 무리와 망아지를 지배하는 일부다처제가 말의 세계에서는 표준이다. 어린 수컷들은 무리를 떠나 총각 집단을 이루어 몇 년간 돌아다닌 뒤 다른 종마에게서 암컷을 훔치거나 이미 존재하는 하렘을 싸움으로 쟁취해 자신의 하렘을 구성하려 시도한다. 따라서 현대 말의 유전적 구성에는 말 집단의 자연스러운 사회적 패턴과 번식 패턴이 반영될 것이다.

하지만 이것만으로는 미토콘드리아 계통에*나타나는 변이와 Y 염색체 계통에 나타나는 변이 사이의 뚜렷한 차이를 충분히 설명하기 어렵다. 이 패턴은 종마보다 암말이 훨씬 더 많이 가축화되었을 가능성을 강력하게 암시한다. 나로서는 이쪽이 훨씬 더 납득이 잘된다. 종마는 타고난 본성이 성마르고 독립적이며 위험하기까지 하다. 날뛰지 않고 인간을 등에서 떨어뜨리지 않으며 인간의 머리를 차지 않는 어린 야생 수말을 찾기란 보통 어려운 일이 아니다. 암말은 보다 유순한 본성을 타고난다. 만일 야생말을 잡아 길들일 생각이라면 암말을 시도하는 편이 훨씬 낫다. 그렇다면 역사적으로 야생 종마보다 야생 암말이 더 많이 포획되어 길들여졌다 해도 그리 놀라운 일은 아니다. 하지만 아무리 그렇더라도 번식을 위해서는 종마가 적어도 한 마리는 필요했을 것이다. 그것이 생물학의 기본이다.

현대 말의 DNA는 빠진 조각이 존재하는 퍼즐이다. 특정 계통들이 어디서, 그리고 언제 가축화된 말 무리에 추가되었는지도 알 수 없고, 과거의 다양성이 시간이 흐르며 얼마나 많이 사라졌는지도 알 수 없

---

*　　포유동물 번식 집단 가운데 한 형태.

말

다. 하지만 오래된 뼈에서 추출한 고대 DNA는 먼 과거의 이야기를 들려준다. 빙하기 말로 향할 무렵, 유전적으로 연결된 대규모의 야생 말 집단이 알래스카에서부터 피레네산맥까지 분포했다. 1만 년 전에는 북아메리카 말이 사라졌고, 유라시아 스텝의 말 집단이 이베리아의 말 집단과 분리되었다. 또한 최신 유전학 연구들은 Y 염색체의 다양성이 시간이 흐르면서 사라졌다는 사실을 밝혀냈다. 따라서 소수의 종마들만이 가축화되었다고 생각한 것은 오해였던 셈이다.

고대 DNA와 현대 DNA는 순동시대에 유라시아 스텝 서부에서 말 가축화가 **시작**되었다는 가설과 일치하는 한편, 가축 말이 유럽과 아시아로 퍼져나가는 동안 모계로 유전되는 야생 암말의 미토콘드리아 DNA가 **가축 말 무리로 거듭 유입**되었다는 사실도 보여준다. 철기시대에 더 많은 야생 암말이 포획되어 길들여졌고, 중세 시대에 다시 한 번 야생말이 길들여져 이미 가축화된 무리에 그들의 야생 유전자가 추가되었다.

이베리아반도의 가축화되기 전의 고대 말은 피레네산맥에 의해 유럽의 나머지 지역들로부터 차단되어 있었는데, 이 말의 일부 모계 계통이 그곳의 가축 무리에 들어와 오늘날 마리스메뇨Marismeño, 루시타노Lusitano, 카발로 데 카로Caballo de Carro 같은 몇몇 이베리아 품종들에 아직도 존재한다. 말을 남아메리카에 재도입한 것이 스페인 사람들이었으므로, 이 고대 이베리아 혈통이 아르헨티나의 크레올Creole과 푸에르토리코의 파소 피노Paso Fino 같은 남아메리카 품종들에서도 나타난다는 사실은 그리 놀랍지 않다. 중국의 경우는, 말의 미토콘드리아 DNA 계통들 대부분이 더 서쪽에서 동아시아로 건너온 가축 말에서 유래한다. 하지만 그런 다음 현지의 야생 개체군에서 유래한 몇몇 계통들이 추가되었다.

현재 드러나고 있는 그림은 가축화 중심이 여러 지역에 독립적으로 존재한다기보다는 가축화된 말들 중 한 집단이 스텝의 고향에서부터 확산되었고, 도중에 많은 야생 암말이 기존의 가축 무리에 계속해서 추가되었다는 것이다. 따라서 말의 가축화 이야기는 단지 아이디어와 새로운 기술의 확산만이 아니라 말 그 자체의 확산도 포함했다.

표범 패턴 반점과 말의 표정

다른 가축 종과 마찬가지로 이야기는 여기서 끝나지 않는다. 선택 육종은 특정 형질을 촉진하는 반면 다른 형질들은 억제했다. 말은 개, 소, 닭에서와 마찬가지로 엄격한 육종 관리 체제에 따른 강력한 인위선택에 의해 지난 2백 년 동안 오늘날의 다양한 현대 품종이 창조되었다. 하지만 **선택은 먼 과거에도 일어나고 있었다.** 속도와 민첩성을 갖춘 작은 말들은 가벼운 전차를 끌도록 선택된, 청동기시대의 발명품이다. 철기시대 스키타이인들은 일부 말에서 지구력을 선택하고 일부 말에서는 속도를 선택해 더 큰 말을 만들었다. 중간 크기의 말은 전투에 투입되어 처음에는 마차를 끌었고 나중에는 포를 끌었다. 중세 시대에는 짐 끄는 말이 1톤에 육박할 정도로 육중해졌다.

현대 품종에서 볼 수 있는 몇 가지 형질들은 가축 말 이전에 이미 존재했다. 라스코 동굴벽화를 가로질러 달리는 말들은 갈색과 검은색이다. 이것은 필시 자연 상태의 털색이었을 것이다. 페슈 메를 동굴의 말에서 볼 수 있는 점은 상상, 상징, 심지어 환각 상태의 재현이라고 해석되었다. 말 주변에 보이는 추상적인 점 패턴도 이런 해석을 뒷받침한다. 하지만 다른 한편으로 페슈 메를 동굴의 말에 찍힌 점은 크납스트루페르Knabstrupper, 애팔루사Appaloosa, 노리커Noriker 같은 몇몇 현대 품종들에 나타나는 '표범'의 털 패턴과 흡사해 보이기도 한다. 이 '표범' 패턴의 유전적 바탕은 잘 알려져 있는바, 말의 1번 염색체에 위치하는 LP 유전자의 대립유전자, 즉 특정 변종 유전자에서 유래한다.

유전학자들은 유럽과 아시아에 분포한 가축화 이전의 다양한 고대 말 서른한 개체에서 DNA를 추출해 이 변종 유전자가 있는지 살펴보았다. 아시아 말들에서는 그 LP 대립유전자를 발견할 수 없었지만, 그들이 조사한 서유럽 말은 열 마리 중 네 마리가 그것을 가지고 있었다. 페를 메슈 동굴벽화에는 확실히 예술적 자유가 발휘되어 있다. 거기 그려진 말들은 유난히 작은 머리와 가냘픈 다리를 지닌다. 하지만 얼룩 패턴은 빙하기 말의 실제 모습을 그대로 모방해 표현한 것일 가능성이 높다. 또한 이는 초기 말 육종가들이 특별히 선호한 특징이었던 것 같다. 예컨대 터키 서부의 한 청동기시대 유적지에서 나온 열 마리 말 중 여섯 마리에서 그 LP 유전자가 나타났으니 말이다.

시베리아 북부의 야쿠트 말은 현지 야생말들과 교잡했을 것이고, 그 결과 아북극 기후 환경에서 생존할 수 있는 생리적 특징과 해부적 특징을 얻을 수 있었을지도 모른다. 현재 야쿠트 말은 다리가 짧은 옹골진 체형을 가지고 있고, 털도 엄청나게 길다. 하지만 야쿠티야 지방의 현대 말과 고대 말의 유전자를 조사한 결과, 둘 사이에는 특별한 관계가 없었다. 야쿠티야 지방의 현대 말은 서기 13세기에 도입된 듯하고, 따라서 추운 환경에 매우 빨리 적응한 것이다. 털 성장, 대사, 혈관 수축(몸 표면에서의 열 손실을 줄이기 위한 적응)과 관계가 있는 유전자들에 일어난 그런 빠른 변화는 생존에 매우 중요했음이 틀림없다. 가축 말들을 전반적으로 살펴보면, 과거에 적극적인 자연선택을 받은 유전자들은 주로 골격, 순환계, 뇌와 행동에 일어난 변화와 관련이 있는 듯하다.

말 소유자들이 오래전부터 알고 있었을, 적어도 짐작은 하고 있었을 말의 매혹적인 행동 요소가 있는데, 그것이 과학 연구에 의해 이제 막 해명되기 시작했다. 증거들에 따르면 고양이와 개는 신체와 음성에서 드러나는 인간의 감정을 이해할 수 있는 듯하다. 실제로 개는 어떤 것이 행복한 사람의 얼굴인지 이해하는 것처럼 보인다. **말들도 표정을 지을 뿐 아니라 다른 말의 얼굴에 드러난 감정을 인식할 수 있다는 사실은 잘 알려져 있다.** 최근 한 연구에서는 말들에게 화난 표정, 찡그린 표정, 행복한 표정을 짓는 사람의 사진을 보여주었더니, 웃는 얼굴에 비해 화난 얼굴을 볼 때 말의 심박수가 증가하는 경향이 있었다.

말들이 사람의 감정을 읽는 것이 사실이라면, 그 능력을 몇 가지로 설명할 수 있다. 먼저, 오래전부터 다른 말의 얼굴에 드러난 표정을 해석할 수 있었던 말들이 가축화된 뒤 인간에 대해서도 똑같이 하기 시작했을 가능성이 있다. 아니면, 말이 인간과 지내며 학습한 것일 가능성도 있다. 예컨대 분노를 나타내는 다른 행동 단서들을 화난 사람의 얼굴과 연결 짓는 것이다. 그렇다 해도 이 능력은 그들의 야생 조상에게서 물려받은, 몸짓에서 감정을 유추하는 타고난 성향에서 비롯되었을 것이다.

신중하게 설계된 또 다른 최신 연구에서는, 말이 우리 행동을 해석할 수 있을 뿐 아니라 우리 행동에 영향을 미치려고 시도한다는 사실이 밝혀졌다. 말의 몇몇 몸짓들은 실제로 의도를 가진 의사소통으로 보인다. 실험에서는 자신이 좋아하는 먹이가 담겨 있지만 가닿을 수 없는 양동이를 향해 목을 쭉 늘이는 말의 모습이 포착되었다. 그들은 인간 실험자를 쳐다본 뒤 양동이를 '가리켰고', 그런 다음 다시 실험자를 쳐다보았다. 실험자가 멀리 가버리면 그런 행동을 멈추었으며, 실험자가 가까이 다가오면 시선을 더 자주 교차시켰다. 또한 말들은 고개를 끄덕이고 흔드는 몸짓을 이용해 주의를 끌었다. 이는 말들이 의사소통을 원할 뿐 아니라, 인간이 자신들의 신호를 수신한다는 사실을 인식할 수 있음을 암시한다. 말들이 가축화되는 단 몇 천 년 사이이런 행동을 할 수 있도록 진화했을 것 같지는 않지만, 그것이 타고난 능력일 가능성도 낮다. 그보다 말들은 자신들의 사회적 환경 속에서 다른 말들과—그리고 지금은 인간과도—상호작용 할 때 이런 종류의 행동을 학습할 수 있는 유전적 소인을 가지고 있을 것이다. 즉, 그 행동 자체는 아닐지언정, 행동을 발달시킬 수 있는 성향은 타고난다는 얘기다. 말이 개처럼 사교적인 본성을 가진 동물이라는 것은 말이 또 다른 사교적인 동물과 협력하기에 적합했다는 뜻이기도 하다.

흑해-카스피해 스텝의 말 사냥꾼들이 기마민족으로 변모한 순동시대 이래, 말은 우리의 훌륭한 협력자가 되었다. 동료 여행자가 된 것이다. 하지만 **그들이 실어 나른 것은 인간만이 아니었다.** 다음 장에 등장하는 길들여진 종의 확산은 실크로드 서쪽 끝에 해당하는 길을 따라 말을 달렸던 여행자들의 안장주머니에서 시작되었다. 그 안장주머니 안에 들어 있던 종은 바로 여행 중에 먹을 과일, 사과였다.

9

사과

Malus domestica

축배를 드세! 이 도시를 위해 축배를!

빵은 하얗고 맥주는 갈색,

술잔은 흰색 단풍나무로 만들어졌다네.

우리 모두 잔을 들고 그대를 위해 축배를 드세.

— 글로스터셔의 축배의 노래

축배를 드세

1월 말, 서머싯 북쪽의 추운 저녁이다. 소규모의 사람들이 과수원에 모인다. 잎이 모두 떨어진 가느다란 작은 가지들이 밤하늘에 뻗어 있다. 벌써 발밑에는 얼음 결정이 아삭아삭 밟힌다. 젊은이와 늙은이 할 것 없이 모두가 외투를 입고 목도리를 두르고 털모자를 썼다. 숨을 내쉬면 입김이 얼어붙는다. 아이들은 악기를 챙겨 왔다. 하지만 악기들이 내는 소리를 '음악'이라고 부르기란 어렵다. 그것들이 만들어내

사과

는 소리는 소음에 가깝다. 마라카스, 탬버린, 내부에 병마개를 넣은 깡통, 더 많은 병마개가 매달린 철사 조각을 끝이 갈라진 막대에 붙여 만든 딸랑이. 어른 한 명은 트럼펫을 가져왔다. 모인 사람들이 움직이기 시작하며 구불구불한 행렬을 이룬다. 다들 악기를 요란하게 쨍그랑거리고 탕탕 치고 흔들며 나무 밑으로 간다. 엄청나게 시끄럽다.

우리는 지금 사과나무를 깨워 악령을 쫓고 있다. 풍성한 가을걷이를 기원하기 위해서다. 행렬이 잠시 멈추고, 한 남자가 목청을 가다듬더니 축배의 노래를 부르기 시작한다. 나는 공개적인 장소에서 노래 부르는 사람들을 볼 때면 늘 거북함을 느낀다. 그건 뭐랄까, **뽐내는 행동**이니까. 남의 자식들이 당일 오후에 급조한 연극을 어쩔 수 없이 보고 있는 기분이랄까. 도망갈 수도 없고, 그렇다고 웃음을 터뜨리자니 예의가 아니다. 우거지상을 하기보다는 격려하듯 미소를 머금은 채 자리에 꼼짝없이 앉아 있어야 하고, 연극이 끝난 다음에는 빈정거리는 기색이라고는 조금도 없이 박수를 보내야 한다. 하지만 이곳 과수원에서는 내 차가운 냉소가 약간 녹아내린다. 그 남성은 마치 고대인과 같은 아름답고 감미로운 목소리를 가지고 있는 데다, 온 마음을 다해 이 의식을 거행한다. 마치 수년 동안 일어난 어떤 일과 그 소리를 재현하기 위해 시간 여행을 하고 있는 듯한 기분이다.

그런 다음 우리는 집안으로 몰려 들어간다. 털로 된 옷가지들과 외투, 그리고 과거는 모두 벗어버린다. 이제 친구들과 잡담을 나누기 시작하고, 주문에서 풀려나 현재로 돌아온다. 그럼에도 우리는 과거에 해왔듯이 데운 사과주가 담긴 컵을 쥐고 서로의 건강을 빌며 마실 것이다. 그것은 고대의 또 다른 메아리다. 축배를 드는 전통은 적어도 중세 시대로 거슬러 올라가지만, 그 뿌리는 아마도 더 깊을 것이다. 그것은 나무 정령을 달래고 풍년을 가져오기 위한 이교도의 의식이다. 1585년 켄트에서 젊은 남성들이 과수원에 모여 축배를 들고 상을 받았다는 이야기가 축배 의식을 언급한 최초의 기록이다.

17세기에, 작가이자 골동품 수집가 존 오브리John Aubrey는 남자들이 축배를 위한 잔을 들고 과수원으로 가 "나무들 옆에서 축복을 빌었던" 웨스트컨트리*의 전통을 기록했다. 18세기에는 축배의 노래가 빠르게 확산되었다. 그러다 19세기에는 가파른 감소를 보였고, 20세기 들어 그 오래된 의식이 부활에 성공했다. 성공의 정도에는 차이가 있었는데, 세번강 주변의 웨일스와 잉글랜드의 주들에서 가장 끈질기게 이어졌다. 내 친구들이 과수원에서 행한 축배 의식은, 비록 부활한 것이긴 하나 오래전부터 전해 내려오는 전통이었다.

'축배를 들다wassail'라는 말은 원래 고대 스칸디나비아 말 'ves heil'에서 유래한 것으로 '건강을 빈다'는 의미를 갖는다. 집 안으로 들어가 향신료를 넣어 따뜻하게 데운 사과주와 함께 서로의 건강을 위해 축배를 들 때 우리는 새로운 한 해의 시작을 기념하고, 친구들의 일도 사과 농사도 모두 잘 되기를 바랐다.

* 영국 잉글랜드 남서부 지역.

사과는 철저히 영국적인 것이다. 숭배 의식은 그 나무 및 열매와 우리 사이의 원초적인 관계를 경축하고 강조한다. 하지만 이 책에 등장하는 다른 모든 종들과 마찬가지로, 사과도 유럽 북서쪽에 있는 이 작은 섬에서 기원하지 않았다. 사과의 고향은 사실 여기서 5500킬로미터도 넘게 떨어진 곳이다.

중앙아시아의 천국 같은 산 옆구리에서

우리는 다른 종을 이야기하며 이곳에 왔었다. 적어도 아주 가까이는 말이다. 준가얼분지라는 명칭은 고대 몽골 왕국의 이름을 딴 것이지만, 지금은 그 지역 대부분이 중국의 신장웨이우얼자치구에 감싸인 채 서쪽의 카자흐스탄과 동쪽의 몽골 사이에 샌드위치처럼 끼어 있다. 하지만 준가얼분지의 동쪽 꼬리는 여전히 몽골에 있으며, 이곳이 바로 프르제발스키 말이 다시 등장하기 전인 1969년 마지막으로 포착된 곳이다. 준가얼분지의 남쪽 경계는 톈산산맥으로, 이 산맥은 서쪽으로 오늘날의 키르기스스탄을 이루는 쐐기 모양의 고지대 땅까지 이어져 북쪽의 카자흐스탄과 중국 신장웨이우얼자치구의 남서쪽 돌출부를 분리한다.

스텝과 사막 사이에 있는 비옥한 오아시스. '톈산'은 '천국 같은 산맥'이라는 뜻이고, 과연 이름에 걸맞아 보인다. 식물학자 배리 주니퍼 Barrie Juniper는 이 산맥의 아름다움을 이렇게 묘사했다. "눈으로 덮여 반짝거리는 삐죽삐죽한 봉우리, 숲으로 덮인 산비탈, 봄이면 꽃부리와 피어나는 꽃으로 수놓이고 가을이면 풍요로운 열매가 보석처럼 빛나는 높고 아늑한 목초지. 톈산은 산악지대의 특혜받은 고대왕국의 극치를 보여준다.”

1790년에 독일의 약사이자 식물학자였던 요한 지페르스Johann Sievers는 약초로 쓰이는 대황의 특정 종을 찾기 위해 시베리아 남부와 중국으로 떠나는 러시아 탐험대에 합류했다. 하지만 도중에 발견한 다른 식물들을 무시할 정도로 대황 찾기에만 집착한 것은 아니었다. 지금의 카자흐스탄 남동부 지역에 있는 톈산산맥의 옆구리에서 그는 이례적으로 크고 알록달록한 열매가 주렁주렁 열린 거대한 사과나무 숲을 발견했다. 열매의 색깔은 일부는 초록색 또는 노란색이었고, 일부는 붉은색과 보라색이었다. 이 숲은 사과나무가 군데군데 섞인 낙엽수 혼합림이 아니었다. 사과나무가 우점종이었다. 또 그 사과나무들은 오늘날의 과수원에서 볼 수 있는 자그마하고 가지치기한 종류와 달리, 키가 무려 18미터까지 자랐다. 지페르스는 탐사에서 돌아오자마자, 자신의 발견에 대해 기술할 기회도 없이 겨우 서른셋의 나이로 죽고 말았다. 하지만 훗날 그는 자신이 중앙아시아의 천국 같은 산맥에서 발견한 사과의 학명 말루스 시에베르시이Malus sieversii 속에서 불멸의 존재가 되었다.

19세기 초 식물학자들과 사과 재배자들은 사과나무속Malus 계통수의 꼬인 가지들을 풀어보려고 노력했다. 톈산 주변 숲의 큰 열매가 달리는 나무들은 거의 잊힌 듯했다. 그 대신 ‘숲사과’인 말루스 실베스트

사과

리스*Malus sylvestris*와 유럽 남동부의 '천국사과' 말루스 다시필라*Malus da-sybylla*, 그리고 '원시사과' 말루스 프라이콕스*Malus praecox*를 포함한 유럽의 야생 사과에서 재배종 사과들이 작물화되었다는 가설이 우세했다.

세계 최고의 식물 사냥꾼으로 여겨지는 니콜라이 바빌로프는 밀의 기원을 추적하기 위해 떠난 페르시아 탐사에서 돌아온 지 13년 뒤인 1929년에 지페르스의 발자취를 따라 떠났다. 그는 먼저 카자흐스탄 남동부로 갔다. 당시 그곳은 팽창하는 러시아 제국의 손아귀에 들어가 있었다. 바빌로프는 톈산 기슭의 알마티 주변에서 야생 사과나무 숲을 탐험했다. 알마티는 오늘날 거의 2백만 명이 사는 카자흐스탄 최대 도시가 되었지만, 옛 이름에는 사과와의 오래된 관계가 간직되어 있다. 그 이름의 러시아어 버전인 알마-아타Alma-ata는 '사과의 아버지'라는 뜻이다. 이곳이 최초로 언급된 13세기 문헌에는 '알마타우Almatau'라는 이름으로 등장하는데, 이는 '사과 산'이라는 뜻으로 추정된다.

"도시 주변의 모든 곳에서 산기슭과 숲의 광대한 지역을 덮고 있는 야생 사과를 볼 수 있다"고 보고한 바빌로프는 야생 사과나무 중 일부의 열매가 재배 품종과 비슷한 것을 보고 깊은 인상을 받았다. 게다가 그것들은 유럽의 작고 신맛이 나는 야생 꽃사과와 달리 통통하고 향미로 가득했다. 바빌로프에 따르면 "어떤 나무들은 열매의 질과 크기가 아주 훌륭해서 곧바로 정원에 옮겨다 심을 수 있을 정도"였다. 재배종들이 대체로 야생의 조상들과 얼마나 다른지 고려하면 매우 놀라운 일이었다. 옥수수와 테오신트가 얼마나 다른지, 심지어 재배 밀도 야생 밀과 얼마나 다른지 한번 생각해보라. **야생 조상 찾기는 대개 탐정과도 같은 작업을 요하지만 사과의 경우는 그렇지 않다.** 중앙아시아의 이 야생종은 과수원의 길들여진 과일나무들과 매우 비슷해서 같은 조상을 공유한다는 것이 누가 봐도 명백했다. 바빌로프는 알마아타 주변 지역이 이 과일의 지리적 고향, 작물화 중심임이 틀림없다고 확신했다. "나는 이 아름다운 장소가 재배종 사과의 기원임을 내 눈으로 볼 수 있었다."

그러나 20세기 말에도 일부 식물학자들은 여전히 유럽 꽃사과 말루스 실베스트리스를 작물화된 사과의 유력한 조상으로 보고 있었다. 물론 모두가 그렇게 확신한 것은 아니었다. 그러던 중 1993년 미국 농무부의 원예학자 필 포슬린Phil Forsline이 카자흐스탄 남동부의 그 숲으로 다시 떠났다. 그는 현지 과학자들과 함께 식물 조사에 착수해 과일의 맛을 보면서 견과류에서부터 아니스 맛까지, 신맛에서부터 단맛까지 다양한 맛을 발견했다. 그는 또한 최대한 많은 변종의 씨를 수집하려 애썼다. 미래에 작물을 개선하는 데 쓰일 수 있는 '생식질germplasm' 보관소를 만들기 위해서였다. 결국 그와 그의 팀은 1만 8천 개가 넘는 사과 씨를 가지고 미국으로 돌아왔다.

앞서 바빌로프와 지페르스가 그랬듯이 포슬린도 일부 야생 사과들이 재배종과 매우 비슷하다는 사실에 깊은 인상을 받았다. 하지만 알마티 주변 지역이 사과의 고향이라고 믿을 만한 또 한 가지 이유가 있었는데, 그것은 그곳에서 자라는 사과나무의 눈부신 다양성이었다. 우리가 이미 보았듯이 종은 기원 장소에 가까운 곳에서 가장 높은 다양성을 보이는 경향이 있다. 돌연변이를 축적한 시간이 가장 길기 때문이다. 따라서 알이 굵은 열매가 열리는 사과나무들은 적어도 3백 만년 동안 텐산산맥의 숲에서 자라고 진화해온 듯했다.

*

말루스 시에베르시이는 여러 면에서 독특한 과일나무다. 꽃사과로 총칭되는 야생 사과의 다른 종들은 보통 작고 신맛의 열매를 맺는 경향이 있다. '꽃사과crabapple'라는 명칭의 기원에 대해서는 논란이 있는데, 그 단어의 스코틀랜드어 형태인 'scrabbe'는 단순히 '야생 사과'를 뜻하는 노르웨이어에서 유래했을 가능성을 암시하지만, 'crab'은 '시다'는 뜻도 가지고 있다. 꽃사과는 단독으로, 또는 소규모로 자라는 경향이 있다. 어떤 것도 텐산의 말루스 시에베르시이처럼 울창한 숲을 이루지 않는다.

이 종의 또 다른 기이한 특징은 놀라운 변이다. 개별 나무의 크기, 꽃의 색깔, 열매의 모양, 크기, 맛이 엄청나게 다양하다. 이 다양성의 열쇠를 그곳 카자흐스탄 숲에서 자라온 오랜 시간에서 찾을 수 있겠지만, 그렇다 해도 이 종은 말루스속의 다른 종들에서는 보기 드문 다양성을 누리는 경향이 있다. 꽃사과들은 이 종에 비하면 지극히 보수적이다.

알이 굵은 중앙아시아 야생 사과는 알이 작은 초기 조상에서 진화한 듯하다. 그 조상들은 톈산산맥이 솟아오르기 전에 이미 아시아를 가로질러 퍼져나갔을 것이다. 그리고 톈산산맥이 솟아올랐을 때, 그곳은 생명이 살기 어려운 사막에 둘러싸여 격리된 사과나무 개체군을 위한 섬 같은 서식지—독특한 물리적 환경—가 되었다. 플라이스토세의 반복된 빙하기가 전 세계에 걸쳐 기후변동을 일으킨 결과, 식물은 분절된 소규모 서식지로 거듭 내몰렸을 것이다. 어쩌면 야생 사과의 변이가 큰 경향—자손 세대가 부모 세대와 확연히 다른 경향—은 환경 변동에 대한 유용한 적응으로 생겨났을지도 모른다.

중앙아시아 야생 사과는 시베리아 꽃사과 말루스 바카타*Malus baccata*와 매우 가까운 관계다. 후자는 작고 붉은 열매를 맺는데, 이것을 먹은 새의 소화관을 통과함으로써 씨가 널리 퍼졌다. 말루스 시에베르시이의 조상도 새가 퍼뜨린 사과였을 가능성이 있다. 하지만 그런 다음 이 종은 다양화했다. 큰 열매를 맺는 것은 매우 다른 종류의 동물인 포유류를 유인해 씨 확산을 돕게 하기 위한 목적으로 봐도 무방하다. 사과나무는 처음에는 곰의 관심을 끌고 곰의 미뢰味蕾*와 식욕을 만족시키기 위해 더 큰 열매를 맺었던 듯하다. (물론 이건 앞뒤가 잘린 설명이고, 더 큰 열매를 맺는 사과나무를 출현시킨 메커니즘은 진화의 핵심에 놓여 있는 자연선택이다. 다양한 열매가 제시되었을 때 곰은 더 큰 열매를 선호했고, 더 큰 열매를 맺는

---

*   맛을 느끼는 감각 세포가 몰려 있는 세포.

나무들이 그들의 유전자를 다음 세대의 사과나무에 더 많이 전달함으로써 진화상의 이점을 누렸을 것이다.)

시간이 흐르면서 원래는 작은 열매를 맺는 나무들의 한 계통이 곰이 거부할 수 없을 정도로 큰 사과가 열리는 새로운 종으로 바뀐다. 작은 사과는 매력이 떨어질 뿐 아니라, 소화관을 그대로 통과해 거의 훼손되지 않은 상태로 나올 경우 성공적으로 발아할 확률이 낮다. 사과 안에 박힌 사과 씨는 발아하지 못하기 때문이다. 왜 이렇게 불리하게 생겨먹었나 싶겠지만, 새로운 사과나무가 부모 나무 밑에서 싹을 틔워 부모와 경쟁하는 것을 막는 방편이다. **큰 사과의 경우 씹어 먹을 수밖에 없으므로 씨가 노출된다**. 발아로 가는 필수적인 단계다. 이빨에 깨물려 떨어져 나온 사과 씨는 장을 그대로 통과하고, 그것이 항문으로 나오면 부모에게서 수 킬로미터 떨어진 장소에서 새로운 나무가 될 확률이 높다. 곰의 항문에서 나온 사과 씨는, 말하자면 비옥한 두엄 더미에 실려 숲 바닥에 떨어지는 셈이다. 하지만 곰 배설물이라는 비료가 있다고 감안해도, 숲 바닥은 싹을 틔우는 데 이상적인 환경이 아니다. 다행히 숲속에는 사과 씨를 파묻어줄 다른 대형 포유류가 존재한다. 멧돼지는 흙을 헤집고 휘젓는 위대한 임무를 수행함으로써 씨가 성공적으로 발아할 확률을 높인다.

하지만, 갈색곰(그리고 멧돼지)이 중앙아시아의 숲에 사과 씨를 퍼뜨리는 놀라운 일을 해냈다는 사실에 의심의 여지가 없다 해도, 이 과일이 아시아와 유럽, 그리고 마침내 전 세계로 흩어지도록 촉진한 것은 인간과 그들의 말馬이었다.

사과의 고고학

중앙아시아의 고대 수렵채집 유목민들은 뚜렷한 흔적을 거의 남기지 않았다. 소수의 유적에서 나온 동물의 뼛조각들이 그들의 존재를 기록해주었고, 덕분에 우리는 그들이 주로 말이나 야생 당나귀, 오록스 등을 사냥했음을 안다. 톈산산맥에는 마지막 빙하기가 정점에 이르기 전과 후 모두 인간이 존재한 흔적이 남아 있다. 세계가 따뜻해지면서 기술에 변화가 일어났다. 사냥 기법이 바뀌었다. 약 1만 2천 년 전의 돌 가공물이 그 증거로, 용도가 무엇이든 다트(짧은 화살) 또는 작살에 끼워 사용한 것이 분명한 초소형 돌날이 그중 하나다.

그런 다음 순동시대 초기인 7천 년 전 무렵, 소가 도래하고 말이 가축화되면서 사냥에서 유목 목축으로의 변화가 일어났다. 거의 5천 년 전인 기원전 3000년대에 청동기시대가 유라시아 스텝에 도달했고, 최신 연구는 이 무렵 곡류 작물들이 카자흐스탄 동부에서 재배되고 있었음을 밝혀냈다. 서쪽에서 온 밀과 보리, 동쪽에서 온 조도 이에 포함되었다. 산악 지대에서 이런 곡류를 재배한 사람들은 여전히 유목 목축인이었으나, 그들은 작물의 씨를 뿌리고 추수하고 탈곡하기 위해 특정 계절에 같은 야영지로 돌아왔던 것이 분명하다. 동쪽의 황허강에서부터 톈산산맥을 거쳐 힌두쿠시에 이르는 일련의 청동기시대 유적들은 머나먼 선사시대에 '내륙 아시아 산맥 통로Inner Asian Mountain Corridor'라는 이름의 길을 통해 이루어진 동서 간의 원활한 사상 교류를 증언한다. 기원전 2000년대에는 목축인들이 양, 염소, 말, 밀, 보리를 가지고 톈산의 고지대 계곡으로 이동했다.

톈산에 ─ 그리고 그 동쪽의 알타이산맥에 ─ 뿌리를 내린 목축 생활 방식은 얌나야 문화에 의해 도입되었을 것이다. 목축의 도입이 문화의 확산(한 사회에서 다른 사회로의 사상 이동)을 통해서였는지 아니면 목축인들이 실제로 동쪽으로 이주하면서 이루어진 것인지는 여전히 뜨거운 논쟁거리다. 알마아타의 인간 거주지에 대한 최초의 증거는 4천년 전(기원전 2000년) 청동기시대로 거슬러 올라간다. 얌나야 문화와 마찬가지로 알마아타의 청동기 사람들도 망자들을 위해 쿠르간을 지었다. 내륙 아시아 산맥 통로의 중심에 있는 알마아타는 금세 중국 중부와 도나우강을 연결하는 동서 무역로의 중요한 정류장이 되었고, 이길은 나중에 실크로드로 알려지게 된다.

밀과 보리는 서쪽에서, 조는 동쪽에서 중앙아시아로 왔다. 이제는 중앙아시아가 나머지 세계에 선물을 줄 차례였다. 야생 사과나무 숲을 관통하는 원시 실크로드를 따라 이동하던 사람들과 그들의 말은, 사과를 안장주머니에 넣고 다니거나 먹으며 이를 고향 밖으로 널리 퍼뜨렸다. 따지고 보면 **사과나무의 열매는 씨를 퍼뜨리는 수단으로 진화**한 셈이다. 사과가 맛있는 것은 결코 우연이 아니었으니, 자신의 씨를 널리 퍼뜨리게 하려는 방책이었던 것이다. 인간과 말은 곰만큼이나 사과를 좋아한다. 그리고 말은 곰과 멧돼지의 일을 둘 다 할 수 있

다. 사과의 과육을 씨에서 떼어내고 그 씨를 퇴비 더미에 파묻는 일뿐
아니라 발굽으로 땅 속에 씨를 박아 넣는 것까지.

이렇게 해서 사과는 자유롭게 꽃가루받이가 되고 자연적으로 씨뿌
리기가 이루어지는 묘목으로서 널리 흩어지기 시작했다. 아직은 본질
적으로 야생식물이었지만, 두 발로 걷고 네발로 걷는 친구들이 그들
을 도왔다. 이 과일은 널리 퍼져나가게 되면서 이름이 필요해졌다. 인
도유럽어에는 사과라는 표현이 두 개가 있다. 하나는 '아볼abol'처럼 들
리고 다른 하나는 '말로malo'처럼 들리지만, 두 단어 모두 원시 인도유
럽어인 '삼루samlu'에서 유래했다. 유라시아 스텝의 청동기시대와 철기
시대 기마민족들은 사과를 '아마르나amarna' 또는 '아말나amalna'로 불렀
을 것이다. 이 단어는 고대 그리스어 '멜론melon'과 라틴어 '말룸malum'
으로 변했음을 쉽게 짐작할 수 있다. 하지만 서쪽으로 이동하면서 말
이 다시 바뀌어 'm'이 'b'로 변했다. (막상 적어놓고 보면 그렇게 괴상한 변화
는 아니다. 'mmm'을 발음해본 뒤 'mmmb'을 발음해보고, 다시 'b'만 발음해보라. 어
떤가? 이 소리들은 발음하면 모두 비슷하게 들린다. 'm', 'b', 'p'는 모두 입술을 붙이
거나 떨어뜨려 내는 소리들이다.) 사과를 뜻하는 고대 단어는 여러 언어와
방언으로 계속해서 쪼개졌지만, 우크라이나어 '위아블루코yabluko', 폴
란드어 '야블코jablko', '야블로코jabloko'는 여전히 독일어 '아펠apfel', 웨일
스어 '아바흘avall', 콘월어 '아벨avel'과 희미한 관련성을 지닌다. 서쪽의
낙원의 섬 아발론은 사과 섬이었다. 이 단어가 어떤 우여곡절을 거쳐
오늘날 우리에게 도착했든, 그 단어의 모든 변종들은―사과 그 자체

처럼, 그리고 고향을 떠나는 여행길에서 사과를 실어 나른 말처럼—
중앙아시아에서 유래했음을 암시한다.

사과를 뜻하는 단어들은 오해를 불러일으킬 소지가 있다. 역사상
가장 유명한 사과인 에덴동산의 사과는 전혀 사과가 아니었을지도 모
른다. 그것은 신화적인 무언가를 부르는 말치고는 이상해서 일종의
서사 장치로 보인다. 원본에도 사과라는 말은 나오지 않는다. 에덴동
산에서 자라는 금단의 열매, 뱀이 여자에게 먹어보라고 꼬드긴 것은
'답부아tappuah'라는 과일이다. 이 헤브루어는 사과를 뜻하지 않으며, 이
이야기의 탄생지인 팔레스타인의 뜨겁고 건조한 기후에서 자라는 사
과 품종의 개발은 최근의 일이다. 학자들은 답부아라는 단어가 실제
로 무엇을 뜻했는지를 놓고 지금도 논쟁을 벌인다. 오렌지, 포멜로, 살
구, 석류가 거론되었지만, 사과가 아니라는 것은 거의 확실하다.

기원전 9세기에 쓰인 것으로 추정되는 호메로스의 《오디세이아
Odysseia》에는 신화 속의 섬 스케리아에 있는 알키누스 왕의 과수원에서
자라는 사과에 대한 언급이 나온다.

> 이곳의 울창한 나무들은 언제나 한창때이니,
> 석류, 배, 사과는 붉게 빛나며
> 즙이 풍부한 무화과와 올리브는 반들반들하고 거무스름하게 차오
> 른다.

하지만 여기서 '사과'는―파리스가 아프로디테에게 준 것, 또는 헤스페리데스 정원에서 자란 그리스신화 속의 다른 사과들과 함께―실제로는 그저 둥그런 모양의 모든 과일을 뜻할 것이다. 그리스 단어 'melon'은 사과를 뜻하는 다른 인도유럽어 단어들과 어원을 공유하지만, 정작 사과를 특정하지 않는다. 그저 (멜론을 포함해!) 모든 통통하고 둥근 과일을 의미할 가능성이 있다.

기원전 4000년대 정원사들이 발명한 클로닝

골치 아픈 것은 사과를 뜻하는 초기 단어들만이 아니다. 메소포타미아에 도착했을 때 사과는 법칙이라는 게 통하지 않는 과일로 밝혀졌다. 재배종 사과와 비슷한 한 유형의 사과가 근동 지역에 처음 등장한 4천 년 전, 이 지역 사람들은 수천 년 동안 농부로 살고 있었다. 그들은 자연의 방식을 깊이 이해했고 그것을 통제할 수 있었지만⋯⋯과일나무에 대해서는 아니었다. 과일과 견과류는 고대인의 식생활의 중요한 일부가 아니었던 듯하다. 이런 유형의 식물들은 길들이기가 매우 어려웠기 때문이다. 곡류나 콩류와 달리, 목본식물들은 유전적 변이성이 더 크다. 사과는 우리처럼 유전자를 두 벌 가지고 있다. 그리고 무엇보다 자가수분을 하지 않는다. 그런 이유에서 우리는 사과를 '이형접합성이 매우 높다'고 표현하는데, 이는 쌍을 이루는 다른 염색체에서 특정 유전자의 같은 버전을 찾기 어렵다는 뜻이다. 이 점도 인간과 비슷하다. 우리가 이형접합성(정말 시적인, 길고 복잡한 말이다)이라고 말할 때 그것은 자식이 부모와 다른 경향이 있음을 뜻한다.

마찬가지로, 과일나무들도—그리고 특히 사과는—'원본에 충실하게' 머물지 않는데, 원하는 특정 형질을 그대로 보유한 나무를 길러내고자 시도하는 원예가에게는 정말이지 성가신 습성이 아닐 수 없다. 매우 달콤한 열매를 맺는 사과나무의 자손 묘목은 거의 항상 너무 시다. 헨리 데이비드 소로Henry David Thoreau는 "신경이 거슬릴 정도로 시다"라고 표현했다. 하지만 고대 사과 과수원 주인들은 마침내 **사과를 원본에 충실하게 만드는 방법**을 발견했다. 그들은 가치 있는 사과나무의 자질을 포착해 그 형질을 다른 나무로 전달하는 방법을 알아냈다. 기원전 4000년대의 정원사들이 클로닝*을 발명한 것이다.

어떤 식물들은 클로닝에 적합하다. 그런 식물들은 자연적으로 클로닝을 한다. 기는줄기를 땅 표면 또는 땅 밑으로 뻗음으로써 부모 식물에서 좀 떨어진 곳에 자기 자신의 새로운 조각을 키우는 방식으로 퍼져나가는 식물은 사실상 자기를 복제하는 셈이다. 이때 둘의 뿌리를 나누면 어린 식물은 스스로 성장을 계속해나간다. 우리 집 정원의 해당화 산울타리는 이런 식의 자기 복제에 매우 능해서, 그냥 내버려두면 틀림없이 사방에 어린줄기를 내어 정원을 덤불로 바꿔버릴 것이다. 그러므로 기는줄기와 거기 붙은 새순을 잘라 번식을 억제해야 한다. 반대로 만일 더 많은 해당화를 원한다면, 그 새싹을 다른 곳의 땅

---

* 　유전적으로 동일한 생물을 얻는 기술.

에 꽂으면 된다. 그러면 새싹들은 뿌리를 내리고 자랄 것이다.

초창기 농업 전문가들은 무성으로 번식하는 몇몇 식물들의 이런 자연적 경향을 이용할 수 있었다. 그들은 꺾꽂이로 무화과, 포도, 석류, 올리브의 클론을 재배할 수 있으며, 대추야자의 새순을 분리해 심으면 잘 자란다는 사실을 알아냈다. 하지만 배, 서양자두, 사과는 순응하지 않았다. 이 식물들은 씨로 재배하면 부모와 다르게 자랐고, 꺾꽂이로 뿌리를 내리게 하는 것이 매우 어려웠다. 근동 지역의 건조한 저지대에서는 특히 그랬다. 야생 사과의 경우는 뿌리에서 흡근**을 내보내거나 지표의 흙에 덮인 가지에서 새순을 내보내는 영양생식(무성생식)에 의해 확산된 흔적을 많이 볼 수 있지만, 재배된 사과를 이런 식으로 번식시키기는 어려워 보인다.

하지만 누군가는 나무들을 서로 합칠 수 있다는 사실을 알아챘던 것이 틀림없다. 그것도 아주 오래 전에. 살아 있는 가느다란 나무를 유르트*** 같은 형태로 구부려 보금자리를 만든다고 생각해보자. 그런 구조를 만들기 위해 실가지를 잘라도, 특히 버드나무나 무화과를 이용한다면 실가지들은 뿌리를 내려 자랄 수 있고, 시간이 흐르면 교차점에서 서로 합쳐져 하나로 붙는다. 그렇게 되는 것을 본 적이 있다면, 즉 야생 나무 두 그루가 서로 딱 붙어 자라다가 서로 합쳐지는 것을 본

** 　　　지하의 줄기에서 나온 가지로 이후 독립된 개체가 된다.
*** 　　몽골과 시베리아 유목민들의 전통 텐트.

　　　　　　　　　　　　　　　　　　　　　　　　　　사과

적이 있다면, 다음과 같은 의문도 그저 멋모르고 지껄이는 소리로 들리지는 않을 것이다. 이 나무를 잘라 다른 나무에 붙이면 그 나무가 자랄 수 있을까? 자랄 수 있었다. 한 인간에게서 다른 인간으로 심장을 이식하기 몇 천 년 전, 우리 조상들은 대목*에 과실을 얻기 위한 나무(접가지)를 이식할 수 있다는 사실을 알아냈다.

접붙이기는 우리가 한 그루 '부모'에게서 수백 그루의 사과나무를 복제할 수 있음을 뜻한다(그것은 엄밀한 의미에서 부모가 아니라 일란성쌍둥이다). 접붙이기에는 다른 이점들도 있다. 만일 씨를 심는다면, 그것이 자라 꽃을 피우고 열매를 맺기까지는 수년을 기다려야 한다. 하지만 미성숙한 대목에 성숙한 나무의 접가지를 붙이면 금방 열매가 맺히기 시작할 것이다. 미성숙한 단계를 건너뛰는 것이다. 언제든 새로운 재배종을 대목에 붙일 수 있다. 대목을 신중하게 고르면 나무의 크기에도 영향을 미쳐, 원래는 거대한 나무인 재배종에서 난쟁이나무를 만들 수도 있다. 어떤 대목은 재배하고자 하는 품종에는 없는 유리한 특징, 예컨대 해충 저항성이나 가뭄 저항성을 가져다준다. 게다가 접붙이기는 병든 나무를 살리는 방법으로도 이용된다. 만일 뿌리가 병원체의 공격을 받았거나 나무 몸통의 껍질이 갈라졌다면 아픈 나무 주변에 묘목을 심어 더 높은 곳의 몸통과 결합시킬 수 있다. 심장동맥 우회술처럼, 그런 식으로 꼭 필요한 물과 영양분을 토양에서 가지로 전

---

*   뿌리를 남겨 영양분을 공급해주는 바탕 나무.

달하는 것이다.

놀랍도록 진보한 기술처럼 보이지만, 기원전 2000년대 초 근동 지역에 사과가 도착했을 무렵에는 이미 다른 식물들에 접붙이기가 시행되고 있었던 듯하다. 단서는 기원전 1800년경의 수메르 점토판 조각에 적힌 설형문자 문헌의 한 토막에서 나온다. 그것은 오늘날의 시리아에서 고대 도시 마리Mari의 궁전을 발굴하는 과정에서 발견되었다. 이 고대 문헌에는 궁전으로 가져와 다시 심은 포도나무 순이 언급되어 있다. 이것이 접붙이기를 가리키는 것이라고 널리 해석되지만, 실은 포도나무순을 단순히 땅에 곧바로 꽂아 넣는 꺾꽂이로 쓰려던 것이었을지도 모른다. 포도는 쉽게 뿌리를 내리므로 그랬을 가능성이 꽤나 높다. 그럼에도 마리의 다른 점토판에는 궁전으로 사과가 수송되고 있었음이 명시적으로 언급되어 있다. 설령 사과를 재배하거나 접붙이기 하지 않았다 해도, 마리의 왕들은 분명 사과 맛을 알았다.

그리고 접붙이기와 관련해서 더 확실한 증거를 제공하는 보다 늦은 시기의 문건, 아니 일군의 문헌이 있다. 구약성서는 청동기시대의 마지막 몇 백 년부터 철기시대에 걸쳐 있는 기원전 1400년~400년의 이야기와 역사를 간략하게 요약해놓은 책이다. 접붙이기가 구체적으로 언급되지는 않지만, 재배종 포도가 야생 포도로 변했다는 사실이 언급된 여러 우화들 속에 분명히 암시되어 있다. 지중해 동부 주변과 인도 및 서아시아까지 뻗어 있던 페르시아제국에서는 사람들이 자신들의 과수원에서 접붙이기를 이용했을 가능성이 굉장히 높다. 이 관행에 대한 분명한 언급은 없지만 말이다.

접붙이기가 분명하게 언급된 최초의 문헌은 고대 그리스 문헌이다. 기원전 5세기 말에 쓰인 〈히포크라테스의 논문Hippocratic Treatise〉 중 한 문단에 따르면 "몇몇 나무들은 다른 나무에 이식된 접가지에서 자란다. 그 나무들은 접가지에서 독립적으로 살며, 그들이 맺는 열매는 그들이 접붙은 나무의 열매와는 다르다." 로마인들은 이탈리아에 체리, 복숭아, 살구, 오렌지와 함께 달콤한 사과 과수원을 조성했다. 로마인들이 유럽 전역에서 막강한 세력이 되고 있을 무렵에는 접붙이기에 대한 언급이 여기저기에 많이 등장한다. 그리고 그리스인들이, 그다음에는 로마인들이 무역망, 식민지, 제국을 통해 사과와 과수원, 그리고 접붙이기에 대한 지식을 유럽 전역으로 퍼뜨렸다. 프랑스 남부의 생로맹앙갈Saint-Romain-en-Gal에서 나온 서기 3세기의 놀라운 모자이크는 심고 접붙이고 가지치기하고 수확하고 사과주를 만드는 과수원의 한해 일정을 보여준다.

따뜻한 기후가 낳은 다양한 품종의 사과

로마인들에게 재배종 사과는 문명의 증거였다. 로마 역사가 타키투스는 서기 3세기에 쓴 글에서, 독일인들은 로마인들이 좋아하는 도시의 고상한 과일인 우르바니오레스urbaniores와는 다른 아그레스티아 포마agrestia poma, 즉 시골 사과나 야생 사과를 먹는다고 기록했다. 하지만 로마 문명의 영향이 유럽 전역으로 퍼져나가면서 재배종 사과도 퍼져나갔다. 적어도 로마인들은 우리가 그렇게 생각하기를 바랄 것이다. 하지만 재배종 사과가 영국과 아일랜드에 그보다 훨씬 일찍 도착했을 가능성도 있다. 청동기시대 후기에 지어진 북아일랜드의 옛 주 아마Armagh의 언덕 위 성채인 호히 요새Haughey's Fort를 발굴하던 고고학자들이 3천 년 전의 큰 사과로 보이는 것을 발견해 커다란 흥분을 불러일으키기도 했다. 하지만 그것은 추가 조사에서 말불버섯으로 드러났다. 즉, 3천 년 전의 말불버섯이었다.

따라서 지금까지 유럽 북서부의 이 모퉁이에 로마 시대 이전의 사과에 대한 직접적인 증거는 없는 셈이다. 하지만 특별한 의미를 둘 건 없는데, 고전 문명이 부흥하기 한참 전에 유럽을 가로지르는 광범위한 무역망이 있었기 때문이다. 실제로, 구리와 주석의 합금인 청동을 만들기 위한 주석의 일부는 콘월에서 나왔을 것이다. 그리고 로마 시대 이전의 고대 땅에 사과가 존재했음을 암시하는—적어도 철기시대에 뿌리를 둔—켈트어 지명이 스페인, 프랑스, 영국 전역에 존재한다. 스페인의 아빌라Avila와 아발론Avallon에서부터 프랑스의 아베유Availles와 아벨뤼Aveluy, 영국 어딘가에 있지만 그 정체가 묘연한 아발론섬Isle of Avalon(웨일스어로는 어니스 아바흘라흐Ynys Avallach)에 이르기까지, 사과를 닮은 이름들은 카자흐스탄의 원시 과수원들과의 훨씬 오래된 관계를 암시할 가능성이 있다. 물론 이는 단지 추측일 뿐이다. 그러한 명칭들이 현지의 야생 사과를 지칭하는 것이라 해도 똑같이 말이 되기 때문이다.

로마인들이 영국, 아일랜드, 프랑스, 스페인에 처음 도착했을 때 원주민들은 로마인들이 독일에서 그랬던 것처럼 이미 현지의 꽃사과를 잘 이용하고 있었을 것이다. 고고학자들은 영국 데번주의 한 구덩이에서 구운 점토로 만든 베틀 추를 비롯해, 거의 6천 년 전인 신석기 초기의 것임에도 놀랍도록 잘 보존된 일군의 야생 꽃사과 씨와 줄기는 물론 통째로 된 열매까지 발견했다.

꽃사과들은 또한 메소포타미아에 있는 고대 바빌로니아 도시 '우르Ur'의 푸아비Puabi 여왕의 4500년 전 무덤에서 끈에 꿰어진 채로 발견되기도 했다. 하지만 스코틀랜드에서는 사과의 흔적이 무려 중석기에 해당하는 더 빠른 고고학 유적들에서 발견되었으며 체코공화국 돌니베스토니체Dolní Věstonice의 후기 구석기 유적에서도 약 2만 5천 년 전의 꽃사과 잔해가 발견되었다. 이쯤 되면 우리 조상들은 야생 사과가 곁에 있는 한 내내 그것을 먹었다고 봐도 무방한 듯하다. 꽃사과는 '구석기 식생활'의 일부였을 뿐 아니라 다른 용도도 있었으니, 약으로, 그리고 사과주를 만드는 데 쓰였다. 물론 꽃사과의 야생 형태는 여전히 쓰임새가 있다. 꽃사과 나무를 과수원에 심으면 재배종 사과의 수분을 도울 수 있다. 또한 열매를 조리해 고기에 곁들이거나 소스와 젤리로도 만들고, 당연히 사과주도 담든다. 게다가 꽃사과는 예쁘다. 내 정원에는 작물종 사과인 우르바니오레스 네 그루와 함께, 분홍색 꽃을 피우고 노란색 열매가 달리는 작고 예쁜 꽃사과 한 그루가 있다.

청동기시대와 철기시대 근동 지역에서 유럽 전역으로 달콤하고 통통한 재배종 사과가—대체로는 로마제국의 공식적인 지원을 받아—

확산된 것을 사과의 최초의 대규모 확산으로 볼 수 있다. 로마제국의 몰락과 함께 과수원은 버려지게 되지만, 서유럽의 경우 사과는 수도원 정원에서 살아남아 12세기에 시토 수도회의 확장과 함께 다시 한번 유럽 전역으로 확산되었다. 1998년 웨일스의 바드시섬Bardsey Island에서, 붉은색 황금사과가 열리는 사과나무 한 그루(아마 그곳 수도원 과수원의 마지막 생존자였을 것이다)가 자라고 있는 것이 발견되어 지금은 다시 재배되고 있다.

한편 동유럽에서는 사과가 8세기 비잔틴제국의 몰락을 딛고 살아남아 이슬람 세계에서 신중하게 관리·재배되고 있었다. 그러다 16~18세기, 유럽 식민주의 국가들이 남북 아메리카와 남아프리카, 오스트레일리아, 뉴질랜드, 태즈메이니아에서 재배종 사과를 심기 시작하면서 사과의 두 번째 큰 확산이 일어났다. 1835년 칠레에 상륙한 다윈은 사과 과수원으로 둘러싸인 발디비아 항구를 발견했다. 태즈메이니아는 훗날 '사과 섬'으로 알려지게 되니, 말하자면 아발론의 대척점인 셈이다.

사과의 두 번째 '디아스포라'는 온대 전역의 다양한 기후에 적합한 엄청나게 다양한 품종의 사과를 낳았다. 북아메리카에서 사과가 성공한 것은 '야생으로의 회귀'가 수반되었기 때문인 듯하다. 야생으로 돌아간 사과는 씨에서 묘목이 자라났고, 그런 다음에 혹독한 겨울을 나야 하는 새로운 서식지에서 발육이 어려운 개체들이 자연선택에 의해 제거되었다. 자연선택의 체질을 통해 새로운 변종들이 등장한 한편, 재배 품종들은 아메리카 토종 꽃사과들과의 교잡으로 현지의 유용한 적응을 가져왔다. 사과는 새로운 서식지에 맞게 자신을 개조할 수 있었던 것이다.

이렇게 사과가 전 세계로 확산하면서 묘목에 대한 자연선택이 다시 한 번 이루어진 결과, 우리가 아는 현대 재배 품종들이 19세기에 나타나기 시작했다. 매킨토시, 즉 '맥Mac'(애플사의 매킨토시 컴퓨터와 이름이 같은 사과 품종)은 1811년 캐나다에 등장했고, '콕스 오렌지 피핀Cox's Orange Pippin' 품종은 1830년 버킹엄셔에 등장했다. '에그리먼트 러싯Egremont Russet' 품종은 1872년 서식스에, '그래니 스미스Granny Smith' 품종은 1868년 오스트레일리아에 등장했다. 20세기 들어 선택은 한층 더 직접적이고 정확하며 엄격해져 어마어마한 다양성이 잘려 나가고 단 몇 종의 상표명이 세계 사과 시장을 독점했으나, 그럼에도 새로운 품종들은 계속 탄생했으며 그 일부는 엄청난 성공을 거두었다. 1914년 웨스트버지니아에 등장한 '골든 딜리셔스Golden Delicious' 품종, 1980년대에 캐나다에 등장한 '암브로시아Ambrosia' 품종, 1952년의 '브레번Braeburn', 1970년대의 '갈라Gala', 2007년 뉴질랜드에서 등장한 '재즈Jazz' 품종이 그런 성공 사례에 속한다.

사과의 다양성은 현대 재배종에서는 비록 억제되어 있지만, 다른 종에 비하면 여전히 인상적인 수준이다. 20세기 말과 21세기 초의 식물학 탐사 보고서들은 바빌로프가 1929년 알마아타 주변 과수원들을 방문했을 때 내린 결론이 사실임을 확인해주는 듯 보였다. 바로, 오늘날 우리가 먹는 재배 품종 사과의 이 엄청난 다양성이 모두 카자흐스탄의 고대 과수원에서 유래했다는 것이다.

길들여진 사과, 길들여지지 않은 사과

나무 모양, 꽃, 열매의 유사성과 기록된 역사에서 찾은 단서들은 한결같이 톈산산맥 산기슭을 재배종 사과 말루스 도메스티카*Malus domestica*의 탄생지로 지목했다. 1990년대에 미토콘드리아 DNA, 그리고 역시 모계로 유전되는 엽록체 DNA를 조사한 연구 결과들은, 아시아의 야생 사과 말루스 시에베르시이가 현대 재배종 사과의 조상이라는 가설을 확인해주었다. 다른 야생 사과종들과의 교잡이 재배종 사과의 발생에 중요한 역할을 했을 가능성이 항상 있었지만, 유전학자들은 카자흐스탄의 야생 사과에서 유래한 꽤 순수한 조상 계통으로 보이는 것을 재배종 사과의 DNA에서 찾아냈다. 우리가 흔히 먹는 사과의 DNA는 여전히 대부분이 말루스 시에베르시이의 것으로 보였다. 이 야생 사과종이 야생에서 엄청난 변이를 보였다는 사실을 고려하면, 재배종 사과의 모든―혹은 거의 모든―변이가 하나의 원천에서 유래한다는 것이 있을 수 없는 일은 아니다. 심지어 재배종 사과와 중앙아시아 사과를 같은 종인 말루스 푸밀라*Malus pumila*로 묶은 식물학자들도 있다.

하지만 프랑스 유전학자 아망딘 코르니유Amandine Cornille가 이끈, 사과 변종에 관한 2012년의 대규모 연구에서 사과의 기원에 대한 예상 밖의 새로운 그림이 나왔다. 중국에서 스페인까지 재배되는 다수의 품종들을 조사하고 이전 조사들보다 더 완전한 DNA 샘플을 사용해 분석한 결과, 광장한 수준의 변이가 밝혀졌다. 길들여진 종들은 대부분 야생 친척에 나타나는 다양성의 일부만을 보유하는 반면, 재배종 사과는 야생종인 말루스만큼이나 다양하다. 하지만 코르니유와 공동연구자들이 그 변이를 자세히 분석하고 재배종 사과와 야생종 사과를 꼼꼼하게 비교했을 때, 사과의 감추어진 비밀이 드러났다. 재배종 사과가 카자흐스탄의 야생 사과에서 유래한 것은 맞되, 그것이 이야기의 전부가 아니었던 것이다. 재배품종들은 실크로드를 따라 확산하면서 야생 꽃사과와 교잡한 것이 분명했다.

사과는 하나의 지리적 기원에서 단기간에 생겨난 것이 아니라, 수천년에 걸쳐 진화했고, 그 과정에서 가까운 사촌들과 계속 교잡했다. 자연적인 꽃가루받이로 탄생한 잘생긴 사과를 인간이 선택한 결과, 접붙이기로 클론을 생산함으로써 사과 개체군에 유전적 제약이 가해졌음에도 불구하고, 사과의 역사 내내 개선이 이루어졌다. 야생의 사촌들은 언제든 사과의 유전자 풀에 기여할 수 있었으며, 그러한 기여는 자연스럽게 이루어졌을 뿐, 인간의 의도적 개입은 결코 없었다.

야생 사과와의 교잡은 단지 재배종 사과의 이야기에 디테일을 더하는 정도를 넘어, 이야기 자체를 전복시킨다. 물론 재배종 사과의 조상은 여전히 '말루스 시에베르시이'고, 재배종 사과의 기원은 4000년 전~10000년 전으로 추정된다. 하지만 다른 야생 사과들, 특히 유럽 꽃사과 '말루스 실베스트리스'의 영향은 지대했다. 그 사실을 밝힌 연구는 현재 우리가 먹는 재배종 사과의 DNA에 있어 **더 많은** 부분을 기여한 것은 중앙아시아의 조상 사과가 아니라 꽃사과임을 보여주었다.

이는 뜻밖의 사실이지만, 실은 최근에 포도와 올리브 같은 다른 목본 재배식물을 포함해 상당수의 다른 종에서 밝혀진 사실과 판박이다. 그리고 옥수수의 이야기와도 흡사하다. 가령 재배되는 옥수수인 제아 메이스는 처음 작물화된 저지대 테오신트보다 고지대의 야생 변종들과 유전적으로 더 비슷하다.

사과주를 담그는 사과가 꽃사과와의 교배를 통해 그 용도에 맞는 씁쓸하고 떫은 맛을 내도록 생산되었을 가능성을 과거에 일부 식물학자들이 제기한 바 있다. 코르니유의 연구는 꽃사과와의 교잡이 일어났다는 사실을 밝혔을 뿐, 사과주 사과와 먹는 사과 사이의 차이는 밝혀내지 못했다. 둘 모두에 유럽 꽃사과 말루스 실베스트리스의 DNA가 대략 똑같은 정도로 많이 포함되어 있었으며, 굳이 비교하자면 달콤한 디저트용 사과에 좀 더 많았다. 유전학자들은 그 사과들에 DNA를 기여한 조상들이 실제로 어떤 역할을 하는지 파헤치기 시작했다. 과일의 성질을 결정하는 유전자들은 원래 조상인 '말루스 시에베르시이'에서 내려와 보존된 반면, 현지 야생종들의 유전자는 재배종 사과가 톈산의 숲에서 다른 곳으로 퍼져나가며 뿌리를 내린 새로운 환경에 대한 적응형질을 주었다.

2012년의 코르니유 연구에서는 정반대 방향, 즉 재배종 사과에서 야생 사과로도 상당한 유전자 이동이 있었음을 밝혀졌다. 즉 사과를 **길들이는 행위가 길들여지지 않은 사과종의 진화**에도 영향을 미친 것이다(말과 늑대에서 그랬던 것처럼). 양방향 유전자 이동이 있었다는 증거는 아주 최근에 나온 것이라 농학자들과 보존생물학자들은 아직까지 머리를 맞대고 그 함의를 알아내고자 시도하고 있다. 야생 사과는 괜찮을까? 혹시 재배종 유전자가 그들의 유전체에 침입한 결과 위협에 처했을까? DNA 교환은 새로운 현상이 아니며, 작물화가 시작된 때부터 줄곧 일어나고 있었음이 틀림없다. 성급한 결론으로 도약해, 재배종에서 야생종으로 이입된 유전자는 해롭고 바람직하지 않다고 상상하기 쉽지만, 재배종의 유전자들 중 일부는 이로울 가능성도 있다. 우리는 보존 노력을 지휘하고 야생종을 효과적으로 보호하기 위해 이런 질문의 답을 얻는 일에 시간과 노력을 투자할 필요가 있다. 보존 그 자체로 도덕적으로 옳고 이타적인 시도이기도 하지만, 우리는 이기적인 이유로도 야생종의 건강에 관심을 가져야 한다.

현대 재배 품종 사과들의 유전자를 분석해본 결과, 그 가운데 일부가 위험할 정도로 유연관계가 가까웠다. 그들은 육촌, 심지어는 사촌 관계이고, 심지어 자매 관계인 경우도 있다. 이럴 경우 유전자의 드문 변이들이 한곳에 모이기 때문에 유전병이 심각해질 확률이 높다. 현대 재배종 사과들의 유전적 다양성은 다른 길들여진 종에 비하면 인상적인 수준이고, 눈에 띄는 작물화 '병목'도 없다. 하지만 다양성의 총량을 들추어보면 더 심각한 현실이 감추어져 있다.

사과 생산은 클로닝을 바탕으로 한다. 클론들 사이의 유전적 차이는 클 수 있지만 클론 내의 유전적 차이는 전혀 없다. 전 세계에 재배종 사과나무가 수백만 그루가 자라고 있어도 이들은 실제로는 몇 백 가지 클론들이며, 따라서 몇 백 개체가 존재하는 것과 같다. 어떤 것은 접가지이고, 어떤 것은 대목이다. 이 상태에서 새로운 병원체가 출현하거나 기후가 변하는 등 환경에 변화가 일어나면 사과는 심각한 위협에 처할 수 있다.

따라서 야생 사과의 건강한 유전적 다양성을 유지하는 일이 더더욱 중요해진다. 재배종 사과를 건강하게 유지하기 위해 그 다양성이 필요할 순간이 올지도 모르니 말이다. 아니, 그런 순간은 분명히 온다. 또한 야생 사과는, 재배종 사과에 이미 영향을 끼치고 있는 흔한 문제들 중 일부를 해결할 열쇠를 쥐고 있을 것이다.

카자흐스탄의 야생 사과나무 숲을 방문한 식물학자들은 나무들 가운데 일부가 줄기마름병과 더뎅이병*에 피해를 입지 않은 것을 보았다. 그 나무들은 이런 질병에 저항성을 갖고 있는 듯했다. 또한 어떤 나무들은 매우 건조한 환경에서 자랄 수 있는 것처럼 보였는데, 그와 같은 가뭄 저항성은 일부 재배품종 사과들에게 엄청나게 유용할 수 있다. 실험실에서 무슨 일이 일어나든, 반드시 현장 탐사를 통해 뒷받침되어야 한다. 우리에겐 고대 장소, 야생 장소로 직접 가서 귀한 표

---

*　많은 종류의 곰팡이와 몇몇 세균으로 인해 나타나는 식물의 병.

본을 가져올 또 다른 바빌로프, 포슬린, 주니퍼가 필요하다. 오늘날 과수원 주인들이 직면한 문제들과 우리가 아직 생각지도 못한 문제들에 대한 유전적 대답이 그곳 야생에 존재할 것이다.

유전학은 많은 종의 고대 기원에 밝은 빛을 비추고 있다. 우리는 고고학과 역사에서 단서를 얻지만, 이 단서들은 때때로 우리를 엉뚱한 길로 인도한다. 이런 분야의 증거는 항상 불완전하다. 고대 DNA와 현대 DNA를 조사하는 일은 과거에 대한 또 다른 관점을 제공함으로써 빈틈을 메울 기회를 제공한다. 전체 유전체의 염기 서열을 분석하는 작업이 점점 더 쉬워지고 빨라지면서 지금 우리는 우리가 길들인 종들의 역사에 대한 뜻밖의 통찰을 두 팔 가득 모으는 중이다.

가축 개의 오래된 기원에서부터 영국에서 발견된 놀랍도록 이른 밀의 흔적에 이르기까지, 옥수수의 원래 조상이 발사스강 저지대의 테오신트임을 확인하는 일에서부터 사과의 진짜 본질은 꽃사과라는 사실에 이르기까지. 하지만 유전자가 알려주는 가장 놀라운 사실 가운데 하나는 우리가 아주 잘 아는 종, 바로 호모 사피엔스에 관한 것이다.

10

인류

Homo sapiens

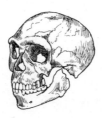

많은 역사적 문제는 인간, 동물, 식물 사이의 상호작용을 통해서만 비로소
이해할 수 있다.

— 니콜라이 바빌로프

호모 네안데르탈렌시스

1848년에 지브롤터의 바위산 북쪽 면에 있는 포브스 채석장
Forbes Quarry에서 두개골 한 점이 발견되었다. 그것은 지브롤터 과학 학
회Gbralter Scientific Society의 회의에 제출되었지만, 크게 벌어진 눈구멍에 마
치 인상을 쓴 듯 눈썹 부위가 튀어나온 우락부락한 이 두개골을 당시
는 아무도 이해할 수 없었다. 그것은 먼지를 뒤집어쓴 채 선반 위에 놓
여 있었다.

8년 뒤 또 하나의 두개골이 몇 점의 뼈들과 함께 또 다른 채석장에
서 발견되었다. 이번에는 독일이었다. 그 유골들은 뒤셀도르프 근처

네안더 계곡의 펠트호퍼 동굴Feldhofer Grotte에서 발굴되었다. 채석 작업을 하기 전에 동굴에서 진흙을 제거하던 인부들은 자신들이 동굴곰 뼈를 발견했다고 생각했다. 하지만 동네의 한 교사가 그것이 인간의 뼈임을 알아차리고 수집했다. 본 대학의 아우구스트 마이어August Mayer 교수는 그 뼈들이 구루병으로 죽은 몽골 탈영병의 것으로 통증으로 눈살을 찌푸렸고 그 과정에서 눈썹 부위가 튀어나왔을 가능성을 제기했다. 하지만 같은 대학의 헤르만 샤프하우젠Hermann Schaafhausen 교수는 펠트호퍼의 두개골과 뼈들이 병적인 상태가 아니라 정상이라고 생각했다. 그리고 멸종한 동물들의 뼈와 함께 발견되었으므로 이 유골의 주인은 먼 과거에 유럽에 살았던 사람임이 틀림없다고 추론했다. 그 후 1861년, 런던의 해부학자 조지 버스크George Busk가 펠트호퍼의 화석에 대한 샤프하우젠의 논문을 번역하게 되었다. 그 역시 그 두개골이 고대 인류의 것이라고 생각했고 연구를 위해 더 많은 화석들을 요청했다. 그래서 이듬해 포브스 채석장의 두개골이 포장되어 런던으로 왔다.

3년 뒤인 1864년 버스크는 '지브롤터에서 나온 유인원 같은 고대 인류'에 대한 보고서를 발표하며 그것이 "널리 알려진 펠트호퍼 화석과 닮았다"고 주장했다. 그는 지브롤터와 네안더 계곡에서 나온 유골들은 기형적인 형태가 아니라 "라인강에서부터 헤라클레스의 기둥*"

---

*　지브롤터해협 동쪽 양안의 두 곳으로, 헤라클레스가 갈라놓았다는 전설이 있다.

까지 돌아다녔던 사라진 부족의 것이라고 주장했다. 다윈도 같은 해 "경이로운 지브롤터 두개골"을 보았으나 그에 대한 별다른 언급은 하지 않았다. 버스크의 친구 휴 팰코너Hugh Falconer는 6월 27일 버스크에게 편지를 써 그 표본의 이름을 제안했다.

> 친애하는 버스크,
>
> 그 유인원 같은 고대 인류의 두개골에 붙일 이름을 생각해봤다네. 지브롤터의 바위산을 부르는 옛 명칭인 캘피Calpe를 따서, 호모 칼피쿠스Homo calpicus라고 하면 어떻겠는가?
>
> (…) 어서 오십시오! 신사 숙녀 여러분. 오셔서 버스크 교수의 유인원 같은 위대한 고대 인류, 중간 크기의 머리, 야만적인 눈과 얼굴, 납작한 두개골을 가진 지브롤터의 호모 칼피쿠스를 보십시오.**
>
> 마음을 담아, H. 팰코너

하지만 버스크의 대처는 충분히 빠르지 못했다. 버스크의 '유인원 같은 고대 인류'가 발표된 지 불과 몇 달 뒤, 골웨이에 위치한 퀸스 칼리지의 지질학자 윌리엄 킹William King이 펠트호퍼 두개골을 그대로 본

** 팰코너가 새 종을 과학계에 소개하기 위해 작성한 광고 문구다.

뜬 모형을 손에 넣었다. 그가 보기에도 인류의 오래전 형태였다. 하지만 그는 호모 사피엔스의 오래된 종류는 아니라고 판단했고, 그 두개골의 독특함을 근거로 새로운 종명을 부여해야 한다고 생각했다. 그는 두개골이 발견된 독일 계곡의 이름을 따서 호모 네안데르탈렌시스 *Homo neanderthalensis*라는 이름을 제안했다. 그래서 버스크도 팰코너도 아닌 킹이 고대 인류의 한 종을 명명한 최초의 인물이 되었고, 우리 모두가 알다시피 그 이름은 그대로 굳어졌다.

버스크는 멸종한 하이에나와 동굴곰으로 연구 대상을 바꾸었다. 팰코너는 1865년에 죽었다. 그리고 포브스의 두개골은 다시 선반 위에서 잊혀갔다. 이번에는 왕립 외과 의사회Royal College of Surgeons의 선반이었다. 만일 1864년에 사건이 약간 다르게 전개되었더라면, 만일 버스크가 신중을 조금만 덜 기했다면, 우리는 지금 네안데르탈인이 아니라 칼피칸인Calpicans에 대해 이야기하고 있었을 것이다.

다른 인류 종이 존재했었다는 사실이 처음 발견되어 인정된 이래, 화석들이 대개는 예기치 않은 장소들에서 꾸준히 나타났고, 어떤 다른 유인원보다 우리와 유전적으로 가까운 과거의 종들로 가득한 가지에는 점점 더 많은 이름들이 추가되었다. 우리는 그들을 총칭해 '호미닌hominin'이라고 부른다. 현재 명명된 호미닌은 스무 종이 넘고, 그 가운데는 지난 2백만 년 사이에 존재했으며 우리 인간이 속한 호모속에 포함될 정도로 우리와 유연관계가 가까운 여덟 종이 포함된다.

최초로 명명된 호미닌인 네안데르탈인은 인간의 기원에 대한 논의의 중심에 놓여 있다. 현재까지 일흔 개가 넘는 유적에서 수천 점의 뼈가 발견되었으며, 수백 개의 유적에서 네안데르탈인의 특징적인 석기로 보이는 것이 발견되었다. 오랫동안 그들은 우리와 가까운 사촌으로 여겨졌다. 그들은 현생인류와 비슷한 방식으로 행동했고 동시대에 살았다. 돌에서 조각을 떼어내 사냥 무기를 만들고 긁개와 칼을 만들었으며, 망자를 매장했고, 조개껍데기를 수집했고, 색소를 이용해 동굴 벽에 흔적을 남겼다. 이 다른 인류, '사라진 부족'은 **이 행성에서 현생인류와 수만 년 동안 공존했다. 하지만 그런 다음 그들은 사라졌다.** 오랫동안 우리를 궁금하게 만든 질문이 있다. 그들과 우리가 만났을까? 네안데르탈인들은 우리의 또 다른 조상이었을까, 아니면 그저 가까운 사촌으로 인류의 족보에서 대가 끊긴 혈통이었을까?

수년 동안 고인류학자들과 고고학자들은 네안데르탈인의 운명을 놓고 논쟁했다. 특히 현생인류와 네안데르탈인이 섞였는지에 관심이 모였다. 현생인류처럼 보이는 골격에 전형적인 네안데르탈인의 형질들을 가지고 있는 몇몇 골격들은 이종교배의 흔적을 보여주는 듯했다. 하지만 많은 전문가들은 확신하지 못했다. 이 질문의 해결은 현대 과학 기술이 해답을 찾을 수 있는 수준으로 발전할 때까지 기다려야 했다. 그리고 마침내, 새로운 기술 덕분에 지금 우리는 고대 뼈에서 DNA를 추출해 염기 서열을 밝힐 수 있다. 드디어 그 질문에 답할 수 있게 된 듯하다. 우리의 호모 사피엔스 조상들은 호모 네안데르탈렌시스와 교배했을까? 우리도 잡종일까?

인류

아프리카 기원설과 교잡의 증거

인류의 기원에 대한 연구의 역사는 우리가 이 책에서 익히 보아온 경로를 따른다. 먼저 전 세계에 살고 있는 사람들을 조사한 결과에서 이야기가 짜 맞춰지기 시작했고, 19세기 동안 인류를 서로 다른 인종, 심지어는 별개의 종으로 나눌 수 있는지, 만일 그렇다면 이 인종들이 별개의 기원을 가지고 있는지에 관한 활발한 토론이 오갔다. 지브롤터와 독일의 두개골들에서 시작해 아프리카의 훨씬 더 오래된 화석들까지 초기 인류 유형 및 원인原人의 화석화된 뼈들이 발견되면서, 이들도 이야기 속에 끼워 맞추어야 했다. 20세기에는 우리가 잘 아는 그 위대한 논쟁이 시끄럽게 이어졌다. 현생인류, 즉 호모 사피엔스는 아프리카, 유럽, 아시아의 여러 지역에서 기원했는가? 아니면 한곳에서 기원했는가?

다지역 기원 모델은 우리가 광범위한 지리적 범위에 걸쳐 분포한 초기 종들에서 기원했으며 여러 대륙에 분리되어 있던 개체군들은 유전자 이동을 통해 어떤 식으로든 통합된 상태였다고 주장했다. 반면 최근의 아프리카 기원설, 즉 '아웃 오브 아프리카Out of Africa' 모델은 그 이름이 말하는 그대로를 제안한다. 호모 사피엔스는 독립된 지리적 지역에서 출현한 다음 구세계의 나머지 지역으로 확장해 결국 신세계에 이르렀다는 것이다.

1971년에 크리스 스트링어Chris Stringer라는 스물두 살의 학생이 유럽 전역의 박물관들에 있는 화석 두개골을 샅샅이 살펴보겠다는 결심으로 자신의 오래된 자동차 '모리스 마이너'를 타고 떠났다. 계측 장비인 각도기와 캘리퍼도 챙겼다. 떠나기 전 그는 고대 두개골을 보유한 것으로 알려진 기관들에 편지를 썼고, 일부 기관들로부터 답장을 받았다. 소식이 없는 다른 곳들의 경우는 운에 맡긴 채 직접 가보기로 했다. 그렇게 해서 그는 8천 킬로미터를 다니며 벨기에, 독일, 당시의 체코슬로바키아, 오스트리아, 유고슬라비아, 그리스, 이탈리아, 프랑스, 모로코에서 발굴된 화석 두개골들을 측정할 수 있었다. 그는 데이터를 가지고 브리스틀로 돌아와, 많은 측정값들을 한 번에 비교할 수 있는 유용한 통계 기법인 다변량해석을 이용해 그 데이터를 분석했다. 그는 네안데르탈인 두개골을 약 3만 년 전 유럽의 초기 현생인류인 크로마뇽인의 두개골과 비교해보고 싶었다. 그렇게 함으로써 초미의 관심사인 네안데르탈인이 크로마뇽인으로 진화했는가, 아니면 별개의 종이었는가에 대한 답을 얻을 수 있기를 바랐다.

스트링어가 그 모든 화석 두개골의 측정값들을 비교함으로써 발견한 사실은, 네안데르탈인이 분명 인류 가계도에서 독립된 가지처럼 보인다는 것이었다. 그리고 그들은 유럽에서 진화한 듯했다. 반면 크로마뇽인은 호모 사피엔스, 즉 현생인류의 일부임이 분명했고, 유럽에서 진화했다기보다는 갑자기 유럽에 도착한 듯했다. 현생인류가 중동 또는 유럽에서 네안데르탈인과 이종교배 했을 가능성을 제기한 과학자들이 있었지만, 스트링어는 두 종 사이의 이종교배를 증명하는 화석 증거를 찾지 못했다.

스트링어가 발표한 박사 학위 논문은 인류의 기원을 둘러싼 큰 질문들 가운데 몇 가지에 의미 있는 기여를 했으나 그가 화석 조사에서 알아낼 수 없었던 사실이 있었으니, **바로 현생인류가 기원한 곳, 다시 말해 현생인류가 처음 진화한 장소였다.** 1974년 스트링어는 에티오피아 오모-키비시Omo-Kibish에서 발굴된 두개골 한 점을 볼 기회가 있었는데, 그것은 1967년에 리처드 리키Richard Leakey의 발굴 팀이 발견한 것이었다. 당시 이 두개골은 약 13만 년 전의 것으로 추정되었다. 많은 과학자들이 호모 사피엔스를 겨우 6만 년쯤 된 종으로 생각하던 시기였다. 하지만 스트링어가 보기에 오모-키비시 두개골은 구인류*의 것처럼 보이지 않았다. 눈썹 융기가 작고 돔형의 둥근 두개頭蓋를 가진 그 두개골은 현생인류처럼 보였다. 유럽에 살았던 크로마뇽인의 조상으로 삼기에 좋은 후보였다. 더하여, 연대가 오래되었다는 점에서 우리 종이 아프리카에서 기원했을 가능성을 암시했다.

향후 10년에 걸쳐, 우리 종이 아프리카에서 단독으로 기원했다는 가설을 뒷받침하는 증거가 더 많이 축적되었다. 그리고 1987년에는 명망 높은 과학 학술지 〈네이처〉에 획기적인 논문 한 편이 발표되면서 유전학도 이 논쟁에 뛰어들었다. 캘리포니아 대학의 세 유전학자인 마크 스톤킹Mark Stoneking, 리베카 칸Rebecca Cann, 앨런 윌슨Allan Wilson이 전

---

* 해부학적 현생인류(호모 사피엔스) 이전과 동시대에 살았던 호모속의 다양한 종을 포함하는 폭넓은 인류 범주.

세계 147인의 미토콘드리아 DNA를 조사해 그 데이터를 바탕으로 계통수를 만들었다. 이 나무는 아프리카에 분명한 뿌리를 두고 있었다. 향후 몇 십 년 동안, 살아 있는 사람들의 전체 유전체 정보를 수집한 유전자 데이터가 점점 더 많이 쌓이기 시작했고, 이 모두는 마찬가지로 아프리카 기원을 가리키는 듯했다. 아프리카는 전 세계 유전적 다양성의 약 85퍼센트를 보유한, 유전적 다양성이 가장 높은 곳이었으니, 이는 이 대륙이 우리 종의 고향이라는 좋은 증거였다.

한편 오모-키비시 두개골의 연대도 수정되어 거의 20만 년 전의 더 오래된 시점으로 밀려났다. 유전학자들은 살아 있는 사람들과 고대 조상들, 그리고 현생인류의 유전체들에 존재하는 차이를 바탕으로, 현생인류의 분기 시점을 훨씬 더 이른 26만 년 전으로 보았다. 그리고 2017년 여름, 모로코의 즈벨 이르후드Jebel Irhoud에서 출토된 인류 화석들이 35만 년 전~28만 년 전의 것으로 밝혀지면서 다시 한 번 놀라움을 안겨주었다. 이 유적에는 여러 점의 두개골이 존재했는데, 두개의 모양은 길고 낮은 구인류의 특징을 보였으나 얼굴이 작고 두개 아래로 밀려 들어가 있었다. 이는 현생인류를 정의하는 특징이었다.

그리하여 리처드 리키가 오모-키비시 두개골을 발견한 지 40년 만에, 그리고 인류 기원에 대한 최초의 미토콘드리아 DNA 연구가 이루어진 지 30년 만에 드러난 전반적인 그림은, 인류가 아프리카 전역, 어쩌면 다지역 기원설이 처음 주장한 대로 구세계 전역까지는 아니더라도 아프리카를 약간 벗어난 정도에 이르는 광범위한 지역에 걸쳐 기원했다는 것이었다. 그런 다음 10만 년 전 이후의 어느 시점에 현생인류가 고향을 벗어나 전 세계로 확산하기 시작했다. 그들은 아프리카 밖으로 쏟아져 나가 처음에는 아라비아로 갔고, 그곳에서 다시 인도양 해안을 따라 퍼져 약 6만 년 전에는 오스트레일리아에도 현생인류가 존재했다. 그리고 5만 년 전과 4만 년 전 사이에는 마침내 서쪽으로 확산해 유럽에 도착했다.

*

하지만 우리 조상들은 유럽 또는 아시아에 살았던 최초의 인류가 아니었다. 호모 에렉투스*Homo erectus*, 호모 안테케소르*Homo antecessor*, 호모 하이델베르겐시스, 호모 네안데르탈렌시스가 우리 조상들이 도착하기 전 수십 만 년 동안 그곳에 살았다. 이 다른 종들은 현생인류가 도착하기 전에 멸종했다. 하지만 네안데르탈인은 아니었다. 그들 역시 마지막 빙하기가 정점으로 치닫는 시기에 닥친 두 차례의 특히 고약한 기후 악화에 심한 타격을 받아 줄어들고 있었던 것 같지만, 화석 기록에서 마침내 사라지는 약 4만 년 전에서 3만 년 전까지 버텼다.

1990년대 내내, 그리고 2000년대에 들어서도 현생인류와 네안데르탈인 사이에 교잡이 있었는지에 대한 논쟁은 계속되었다. 몇몇 고인류학자들이 몇 가지 화석들을 교잡의 증거로 제시했지만, 그 분야의 전문가 대부분은 여전히 결론을 내리지 못했다. 화석에 대한 신중한 연대 측정 결과는 현생인류와 네안데르탈인이 실제로 동시대에 중동과 유럽의 같은 지역에 존재했음을 가리켰지만, 그들이 함께 존재한 수만 년 동안 두 집단은 항상 분리되어 살아온 듯했다. 따지고 보면 신기할 정도였다. 네안데르탈인 화석들에서 추출한 미토콘드리아 DNA는 현생인류의 미토콘드리아 DNA와는 완전히 달랐고, 두 집단의 분기 시점은 약 50만 년 전으로 추정되었다. 네안데르탈인 염색체의 핵 DNA를 분석한 초기 연구들은 현생인류와 다른 유럽 구인류의 마지막 공통 조상이 비슷한 시점에 존재했음을 암시했다. 그리고 분기 이후 두 집단은 섞이지 않은 것 같았다.

그런 다음 2010년, 라이프치히의 막스 플랑크 진화인류학 연구소 Max Planck Institute for Evolutionary Anthropology에서 일하는 일군의 유전학자들이 놀라운 연구 결과를 발표했다. 그들은 크로아티아의 한 동굴에서 출토된, 적어도 4만 년 전의 네안데르탈인 뼛조각에서 DNA를 추출해 분석했다. 이번에는 핵 유전체를 더욱 포괄적으로 조사했다. 그런 뒤 그들은 자신들이 조립한 네안데르탈인 초벌 유전체를 살아 있는 현생인류의 유전체와 비교할 수 있었다. 비교 결과, 일부 살아 있는 사람들―폭넓은 유라시아 계통―이 아프리카 계통인 사람들보다 네안데르탈인과 더 비슷하다는 사실이 밝혀졌다. 이 차이에 대한 가장 유력한 설명은 우리 중 일부의 조상들이 네안데르탈인과 교배했다는 것이다. 선동적인 의견이었다. 많은 과학자들의 반론이 잇따랐다. 하지만 연구자들이 화석에서 더 많은 고대 DNA를 찾아내 현생인류의 DNA와 비교하면서, 교잡의 증거를 부정하기는 점점 더 어려워졌다. 야포

479

니카 쌀이 서쪽으로 이동하면서 인디카 품종의 원형과 교배했듯이, 카자흐스탄의 매우 탐스러운 사과가 유럽을 통해 퍼져나가면서 유럽의 야생 사과들과 교배했듯이, 우리의 현생인류 조상들은 유럽과 서아시아의 토종 인류인 네안데르탈인과 교배했다.

새로운 유전학 도구—미토콘드리아 안에 있는(그리고 식물의 엽록체 안에 있는) DNA를 분석하는 방법—의 발전은 과거에 대한 이해를 가능하게 만드는 동시에 제약했다. 적어도 초기 연구는 우리의 이해를 제약했다. 미토콘드리아 DNA와 엽록체 DNA는 단순한 단일 뿌리의 역사를 제공했다. 둘 다 모계로만 유전되는 DNA이기 때문이다. 몇 가지 측면의 정보를 제공하기는 하지만 결국 양친 중 한쪽 계통만을 확인할 수 있는 단일 유전자 표지인 셈이다. 즉, 이 관점의 역사는 세포에 포함된 DNA의 작은 일부에 기반을 둔 것이므로 전체 그림을 대표하지 못할 가능성이 매우 높다.

우리는 각 유전자의 진화적 역사를 추적할 필요가 있다. 게다가 그 유전자들이 해독되고 발현되는 방식에 영향을 미치는 유전자 사이와 내부의 DNA 부위들도 조사해야 한다. 그래야만 이 경이로운 생물 분자 도서관에 들어 있는 역사적 지식의 보고를 진정으로 이용할 수 있다. 유전자분석의 역사 그 자체가 우리를 포함한 많은 종의 기원을 이해하는 경로를 결정한다고 해도 과언이 아니다.

따라서 우리가 현재 알고 있는 사실은 다음과 같다(더 많은 데이터가 나오면 이 중 일부는 바뀌겠지만). 우리 종은 아프리카에서—아마도 서로 연결된 광대한 지역에 걸쳐—기원했다(심지어는 서아시아까지 확장될 수도 있다). 몇 차례의 초기 이주가 있었던 것 같지만 10만 년 전~5만 년 전에 시작된 한차례의 대이주로 세계로 퍼져나갔다. 그리고 우리 조상들은 다른 구인류 종 또는 집단과 교잡했다. 이로써 최근에 제기된 현생인류의 아프리카 기원설은 여전히 유효하되, 그 경계는 꽤나 흐릿해진 셈이다.

여기까지가 굵직한 개요다. 하지만 자세한 내용은 훨씬 더 매혹적이다.

'순혈' 사피엔스는 없다

우리 종은 윤곽이 확실한 기원 중심을 가지기보다는 대륙 전체에 퍼져 있는 방식으로 기원했을지도 모른다. 세계적인 규모는 아닐지언정 과거에 추정했던 것보다는 다지역적인 듯하다. 일립계밀과 엠머밀이 한동안 터키 남동부의 카라자다산맥에서 기원했다고 여겨지다가 나중에 중동으로 그 범위가 넓어졌듯이, 현생인류의 고향도 아프리카의 독립된 지역에서 아프리카 전역을 포함하고, 나아가 아시아도 약간 포함하는 쪽으로 확장되었다. 유전체학과 고고학 양쪽에서 나온 다양한 증거는 현생인류의 기원이 아프리카의 동부, 또는 중부, 또는 남부임을 주장해왔다. 하지만 어쩌면 우리는 그중 하나를 선택할 필요가 없을지도 모른다. 현생인류의 특징은 아프리카 전체에 걸쳐 그리고 약간 더 멀리까지 유전자 이동으로 연결된 여러 집단들에 퍼져 있는 조각들을 이어붙이는 방식으로 생겨났을 것이다. 아프리카인의 DNA에는 사하라사막 이남 아프리카를 가로지르는 고대 이주와 집단들 사이의 분기, 집단들이 서로 섞인 정황 등을 포함하는 복잡한 역사의 흔적들이 담겨 있다. **수만 년 동안 호모 사피엔스는 대체로 아프리카 대륙에 한정되어 살았지만, 그런 다음 그 집단은 범위를 확장해 퍼져나가기 시작했다.**

최근에 이루어진 매우 포괄적인 유전체 전체 조사는 현생인류가 10만 년 전에서 5만 년 전 사이에 일어난 한차례의 대이주로 아프리카를 빠져나와 세계의 나머지 지역들로 퍼져나갔다는 가설을 뒷받침한다. 아프리카를 떠난 뒤 개척자들은 갈라졌다. 하나의 흐름은 동쪽으로 향해 인도양 해안을 따라 퍼져나가 결국 동남아시아와 오스트레일리아에 도달했다. 또 하나의 흐름은 북쪽과 서쪽으로 향해 서아시아와 유럽으로 갔다. 동쪽으로 간 이주자들은 아마 훨씬 더 이전에 일어난 이주 때 아프리카에서 나와 오스트레일리아와 파푸아뉴기니까지 도달한 현생인류의 자손들과 만났을지도 모른다. 현재 남아시아와 동남아시아의 화석 기록이 너무 적어서, 초기에 동쪽으로의 이주가 있었을 가능성을 배제할 수 없기 때문이다.

오래된 유럽 토착민인 네안데르탈인과의 교잡 시점은 5만 년 전 ~6만 5천 년 전으로 추정된다. 현생인류가 아프리카 밖으로 확산한 지 얼마 되지 않았을 시점이다. 비아프리카인들은 평균 2퍼센트 정도의 네안데르탈인 DNA를 가지고 있는 반면, 아프리카 계통 사람들의 유전체에는 네안데르탈인 DNA가 거의, 혹은 아예 없다. DNA 검사 결과, 나에게는 2.7퍼센트의 네안데르탈인 DNA가 있는 것으로 나타났다. 즉 나는 '순혈' 호모 사피엔스가 아니다. (아무도 순혈 호모 사피엔스가 아니다. 실제로 종과 아종의 '순혈성'이라는 개념은 환상이요, 현대 유전학이 마침내 잠재운 19세기의 유물이다.) 동아시아인은 대체로 서아시아인이나 유럽인보다 약간 더 많은 네안데르탈인 DNA를 가지고 있는데, 그 이유를 몇 가지로 추측해볼 수 있다.

첫째는 동아시아인의 조상들이 서유럽인 집단에서 갈라져 나온 뒤 네안데르탈인과 다른 집단들보다 더 적극적으로 교배했을 가능성이다. 둘째, 우리는 네안데르탈인 DNA가 현생인류 유전체에 처음 들어온 뒤로 약한 자연선택에 의해 제거되었다는 사실을 알고 있다. 그렇다면 서쪽 집단과 동쪽 집단 모두의 조상들은 애초에 네안데르탈인에게서 이입된 같은 양의 DNA를 가지고 있었고, 그런 다음 자연선택이 서유라시아인 유전체에서 더 많은 양을 제거했을 가능성이 있다. 마지막으로, 서쪽 집단에 네안데르탈인 DNA가 적은 것은 네안데르탈인 DNA를 전혀 가지고 있지 않은 북아프리카 이주 집단들과 섞임으로써 일어난 희석 효과 때문일 수 있다.

하지만 **우리의 현생인류 조상들과 얽인 것은 네안데르탈인만이 아니었다.** 동아시아, 오스트레일리아, 태평양 남서쪽 멜라네시아의 섬들에 사는 현대인의 유전체에서 또 다른 구인류 집단과의 교잡 흔적이 발견된다. 멜라네시아인 유전체 DNA 중 3~6퍼센트는 또 다른 유형의 조상에게서 온 것이다. 그 조상은 시베리아의 데니소바 동굴Denisova Cave 에서 나온 손가락 뼈 한 점과 치아 두 점으로만 알려져 있는 종이다. 화석 증거가 너무 적어서 우리는 이 사람들이 어떻게 생겼는지 모른다. 하지만 그 뼈와 치아에서 추출한 고대 DNA를 통해 그들이 현생인류도, 네안데르탈인도 아니라는 점만은 알 수 있다. 이 사람들에게 그들만의 종명을 부여하기에는 화석 증거가 충분하지 않으므로 현재로서는 그들은 그냥 '데니소바인'이라고 부른다.

현생인류와 데니소바인 사이의 교잡은 아마 오스트레일리아와 태평양의 섬들로의 이주가 있기 전에, 아시아에서 일어났을 것이다. 한편 아프리카 내 다른 미확인 구인류 종과의 교배를 암시하는 증거도 존재한다. 오늘날의 아프리카 유전체에는 다른 고대 인류들에 대한 기억이 새겨져 있다. 비록 그 유전자 유령들과 연결 지을 만한 화석 증거는 아직 없지만 말이다.

유전체학─미토콘드리아에 들어 있는 소규모 DNA 꾸러미가 아니라 전체 유전체, 또는 우리 염색체에 들어 있는 개별 유전자들에 대한 연구─은 10년 전만 해도 알지 못했던 풍부하고 복잡한 역사를 보여주었다. 우리 조상들은 광범위한 타인들, 개별 종으로 간주될 정도로 충분히 다른 인류와 만나 결합하고 교배했다. 미국 고인류학자 존 호크스John Hawks는 자신의 블로그에 이렇게 썼다. "DNA를 확보한 종도 있고 아닌 종도 있지만, 우리가 모든 종류의 호미닌 사이의 교잡에 대한 증거를 확보했다는 것은 주목할 만한 일이다." 한편 항상 기발한 표현을 연구하는 유전학자이자 저술가인 애덤 러더퍼드Adam Rutherford는 우리가 오늘날 알고 있는 인류를 만들어낸 애욕의 역사를 "1백만 년짜리 총체적 난국"으로 묘사했다. 러더퍼드가 잘 요약했듯이, 인간은 언제나 "호색적이었고, 이동"했다.

DNA에 새겨진 확산과 이주의 기억

유전체는 호모 사피엔스의 기원 및 유라시아 점유에 대한 단서는 물론 다른 인류 종들과의 교잡에 관한 놀라운 사실을 제공할 뿐 아니라, 그 이후 선사시대에 일어난 사건들의 흔적도 포함하고 있다. 우리의 DNA 속에는 수없이 많은 항해와 탐험의 기억—오래전에 이름이 잊힌 개척자들과 탐험가들의 기억—이 감추어져 있다. 수없이 덧쓰인 팰림프세스트palimpsest*로부터, 유전학자들은 마침내 그 내용의 일부를 끄집어내기 시작했다.

유럽에는 세 차례의 거대한 이주 물결을 보여주는 유전자 흔적이 존재한다. 첫 번째 물결은 구석기 이주자들의 이동이다. 하지만 4만 년 전에 이들 중 처음으로 유럽의 극서 지역인 영국에 도달한 집단은 유전적 흔적을 거의 남기지 않았는데, 마지막 빙하기의 정점에 집단 붕괴를 맞았을 것이다. 그러나 빙상이 물러난 뒤 남쪽 지중해 지역의 레퓨지아에 머물던 생존자들이 북쪽을 재점유했다. 이 수렵채집인들

---

*　원문을 전부, 또는 일부 지우고 그 위에 새로 쓴 두루마리나 낱장 형태의 필사본.

인류

은 여전히 유목민이었으나 기후가 온난해지면서 정착에 좀 더 가까운 생활을 하게 되었다. 우리는 요크셔의 스타 카 같은 중석기 유적들을 통해 이 사실을 알아냈다. 이 사람들은 곧 두 번째 이주 물결과 합류하게 되는데, 그들은 완전히 새로운 생활 방식을 가져왔다. 바로 중앙 아나톨리아에서 온 농경인들로, 이들은 가다 서다를 반복하며 유럽 전역으로 확산했다. 아마 배로 이동하여 7천 년 전에 이베리아반도에 도달했고, 6천 년 전에는 스칸디나비아와 영국에 정착했을 것이다. 솔런트해협 밑바닥에 밀의 유전적 흔적이 남겨진 시점으로부터 2천 년 뒤의 일이다. **유전학 연구 결과는 이 농경인들이 현지의 수렵채집인 집단을 완전히 대체하기보다는 그들과 협력했음을 보여준다.** 바야흐로 신석기가 도래한 것이다. 어떤 지역에서는 수렵채집인들이 수렵채집 생활에서 정착 농경 생활로 빠르게 전환한 반면, 이베리아 등 다른 장소들에서는 농업과 함께 사냥을 계속했다.

세 번째 이주 물결은 약 5천 년 전 청동기시대 초기에 말과 새로운 언어를 가지고 도착했다. 얌나야 집단이 유럽으로 확산해 들어온 것이다. 유럽 혈통을 가지고 있는 사람이라면, 수많은 세대를 거치면서 일어난 DNA의 희석에도 불구하고 유전체 어딘가에 말을 타고 목축을 했던 이 고대인들의 DNA 조각을 아직도 가지고 있을 것이다. 어딘가에 얌나야족의 유산이 처박혀 있는 셈이다. 그렇다고 말에 대한 애호나 말 타는 능력을 타고나는 것은 아니지만 말이다. 승마는 여전히 학습이 필요하다.

스텝 지역의 기마유목민들은 동쪽으로도 확산해 시베리아 남부의 수렵채집인 집단을 대체했다. 그리고 약 3천 년 전 아시아에서 또 다른 서에서 동으로의 이주가 있었다. 한편 유전학 연구들은 훨씬 더 오래전으로 돌아가, 아메리카 이주에 관한 질문들에 답하는 데도 도움을 주었다. 해수면이 낮았던 시기에 동북아시아는 베링육교를 통해 북아메리카와 연결되어 있었다. 인간 이주자들은 그 육교를 건너 마지막 빙하기가 정점에 이르기 전에 유콘에 발판을 마련했다. 그 뒤로 그곳에 갇혀 있다가, 약 1만 7천 년 전 북아메리카를 뒤덮은 거대한 빙상의 가장자리가 약간 녹기 시작하면서부터 더 남쪽으로 이동할 수 있었다. 아마 배를 이용해 이동하면서 태평양 해안을 따라 정착했을 것이고, 몬테베르데 유적이 보여주듯 1만 4600년 전에는 칠레에까지 도달했다.

　　우리는 고고학을 통해 이렇게 알고 있지만, 이 이야기에 도전하는 몇 가지 중요한 사실들이 있다. 일부 초기 아메리카인들의 두개골은 폴리네시아, 일본, 심지어 유럽 집단과 형태상으로 관계가 있는 듯 보였다. 이에 따라, 더 오래 전에 아메리카로의 이주가 있었으며 이 집단은 나중에 동북아시아에서 베링육교를 건너 이주한 사람들로 대체되었다는 가설이 제기되었다. 하지만 그 뼈들에서 추출한 고대 DNA는, 분석 결과 살아 있는 아메리카 원주민들의 DNA와 가장 비슷했고, 그다음으로 시베리아와 동아시아인의 DNA와 비슷했다. 집단 대체 가설에 마침내 종지부가 찍혔다. 최초의 이주자들은 동북아시아에서 베링육교를 건너와 그 대륙을 남쪽에서부터 북쪽까지 채웠던 것이다.

하지만 그 뒤로 극북 지역에 몇 번의 이주가 더 있었음을 보여주는 유전학적 흔적이 존재한다. 이는 극지 주변 사람들이 동북아시아에서 부터 북아메리카의 차가운 북단과 그린란드를 향해 동쪽으로 확산했음을 보여준다. 첫 번째는 약 5천 년 전~4천 년 전에 있었던 고에스키모의 이주이고, 두 번째는 4천 년 전~3천 년 전에 있었던 이누이트의 확산이다.

아프리카의 경우도 살아 있는 사람들의 유전체가 집단의 큰 변화, 즉 고대에 있었던 집단의 확산과 이주를 증언한다. 약 7천 년 전 수단의 목축인들이 중앙아프리카와 동아프리카로 이주했고, 5천 년 전에는 에티오피아의 농경-목축인들이 케냐와 탄자니아로 확장했다. 4천 년 전에도 큰 이주가 있었는데, 이때 반투어를 쓰는 농경인들이 고향 나이지리아와 카메룬에서부터 남쪽으로 확산하며 수렵채집인을 대체하고 그들을 살기 힘든 한계 환경으로 밀어냈다. 오늘날 그런 장소에서는 나미비아의 부시먼족 같은 마지막 남은 수렵채집인들이 근근이 살아가고 있다.

햇빛과 돌연변이 유전자

인류는 전 세계로 확산하면서, 그리고 기후의 요동을 겪으며 새로운 도전에 직면했다. **우리 조상들은 다양한 방식으로 적응했다.** 몇 몇 적응은 사는 동안 일어나는 생리적 반응이었던 반면, 다른 것들은 진화의 진정한 재료인 유전적 변화를 수반했다. 이 두 가지 변화 덕분에 사람들은 힘겨운 환경에서도 생존하고 번성할 수 있다.

북쪽 위도로 이주한 인류는 계절에 따라 환경이 모습을 바꾸는 지역으로 들어가게 되었다. 여름이 오면 낮이 길어졌고, 겨울이 오면 낮이 짧아지면서 햇빛이 드문 재화가 되었다. 몸의 입장에서 보면 햇빛은 실제로 재화의 하나다. 화창한 날은 기분을 좋게 만들 뿐 아니라 대사에도 유리하다. 햇볕을 쬐면 우리의 피부가 부지런히 비타민 D를 만들기 때문이다. 더 정확히 말하자면, 피부가 콜레스테롤을 기본으로 하는 화합물을 비타민 D에 **가까운** 것으로 바꾸고, 이어 간과 콩팥이 수소와 탄소를 첨가해 그 비타민을 활성화하는 나머지 단계들을 수행한다.

20세기 초, 어린이에게 골격 기형을 일으키는 병인 구루병을 이해하고 치료하고자 시도하는 과정에서 연구자들은 비타민 D가 인체에 매우 중요하다는 사실을 밝혀냈다. 유럽의 산업화는 기술적으로 커다란 도약이었고 삶을 갖가지 면으로 개선했지만, 그 과정에서 많은 사람들을 죽고 다치게 했다. 북적이는 도시, 공장에서의 노동, 스모그로 가득한 하늘은 모두 산업혁명기의 어린이들에게 흔적을 남겼다. 아이들은 제대로 성장하지 못했고, 아이들의 어리고 무른 뼈는 부자연스럽게 굽었다. 구루병은 고통스러운 병인 동시에 미스터리였다. 그러다 1918년, 에드워드 멜란비Edward Mellanby라는 영국 의사가 개를 실내에 두고 죽을 먹이면 구루병을 일으킬 수 있고, 대구 간유를 주면 거꾸로 구루병의 증상이 사라진다는 사실을 알아냈다. 이듬해, 쿠르트 홀트신슈키Kurt Huldschinsky라는 독일 연구자는 구루병에 걸린 아이들에게 자외선을 쪼이면 병을 치료할 수 있음을 알아냈다. 한편 또 다른 연구들은 식물성기름, 달걀, 우유, 양상추 등 온갖 종류의 식품에 자외선을 조사하면 구루병을 예방할 수 있다는 사실을 밝혀냈다. 본인들은 몰랐지만 그 연구자들은 이 식품들에 함유된 콜레스테롤과 식물 스테롤을 비타민 D 전구체로 전환하고 있었다. 드디어 비타민 D의 화학적 정체가 밝혀졌을 때 화학자들은 이 필수 화합물을 인공적으로 합성할 수 있었다. 마침내 구루병 치료약이 생긴 것이다. 그 돌파구를 만든 독일 화학자 아돌프 빈다우스Adolf Windaus는 1928년에 노벨상을 받았다.

하지만 이 물질이 어떻게 뼈에 마법을 일으키는지는 여전히 분명하지 않았다. 뒤이은 20세기의 몇 십 년 동안 비타민 D의 체내 이동 경로를 추적하는 데 연구의 초점이 모아졌고, 결국 그 비타민이 호르몬처럼 작동한다는 사실이 밝혀졌다. 비타민 D가 콩팥에서 활성화되면, '칼슘을 획득하라'는 메시지를 싣고 혈류를 통해 장으로 이동하는 것이다. 하지만 비타민 D는 꽤 바쁜 화학물질이다. 1980년대에 비타민 D가 칼슘 대사와 뼈 형성에 중요한 역할을 할 뿐 아니라 면역계에도 큰 몫을 담당한다는 사실이 차츰 밝혀지게 되었다. 비타민 D가 부족하면 자가면역질환에 걸리기 쉽다(그럴 때 우리 면역계 군단은 우군을 향한 공격, 심지어는 반란에 가담하기 시작한다). 당뇨병, 심장병, 특정 유형의 암이 여기 포함된다. 몸이 건강하게 기능하기 위해서는 최소한 혈액 1밀

리리터당 30나노그램의 비타민 D가 필요하다. 식생활을 통해서도 비타민 D를 일부 얻을 수 있지만, 우리 대부분은 필요한 비타민 D의 약 90퍼센트를 햇빛에 노출된 피부를 통해 만든다.

물론 햇빛, 특히 자외선에는 위험성도 존재한다. 인간의 피부에는 자연 자외선 차단제로 작용하는 여러 화합물들이 있는데, 멜라닌 색소가 그중 하나다. 평소보다 햇빛에 더 많이 노출되면 피부는 멜라닌을 더 많이 만들고, 그래서 피부가 타는 것이다. 피부가 흰 사람들만이 아니라 검은 사람들도 탄다. 유라시아에 들어온 최초의 현생인류는 **아마 검은 피부를 가졌을 것이고, 이는 그들이 떠나온 곳의 기후에는 완벽한 적응**이었다. 햇빛이 강한 장소에서 일광 화상을 피하려면 멜라닌이 많이 필요하다. 자연선택이 왜 적도 지역에서 검은 피부를 선호하는지 쉽게 알 수 있다. 그렇다 해도 열대 지역에서는 비타민 D를 광합성할 수 있을 만큼 충분한 양의 자외선이 멜라닌 색소를 통과해 피부에 닿을 것이다. 반면에 햇빛이 적은 장소에서는, 검은 피부가 자외선을 너무 효과적으로 차단하는 탓에 그토록 중요한 비타민이 충분히 만들어질 수 없게 될 것이다.

비타민 D 결핍이 면역계 손상부터 구루병에 이르는 악영향을 미친다는 것은 곧 햇빛이 부족한 환경이 자연선택을 일으키는 요인으로 작용한다는 얘기다. 즉, 그런 환경에서는 피부가 약간 더 흰 사람이 생존과 번식에 유리하고, 그 결과 다음 세대에 성공적으로 유전자를 전달할 것이다. 그리하여 멜라닌 생산에 관여해 더 흰 피부를 만드는 돌연변이가 생길 때마다 이 돌연변이는 쉽게 개체군 내로 퍼져나갔을 것이다. 실제로 그런 일이 일어난 듯하다. 북쪽으로 갈수록 피부색은 점점 더 하얘진다. 북유럽인과 북아시아인 모두 각기 다른 돌연변이를 통해 적은 양의 햇빛에 적응하는 과정을 겪었다. 이는 서로 다른 수단으로 비슷한 결과를 달성하는 수렴 진화의 대표적 사례다.

*

흰 피부가 북쪽 지방의 햇빛 부족에 대한 적응으로 진화했다는 '비타민 D 가설'은 설득력 있게 들린다. 오늘날 영국과 북아메리카에서 피부가 검은 사람들이 피부가 흰 사람들보다 비타민 D 결핍에 더 잘 걸린다는 관찰 사례는 분명 이 가설을 뒷받침해준다. 하지만 실제로 사람들을 대상으로 측정한 비타민 D 수치는 가설대로 착착 맞아떨어지지 않았다. 비타민 D 수치와 햇빛 노출을 추적한 연구들은 예상치 못한 흥미로운 결과를 내놓았다. 예측한 대로 햇빛에 대한 노출이 증가할수록 (어느 정도까지는) 비타민 D 수치가 증가했다. 옷으로 몸을 덮으면 혈중 비타민 농도가 낮아지는 것도 예상대로였다. 하지만 얇게 바른 자외선 차단제가 일광 화상은 막아줘도 비타민 D 생산을 줄이는 것 같지는 않았다. 그것은 검은 피부색에서도 마찬가지였다. 뜻밖에도, 같은 양의 햇빛에 노출되었을 때 비타민 D 생산이 촉진되는 정도는 피부가 검은 사람들과 흰 사람들 사이에 아무런 차이가 없었다.

이 연구는 분명 피부가 검은 사람들도 피부가 흰 사람들만큼이나 효과적으로 비타민 D를 만들 수 있음을 암시한다. 이 새로운 결과는 언뜻 인간의 피부색 진화에 대한 모든 이론을 무너뜨리는 것처럼 보인다. 하지만 그러기 전에 설명이 필요한 몇 가지 관찰 사례가 아직 남아 있다. 토착민의 피부색은 실제로 북쪽에서 더 하얗고, 북쪽 나라들에서는 예상대로 피부가 검은 사람들이 비타민 D 결핍을 더 많이 겪는 경향을 보인다는 사실이다.

첫 번째 관찰 사례는 '진화적 변화가 어떻게 일어나는가'라는 질문을 초래한다. 특정 돌연변이가 이점을 줄 때만 진화적 변화가 일어나는 것은 아니다. 때로는 유리하지도 불리하지도 않은 거의 중립적인 돌연변이가 '유전적 부동'이라는 과정을 통해 개체군 내로 퍼지면서 진화가 일어나기도 한다. 이것은 사실상 무작위 과정으로, '우연'이 큰 부분을 차지한다.

우리의 조상들이 북쪽으로 이주할 때 일어난 일을 짐작해 보면 대략 이렇지 않았을까. 열대에서 일광 화상과 피부암을 막아주므로 자연선택 된 검은 피부가 더 이상 그렇게 강력한 선택을 받지 않게 되었을 것이고, 그런 다음 더 흰 피부를 만드는 돌연변이가 우연히 발생했을 때 제거되지 않고 유전적 부동을 통해 퍼져나간 것이다. 실제로 적도에서부터 북쪽 위도로 갈수록 피부색이 일정한 비율로 밝아지는 것은 아니며, 밝은 피부색은—아마 훨씬 나중에—유럽과 아시아의 극북 지역 집단들에서만 진화했다. 유럽과 아시아의 나머지 지역은 위도와 아무런 관계가 없는 피부색을 가진 사람들로 가득하다. 더하여 비타민 D 가설의 또 한 가지 문제는, 산업혁명 이전에는 구루병의 흔적을 가진 골격이 많지 않았다는 것이다.

하지만 오늘날 영국과 북아메리카에서 검은 피부를 가진 사람들의 비타민 D 결핍 문제는 어떻게 설명해야 할까? 한 연구에서, 사람들에게 화창한 날 **무엇을 했는가**와 관련한 자세한 설문 조사를 실시한 결과 하나의 단서를 찾을 수 있었다. 피부가 흰 사람들은 해가 날 때 밖으로 나가는 경향이 있었지만 피부가 검은 사람들은 실내에 머무는 경우가 더 많았다. 해가 강하게 내리쬐는 날에는 실내에 머무는 것이 좋은 전략이지만, 햇빛이 약하고 적은 북쪽에서는 이런 날을 최대한 활용할 필요가 있다. 겨울에는 특히 그렇다.

초기 현생인류—구석기시대의 수렵채집 유목민—의 경우에는 1년 내내 날마다 집 밖에서(더 현실적으로 말하면 천막 밖에서) 시간을 보낼 수밖에 없었을 것이다. 따라서 검은 피부는 적도 지역의 강한 해에 대한 적응이었다고 볼 수 있는 반면, 그 반대인 '북쪽 위도에 대한 일반적인 적응으로서의 흰 피부'는 성립하지 않는다. 그렇지만 고위도에 대한 실질적인 적응에 해당할지도 모르는 변화가 피부 밑에 존재한다. 바로 비타민 D 대사에 일어난, 확연하게 드러나지 않는 변화들이다.

북유럽인의 유전체에는 비타민 D 전구체의 체내 농도를 높이는 돌연변이들이 있는 반면, 피부가 검은 사람들에게는 비타민 D의 체내 흡수 및 수송을 촉진하는 다른 돌연변이들이 있다. 하지만 이번에도 엄밀한 역학 연구와 유전체학 데이터가 나오면서, 널리 퍼져 있는 단순한 가설은 훨씬 더 복잡한 그림으로 바뀐다. 최근 몇 년 동안 위도에 대한 인간의 적응을 다루는 가설은 훨씬 더 흥미로워지고 훨씬 더 복잡해졌다. 흑백으로 나눌 수 없다고나 할까.

위도의 변화가 몇 가지 대사 적응들과 관계가 있다면, 높은 고도 역시 특정한 문제를 야기한다. EPAS1이라 불리는 유전자의 특정 변종은 고도가 높은 지역의 낮은 산소 농도를 다루는 능력과 관계가 있다. EPAS1은 헤모글로빈 생산량을 줄이며, 이는 더 조밀한 혈관 네트워크와 함께 산소가 부족한 환경에 대한 완벽한 적응이다. 티베트인들에게서 EPAS1 변종 유전자가 선택된 분명한 증거가 존재하는데, 그 기원은 미스터리였다. 이 유전자의 패턴은 원래 존재했던 변종 유전자가 사람들이 높은 고도에 살기 시작하면서 갑자기 역량을 발휘한 경우에 들어맞지 않았고, 새로 생긴 우연한 돌연변이인 경우에도 들어맞지 않았다. 그것은 어디서 왔을까?

2015년 야심 찬 국제 사업 '1000 유전체 프로젝트1000 Genomes project'가 두 중국인이 빠진 채 완료되었는데, 이 사업에 DNA 샘플을 제공한 사람들 모두가 EPAS1 유전자를 가지고 있지 않았다. 하지만 데니소바인의 유전체에는 그것이 있다. 따라서 현대 티베트인의 유전체에 있는 이 EPAS1 변종 유전자는 데니소바인 조상들에게서 물려받았고, 그런 다음 자연선택을 통해 철저히 보존된 것으로 추정된다. 야생 꽃사과와 교배함으로써 유용한 새 적응을 획득한 사과처럼, 우리 조상들도 현지의 유전자 지식을 습득한 것이다.

교잡을 통해 우리가 얻은 것과 잃은 것

새로운 환경 또는 변화하는 환경에 살 때 직면하게 되는 가장 심각한 문제들 중 하나는 새로운 병원체다. 우리는 항상 미생물과 싸워왔고, 이 진화적 군비경쟁의 역사가 우리 유전체에 실려 있다. 현생 인류 유전체에 들어온 변종 유전자들 중 일부는 틀림없이 네안데르탈인 조상과 데니소바인 조상들에게서 왔으며, 그 유전자들은 특정 시기 특정 장소에서 특정 감염에 대한 보호를 제공했을 것이다.

바이러스 감염 퇴치에 관여하는 네안데르탈인 유전자는 유럽인들 사이에서 스무 명 중 한 명꼴로 나타나는 반면, 파푸아뉴기니에서는 인구의 절반이 가지고 있다. 이는 그 유전자가 파푸아뉴기니 집단에서 강력한 선택을 받았다는 뜻이다. 면역계와 관련이 있는 다른 유전자들 또한 네안데르탈인에게서 온 듯하며, 다른 집단보다 일부 집단에서 더 강력한 선택을 받은 것으로 보인다. 바로 이와 같은 패턴은 진화에 우연이 중요한 역할을 한다는 것을 보여준다. 즉, 특정한 병원체에 대한 저항성을 부여하는 변종 유전자는 집단이 해당 병원체에 노출될 경우 중요해질 것이고 그러므로 선택된다. 하지만 병원체에 노출되지 않는다면 그 변종 유전자는 사라지거나 적어도 유전자 풀에서 낮은 빈도로 떨어질 것이다.

우리 유전체에는 밀접한 관련을 맺고 있는 거대한 유전자 군단이 있는데, 이들은 우리 몸이 외래 침입자를 인식하고 공격을 개시하도록 돕는 중요한 임무에 관여한다. 또한 자기 인식에도 관여한다. 이 유전자들이 지정하는 단백질들은 면역계가 외래 병원체로 오인하지 않게끔 세포 표면에 마치 자국의 영토를 표시하는 깃발처럼 꽂혀 있다. 이런 유전자들을 HLA 유전자라고 부르는데, 현대 유럽인들에 있는 이 유전자들의 절반 이상이 네안데르탈인 또는 데니소바인들로부터 물려받은 것으로 추정된다.

하지만 **구인류에게 물려받은 유전자들 중 몇몇은 우리에게 불이익을 준다.** 지난날 다양한 시기에 걸쳐 유용하게 쓰였겠지만, 그 일부가 오늘날에 와서는 해로운 효과를 미치는 것이다. HLA 유전자의 특정 변종들은 자가면역질환의 발병 위험을 높이는데, 이는 사실상 HLA 유전자의 자기 인식 역할이 고장 났기 때문이다. 이때는 세포 표면에 꽂힌 깃발이 마치 외국의 깃발처럼 보여, 면역계가 자기 몸의 세포를 공격하기 시작한다. 한편 네안데르탈인에게서 물려받은 면역계 유전자 HLA-B*51은 베체트병이라 불리는 염증성 질환의 발병 위험을 높인다. 구강과 생식기에 궤양을 일으키고 눈에 염증을 일으켜 결국 실명에 이르도록 만들기도 하는 이 병은 영국에는 드물지만 터키에서는 250명 중 한 명꼴로 발병한다. 베체트병은 '실크로드 질병'으로도 불리는데, 사실 그 기원은 비단 거래보다 훨씬 오래되었음이 분명하다. 우리가 실크로드라고 알고 있는 길들은 무역로로 기능하기 이미 수천 년 전 이주와 식민지화에 중요한 역할을 한 바 있다. 아마 아주 오래전에 현생인류는 중앙아시아를 통과하는 이 통로들을 따라가면서 네안데르탈인과 만나 교잡했을 것이다.

현대 멕시코인 집단에 신기할 정도로 널리 퍼져 있는 지방 대사와 관련한 한 변종 유전자 또한 네안데르탈인에게서 온 것으로 보인다. 아마 과거에는 그 유전자가 특정 식생활과 관련하여 모종의 이점을 부여했을 것이다. 하지만 오늘날 그 유전자는 다른 종류의 식품과 상호작용을 하면서 당뇨병 발병 위험을 높이고 있다. '사라진 부족'에서 우리 유전체로 들어온 다른 변종 유전자들은 피부와 모발 색의 차이에 가담한다. 현대 유럽인 열 명 중 일곱 명은 네안데르탈인 기원의 주근깨 관련 유전자를 가지고 있다. 한편 구인류 집단에서 온 다른 유전자들의 경우는 현대 유전체에서 어떤 기능을 하는지 확실히 모른다. 하지만 분명한 것은 구인류 DNA의 대다수가 제거되었다는 점인데, 이는 무엇보다 생식력 감소와 관련이 있었기 때문인 듯하다.

사라진 부족들과 교잡했다는 것은 곧 우리 조상들이 유전적 변이의 풍성한 저장고를 이용했음을 뜻한다. 조상들은 교잡을 통해 자신들의 몸 안에 사는 병원체도 포함해 지역 환경에 대한 유용한 적응을 들여왔을 것이다. 이는 진화적 변화의 메커니즘에 대한 비교적 새롭고 중요한 통찰이다. 즉, 변종 유전자의 도입과 확산은 새로운 돌연변이가 발생하거나 집단 내에 존재하던 돌연변이가 갑자기 유용해지면서 시작될 수 있지만, 유연관계가 가까운 다른 집단과의 이종교배를 통해서도 시작될 수 있다. 사과에서부터 인간까지, 우리 모두는 유전체에 잡종 기원의 증거를 지니고 있다.

하지만 오늘날 우리에게 흔적을 남긴 것은 우리와 교잡한 가까운 친척 종만이 아니다. 우리는 동물은 물론 식물과도 확고한 동맹을 맺었다. 앞에서 이미 아홉 종을 만나보았다. 이 다른 종들과 협력하고 그들을 길들인 것, 또는 그들에게 '스스로를 길들일' 기회를 제공한 것은 인류 역사의 경로에 제대로 파악하기조차 어려울 정도로 지대한 영향을 미쳤다. 신석기의 영향은 이처럼 수백, 수천 년 동안 퍼져나갔다.

곳곳에서 일어난 종 길들이기

지리학, 고고학, 역사학, 유전학이 제공하는 깊고 넓은 관점 덕분에 우리는 뒤늦게나마 비로소 이 거대한 서사를 이해할 수 있게 되었다. 대륙 규모로 펼쳐놓은 수만 년에 걸친 사건 및 과정들과 우리 조상들이 개인적으로 경험한 일상 사이에는 현격한 차이가 있다. 그렇지만 다른 한편으로는, 둘이 한곳으로 수렴되고 있다는 느낌도 든다. 새카맣게 탄 낟알, 반들반들한 돌낫, 토기 조각에 남겨진 우유의 흔적, 고대 늑대 뼈의 DNA, 오래된 언어에 남아 있는 '사과'라는 단어의 흔적 같은 증거들을 통해 **이제 우리는 조상들의 구체적인 모습을 생생히 엿볼 수 있다.**

새로운 증거가 나타날 때마다 우리가 뼈대에 살을 붙이고 복잡한 특징들을 보태며 종의 기원에 대한 이야기를 정교하게 다듬어온 만큼, 신석기 이야기도 헤아릴 수 없을 정도로 복잡해졌다. 새로운 동맹과 그에 동반된 새로운 기술 같은 진전은 인간이 의도적으로 이끈 선형적이고 예측 가능한 진보의 행진이었다기보다는, 훨씬 두서없는 방식으로 등장했다.

인류 집단이 성장함에 따라 신석기의 도래는 불가피했다. 즉 인류는 수렵채집 유목 생활에서 농업 정착 생활로 전환할 수밖에 없었다. 하지만 그 경로는 장소에 따라 달랐고, 그때마다 외부 요인이 막대한 영향을 끼쳤다. 전 세계를 움켜쥐고 있던 빙하기가 힘을 풀면서 농업은 별개의 지역들에서 독립적으로 발생했다. 그때마다 가다 서다 하는 방식으로 등장했지만, 일단 등장했을 때는 아이디어, 기술, 새로 길들여진 종들이 확산하는 인류 집단을 부양할 힘을 가지고 기원 중심에서 파문처럼 퍼져나갔다.

약 1만 1천 년 전 서아시아와 동아시아에서 농업이 거의 동시에 출현한 것은 우연의 일치가 아니었을 것이다. 세계적인 기후변화가 수천 킬로미터 떨어져 있는 사람들과 초원에 영향을 미쳤다. 1만 5천 년 전부터 대기 중의 이산화탄소 농도가 증가하면서 식물 생산을 촉진했다. 야생 곡식이 저절로 밭을 이루어 인간은 줍기만 하면 되었다. 그런 다음 1만 2900년 전에서 1만 1700년 전까지 이어진 신드리아스기 동안 기후가 악화되었다. 사냥꾼이 빈손으로 돌아오는 날이 많아지기 시작했을 것이다. 쉽게 딸 수 있는 열매와 딸기는 얼마 되지 않았다. 수렵채집인은 예비 자원에 기댔을 것이다. 채집하기 어렵지만 열량이 풍부한 풀의 씨앗들이 그중 하나였다. 서쪽에서는 귀리, 보리, 호밀, 밀을 먹었고, 동쪽에서는 기장, 조, 쌀을 먹었다. 나투프인들이 사용한 낫과 돌절구처럼 수확의 효율을 높이고 딱딱한 씨를 가루로 빻는 도구는 작물화와 농업 이전에 생겼다. 기후가 좋아지기 시작할 무렵에는, 곡물에 대한 의존이 이미 원시 농업으로 발전해 있었다.

이러한 초기 작물화 중심의 영향력은 실로 어마어마했다. 메소포타미아의 광대한 '농업의 요람'은 서유라시아 신석기의 시조 작물들을 제공했다. 유프라테스강과 티그리스강 유역의 비옥한 땅에서 최초의 작물인 콩, 렌틸콩, 비터베치, 아마, 보리, 엠머밀, 일립계밀이 나왔다. 황허강과 양쯔강 주변의 땅에서는 조, 쌀, 대두가 나왔다.

하지만 그 밖에도 전 세계의 많은 다른 장소에서 작물화가 시작되었다. 신드리아스기 말엽, 아프리카의 남쪽 절반에 살던 사람들이 북쪽으로 이주해 비옥한 녹색 사하라를 점유했다. 그들은 사냥한 동물들과 더불어 과일, 덩이줄기, 곡물을 먹고 사는 수렵채집인들이었다.

1만 2천 년 전 이래로 맷돌을 사용해왔던 그들은, 곧이어 토종 수수와 진주조를 경작하기 시작했을 것이다. 하지만 사하라의 농업은 약 5500년 전 계절풍이 남쪽으로 이동해 비옥했던 땅을 사막으로 바꾸었을 때 전멸했다. 사탕수수는 약 9천 년 전 뉴기니에서 작물화되었고, 테오신트는 동시대에 메소아메리카에서 옥수수로 작물화되었다.

찾으면 찾을수록 더 많은 작물화 중심이 나타나는 듯하다. 비옥한 초승달 지대는 매혹적이지만, 그만큼이나 중요한 신석기의 다른 요람들로부터 시선을 빼앗는다. 바빌로프는 일곱 개의 작물화 중심을 찾아냈다. 재레드 다이아몬드는 전 세계에 10여 곳의 작물화 중심이 있다고 상정했다. 더 최근 연구들은 스물네 곳이라고 주장한다. **종 길들**

인류

이기는 서로 다른 많은 장소에서 여러 차례 일어났다. 그런 장소 가운데 상당수가 바빌로프가 지적했듯이 산악 지대였다. 산악 지대는 다양성이 풍부한 경향이 있는데, 고도에 따라 물리적 조건이 달라지는 탓이다. 하지만 작물과 가축이 되기 위해서는 타이밍이 맞아야 했을 뿐 아니라 인간과 **장단**이 맞아야 했다. 인간이 생활 방식을 바꾸려는 시점에 인간의 개입에 긍정적으로 반응한 종. 그것이야말로 이 결정적 결속이 맺어지게 만든 승리의 조합이었다. 사실 의식적인 의사 결정이 모종의 역할을 한 경우는 별로 없었다.

✳

'인위선택'이라는 용어는 어떤 힘과 의식이 작용함을 암시하지만, 반드시 그렇지만은 않다. 현대의 선택 육종 프로그램은 신중한 계획에 의한 개입과 놀랍도록 의식적인 선택을 수반하지만, 항상 그랬던 것은 아니며 작물화 초반에는 특히 그렇지 않았다. 타작마당 주변에서 자란 밀은 의도적으로 심은 것이 아니었는데, 그것이 최초의 밭의 밑거름이 되었다. 사실 자연선택과 인위선택을 구분하는 것 자체가 인위적일지도 모른다.

인간은 다른 종의 진화에 영향을 미치는 유일한 종이 아니며, 인간 존재는 상호 의존에 기대고 있다. 우리가 개, 말, 소, 쌀, 밀, 사과의 진화에 영향을 미친 것만큼이나 벌들도 꽃의 진화에 영향을 미쳤다. 다른 종들과 달리, 우리는 유전체를 들여다보며 우리가 했다고 **생각하는**

일을 이해할 수 있을 뿐이다. 벌은 아마 그 사실을 모를 것이고 우리처럼 자신이 한 일을 되돌아보지도 않겠지만, 그렇다고 그들이 영향을 미쳤다는 사실이 달라지는 것은 아니다. 다윈이 자신의 논증을 개진하는 데 도움을 얻고자 그 용어를 사용한 이래 우리가 '인위선택'이라고 불러온 행위는 실은 인간이 매개하는 자연선택에 지나지 않는다.

작물화는 많은 경우, 무의식적인 과정으로 시작되었을 것이다. 종들이 서로 만나 우연히 부딪치고 가까워지면서 진화적 역사가 한데 얽히게 되었다. 우리는 인류를 지배자로 여기고 다른 종들을 자발적인 하인, 나아가 노예로 여기는 데 너무 익숙하다. 하지만 우리가 동식물과 이런 협약을 맺은 방식은 다양하고도 미묘했고, 공생과 공진화 상태로 유기적으로 진화했다. 이 동반자 관계가 구축되기 시작할 때 의도가 개입되는 경우는 드물었다. **인류학자들과 고고학자들은 동물을 길들이는 세 가지 경로가 있을 수 있다고 말한다.** 이는 어떤 '사건'이라기보다는 길고 오랜 진화적 과정이었다.

한 경로는 동물이 인간을 선택해 우리에게서 자원을 빌렸다는 것이다. 그들은 우리에게 더 가까이 다가오며 우리와 공진화하기 시작했고, 지난 몇 백 년 사이 창조된 개 품종들에서와 같은 인간 주도적인 선택이 시작되기 오래전부터 길들여지게 되었다. 개와 닭이 이런 식으로 우리의 동맹이 되었다. 두 번째 경로는 먹잇감 경로다. 이 경우에도 초반에는 동물들을 길들이려는—그들을 자원으로서 관리하려는—의도는 전혀 없었을 것이다. 양, 염소, 소 같은 중대형 초식동물이 이 경로를 따라 처음에는 먹잇감으로 사냥되고 이후에는 사냥감으로 관리되다가, 마침내 가축으로 길러졌을 것이다. 마지막은 가장 의도적인 경로로, 인간이 처음부터 작정하고 동물을 잡아 길들인 경우다. 고기 외에도 뭔가 유용한 쓰임새가 있어 보인 가축들이 대개 이런 경로를 따랐다. 승마용 말로 길들여진 말이 대표적 사례다.

농부들과 육종가들이 원치 않는 형질을 제거함으로써 특정 형질을 선택하기 시작하면서 의도가 개입되기 시작했을 때도, 그들의 목표는 그리 원대한 것이 아니었다. 다윈도 이 사실을 알아차렸다. "저명한 육종가들은 비교적 뚜렷한 목표를 가지고 체계적인 선택을 통해 육종을 시도하는" 반면, 다른 사람들은 "품종을 영구적으로 바꾸겠다는 바람 또는 기대 없이" 단지 다음 세대에 집중했다. 그런 선택은 그럼에도 수십, 수백 년에 걸쳐 품종의 "무의식적인 변형"을 초래했다. 다윈은 '미개인'과 '야만인'들조차(현대 독자들의 기준으로 보면 그의 말은 이따금 정치적으로 매우 올바르지 않다), 단순히 기근이 들 때 자신들이 선호하는 짐승을 먹지 않고 살려두는 것 같은 훨씬 **덜** 의식적인 선택을 함으로써 자신들의 동물을 변형할 수 있다고 생각했다.

인간이 자연을 지배한다는 개념에 결정타를 날리는 대목은 우리가 협력자로 모집하는 데 성공한 종이 비교적 적다는 사실이다. 자연 저술가 마이클 폴란이 아주 잘 표현했듯이, 많은 종은 "빠지기로 했다." 한 종이 성공적인 협력자가 되기 위해서는 기회가 왔을 때 인간에게 길들여지기 쉬운 특정 자질들을 가져야만 했다. 늑대의 호기심, 암말의 순종적인 성격, 비탈립성 이삭 가지를 발달시킬 수 있는 풀의 잠재력, 중앙아시아 야생 사과의 탐스러움이 없었다면, 우리는 개, 말, 밀, 재배종 사과를 갖지 못했을 것이다.

그럼에도 우리는 다른 종을 길들임으로써 전 세계에 지대한 영향을 미쳤다. 신석기의 핵심인 **'다른 종과의 상호의존성'**이라는 개념은 하나의 사상, 인간 문화의 일부가 되었고, 그것은 너무도 성공적인 전략이라 전 세계로 퍼져나갈 수밖에 없었다. 특정 동식물과 특정한 관계를 맺은 우리 조상들은 가는 곳마다 그들을 데려갔고, 심지어는 그들에 맞추어 지역 환경을 바꾸었다. 이 모두가 처음에는 순수한 우연으로 일어난 일이었다 해도, 엄청나게 성공적인 전략이었다.

오늘날 수렵채집은 점점 줄어들고 있는 소규모 사람들만이 영위한 생활 방식이다. 아프리카에는 나미비아의 부시먼족과 탄자니아의 하드자족을 포함해 소수의 소규모 수렵채집인 집단이 아직 존재한다. 이들은 농부들이 농사를 지을 수 없는 땅, 반사막 지대의 거주하기 부적당한 장소에 산다. 이 수렵채집인들은 지금까지 줄곧 신석기 혁명을 거부해왔지만, 그들의 생활 방식은 현재 위협에 처해 있고, 아마도 이번 세기에 사라질 것이다.

길들여진 종이 바꾼 인류 역사의 경로

우리와 상호작용 한 동물들이 어떤 식으로든 지금과는 달랐다면, 예컨대 모두 사라져버렸거나, 혹은 잡거나 길들이기 불가능했다면, 인류 역사는 매우 다르게 전개되었을 것이다. 때때로 우리는 마치 우리 인간이 운명의 주인인 양, 따라서 외부의 역할 같은 건 거의 혹은 아예 없는 양 역사와 선사시대에 접근한다. 하지만 어떤 종이든, 그 종만 따로 떼어놓고 이야기하기는 불가능하다. 모든 종이 생태계 안에 존재한다. 우리는 모두 연결되어 있고 서로에게 의존한다. 게다가 모든 종들의 역사가 얽히고설키는 와중에 일어나는 이 모든 상호작용에는 우연과 우발이 끼어든다.

우리가 수천 년에 걸쳐 다른 종들과 맺어온 동맹은 초기 농부들이, 개들을 데리고 사냥했던 최초의 사냥꾼들이, 처음 말을 탄 사람들이 상상도 못 했을 방식으로 인류 역사의 경로를 바꾸었다. 경작된 곡물들은 확산하는 인류 집단에 야생 식량이 부양할 수 있는 잠재력을 훌쩍 뛰어넘는 열량과 단백질을 제공했다.

중앙아시아의 작물화 중심에서 기원한 밀은 인구 팽창의 연료가 되었고, 그 결과 대이주 물결로 쏟아져 나온 농경인은 신석기 동안 유럽 전역으로 퍼져나갔다. 이보다 일찍 목축인들에게 길들여진 양, 염소, 소는 단백질과 열량을 저장하는 중요한 수단을 제공했다. 그들은, 말하자면 '걸어 다니는 식량 저장고'였다. 얼마 전부터 예비 식량으로 사용하기 시작한 식물들, 그리고 한때 사냥했던 동물들과 동맹을 맺은 인간은 기후 교란이 끼친 눈앞의 영향으로부터 한숨 돌릴 수 있었다. 열량과 단백질의 보다 확실한 공급원을 확보하고 보다 정주에 가까운 생활을 하면서부터 가족의 규모도 커졌다. 여기까지만 들으면 완전한 성공담처럼 들린다. 하지만 사람들을 고된 노동으로 살아가야 하는 삶에 구속시키고 여성, 남성, 어린이 개개인의 건강에 큰 타격을 주었다는 점은 직관에 반하는, 신석기 혁명의 현실이었다.

9100년 전에서 8천 년 전까지 1천 년이 조금 넘는 세월을 아우르는 중앙 아나톨리아의 한 고고학 유적은 신석기로의 이행기를 살았던 사람들에 대한 놀라운 스냅사진을 제공한다. 이 차탈회위크Çatalhöyük 유적에 살았던 초기 농경인 집단은 흙벽돌집들이 빽빽하게 들어선 조밀한 거주지에서 생활했다. 처음에는 단 몇 가족뿐이었으나, 곧 마을의 규모가 극적으로 커졌다. 농부들은 주로 밀을 재배했지만 보리, 완두콩, 렌틸콩도 길렀고, 양과 염소와 소수의 소를 키웠다. 그러면서도 여전히 오록스, 야생 돼지, 사슴, 새를 사냥하고 야생식물을 채집했다. 그들의 경작지는 거주지에서 남쪽으로 몇 킬로미터나 떨어진 곳에 자리 잡고 있었을 뿐 아니라, 동물들을 사냥하고 기르기 위해서도 광범위한 지역을 이동해야 했다.

차탈회위크에서는 6백 명이 넘는 사람들의 유골이 발견되었는데, 이 뼈들에 특이한 점이 있었다. 다수의 신생아 뼈를 포함해 미성년자의 수가 놀랍도록 많았던 것이다. 이는 언뜻 영유아 사망률이 특히 높았음을 나타내는 듯하지만, 실은 애당초 태어난 아기의 수가 이례적으로 많았음을 나타내는 패턴일 가능성이 높다. 이 패턴을 연대별로 세밀하게 나누어보면, 수렵채집에서 초기 농업으로 이행할 때 한 번, 그리고 더 집중적인 농업으로 이행할 때 다시 한 번 출생률이 높아진다. 마을에 있는 집의 수도 그에 따라 증가세를 보인다. 영아의 뼈에 대한 질소 동위원소분석 결과는 영아가 비교적 이른 시기인 약 18개월 무렵부터 이유를 시작했음을 암시한다. 수렵채집 집단에서 이유 시점이 앞당겨지는 것은 출산 간격의 감소와 관계가 있다. **인구 증가가 일어나고 있었다는 뜻이다.**

하지만 모든 것이 장밋빛은 아니었다. 차탈회위크에는 그보다 앞선 수렵채집 집단들에 비해 생리적 스트레스와 건강 문제가 증가한 정황이 나타난다. 곡물을 중심으로 하는 식생활은 풍부한 열량을 공급하지만, 몸이 필요로 하는 모든 필수아미노산과 비타민까지 제공할 수는 없다. 다른 유적들처럼 성장률이 감소한 증거가 나타나지는 않지만, 그럼에도 뼈 감염을 포함한 낮은 수준의 생리적 스트레스뿐 아니라, 녹말이 풍부한 식생활과 관련이 있는 듯한 높은 충치 발생률을 짐작하게 하는 충분한 증거가 존재한다.

오늘날의 산업화된 농업에서는 농업의 중노동을 인간 대신 기계가 짊어진다. 하지만 우리의 삶은, 수렵채집인 조상들의 예비 식량이었던 곡류가 주식의 자리를 차지한 식량 생산 시스템에 속박되었다. 차탈회위크에 살았던 사람들도 마찬가지였다. 우리는 세계화된 식품 공급 덕분에 중요한 비타민의 다른 공급원들을 이용할 수 있지만(게다가 지금은 유전자 편집을 통해 곡물에 비타민을 집어넣을 수도 있다), 우리의 치아는 여전히 신석기 혁명의 영향으로 고통 받고 있다.

가장 해로운 악당 중 하나는 옥수수에서 파생된 액상 과당이다. 액상 과당은 신석기 유산의 최선과 최악을 담고 있는 식품이 아닐까 싶다. 즉, 환상적인 에너지 공급원임은 분명하지만, 우리가 그 위험을 이제 막 알아차리기 시작한, 건강을 위협하는 교활한 적이기도 하다. 옥수수 그 자체는 인류 역사에 막대한 역할을 했다. 잉카와 아즈텍 문명을 건설하는 연료였고, 콜럼버스가(그리고 아마도 캐벗이) 신세계에 도착한 뒤로는 세계로 진출했다. 무게로만 따지자면, 오늘날 우리는 다른 어떤 곡물보다 옥수수를 많이 생산한다. 옥수수는 우리가 먹는 음식이지만, 오늘날 우리는 인간이 먹는 양의 네 배를 가축을 먹이기 위해 재배하고, 생물 연료를 만들기 위해 또다시 그만큼을 재배한다.

길들여진 종이 인류 역사의 경로에 미친 영향을 파악할 수 있는 가장 쉬운 방법은 아마도 그들이 없었다면 어땠을지 상상해보는 것일 듯하다. 이는 유전학자들이 기능이 망가진 녹아웃 유전자를 만들어 특정 유전자의 기능을 파악하는 것과 비슷한 접근법이다. 같은 방법으로 역사의 대안을 시험해볼 수는 없지만, 우리는 사고실험을 통해 이 다양한 종이 우리 곁에 없었다면 세계가 얼마나 달라졌을지 조금이나마 알 수 있을 것이다.

작물화된 곡류가 없었다면 오늘날 우리는 어떻게 되었을까? 신석기는 낯선 방식으로 전개되었을 것이다. 목축만으로는 중동에서부터 유럽 전역으로 사람, 가축, 작물을 확산시킨 인구 팽창을 뒷받침하지 못했을 것이 분명하다. 중동의 수메르문명, 극동의 황허강과 양쯔강 문명, 메소아메리카의 마야문명 같은 초기 문명들은 과연 날아올랐을까? 아마 방식은 달랐겠지만, 유라시아 스텝의 기마 유목민들은 우리에게 문명은 이동 중에도 발전할 수 있음을 상기시킨다. 곡류가 없는 세계로 발전했다면 우리 모두는 여전히 집 대신 유르트에서 생활하는 유목민으로 살고 있을까? 아니면 감자처럼 녹말이 풍부한 덩이줄기가 그 공백을 메웠을까? 초기 작물의 부재에 대해 곰곰이 생각하다보면, 우리에게 매우 친숙하며 우리가 엄청나게 의존하는 종들이 없는 세계를 상상하기가 점점 더 어려워진다.

사과는 어떤가? 어떤 문명이 사과가 없어서 붕괴했을 거라는 생각은 들지 않는다. 하지만 겨울 내내 저장할 수 있는 과일은 흔치 않으니, 예비 식량으로 먹을 수 있는 사과가 없었다면 타격이 좀 있었을 것이다. 사과주는 계속 마셨을 듯한데, 야생 꽃사과로도 만들 수 있기 때문이다. 지금도 물론 그렇게 한다. 하지만 사과에 대한 경이로운 신화는 우리 문화에서 찾아볼 수 없었을 것이다.

사냥을 도울 개가 없었다면 유럽과 북아시아의 현생인류는 2만 년 전 정점에 이른 마지막 빙하기의 추위에 훨씬 더 심한 타격을 받았을 것이다. 마지막 남은 늑대들을 수색할 수 있도록 우리를 도운 울프하운드가 없었다면, 그 포식자들은 아직까지 영국과 아일랜드에 살고 있을지도 모른다. 그뿐 아니라, 개와 인간의 효과적인 동맹이 없었다면 빙하기 유럽의 더 큰 대형동물 가운데 일부는 지금까지 살아남아 있지 않을까? 소규모의 매머드 무리가 여전히 시베리아 북부를 돌아다니고 있지는 않을까?

우리가 아는 닭은 비교적 늦게 가축 무리에 합류했다. 닭은 청동기 시대에 가축화되었다. 하지만 곧 무섭게 선두로 치고 올라와 지구에서 가장 중요한 농장 동물이 되었다. 닭이 없었다면 '내일의 닭' 여왕도 없었을 것이다. 닭싸움도 없었을 것이다. 프랑스 축구팀은 다른 상징을 생각해내야 했을 것이다. 그리고 전 세계의 요리는 닭의 살과 달걀을 사용하지 못할 것이다. 다른 가축 새들이 있지만, 어떤 것도 닭만큼 다루기 쉽고 성공한 것은 없다. 물론, 누군가가 '내일의 오리' 대회를 개최하면 이 모든 게 바뀔지도 모르지만.

말이 없었다면 역사가 어떻게 전개되었을지, 정말이지 상상조차 하기 어렵다. 말 덕분에 스텝의 목축인들이 소를 돌볼 수 있는 범위가 크게 확장되었다는 점에서 가축화된 말은 처음부터 커다란 경제적 영향을 미쳤다. 말이 없었다면 스텝 집단들이 과연 서쪽과 동쪽으로 확장했을까? 그랬을 것 같지 않다.

말은 유럽의 선사시대에도 불가결한 존재였다. 유럽 동쪽 변두리의 스텝 지대에서 생겨난 기마민족은 오늘날까지 그 메아리가 울려 퍼지는 언어(인도유럽어)를 사용했다. 그들이 유럽 문화에 준 것은 언어만이 아니다. 시베리아와 흑해-카스피해 스텝 지역에 특징적으로 나타나는 흙을 쌓아 올린 무덤 쿠르간과 '목재 무덤' 문화들도 유럽으로 확산되었다. 지중해 동부 주변의 청동기시대 사람들은 스텝에서 발전한 아이디어에서 힌트를 얻어, 자신들의 왕을 내세에서 쓸 사치품과 함께 거대한 고분에 매장하기 시작했다. 그런 지배 계층의 무덤에는 흔히 장식용 마구가 포함되었고, 때로는 말의 유해도 있었다. 높은 사회적 지위와 불가분의 관계를 지닌 말에 대한 숭배는 철기시대와 그 이후에도 계속되었고, 현대 세계에도 영향을 미치고 있다.

말은 또한 수송에도 쓰였다. 최초의 바퀴 달린 탈것은 아마 스텝에서 기원했을 것이다. 이륜전차는 확실히 기원전 2000년경 그곳에서 기원했고, 그런 뒤 동쪽의 중국과 서쪽의 유럽으로 퍼져나갔다. 기원전 2000년대에 군대가 말을 타고 싸우기 시작하면서 전쟁의 양상은 완전히 바뀌었고, 기병대는 제1차 세계대전까지 전쟁에서 중요한 역할을 계속했다. 말이 없었다면 전쟁의 역사가 크게 달라졌을 것이다. 견인에는 소를 쓰면 되지만, 기병대는 얘기가 다르다.

오늘날 말은 자체 동력으로 움직이는 바퀴 달린 탈것으로 거의 대체된 듯하지만, 말은 여전히 속도와 힘, 그리고 아름다움으로 추앙받는다. 높은 지위를 연상시키는 것도 여전하다. 승마 스포츠와 귀족 혈통은 함께 묶여 다닌다.

소는 역사에서 빼도 여파가 별로 크지 않으리라 여겨질지 모르지만, 사실 이들은 엄청나게 중요한 역할을 해왔다. 고기와 우유만이 아니라 수송과 농업에도 이용된 소는 수백 년 동안 수레와 쟁기를 끌었다. 게다가 그들은 말이 가축화되기 한참 전인 신석기 초부터 우리와 함께였다. 그뿐 아니라 말이 그랬듯이, 짐 나르는 짐승과 영양 공급원으로써의 기능을 초월해 문화적으로 중요한 자리를 차지하게 되었다. 빙하기 말 수많은 대형동물이 멸종한 세계에서 소는 신화 속에 공백으로 남은 대형동물의 자리를 차지했을 것이다. 비록 길들여졌을지언정, 소는 힘과 권력과 위험을 상징했다. 크레타섬에서 황소에 대한 숭배는 미노타우로스 신화에 영감을 주었다. 거대한 황소를 죽인 미트라Mithra를 숭배한 이 신비로운 종교는 로마인들과 함께 영국까지 왔다. 영국의 로마시대 유적인 하드리아누스Hadrianus 성벽을 따라 존재하는 요새 중 하나에서 발견된 돌에는 미트라의 이미지가 조각되어 있다. 하지만 소는 우리 신화 속으로만 들어온 게 아니었다. 그들은 우리의 DNA에도 영향을 미쳤다.

우유, 그리고 길들여진 DNA

'작아지는 소의 수수께끼'로 미루어 신석기 사람들은 주로 고기를 위해 소를 길렀던 것으로 보이지만, 우유의 역사도 적어도 기원전 7000년대로 거슬러 올라간다. 우유는 그야말로 환상적인 음식이다. 젖당 형태의 탄수화물, 지질, 단백질뿐 아니라 비타민과 미네랄(칼슘, 마그네슘, 인, 칼륨, 셀레늄, 아연)을 아우르는 매우 다양한 필수 영양소를 함유하고 있다. 하지만 우유는 성체 포유류는 잘 먹지 않는 음식이다. 대부분의 포유류는 성체가 되면 우유를 소화시킬 수 없다. 새끼를 위해 젖을 생산하는 것은 암컷 포유류의 특징이고, 우리 인간도 포유류로서 예나 지금이나 유아기에는 우유를 잘 마시고 소화시킬 수 있으며, 태어난 직후에는 어머니의 젖에 의지해 생명을 유지한다. 하지만 인간을 포함한 포유류에서 우유, 특히 유당인 젖당을 소화시킬 수 있는 능력은 성체가 되면 대개 사라진다. 필수 효소인 락타아제를 지정하는 유전자가 발현되지 않기 때문이다. 그럼에도 유럽에서는 대부분의 사람들이 성인이 되어서도 우유를 잘 마실 수 있다.

소의(그리고 양과 염소의) 가축화는 우리의 역사와 문화에 영향을 미쳤을 뿐 아니라 우리의 생물학에도 영향을 미쳤다. 우리는 우유를 얻기 위해 동물을 기르기 시작함으로써 주변 환경을 바꾸었다. 인위선택이라 부르는, 인간이 매개하는 자연선택을 통해 소의 DNA를 바꾼 것은 물론이고, **우유를 마심으로써 결국 자연선택이 우리에게 작용하는 방식도 바꾸었다.** 우리가 우리의 필요, 입맛, 욕구에 맞게 다른 종을 개조하고자 해왔듯이, 그들도 우리를 개조하고 있었다.

신선한 우유를 마시는 일은 우리 조상들에게 현실적인 곤란을 주었을 것이다. 우유를 마셔볼 정도로 용감했던 사람들 대부분이 복부 팽만, 위경련, 설사를 겪었으리라. 이런 문제는 젖당을 소화시킬 수 없어서 일어난다. 소화되지 않은 젖당이 소화관에 머물다가 세균에 의해 발효되어 그 모든 불쾌한 소화기 장애를 일으키는 것이다. 이 곤란을 피할 방법이 하나 있는데, 바로 우유의 젖당 함량을 낮추는 것이다. 그렇게 하려면 우유를 발효시키거나 경성 치즈로 만들면 된다. 두 방법 모두 우유를―하나는 마실 수 있는 형태로, 다른 하나는 먹을 수 있는 형태로―더 오래 보존한다.

에버셰드와 그의 팀이 폴란드에서 나온 토기 조각에 남겨진 지질을 분석함으로써 밝혔듯이, 그곳의 신석기 농부들은 기원전 6000년대에 벌써 (아마도 소젖으로) 치즈를 만들고 있었다. 암말의 젖은 소젖보다 젖당을 훨씬 더 많이 함유하지만, 암말의 젖을 누구나 안전하게 마실 수 있는 형태로 바꾸기 위해 발효된 젖 음료가 발명되었을 것이다. 오늘날도 여전히 마시는 도수가 낮은 '젖 맥주'인 유라시아 스텝의 쿠미스도 매우 오래된 발명품이리라.

하지만 우리 중 일부는 어머니의 젖에 의존하는 신생아기를 훨씬 지나서까지 신선한 우유를 꽤 잘 마시고 소화시킬 수 있도록 진화했다. '젖당 내성'을 가진 사람이 그런 경우인데, 젖당 내성은 한 대립유전자, 즉 변종 유전자를 소유함으로써 생긴다. 이는 우리가 성인이 되어서도 락타아제를 계속 생산한다는 뜻이다. 락타아제의 지속적인 생산과 관련이 있는 이 유럽산 변종 유전자는 약 9천 년 전에 존재했던 것으로 추정된다. 중유럽의 초기 신석기 집단들에게는 그 변종이 없었지만 4천 년 전에는 낮은 빈도로 존재했고, 오늘날은 북유럽과 서유럽 사람들의 98퍼센트가 락타아제를 계속 생산한다(즉, 젖당 내성을 갖는다). 이는 그들의 조상들이 가뭄과 반목의 시기, 즉 저장을 위해 발효시킨 유제품과 치즈만이 아니라 갓 짠 우유를 소화시키는 능력의 유무에 따라 생사가 갈리는 시기를 겪었다는 증거다.

락타아제를 계속 생산하지 못하는 사람들이 신선한 우유를 마실 때 일어나는 소화기 증상들은 기원전 1세기에도 잘 알려져 있었다. 당시 로마의 학자 마르쿠스 테렌티우스 바로Marcus Terentius Varro는 (그 효과를 원하는 게 맞는다면) 말젖이 가장 훌륭한 완하제 역할을 하고, 그다음이 당나귀 젖, 소젖이며, 마지막으로 염소젖이 그런 역할을 한다고 썼다. 2천 년 전만 해도 이탈리아에서 젖당 내성은 특별한 일이었던 모양이다. 그리고 지금도, 서유럽에서는 젖당 내성이 매우 흔하다 해도, (일례로) 카자흐스탄 사람들은 약 25~30퍼센트만이 락타아제를 계속 생산한다.

아프리카 낙농업자들의 후손도 비슷한 적응을 갖게 되었다. 아프리카산 변종 유전자는 약 5천 년 전 기원하여 집단 내로 퍼졌다. 이 유전학 데이터는 가축화된 소의 기원과 확산에 관한 고고학 증거에 딱 들어맞는다. 반면, 낙농업의 역사가 없는 동아시아인 대부분은 심한 소화 장애를 겪지 않고는 갓 짠 우유를 마실 수 없다.

질병 저항성과 관련한 변화들을 제외하면, 락타아제의 지속은 최근 인간 유전체에 적응과 진화적 변화가 일어났음을 보여주는 가장 분명한 징후 중 하나다. 많은 사람들이 우리 몸은 아직 구석기에 머물러 있다는 가설에 넘어가 이른바 '구석기' 다이어트를 추종하고 있지만 신석기 혁명이 오래된 생활 방식을 변모시켰을 때 우리 조상들의 몸도 그대로 있지는 않았다. 바뀐 것은 우리가 길들인 종들만이 아니다. **그들도 우리를 바꾸었다.** 이 각각의 동맹들은 서로 다른 방식으로 시작되었다. 일부는 퇴비 더미에 떨어져 새로운 나무로 성장한 사과 씨처럼 아주 우연히 시작되었을 것이다. 또 다른 일부는 다른 종 쪽에서 부추겼을 것이다. 늑대가 개로 길들여진 경우, 늑대 쪽에서 먼저 접촉했을 가능성이 높다. 우리 쪽에서 더 의도적으로 접근한 경우도 있었다. 말과 소를 잡아 길들인 일은 확실히 이 범주에 속한다. 하지만 동맹이 어떻게 시작되었든, 각 동맹은 생태적 공생 관계로 발전했다. 일종의 공진화 실험이었던 셈이다. 결국 길들임은 쌍방 과정이다.

하지만 우리가 길들인 동물들과 우리 사이에는 또 하나의 신기한 연결 고리가 존재한다. **우리 역시 동물이 길들여졌을 때 등장한 형질들 중 일부를 드러내보이는 것 같다.** 개처럼, 그리고 벨라예프가 길들인 은여우처럼, 우리는 선조들보다 작은 턱과 치아, 납작한 얼굴을 지니게 되었을 뿐 아니라, 남성의 공격성이 줄었다. 이 일군의 연관된 형질들을 '가축화 증후군domestication syndrome'이라고 부른다.

인간의 얼굴은 왜 달라졌을까

사실 인간은 매우 사회적이고 관용적인 생물이다. 인터넷과 정치판, 심지어는 일상적인 만남에서도 보고 겪는 악행들이 이 사실을 잊게 만들지만 말이다. 설상가상으로 범죄, 폭력, 전쟁을 볼 때면 우리가 구제불능으로 호전적인 종처럼 느껴지기도 한다. 하지만 역사는 우리의 폭력성이 지난 세기에 비해, 그리고 그 전의 몇 백 년에 비해 평균적으로 줄었음을 보여준다. 아직은 충분하지 않지만, 우리는 분명 평화롭게 함께 사는 방법을 터득해가는 중이다.

게다가 인간과 가장 가까운 친척인 침팬지나 보노보에 비하면 우리는 엄청나게 잘하고 있는 셈이다. 다른 유인원들의 경우 큰 사회집단은 대개 분열하기 쉽고, 같은 종의 낯선 구성원을 만날 때의 자연스러운 반응은 공포와 스트레스다. 그에 반해 우리는 어떤 식으로든—대체로는—다른 사람들과 가까이 사는 것을 감내하고, 낯선 사람과의 만남에 침착하게 반응하며, 공동의 사업에 기꺼이 협력해왔다. 실제로 인간이 한 종으로서 이례적인 성공을 이룬 것, 그리고 뛰어난 문화를 축적하고 발전시킨 것은 서로 협력하고 돕는 능력 덕분이다. 그렇게 하기 위해 우리는 스스로를 길들여야 했다.

우리 종은 적어도 20만 년 전 아프리카에서 출현했다. 의사소통 형식인 구어와 미술을 포함한 상징적 행동을 할 수 있는 능력이 호모 사피엔스에게는 처음부터 있었고, 어쩌면 수십만 년 전, 우리와 네안데르탈인의 공통 조상에게도 있었을지도 모른다. 상징적 행동(구멍이 뚫린 기이한 조개껍데기, 갈린 오커 조각 등)은 고고학 기록에 산발적으로 나타나다가, 5만 년 전 이후 폭발적으로 등장한다. 그다음부터는 엄청나게 다양한 유형의 인공물이 출현한다. 또한 인간은 수많은 미술품을 만들기 시작했고, 일부는 오늘날까지 전해진다. 상아를 조각한 동물상과 작은 입상, 그리고 동굴벽화가 그것이다. 태즈메이니아와 오세아니아 전역으로 퍼진 문화의 확산을 조사한 인류학 연구들에서 이 창의성의 열쇠가 무엇이었는지에 대한 단서를 찾을 수 있다. 그 인과관계를 적용시킨다면, 새로운 생각들이 생겨나 뿌리를 내리고 확산하며 진화할 수 있을 만큼 집단의 크기가 충분히 커지고 충분한 이동성과 연결성을 갖추었을 때 빙하기 문화가 꽃피웠을 가능성을 짐작할 수 있다.

그렇다 해도 인구밀도의 증가는 모든 종에 특정한 도전을 제시한다. 인구가 많다는 것은 먹여야 할 입이 더 많다는 뜻이고, 따라서 자원 경쟁이 증가하게 된다. 그러므로 문화를 점점 복잡하게 발전시켜가는 '현생인류다운 행동'의 출현은 이례적으로 높은 수준의 사회적 관용이 나타났을 때 비로소 가능했음이 증명된다. 덜 두려워하고 덜 적대적이며 타인과의 소통에 적극적일 때, 우리는 배울 수 있기 때문이다.

은여우에서부터 쥐까지, 다른 동물들에게서 공격 성향을 제거하면 행동에 광범위한 변화가 일어난다. 예상대로 그들은 훨씬 더 친근해진다. 하지만 호르몬이 매개하는 행동 변화는 신체의 변화도 동반하는데, 특히 머리와 얼굴의 모습이 변한다. 길들여진 은여우는 털색에 흰색 반점이 나타날 뿐 아니라, 송곳니와 두개골이 더 작고 주둥이가 짧다. 길들여진 성체는 야생 상태의 미성년 개체처럼 보인다.

✴

지난 20만 년 동안 인간의 두개골도 변했다. 눈썹 위 융기부가 낮아지고, 뼈가 전반적으로 가늘어졌으며, 남녀의 송곳니 크기 차이가 줄어드는 등, 전반적으로 덜 우락부락해진 모습이다. 은여우와 여타 가축 동물들에서 나타나는 패턴과 비슷하다. 이런 변화는 테스토스테론 수치의 감소와 관련이 있는 듯한데, 이 호르몬은 뼈 성장뿐 아니라 행동에도 영향을 미친다. 테스토스테론은 발달단계에 따라 특정 효과를 낸다. 자궁 안에서 비교적 높은 수치의 테스토스테론에 노출된 사람들은 이마가 더 좁고, 얼굴이 더 넓적하며, 턱이 발달하는 경향이 있다. 사춘기 때 높은 수치의 테스토스테론에 노출된 남성은 얼굴이 길어지고 눈썹 위 융기부가 발달하는 경향이 있는데, 이런 '남성적인' 얼굴을 가진 남성은 비교적 지배적인 사람으로 인식된다.

현생인류의 초기 화석들을 보면 대체로 최근 화석에 비해 눈썹 위 융기부가 훨씬 발달한 모습이다. 이러한 눈썹 위 융기부에 변화가 일어난 것이 실제로 언제였는지, 더 구체적으로 알 수는 없을까?

미국의 한 진화인류학 연구 팀이 이를 알아내고자 두개골 표본들을 측정하고 비교했다. 표본의 일부는 20만 년 전~9만 년 전에, 일부는 8만 년 전 이후에 해당하는 것이었으며, 그 외의 많은 표본들은 지난 1만 년 내에 드는 최근 표본들이었다. 연구 팀은 9만 년 전보다 오래된 표본들이 이후 표본들에 비해 두개골의 눈썹 위 융기부가 더 발달했음을 알 수 있었다. 얼굴의 길이도 오래된 표본에서 더 길었다. **얼굴 모양의 '여성화'는 홀로세까지 계속되었다.** 테스토스테론 수치의 변화가 얼굴 모양의 이런 변화를 매개했을 가능성이 있는데, 만일 그렇다면 양성 모두에서 나타나는 더 가냘프고 여성적인 두개골은 인간 집단이 커짐에 따라 사회적 관용이 자연선택 되면서 생긴 부산물일 수 있다.

그런 선택이 어떤 식으로 일어났을지는 쉽게 상상할 수 있다. 유전학자 스티브 존스의 기발한 표현처럼, 진화는 "두 번의 시험을 치르는" 셈이다. 단순히 살아남는 것으로는 충분하지 않다. 번식에도 성공해 유전자를 다음 세대에 전달해야 한다. 만일 사회적 추방자 신세라면, 두 번째 시험에서 합격하기는커녕 시험을 치르는 것조차 어려울 수 있다. 공격성이 적은 남성들이 번식에 성공할 확률이 더 높다면, 그 형질이 집단 내로 빠르게 퍼질 것이다. 인간 사회가 진화함에 따라, 그리고 우리 조상들이 더 조밀하게 살게 되고 나아가 생존을 위해 광범위한 관계망에 의존하기 시작했을 때, **우리는—의도하지 않게—우리 자신을 길들였을 것이다.**

길들여진 동물들은 인간과 또 하나의 특징을 공유하는데, 우리는 그 특징을 극단으로 가져갔다. 인간은 천천히 발달하는 경향이 있다. 우리의 유년기는 야생의 존재들보다 길다. 유아와 아동은 성인에 비해 더 잘 믿고, 친근하고, 장난을 잘 치며, 학습을 잘 한다. 동물들이 인간에게 용인되거나 포획된 다음 인간에게 익숙해지고 이를 넘어 인간과 협력한 다양한 시나리오에 대해 생각할 때, 강아지든 송아지든 망아지든 새끼를 떠올려 보면 훨씬 이해가 잘 될 것이다. 그리고 더 천천히 성장하고 더 오랫동안 새로운 것을 잘 받아들이는 개체들이 매 세대 인간과의 동맹을 이어갈 확률이 높았으리라 생각하면, 길들여지는 것이 어떻게—의도치 않게—더 오랫동안 '어리게' 머무는 것에 대한 선택을 일으켰을지 이해할 수 있다.

우리가 스스로를 길들이면서, 결과적으로 자연선택이 우리에게 작용하는 방식이 바뀌었다. 즉, 더 오랫동안 어리게 머무는 사람들, 적어도 어리게 행동하는 사람들이 선택되게 되었다. 언뜻 간단한 변화로 보일 수 있다. 옛 가설들은 '유형성숙neoteny', 즉 성체 생물이 육체적으로나 행동으로나 어떤 식으로든 더 어린애 같은 상태에 머무는 일종의 발달 정지를 이 변화의 핵심으로 보았다. 하지만 생물학, 특히 유전학 분야에서 이루어진 더 자세한 분석들은 이 가설을 완전히 박살낸다.

상황은 그리 간단하지 않다. 어린애 같은 변화도 설명의 일부이기는 하나, 그게 전부가 아니다. 우리는 유전자, 호르몬 그리고 다른 종을 포함하는 환경 사이에 일어나는 대화를 이제 막 이해하기 시작했다. 그렇다 해도, 서로 다른 동물들에서 '가축화 증후군'으로 나타나는 그 모든 변화들—신경, 생리, 해부적 변화들—을 묶어주는 뭔가가 있다. 그 '뭔가'는 몸 안에 있는 광범위한 조직들—부신 세포에서부터 피부의 색소 생산 세포, 얼굴 골격의 일부와 치아까지—을 만드는, 배아 내의 특정 세포 집단이다. '신경 능선 세포neural crest cells'라 불리는 이 배아 세포들의 다양한 운명은 가축화 증후군에 속하는 특징들에 거의 완벽하게 들어맞는 듯 보인다.

만일 신경 능선 세포와 관련이 있는 한두 개의 유전자 결함이 어떤 효과를 낼지 예측하라는 질문을 받는다면, 특정 호르몬과 행동, 얼굴 모양, 치아 크기에 영향을 미치며, 피부색소에 몇 가지 흥미로운 변화를 일으키리라고 대답할 수 있을 것이다. 지금은 가설일 뿐이지만 훌륭한 가설인데, 검증 가능한 예측을 생산하기 때문이다. 길들여진 동물들의 배아에는 신경 능선 세포가 적을 것이다. 그리고 만일 우리가 배아의 신경 능선 세포에 영향을 미치는 가축화 관련 돌연변이들을 찾는다면 가축화 증후군의 유전적 기반을 설명할 수 있을 것이고, 왜 포유류가 가축화에 처할 때 비슷한 변화를 보이는지도 설명할 수 있을 것이다. 시간과 추가 연구가 답을 알려주리라.

사회적 관용과 진화적 성공

18세기 철학자 장-자크 루소는 문명화된 인간을 어떤 면으로는 퇴행한 상태로 간주했다. 원래의 고귀한 야만상태로부터 일탈한 창백하고 무기력한 존재. 한편 다른 인본주의 철학자들은 인간의 '길들여짐'을 조상들의 야만적인 조건에서 우리를 빼낸 긍정적인 발전으로 보았다. 인간의 '자기 길들임'을 둘러싼 논의는 정치적·도덕적 해석에 빠져 허우적거리게 되었다. 생물학적 개념은 언제든 이런 식으로 오용될 수 있지만, 사실 진화에 도덕적 차원은 존재하지 않는다. 일어날 일이 일어난 것은, 그저 자연선택이 그 시점에 그 환경에서 기능을 잘 수행하는 적응들을 선호하고 나머지를 추려냈기 때문이다.

우리 조상들에게 좋았던 일이 지금 우리에게도 좋은 것은 아니다. 조상들이 도덕적으로 우리보다 더 나쁘거나 낫지도 않았다. 우리가 근접 거리에 서로 함께 살아가는 일에 능해진 것은 단순히 그것이 **효과적**이었기 때문이지 도덕적으로 우월했기 때문이 아니다. 아무도 개가 늑대보다, 소가 오록스보다, 작물화된 밀이 야생 사촌들보다 도덕적으로 우월하다고 생각하지 않는다.

시간이 흐르면서 인간에게 나타나는, 공격성 감소와 관용의 증가를 가져오는 듯 보이는 신체적 변화들은 가축 동물들에서 볼 수 있는 패턴을 그대로 되풀이할 뿐 아니라, 몇몇 야생종들이 보이는 차이와 일치한다. 보노보는 침팬지의 가까운 사촌이지만, 그들은 훨씬 덜 공격적이고 장난기가 훨씬 더 많다. 또한 보노보는 침팬지에 비해 발달이 느리다. 보노보 새끼는 두려움이 적고 어미에게 더 의존적인 경향이 있으며, 두개골 모양과 송곳니 크기에서 침팬지에 비해 암수 차이가 적다. 중요한 점은, 은여우에서와 마찬가지로 이러한 해부적 변화들이 길들여진 사회성에 대한 선택의 우연한 부산물로 나타난 것으로 보인다는 사실이다. **자기 길들임과 흡사한 과정은 실제로 포유류 진화에 상당히 널리 퍼져 있었고, 사회적 관용이 진화적 성공에 도움이 되는 곳에서는 항상 일어난 듯하다.**

몇몇 철학자들은 인간의 자기 길들임이 진화의 표준 법칙, 특히 자연선택에서 벗어난 일이라고 말하지만, 길들여지지 않은 다른 동물들에 비슷한 일군의 특징들이 존재하는 것은 이런 해석이 틀렸음을 증명한다. 자연선택은 선택된 것이 친사회적이고 비공격적이고 협력적인 행동일 때조차 여전히 열심히 일어난다. 이번에도 인간은 때때로 우리가 생각하는 것처럼 그렇게 특별한 사례가 아니다. 인간에게도 표준 법칙은 그대로 적용된다.

그리고 우리가 길들인 동물들에 대해 말하자면, 우리가 그저 운이 좋았던 것 같다. 동물을 길들여 우리의 협력자로 만들 때 인간은 단지 자연적 잠재력을 이용했을 뿐이다. 사회와 다른 종과의 상호작용이 어떤 모습으로 진화했는가에 따라, 그런 잠재력이 더 잘 개발되는 동물들이 존재할 것이다. 이는 오소리보다 늑대를, 얼룩말보다 말을 더 길들이기 쉬운 이유를 설명해준다. 인간인 우리 역시 언제라도 스스로 길들여질 준비가 되어 있었다. 유인원은 사회적 동물이다. 우리는 조밀한 집단을 이루어 사는 데 성공했고, 훨씬 더 사교적으로 변해갔다. 우리는 거칠 것이 없었다. 우리는 이런 강아지 같은 행동. 까불고 장난 치고 믿는 것을 누구보다 잘 하지 않는가. 그리고 팽창하는 인간 집단을 부양할 잠재력을 지닌 신석기가 왔을 때, 우리 조상들은 스스로 만든 새로운 환경에서 번성했다. 인구가 급격히 증가하고 사람들이 그 어느 때보다 근접한 거리에서 살기 시작하면서, 사회적 관용에 대한 선택은 더욱 강력해졌을 것이다. 차탈회위크의 사람들은 흙벽돌 집들로 이루어진 작은 성채에서 말 그대로 다닥다닥 붙어살았다. 오늘날 밀집한 대도시에서의 삶이 가능한 것은 우리가 높은 수준의 사회적 관용을 발휘하기 때문이고, 우리가 스스로를 길들였기 때문이다. 하지만 물론, 우리가 바꾼 것은 **우리의 환경만이 아니다**.

또 다른 '녹색혁명'은 필요한가

인간은 물리적 환경에 지대한 영향을 미치며, 그 영향은 지역적 수준을 넘어 가히 세계적이다. 인위적인 기후변화, 즉 인간이 유발하는 기후변화는 18세기와 19세기의 산업혁명 시기에 시작되었다는 것이 지금까지의 통설이다. 그때부터 우리는 점점 더 많은 양의 화석

연료를 태우면서 대기 중의 이산화탄소 농도를 높이고 지구를 온난화시켰다. 하지만 사실 인류가 기후에 영향을 미치기 시작한 것은 훨씬 오래 전인 신석기시대부터다. 빙하에 구멍을 뚫어 시추한 원통 모양의 얼음기둥인 남극의 빙하 코어에는 오래전의 대기 중 이산화탄소와 메탄 농도가 기록되어 있는데, 지난 40만 년 대부분의 기간 동안 이 기체들의 농도가 예측 가능한 자연 주기에 따라 오르내렸다. 하지만 그러다가 패턴이 바뀌었다. 이산화탄소 농도는 8천 년 전에, 그리고 메탄 농도는 5천 년 전에. 이 기체들의 농도는 원래대로라면 떨어졌어야 할 때 오르기 시작했다. 이 시기는 서아시아와 동아시아에서 신석기가 시작된 시점, 그리고 농업이 확산되고 집중화된 시점과 일치한다. 수렵채집에서 농업으로의 전환은 경관에 지대한 영향을 미쳤는데, 밭을 위해 숲이 베이면서 이산화탄소가 대기 중으로 배출되었기 때문이다. 이것이 빙하작용의 시작을 지연시켰을 가능성이 있다. 그게 아니었더라면 빙상이 다시 한 번 내려가 북반구를 뒤덮었을지도 모른다. 따라서 이 기후 안정기에 인류 문명이 성장하고 번성했다.

하지만 지금은 너무 멀리 와버린 것 같다. 우리는 세계 기후를 그저 만지작거리는 수준을 넘어, 심하게 괴롭히고 있다. 게다가 그 장기적인 결과를 우리는 완전히 알지 못한다. 석기로 무장한 몇 천 명의 인간이 무심코 빙하기를 지연시킬 정도로 기후를 온난화시킬 수 있었다면, 70억이 넘는 사람들은 무엇을 할 수 있을까?

인간이 유도한 인위적인 기후변화는 우리뿐 아니라 다른 많은 종들에 분명하고 현존하는 위협이다. 하지만 온실가스 배출을 줄여야 할 긴급한 필요와 상반되는 요구가 존재하는데, 바로 사람들로 가득한 세계를 먹이는 일이다. 사람들의 숫자는 계속 늘어나고 있다. 신석기 이전에 세계 인구는 기껏해야 몇 백만이었다. 농업이 도래하면서 인구가 증가해 1천 년 전 세계 인구는 약 3억 명에 이르렀을 것으로 추정되며, 1800년에는 그 숫자가 10억으로 증가했다.

20세기가 지나는 동안 세계 인구는 16억에서 60억으로 급증했다. 식량 생산을 대대적으로 늘릴 필요가 있었고 실제로 녹색혁명으로 그 과제를 완수했다. 이에 따라 1965~1985년 평균 수확량이 50퍼센트 이상 증가했다. 인구 증가율은 1960년대에 정점에 도달한 이후 줄어드는 추세다. 지구에 사는 사람들의 수는 이번 세기 중엽 약 90억에서 안정될 것으로 보인다. 그럼에도, 여전히 우리는 2050년까지 10억 명을 더 먹여야 한다. 그 정도면 맬서스학파*의 공포를 초래하기에 충분하다.

지금 인류에게는 또 다른 '녹색혁명'이 필요한 듯하다. 사실 첫 번째 녹색혁명은 지속 가능한 해법과는 거리가 멀었다. 생산성 부양의 대가는 컸다. 식량 증산을 위해 농업은 그 허울뿐인 녹색혁명 이전보다 더 많은 에너지를 쓰고 화석연료에 더 많이 의존한다. 농업은 ─ 열대림을 베어냄으로써, 또 가축이 배출하는 것뿐 아니라 물을 댄 논에 사

---

*   영국의 경제학자 토머스 로버트 맬서스Thomas Robert Malthus는 1798년 《인구론》에서 인구의 자연 증가를 억제해야 한다고 주장한 바 있다.

는 미생물들이 생산하는 메탄을 통해, 그리고 비료를 뿌린 토양에서 나오는 산화질소를 통해—전 세계 온실가스 배출량의 약 3분의 1을 발생시킨다.

다른 문제들도 있다. 종자 가격이 상승하고 단일 재배와 돈벌이 작물의 비중이 높아지는 경향은 가난한 농부들의 생계를 위협한다. 과도한 농약 사용도 인간의 건강과 야생 생물 모두에 타격을 준다. 토지 이용의 변화와 살충제는 곤충 개체군을 대폭 줄였다. 비료에서 비롯하는 질소 오염이 환경과 건강에 끼치는 손해가 농업의 경제적 이익을 능가한다고 추산하는 사람들도 있다.

하지만 그만큼이나 중요한 대목이 있는데, **녹색혁명이 식량 생산을 촉진했을지언정 세계의 배고픔을 해결한 적이 없다는 사실이다.** 이 대목에서 문제는 걷잡을 수 없이 복잡해지고 대단히 정치적으로 변한다. 우리는 이미 모두를 먹일 만큼 충분한 양의 식량을 생산하고 있기 때문이다. 단지 필요한 장소에서 적당한 가격으로 생산하지 못할 뿐이다. 국제 식량 무역은 크고 힘 있는 기업들을 위해 이윤을 생산할 뿐, 가장 필요한 곳에 식량을 가져다주지 못한다. 최근 농업용 토지가 확장되고는 있지만, 주로 부자들을 위한 고기, 기름, 설탕, 코코아, 커피를 생산하기 위해서다. 게다가 우리는 생산하는 식량의 3분에 1에 해당하는 엄청난 양을 낭비하는데, 그동안에도 개발도상국과 선진국의 가장 가난한 사람들은 여전히 영양가 있는 식품을 얻지 못한다. 모두를 지속 가능한 방식으로 먹이기 위해서는 분명 세계 식품 시스템을 대대적으로 정비할 필요가 있다.

세계의 기아를 해결하는 열쇠는 단순히 대규모 상업 농장의 생산성을 높이는 방법으로는 얻을 수 없다. 이미 막대한 잉여농산물을 생산하고 있기 때문이다. 전 세계 농장의 약 90퍼센트가 2헥타르 이하의 소규모 농장이고, 따라서 세계 식량 안보를 달성하기 위해서는 소작농이 생산성을 높이도록 지원하는 것이 중요하다. 하지만 수확량에만 초점을 맞추면 에너지 비용의 급증과 온실가스 배출 증가, 서식지와 생물 다양성의 상실, 하수 오염 등 더 많은 문제를 유발할 가능성이 있다. 생태학자들은 농업 집중화와 농약의 사용을 통해서가 아니라, 토질과 수질을 유지하고 수분 매개 생물들을 (죽이지 않고) 살리는 지속 가능한 '생태 농업'을 통해 생산성을 높이는 방향으로 나아가야 한다고 주장한다. 우리에겐 벌들의 도움이 필요하다. 그들이 우리를 필요로 하는 것보다 훨씬 더.

유전자 변형 작물도 하나의 해법일 수 있다. 한 주곡 작물이 필수 비타민을 산출하는 형태로 바뀌는 모습을 우리는 황금쌀의 사례에서 보았다. 우리에겐 영양소를 잘 뽑아내는 작물, 질병과 가뭄에 저항성을 갖는 작물을 만들어낼 도구가 있다. 머지않아 독감에 걸리지 않는 닭과 돼지도 만들어낼 수 있을 것이다. 솔깃한 이야기다. 무엇보다 세계 식량 안보에 한 걸음 더 가까이 다가서게 될 테니까. 하지만 알다시피 그 기술은 아직도 논란에 휩싸여 있다.

인간의 장기이식을 포함해 한 생물의 일부를 다른 생물로 옮기는 일은 항상 경악을 불러일으켰다. 과거에는 과일나무 접붙이기조차 윤리적 반론에 부딪쳤다. 《탈무드》에 나오는 기원전 3세기의 율법은 한 종류의 나무를 다른 종류의 나무에 접붙이기하는 것을 금한다. "아무리 비슷하다 해도 야생 배에 사과를 접붙이거나, 아몬드에 복숭아를 접붙이거나, 대추를 시드르[또 다른 대추나무]에 접붙이기해서는 안 된다." 또한 두 종류의 동물을 함께 번식시키는 것도 금지되었다. 종의 경계를 넘는 것에 대한 우려의 목소리는 역사가 오래되었고, 심지어 종 내의 접붙이기조차 비난하는 목소리도 있었다.

16세기의 식물학자 장 뤼엘Jean Ruel은 접붙이기를 '불순한 삽입'이라 불렀다. 그리고 '조니 애플시드Johnny Appleseed'라는 별칭으로 불리는 존 채프먼John Chapman—19세기 초 북아메리카의 변경에 사과나무 묘목장을 세우기 위해 카누에 사과 씨를 실어 온 사람—도 그 관행을 강력하게 비난했다. "그렇게 하면 사과를 개량할 수 있다. 하지만 그것은 고작 인간의 술책일 뿐이다. 그런 방식으로 나무에 손상을 입히는 것은 사악한 짓이다. 좋은 종자를 골라 좋은 땅에 심는 것이 옳은 방법이며, 신만이 사과를 개선할 수 있다." 어디서 많이 들어본 말 같다. 유전자 변형을 반대하는 사람들의 말이다. 하긴, 유전자 변형은 분자 수준의 접붙이기니까.

우리는 종을 한 덩어리로 된 불변하는 존재로 보는 덫에 빠지기 쉽다. 인간이 살아가는 짧은 시간의 틀에서는 한 종에서 다른 종으로의 변화를 보는 것이 쉽지 않다는 사실이 그런 생각을 강화한다. **하지만**

종은 물론 불변의 존재가 아니다. 이는 진화의 교훈이다. 우리는 그 사실을 화석에서, 살아 있는 생물들의 구조에서, 그리고 DNA에서도 본다. 게다가 우리가 살아 있는 동안, 심지어는 더 빠른 시간 안에 변하는 것을 볼 때도 있다. 세균은 매우 빨리 번식하고 진화한다. 세균에서 항생제 저항성이 나타나 퍼지는 것은 최근 일어나고 있는 빠른 진화적 변화의 우려스러운 사례다.

심지어 동물에서 '실시간'으로 일어나는 진화적 변화를 보는 것도 가능하다. 특히 환경이 극적인 변화를 보일 때, 그리고 선택 육종을 거칠 때 그런 일을 볼 수 있다. 벨라예프의 은여우 실험 같은 것들은 그런 변화가 얼마나 빨리 일어날 수 있는지 증명한다. 다윈이《종의 기원》에 가축화 과정에서 일어나는 변이와 변화를 집중적으로 기술한 것도 가축화가 종의 변화 가능성을 잘 보여주는, 모두에게 친숙한 증거임을 알았기 때문이다. 그는 일단 인위선택의 효과와 관련한 증거를 제시하며 종의 변화 가능성을 보여주었을 때 어떻게 자연적 과정이 그 비슷한 효과를 낼 수 있는지, 어떻게 자연선택이 지구상에 존재하는 다양한 생명을 창조할 수 있었는지를 설명하는 다음 단계로 넘어갈 수 있었다.

종은 변한다

종은 항상 변한다. 한 개체군 내의 특정 유전자형의 빈도는 새로운 돌연변이가 없이도, 유전자 이동과 자연선택을 통해, 그리고 다른 종의 DNA가 도입됨으로써 변한다. 이 역동적인 '춤'을 만들어내는 것은 종의 구성원들과 그들을 둘러싼 환경 사이의 상호작용인데, 어떤 환경에서든 그 상황에 더 나은 변이가 존재하기 때문이다. 돌연변이는 집단에 새로운 가능성을 불어넣지만 그것만이 새로움의 원천은 아니다. 유성생식은 현존하는 유전물질에서 변이를 창조하는 방법이다. 배우자配偶子*가 생산될 때 DNA가 뒤섞일 뿐 아니라, 모계 염색체와 부계 염색체가 수정란에서 모이는 과정에서 새로운 유전자 쌍이 창조되기 때문이다. 변화하는 환경도 새로운 압력을 가한다. 물론 여기서 말하는 환경이란, 물리적 환경뿐 아니라 한 유기체가 상호작용 하는 다른 모든 종을 포함하는 생물학적 환경도 포함한다.

인간은 수 세기 동안 길들여진 종의 생물학적·물리적 환경을 바꿈으로써 그들의 발달에 영향을 미쳐왔다. 우리는 전 세계로 그들을 이동시켰다. 우리는 그들이 만나 번식할 짝을 관리했다. 우리는 포식자들로부터 그들을 보호했고, 그들이 충분한 음식을 얻을 수 있게 했다. 우리는 그들의 DNA에 지대한 영향을 미쳤지만, 우리가 지금까지 했던 모든 일은 (방사선 육종을 빼고는) 유전체를 **간접적으로** 바꾸는 작업이었다. 유전자 편집을 이용하면 유전체를 **직접적으로** 바꿀 수 있다.

우리와 우리가 길들인 협력자 종들을 포함한 수많은 종이 실은 잡종이라는 것은 최근에 밝혀진, 정말이지 뜻밖의 사실이다. **유전학자들**

★ 　다른 세포와 접합하여 새로운 개체를 형성하는 세포로, 정자 또는 난자를 이룬다.

조차 '종의 경계'를 그렇게 쉽게 넘나들 수 있다는 사실에 놀랐다. 그 많은 종이 원래 잡종이라는 사실은, 한 종에서 다른 종으로 유전자를 이동시키는 작업의 윤리적 함의를 따져볼 새로운 맥락을 제공한다.

녹색운동 내부에서도 변화가 일어나고 있는 듯하다. 유전자 변형에 대한 전면 거부에서 한발 물러나, 이 기술이 유용하고 환경을 고려하는 도구일 수 있음을 인정하는 쪽으로 입장을 바꾸기 시작한 것이다. 보존 생물학자이며 '지구의 벗' 전 의장인 토니 주니퍼Tony Juniper는 유전자 변형의 잠재력을 공개적으로 인정한 바 있다. 2017년 3월, 그는 BBC 라디오 4의 프로그램 〈투데이〉에 출연해 "선택 육종 과정을 가속화해" 한 종 내에 유용한 대립유전자들을 퍼뜨릴 수 있는 유전자 편집 기술의 잠재력에 대해 긍정의 뜻을 조심스럽게 내비쳤을 뿐 아니라, 종 사이의 형질전환이 가진 가능성과 잠재력에 대해서도 열린 태도를 보였다. "길들여진 식물의 야생 친척들에서 유전자를 취해 (…) 작물 변종에 효과적으로 적용할 수 있을 것입니다. (…) 기후변화의 여파, 토양 훼손, [그리고] 물 부족을 포함한 다양한 문제를 해결하는 데 도움이 될 겁니다." 몇몇은 심지어 '유전자 변형 유기농'이라는 말조차 입에 올리기 시작했다. 만일 유전자 변형이 진정한 새 녹색혁명의 일부가 된다면 그야말로 엄청난 운명의 반전일 것이다.

하지만 유전자 변형을 둘러싼 윤리적 고려는 생물학 문제에만 그치지 않는다. 그 일을 누가 하는지, 그리하여 누가 이득을 얻는지에 대한 문제가 존재한다. 또한 식량 주권, 즉 원하지 않거나 필요로 하지 않는 사람들에게까지 새로운 기술을 강요하는 문제와 관련한 실질적인 우려도 존재한다. 반면에, 해충 저항성을 가진 Bt 가지와 비타민을 강화한 황금쌀은 가난한 소규모 자작농들을 위한 진정한 선택지를 제공할 수 있다. 그러한 기회를 가로막는 것은, 특히 농부들과 그들의 지역 사회가 무엇을 원하는지 알아보지도 않고 다짜고짜 그렇게 하는 것은 현상 유지의 결과만 초래할 뿐이다. 결과적으로 북반구의 부유한 나라들만이 새로운 기술 진보의 이익을 얻을 테니 말이다. 농부들이 정보에 입각해 스스로 선택하도록 지원하는 상향식 접근이 보다 공정해 보인다.

로슬린 연구소의 유전학자들은 닭의 유전자를 편집하는 연구를 진행하면서도, 이 기술을 받아들이도록 사람들을 설득하는 데는 관심이 없다. 그들은 사람들이 충분히 알고 스스로 선택하기를 바란다. 그들은 유전자 변형을 숭배할 생각도, 열렬히 전파할 생각도 없다. 과학기술이 민간기업체보다는 대학에서 연구되고 개발되는 것이 근본적으로 중요한 이유가 여기에 있다고 나는 생각한다. 대학은 기득권이 영향을 미칠 여지가 훨씬 적다. 대학의 과학자들 대부분은 인류의 공공선이라는 목표와 신념으로 연구한다. 그들은 자기비판적이고, 스스로를 내세우지 않으며, 자금 제공자가 아무리 부추겨도 과장된 주장을 거부한다. 수익에 집중하는 관리자들로서는 불만이겠지만, 이는 절대적으로 필요한 태도다. 공공 기금으로 연구하는 과학자들이 수익을 극대화하기 위해 일해서는 안 된다. 호기심이 이끄는 대로 따를 자유,

공공선을 위해 일할 기회를 찾을 수 있는 자유를 보장해야 한다.

내가 만난 유전학자들 가운데 유전자 변형을 만병통치약으로 내세우는 이는 한 사람도 없었다. 다만 그들은 그 기술을 유용하게 쓸 곳이 있다고 생각하고, 그 유용성을 탐구하기 위해 개발도상국의 농부들과 공조하고 싶어 했다. 로슬린 연구소의 마이크 맥그루는 유전자 편집의 잠재력에 대해 말할 때 가장 생기가 넘쳤다. 하지만 빌 게이츠 재단의 연구 기금을 받아 아프리카에서 진행 중인 프로젝트들 중 하나를 말할 때도 똑같은 흥분을 드러냈다. 그 프로젝트의 목적은 닭을 키우기에 적합지 않은 환경에서도 잘 자라는 계군을 만드는 것이다. 그는 이 기술을 시도할 때는 명료한 판단력과 지역사회의 실질적인 참여하에 진행할 필요가 있다는 점 또한 분명히 했다. 더하여 자신이 몸담고 있는 또 다른 프로젝트에 대해서도 이야기했는데, 그것은 다른 종의 유전자를 소로 옮겨 와 아프리카에 '트리파노소마증trypano-somiasis'이라는 기생충병에 저항성을 갖는 젖소를 만드는 것이다. "먼저 우리가 하고자 하는 일이 무엇인지 사람들에게 설명하고 그것을 받아들일 수 있는지 물어야죠. (…) 다른 문화에 우리의 가치를 강요해서는 안 됩니다."

이 새로운 기술의 가장 큰 문제는 아마도 식량 주권일 것이다. 농업은 단지 식량을 생산하는 일이 아니라 권력과 이윤을 생산하는 일이기도 한데, 그 모두가 북반구의 부유한 나라들에 집중되어 있다. 새로운 유전자 변형 변종들이 아무리 효율적이고, 강하고, 질병 저항성을 갖는다 해도, 그로 인해 세계 식품 시스템의 불평등이 더욱 공고해져 가난한 소작농들의 권리가 다시 한 번 박탈될 위험이 있다. '라운드업 레디' 대두 같은 1세대 유전자 변형 작물은 가난한 나라들과 대체로 무관했지만, 2세대 유전자 변형 작물은 제대로 관리하지 않을 경우 전 세계의 빈농들로부터 권력과 의사 결정권을 빼앗는 결과를 초래할 수 있다.

전통적으로, 적어도 지난 몇 백 년간의 전통에서는, 농부들은 지식의 창조자라기보다 최종 사용자로 간주되었다. 하지만 이는 신석기가 시작된 방식과는 전혀 다르다. 실제로, 룽성의 계단식 논에서부터 잉글랜드의 과수원과 목장에 이르는 현장의 현실과도 다르다. 농부들은 항상 혁신을 시도하고, 실세계의 실험을 통해 가능성을 시험한다. 그들은 자신들의 땅을 어느 누구보다 잘 안다. 연구 프로젝트에 처음부터 농부들을 포함시킨다면 연구자들은 연구자들대로 결실을 얻을 수 있을 것이며, 농부들 또한 자신들이 개발을 도운 혁신을 채택할 확률이 훨씬 높다. 개발 전문가들은 시스템을 근본부터 뒤엎을 필요가 있다고 주장한다. 현재의 하향식 정책과 무역협정과 규제보다는, 풀뿌리에서 올라온 발의를 국가와 국제사회가 지지하는 것이 바람직하는 얘기다.

이리저리 얽히고 뒤엉키고 꼬여 있는 풀기 어려운 문제다. 우리는 충분한 식량을 필요한 장소에서 생산하는 방법을 내놓아야 하는 한편으로, 기후변화에 적응하며 기후가 더욱 악화되지 않도록 노력해야 한다. 그뿐 아니라, 생태계를 보존하되 가난한 농부들의 생활을 개선해야 한다. 이 모든 해법들이 서로 연결된 방식으로 도출되어야 한다. 통합된 전일적 전략이 무엇보다 필요하지만, 세계적 수준에서만이 아니라 지역적 수준에서도 이익과 손해를 꼼꼼하게 따져야 한다. 우리를 위해, 우리가 길들인 동물들의 행복을 위해, 그리고 야생종을 위해 현명한 결정을 내리기 위해서는 이분법과 도그마를 깰 필요가 있다. 산업적인 집중 농업이냐 야생 친화적인 소규모 생산이냐, 농약을 사용할 것이냐 유기농법을 채택할 것이냐, 현존하는 품종에 집중할 것이냐 새로운 유전자 변형 품종을 창조할 것이냐와 같은 단순한 질문으로는 안 된다. 또한 해법은 장소마다 다르다는 점을 기억해야 한다.

요컨대, 식량 생산과 식량 안보는 해결되었다. 그런데 그게 다가 아니다. 여전히 너무 많은 사람들이 굶주리고 있다. 해결책이 시급하다. 게다가 이 문제는 아무것도 아니라면? 지구상의 나머지 생명은 어떻게 할 것인가? 우리가 길들이지 않은 종들은? 야생은? 신석기의 진정한 유산은 인간이 얼마나 잘 먹고 잘살게 되었는가가 아니다. 우리가 길들이지 않은 종, 우리를 둘러싼 종들이 이 혁명적 변화에 영향을 받았다는 사실이다.

더 큰 야생을 위하여

약 10년 전 말레이시아에서 산림 파괴 규모를 보았을 때 느낀

참담함이 떠오른다. 언덕과 계곡을 뒤덮었던 고대 우림은 제거되었고, 불도저가 지나간 자국들이 땅에 분홍색 지문을 찍어놓은 듯 기이한 이랑 패턴을 만들어놓았다. 녹지가 돌아오고 있는 곳은 모두 자연 그대로가 아닌, 가지런히 정렬된 모습이었다. 기름야자 농장이 이 광대한 지역을 규칙적인 패턴과 획일적인 녹색으로 뒤덮고 있었다. 함께 이곳을 촬영하던 한 말레이시아인 남성이 기름야자 산업과 관련이 있는 사람이었기에, 나는 그를 향해 조심스레 우려를 표했다. 그러자 그가 말했다. "당신들도 수천 년 전 당신네 섬의 산림을 파괴했잖아요. 우리에게 설교하면 안 되죠."

오늘날 우리는 인간을 부양하기 위해 생물권을 한계점으로 밀어붙이고 있다. 육지 면적의 약 40퍼센트가 농업에 쓰인다. 인구와 식량 수요가 더 증가하면 얼마나 더 많은 부분이 경작지로, 또는 우리가 길들이는 동물들을 위한 목초지로 이용될까? 식량을 생산할 필요와 생물 다양성 및 진정한 야생을 보존하는 과제 사이에서 균형을 맞추는 것이 과연 가능하기나 할까?

우리가 길들인 가축, 특히 소, 양, 물소와 같은 대형 포유류는 **이 행성에 큰 부담으로 작용한다.** 인간의 숫자는 70억이 넘고 가축은 약 2백억 마리가 존재한다. 현재 우리가 기르는 식물의 3분의 1은 이 동물들을 먹이는 데 쓰이며, 그 양은 점점 더 늘어나고 있다. 이렇듯 본말이 전도된 추세는 식품 생산에서 투입되는 에너지 사용량을 더욱 높인다. 방법은 우리가 육식을 그만두는 것이다. 혹은 적어도 곡물이 아닌 목초를 먹여 기른 소의 고기를 선택하거나, 소고기를 그만 먹고 에너지를 덜 소비하는 가금류를 먹는 방법도 있다. 농업을 집중화하고, 에너지와 농약의 양을 줄이고, 현존하는 식품 시스템을 더 효율적으로 만드는 방법도 있다. 하지만 그에 앞서 우리가 계속 가축을 기르는 것이 옳은지부터 따져봐야 할 것이다. UN 환경 프로그램의 보고서가 제안한 바와 같이, 전 세계인이 채식주의자가 되는 것을 고려해야 할까?

일련의 생태적 문제들에 가축이 한몫을 하는 것은 사실이지만, 가축이 항상 생태계에 해로운 것은 아니다. 때때로 동물을 기르는 것은 다른 방식으로는 이용하기 어려운 땅에서 자원을 뽑아내는 방법이 될 수 있다. 즉, 작물 재배에 쓰일 수 없는 공간을 가축이 점유하는 것이다. 한편으로, 방목은 처참한 결과를 초래할 수 있다.

저술가이며 환경운동가인 조지 몬비오George Monbiot는 영국의 방목된 땅을 "양에 의해 난파된 땅"이라는 다소 충격적인 표현으로 묘사했다. 하지만 방목의 결과가 항상 처참한 것은 아니다. 예컨대 신중하게 관리되는 방목은 초지를 개방하는 데 도움이 된다. 빙하기 말 플라이스토세의 수많은 대형동물 종을 잃었을 때, 대형 가축 동물들이 그 자리에 들어와 풀을 뜯고 짓밟음으로써 보다 개방된 환경에서 번성하는 동식물 집단이 살아갈 수 있도록 도왔다. 또한 축산과 작물 재배를 유기적으로 결합한 혼합농업 시스템에서는 가축이 토양에 퇴비라는 천연비료를 첨가함으로써 영양소를 토양으로 되돌려 보내는 역할도 할 수 있다.

가장 중요한 점은, 가축이 특히 개발도상국에서 식물만으로는 획득하기 어려운 단백질과 여타 영양소들의 공급원이 된다는 것이다. 가죽과 울 같은 2차 산물들도 물론 가축이 제공하는 중요한 재화이며, 농업이 기계화되지 않은 지역에서는 끌고 수송하는 일에 여전히 동물이 쓰인다. 사람들과 가축 동물들 사이의 '오래된 계약'도 있다. 이것은 측정할 수 없는 문화적 가치로, 이야기와 신화 속에 도도하게 등장하며 우리의 강렬한 감정을 이끌어낸다.

미래의 농장에 길들여진 동물들이 얼마나 적합한지에 대해 우리는 신중하게 검토할 필요가 있다. 이는 사회 전체가 고민해야 할 중요한 문제로, 이산화탄소 제한, 토질 개선, 개방된 경관의 보존 같은 수많은 요인의 가치를 신중하게 검토해 결정해야 한다. 산업화된 시스템은 매우 효율적일 수 있지만, 동물 식품에 대한 상당한 '푸드 마일food mile'*을 쌓으며 동물 복지 문제를 야기한다. 캐나다의 토양 과학자이자 생물학자인 헨리 잰즌Henry Janzen은 각 지역별로 장단점을 따져보며 "이곳에 가축이 과연 적합한가?"라고 질문할 것을 제안한다. 때로는 '부적합'이라는 답이 돌아올 것이다. 하지만 우리의 오랜 동맹자들인 양, 염소, 소를 그 땅에 계속 두는 것이 좋은 경우도 분명 있고, 그럴 때 우리는 우리 동반자들이 제공하는 혜택을 누리면서도 환경 스트레

---

*   식품이 산지에서 소비자의 식탁에 오르기까지의 거리.

스를 최소화하기 위해 노력할 수 있다. **가축을 살던 땅에 계속 두는 것이 동물들에게나 그들이 몸담고 있는 생태계에나 더 이로울 방법일지도 모른다.**

그런데, 농장이 차지해도 되는 공간이 대체 어느 정도나 될까? 사실상 이는 농경지를 최대한 생산적으로 만들 것인가, 아니면 야생 친화적인 농업을 추구할 것인가의 문제다. '땅을 절약하는' 집중적인 접근법을 채택한다는 것은 곧 농경지의 야생 생물을 잃어도 좋다는 뜻이지만, 달리 보면 농업 생산성에 초점을 맞춤으로써 결과적으로는 더 넓은 경관을 진정한 야생으로 유지할 수 있는 방법이기도 하다. 언뜻 현명한 생각 같아 보인다.

하지만 생태학자들은 현실세계에서 이 방법이 통하지 않는다고 주장해왔다. 야생종은 격리된 좁은 서식 공간에서는 살 수 없다. 벌이든 새든 곰이든, 야생생물은 보호되는 야생과 반*자연적 서식지, 관리된 경관이 일종의 망처럼 연결된 장소에서 더 잘 살아간다. 영국에서는 1960년대 이래 농업 집중화로 자연의 생물 다양성이 심각한 타격을 받았다. 환경 친화적인 농장은 야생동물에게 꼭 필요한 피난처 또는 지나다니는 길이 되고, 전통적인 농지의 산울타리는 야생 생물의 서식지를 연결하는 통로로서 중요한 역할을 한다.

현재 전 세계 농업의 단 1퍼센트만을 차지하는 유기농업은 야생의 생물 다양성을 지원하면서도 재래식 농업만큼이나 생산적이며 더 높은 이윤을 낸다. 그것이 가장 지속 가능한 방법처럼 보이지만, 식량 안보와 생태계 안전 모두를 달성하기 위해서는 지역마다 서로 다른 다양한 접근이 필요할 것이다. '땅 공유'냐 '땅 절약'이냐를 둘러싼 논쟁이 계속되고 있지만, 이 선택을 이분법의 문제로 다루는 것은 도움이 되지 않는다. 생태계는 이보다 훨씬 더 복잡하다. 이번에도 마찬가지로, 각 장소의 동식물 집단, 기회와 압력을 신중하게 살피는 지역 중심적인 관점에서 시작해야 한다.

야생과 야생생물을 보호하는 일은 경제적으로도 매우 중요하다. 농업의 미래가 바로 거기에 달려 있기 때문이다. 길들이기 과정은 해당 종의 야생 조상에 존재하는 유전적 다양성을 추려내는 과정이기도 했다. 우리가 길들인 종의 DNA에는 흔히 '병목'의 분명한 흔적이 나타나는데, 이 흔적들은 최초의 길들이기와 관계있는 것도 있지만, 지난 몇 백 년에 걸친 선택 육종의 좁은 초점과도 관계가 있다. 녹색혁명은 더 생산적인 재배품종을 더 좁게 추림으로써 또 한 번의 다양성 축소를 초래했다. 깔끔한 해결책으로 보이는 이 방식이 실제로는 우리의 식량 생산 시스템 전체에 중대한 위협으로 작용한다. 어떤 생태계든, 어떤 종이든, '미래 대비future-proofing'는 다양성과 그 안에 포함된 변이에서 나온다. 종의 역사, 지구 생명의 역사를 보면 알 수 있다.

우리가 생물 종에 너무 많은 제약을 가할 경우, 물리적 환경 변화뿐 아니라 이례적인 병원체의 공격 등, 미래에 변화가 닥쳤을 때 종이 적응할 수 있는 잠재력은 심각하게 제한된다. 그 결과가 얼마나 참혹할 수 있는지를 아일랜드 감자 대기근이 잘 보여준다. 다행히 우리가 길들인 종들에는 야생의 친척들이 있고, 이들은 유전자형과 표현형의 다양성을 보유한 거대한 변이 도서관이다.

가축화 및 작물화가 일어난 경위를 이해하고 우리가 길들인 종의 야생 친척들을 추적하는 일은 역사적·이론적 관점에서 흥미로운 작업이기도 하지만, 그 지식과 그러한 야생종들은 오늘날의 육종 프로그램에 가치 있는 자원으로 쓰임은 물론, 우리가 길들인 동식물의 미래에도 중요하다. 아주 이기적인 이유만으로도 우리는 야생의 변이 도서관을 계속 지켜야 할 필요가 있다. 야생종에게 좋은 것은 우리에게도 좋다. **우리는 진화와 생존이라는 같은 게임을 하고 있다.** 우리의 운명은 다른 종들의 운명과 불가분의 관계로 묶여 있다.

＊

우리가 길들인 종의 존재가 야생종에 위협이 되는 것은 유전자 수준에서다. 길들여진 종과 야생종, 인위적인 경관과 자연적인 경관의 경계는 점점 흐려졌다. 길들여진 종의 유전자가 야생종에 침투하는 것이 어떤 의미인지, 우리는 확실히 알지 못한다. 자연선택이 결국에는 '길들여진' 유전자들을 제거할 가능성이 충분히 있고, 이미 그렇게 했을지도 모른다. 혹은 그런 유전자들에 이점이 있어서 그냥 내버려둘지도 모른다. 꽃사과 유전체에 여러 종류의 인기 있는 재배 품종 사과의 DNA가 존재한다는 사실이 최근 조사에서 밝혀졌다. 이는 향후 야생 사과의 진화에 큰 영향을 미칠 수 있을 뿐 아니라 미래의 작물 개선에 야생 사과가 유용하게 쓰일 여지를 없앤다. 게다가, 유전자 변형 생물의 DNA가 야생종으로 퍼지는 것은 가장 엄격한 규제로도 막을 수 없는 일이다.

우리가 길들인 종과 그 야생 친척들 사이의 유전적 관계는 우리가 얼마나 복잡한 관계망의 일부분인지를 되새겨준다. 우리가 길들인 종들은 '자연을 떠난' 것이 아니다. 그들은 여전히 자연의 일부이며, 그것은 우리도 마찬가지다. 우리는 이 행성의 나머지 구성원들에게 어마어마하게 깊고 광범위한 영향을 미치지만, 생물학적 현상이라는 점에서는 우리도 그들과 다를 바 없다. **우리가 자연의 일부임을 받아들일 때** 비로소 우리는 인간의 영향력에 대해, 인간 존재가 다른 종들에게 영향을 끼치는 방식에 대해 보다 진지하게 생각하게 될 것이다. 다른 종과 거리를 두는 것은 불가능하지만, 그런 상호작용을 더 긍정적인 방향으로 끌고 갈 수는 있다.

단지 농업의 미래가 걱정되어 야생생물을 보호하는 것으로 끝나서는 안 된다. 하나의 종으로서 우리가 생물 다양성에 끼치는 위협을 늘 기억해야 한다. 우리에게는 인간 집단을 먹이고 입힐 기본적인 필요와 동료 종들—우리가 길들인 종들뿐 아니라 야생종들까지 포함해—을 지속시킬 필요 사이에서 균형을 맞추어야 할 도덕적 의무가 있다.

이 행성에서 우리 인간은 경관을 바꾸고, 기후를 변화시키고, 다른 종들과 공진화 관계를 맺고, 우리가 선호하는 동식물들을 전 세계로 퍼뜨림으로써 진화를 일으키는 강력한 힘이 되었다. 길들여진 종의 이동은 야생종들과의 교잡을 초래함으로써 인간이 매개하는 자연선택만큼이나 그 종들의 유전체에 큰 변화를 일으켰다.

사과는 여전히 톈산산맥 측면의 야생 과수원에서 기원한 기억을 간직하고 있지만, 이제 그들의 유전자 구성은 유럽의 야생 꽃사과에 더 가깝다. 길들여진 돼지의 경우도 마찬가지다. 아나톨리아에서 기원한 가축 돼지는 유럽으로 퍼져나가며 야생 돼지와 교배했고, 그 결과 그들이 지닌 미토콘드리아 DNA의 모든 부호가 현지 야생 돼지의 것으로 대체되었다. 말도 스텝에서 멀리 질주하며 야생 친척들과 교잡했다. 오늘날 실용계들은 노란색 다리를 가지고 있는데, 이는 조상 닭들이 남아시아 회색산닭과의 교잡을 통해 얻은 형질이다.

기원, 확산, 교잡으로 이어지는 이 패턴이 길들여진 각 종에서 너무도 복잡한 유전적 태피스트리를 창조해놓은 탓에 그 안에 얽힌 가닥들을 풀어헤치기란 여간 어려운 일이 아니다. 야생 친척의 유전자들이 여러 다른 장소들에서 주입된 결과, 그동안 가축화 중심이 여러 곳이라는 추정이 자주 등장했다. 하지만 유전학 연구 방향이 미토콘드리아 DNA를 조사하는 것에서 게놈 전체를 살피는 쪽으로 이동하고, 고고학 유해에서 고대 DNA가 추출되면서부터, 복잡하게 얽혀 있는 진짜 그림이 조금씩 드러나기 시작했다.

결과적으로 보면 바빌로프와 다윈은 둘 다 옳았다. 바빌로프가 예측한 대로 대부분의 길들여진 종들은 하나의 독립된 지리적 기원 중심을 가지는 듯하다. 하지만 복수의 조상이 존재할 가능성을 예측했다는 점에서 다윈도 옳았다. 기원 중심이 여러 곳이라기보다는, 종이 퍼져나가면서 잡종화가 일어난 탓이지만 말이다. 제부 소를 생산한 제2의 가축화 중심이 있다고 알려진 소의 경우도, 애초에 가축화 중심으로 지목되었던 근동의 한 장소에서 기원했을 가능성이 더 높다. 오랫동안 유라시아에서 상당히 멀리 떨어진 두 곳의 가축화 중심에서 기원했다고 여겨졌던 개도, 최신 분석에 따르면 단일 기원에서 탄생했을 가능성이 매우 높다. 하지만 돼지만큼은 이 규칙의 진정한 예외인 듯한데, 여러 증거들이 서유라시아와 동유라시아에 별개의 가축화 중심을 가질 가능성을 가리키기 때문이다.

10년 전과만 비교해도 지금 우리는 동식물을 길들인 과정에 대해 훨씬 잘 이해하고 있다. 당시 길들여진 종과 야생종 사이에 그어놓은 경계선은 너무 완고하고 경직되어 있었다. 우리는 우리와 동맹을 맺은 종의 이야기를 풀어가면서 우리 종의 진화적 역사도 밝혔다. 그들처럼 우리도 잡종이다. 말, 소, 닭, 사과, 밀, 쌀이 그랬듯이, 우리도 전 세계로 이동하며 새로운 경관을 점유하는 과정에서 우리의 '야생' 친척들과 교잡했다.

현재 우리는 모든 곳에 산다. 그리고 우리가 길들인 종들도 우리와 더불어 전 세계적인 현상이 되었다. **우리가 길들인 종의 진화적 성공이 우리에게 달려 있음은 명백하다.** 하지만 우리가 파종하거나 접붙이거나 교배하거나 굴레를 씌우지 않은 다른 종들의 성공 또한, 그들이 우리와 우리가 길들인 종의 영향을 받는 세계에서 얼마나 잘 생존하느냐에 달려 있다. 따라서 우리는 우리와 협력하게 된 종들만을 돌봐서는 안 된다. 어느 때보다 더, 우리는 길들여지지 않은 야생을 가꿀 필요가 있다. 자연의 나머지 부분에서 우리를 분리할 수 있다는 생각으로는 앞으로 나아갈 수 없다. 그들과 함께 살아가는 방법을 배워야 한다. 그런 상호관계를 받아들이는 방법, 야생과 싸우는 대신 더불어 번성하는 방법을 배우는 것이야말로 이번 세기의 과제가 아닐까?

*

이 책을 마무리하는 지금, 우리 집 정원의 사과나무에는 잎이 나고 있다. 올해 사과나무의 가지를 꽤 많이 쳤다. 기본적으로는 더 많은 열매를 맺게 하기 위해서였지만 눈을 즐겁게 하기 위해서이기도 했다. 가지를 칠 때면, 나는 마치 그림을 그릴 때처럼 나무에서 떨어져 전체적인 균형을 살펴본 뒤 다시 나무로 다가가 가지를 다듬는다. 꽃은 모두 졌고, 그 자리에 작고 둥글고 딱딱한 햇사과가 열리기 시작했다. 사과는 몇 달에 걸쳐 여물 것이고, 여름의 온기가 시들해질 즈음이면 먹어도 될 정도로 자라 있을 것이다.

사과나무 밑에는 조심스럽게 베어 다듬은 동의나물들이 레몬색 머리를 까딱이고 있다. 그 주위에서 고독한 벌들이 윙윙거린다. 정원 너머 들판에서는 검은 수송아지 몇 마리가 담장 위로 머리를 빼고 아이비를 먹는다. 오색딱따구리 한 마리가 사과나무 위로 날아올라 나무

껍질을 살피며 맛있는 곤충을 찾는다. 이곳에는 야생 상태와 재배 상태, 길들여지지 않은 것과 길들여진 것 사이의 구분이 존재한다. 하지만 결국 그것은 모두 하나, 아름답게 한데 감겨 '뒤엉킨 강둑'*이다.

---

* 《종의 기원》제6판 마지막 문단에 나오는 유명한 구절.

감사의 말

음, 뭐라고 말하면 좋을까. 우선, 전문 지식을 기꺼이 나눠주었을 뿐 아니라 이 책의 초고를 읽고 의견과 제안과 고칠 점들을 들려준 많은 친절한 동료와 친구들에게 무한히 감사드린다. (닭과 유전학에 대해 도움을 준) 에든버러 대학교 로슬린 연구소의 애덤 발릭, 헬렌 생, 마이크 맥그루, ('조리타'의 뜻을 깨우쳐주고 간단한 스페인어도 가르쳐준) 이바나 카밀레리Ivana Camilleri, (진화생물학에 대한 지식을 끝없이 나눠준) 오스트레일리아 국립대학교의 명예교수 콜린 그로브스Colin Groves, (주옥같은 유전학 지식을 제공하고 원고를 꼼꼼하게 읽어준) 배스 대학교의 로런스 허스트Laurence Hurst, (경이로운 축배 파티를 마련해준) 닉과 미란다 크레스토프니코프Nick and Miranda Krestovnikoff, (가축화 전문가인) 옥스퍼드 대학교의 그레거 라슨Greger Larson, (돌연변이 찾기의 대가인) 더블린 트리니티 칼리지의 이퍼 맥리소트Aoife McLysaght, (퇴적작용에 대해 조언해준) 이스트 앵글리아 대학교의 마크 팰런Mark Pallen과 워릭 대학교의 로빈 앨러비Robin Allaby, (문제를 해결해주고, 한발 빨리 경고하며, 물론 험담도 해준) 애덤 러더퍼드, (첼트넘 과학 축제에서 많은 정보를 수집해준) 자연사박물관의 크리스 스트링어와 이언 반스Ian Barnes, (이야기의 분자 수준까지, 세부적인 사항에 관심을 기울여준) 버밍엄대학교의 브라이언 터너Bryan Turner, (방금 나온 따끈따끈한 참고문헌 참조에 관해) 캐서린 워커Catherine Walker에게 감사를 전한다. 실수나 부주의가 나온다면 이는 오직 나의 잘못이다.

또한 허치슨 출판사의 뛰어난 편집자 세라 릭비Sarah Rigby와, 엄청나게 꼼꼼한 교열 담당자 세라-제인 포더Sarah-Jane Forder에게도 감사드린다. 조 사스비 매니지먼트의 담당 편집자 루이지 보노미Luigi Bonomi와 멋진 팀원들의 무한한 격려와 지지는 언제나 큰 힘이 되었다. 그리고 남편 데이브에게 고마움을 전한다. 이 책이 모두 자기 아이디어인 줄 알고 있는데, 사실 그건 아니다. 하지만, 그래, 좋아. 아주 조금은, 당신 덕분이야.

개

Arendt, M. et al. (2016), 'Diet adaptation in dog reflects spread of prehistoric agriculture', *Heredity*, 117: 301-6.

Botigue, L. R. et al. (2016), 'Ancient European dog genomes reveal continuity since the early Neolithic', *BioRxiv*, doi.org/10.1101/068189.

Drake, A. G. et al. (2015), '3D morphometric analysis of fossil canid skulls contradicts the suggested domestication of dogs during the late Paleolithic', *Scientific Reports*, 5: 8299.

Druzhkova, A. S. et al. (2013), 'Ancient DNA analysis affirms the canid from Altai as a primitive dog', *PLOS ONE*, 8: e57754.

Fan, Z. et al. (2016), 'Worldwide patterns of genomic variation and admixture in gray wolves', *Genome Research*, 26: 1-11.

Frantz, L. A. F. et al. (2016), 'Genomic and archaeological evidence suggests a dual origin of domestic dogs', *Science* 352: 1228-31.

Freedman, A. H. et al. (2014), 'Genome sequencing highlights the dynamic early history of dogs', *PLOS Genetics*, 10: e1004016.

Freedman, A. H. et al. (2016), 'Demographically-based evaluation of genomic regions under selection in domestic dogs', *PLOS Genetics*, 12: e1005851.

Geist, V. (2008), 'When do wolves become dangerous to humans?' www.wis-con-sinwolffacts.com/forms/geist_2008.pdf

Germonpre, M. et al. (2009), 'Fossil dogs and wolves from Palaeolithic sites in Belgium, the Ukraine and Russia: osteometry, ancient DNA and stable isotopes', *Journal of Archaeological Science*, 36: 473-90.

Hindrikson, M. et al. (2012), 'Bucking the trend in wolf-dog hybridisation: first evidence from Europe of hybridisation between female dogs and male wolves', *PLOS ONE*, 7: e46465.

Janssens, L. et al. (2016), 'The morphology of the mandibular coronoid process does not indicate that Canis lupus chanco is the progenitor to dogs', *Zoomorphology*, 135: 269-77.

Lindblad-Toh, K. et al. (2005), 'Genome sequence, comparative analysis and haplotype structure of the domestic dog', *Nature*, 438: 803-19.

Miklosi, A. & Topal, J. (2013), 'What does it take to become "best friends"? Evolutionary changes in canine social competence', *Trends in Cognitive Sciences*, 17: 287-94.

Morey, D. F. & Jeger, R. (2015), 'Palaeolithic dogs: why sustained domestication then?', *Journal of Archaeological Science*, 3: 420-8.

Ovodov, N. D. (2011), 'A 33,000-year-old incipient dog from the Altai Mountains of Siberia: evidence of the earliest domestication disrupted by the last glacial maximum'. *PLOS ONE* 6(7): e22821.

Parker, H. G. et al. (2017), 'Genomic analyses reveal the influence of geographic origin, migration and hybridization on modern dog breed development', *Cell Reports*, 19: 697-708.

Reiter, T., Jagoda, E., & Capellini, T. D. (2016), 'Dietary variation and evolution of gene copy number among dog breeds', *PLOS ONE*, 11: e0148899.

Skoglund, P. et al. (2015), 'Ancient wolf genome reveals an early divergence of domestic dog ancestors and admixture into high-latitude breeds', *Cur-*

rent Biology, 25: 1515-19.

Thalmann, O. et al. (2013), 'Complete mitochondrial genomes of ancient canids suggest a European origin of domestic dogs', *Science*, 342: 871-4.

Trut, L. et al. (2009), 'Animal evolution during domestication: the domesticated fox as a model', *Bioessays*, 31: 349-60.

밀

Allaby, R. G. (2015), 'Barley domestication: the end of a central do유전자 변형a?', *Genome Biology*, 16: 176.

Brown, T. A. et al. (2008), 'The complex origins of domesticated crops in the Fertile Crescent', *Trends in Ecology and Evolution*, 24: 103-9.

Comai, L. (2005), 'The advantages and disadvantages of being polyploid', *Nature Reviews Genetics*, 6: 836-46.

Conneller, C. et al. (2013), 'Substantial settlement in the European early Mesolithic: new research at Star Carr', *Antiquity*, 86: 1004-20.

Cunniff, J., Charles, M., Jones, G., & Osborne, C. P. (2010), 'Was low atmospheric CO2 a limiting factor in the origin of agriculture?', *Environmental Archaeology*, 15: 113-23.

Dickson, J. H. et al. (2000), 'The omnivorous Tyrolean Iceman: colon contents (meat, cereals, pollen, moss and whipworm) and stable isotope analysis', *Phil. Trans. R. Soc. Lond. B*, 355: 1843-9.

Dietrich, O. et al. (2012), 'The role of cult and feasting in the emergence of Neolithic communities. New evidence from Gobekli Tepe, south-eastern Turkey', *Antiquity*, 86: 674-95.

Eitam, D. et al. (2015), 'Experimental barley flour production in 12,500-year-old rock-cut mortars in south-western Asia', *PLOS ONE*, 10: e0133306.

Fischer, A. (2003), 'Exchange: artefacts, people and ideas on the move in Mesolithic Europe', in *Mesolithic on the Move*, Larsson, L. et al. (eds) Oxbow Books, London.

Fuller, D. Q., Willcox, G., & Allaby, R. G. (2012), 'Early agricultural pathways: moving outside the "core area" hypothesis in south-west Asia', *Journal of Experimental Botany*, 63: 617-33.

Golan, G. et al. (2015), 'Genetic evidence for differential selection of grain and embryo weight during wheat evolution under domestication', *Journal of Experimental Botany*, 66: 5703-11.

Killian, B. et al. (2007), 'Molecular diversity at 18 loci in 321 wild and domesticate lines reveal no reduction of nucleotide diversity during Triticum monococcum (einkorn) domestication: implications for the origin of agriculture', *Molecular Biology and Evolution*, 24: 2657-68.

Maritime Archaeological Trust (Bouldnor Cliff): http://www.maritimearchaeologytrust.org/bouldnor

Momber, G. et al. (2011), 'The Big Dig/Cover Story: Bouldnor Cliff', *British Archaeology*, 121.

Pallen, M. (2015), 'The story behind the paper: sedimentary DNA from a submerged site reveals wheat in the British Isles' *The Microbial Underground:* https://blogs.warwick.ac.uk/microbialunderground/entry/the_story_behind/

Zvelebil, M. (2006), 'Mobility, contact and exchange in the Baltic Sea basin 6000-2000 BC', *Journal of Anthropological Archaeology*, 25: 178-92.

소

Ajmone-Marsan, P. et al. (2010), 'On the origin of cattle: how aurochs became cattle and colonised the world', *Evolutionary Anthropology*, 19: 148-57.

Greenfield, H. J. & Arnold, E. R. (2015), '"Go(a)t milk?" New perspectives on the zooarchaeological evidence for the earliest intensification of dairying in south-eastern Europe', *World Archaeology*, 47: 792-818.

Manning, K. et al. (2015), 'Size reduction in early European domestic cattle relates to intensification of Neolithic herding strategies', *PLOS ONE*, 10: e0141873.

Meadows, W. C. (ed.), *Through Indian Sign Language: The Fort Sill Ledgers of Hugh Lenox Scott and Iseeo, 1889-1897*, University of Oklahoma Press, Oklahoma 2015.

Prummel, W. & Niekus, M. J. L.Th (2011), 'Late Mesolithic hunting of a small female aurochs in the valley of the River Tjonger (the Netherlands) in the light of Mesolithic aurochs hunting in NW Europe', *Journal of Archaeological Science*, 38: 1456-67.

Roberts, Gordon: http://formby-footprints.co.uk/index.html

Salque, M. et al. (2013), 'Earliest evidence for cheese-making in the sixth millennium BC in northern Europe', *Nature*, 493: 522-5.

Singer, M-HS & Gilbert, M. T. P. (2016), 'The draft genome of extinct European aurochs and its implications for de-extinction', *Open Quaternary*, 2: 1-9.

Taberlet, P. et al. (2011), 'Conservation genetics of cattle, sheep and goats', *Comptes Rendus Biologies*, 334: 247-54.

Upadhyay, M. R. et al. (2017), 'Genetic origin, admixture and populations history of aurochs (Bos primigenius) and primitive European cattle', *Heredity*, 118: 169-76.

Warinner, C. et al. (2014), 'Direct evidence of milk consumption from ancient human dental calculus', *Scientific Reports*, 4: 7104.

옥수수

Brandolini, A. & Brandolini, A. (2009), 'Maize introduction, evolution and diffusion in Italy', *Maydica*, 54: 233-42.

Desjardins, A. E. & McCarthy, S. A. (2004), 'Milho, makka and yu mai: early journeys of Zea mays to Asia': http://www.nal.usda.gov/research/maize/

index.shtml

Doebley, J. (2004), 'The genetics of maize evolution', *Annual Reviews of Genetics*, 38: 37-59.

Gerard, J. & Johnson, T. (1633), *The Herball or Generall Historie of Plantes*, translated by Ollivander, H. & Thomas, H., Velluminous Press, London 2008.

Jones, E. (2006), 'The Matthew of Bristol and the financiers of John Cabot's 1497 voyage to North America', *English Historical Review*, 121: 778-95.

Jones, E. T. (2008), 'Alwyn Ruddock: "John Cabot and the Discovery of America"', *Historical Research*, 81: 224-54.

Matsuoka, Y. et al. (2002), 'A single domestication for maize shown by multilocus microsatellite genotyping', *PNAS*, 99: 6080-4.

Mir, C. et al. (2013), 'Out of America: tracing the genetic footprints of the global diffusion of maize', *Theoretical and Applied Genetics*, 126: 2671-82.

Piperno, D. R. et al. (2009), 'Starch grain and phytolith evidence for early ninth millennium BP maize from the Central Balsas River Valley, Mexico', *PNAS*, 106: 5019-24.

Piperno, D. R. (2015), 'Teosinte before domestication: experimental study of growth and phenotypic variability in late Pleistocene and early Holocene environments', *Quaternary International*, 363: 65-77.

Rebourg, C. et al. (2003), 'Maize introduction into Europe: the history reviewed in the light of molecular data', *Theoretical and Applied Genetics*, 106: 895-903.

Tenaillon, M. I. & Charcosset, A. (2011), 'A European perspective on maize history', *Comptes Rendus Biologies*, 334: 221-8.

van Heerwarden, J. et al. (2011), 'Genetic signals of origin, spread and introgression in a large sample of maize landraces', *PNAS*, 108: 1088-92.

감자

Ames, M. & Spooner, D. M. (2008), 'DNA from herbarium specimens settles a controversy about the origins of the European potato', *American Journal of Botany*, 95: 252-7.

De Jong, H. (2016), 'Impact of the potato on society', *American Journal of Potato Research*, 93: 415-29.

Dillehay, T. D. et al. (2008), 'Monte Verde: seaweed, food, medicine and the peopling of South America', *Science*, 320: 784-6.

Hardy et al. (2015), 'The importance of dietary carbohydrate in human evolution', *Quarterly Review of Biology*, 90: 251-68.

Marlowe, F. W. & Berbescue, J. C. (2009), 'Tubers as fallback foods and their impact on Hadza hunter-gatherers', *American Journal of Physical Anthropology*, 40: 751-8.

Sponheimer, M. et al. (2013), 'Isotopic evidence of early hominin diets', *PNAS*, 110: 10513-18.

Spooner, D. et al. (2012), 'The enigma of Solanum maglia in the origin of the Chilean cultivated potato, Solanum tuberosum Chilotanum group', *Economic Botany*, 66: 12-21.

Spooner, D. M. et al. (2014), 'Systematics, diversity, genetics and evolution of wild and cultivated potatoes', *Botanical Review*, 80: 283-383.

Ugent, D. et al. (1987), 'Potato remains from a late Pleistocene settlement in south-central Chile', *Economic Botany*, 41: 17-27.

van der Plank, J. E. (1946), 'Origin of the first European potatoes and their reaction to length of day', *Nature*, 3990: 157: 503-5.

Wann, L. S. et al. (2015), 'The Tres Ventanas mummies of Peru', *Anatomical Record*, 298: 1026-35.

닭

Basheer, A. et al. (2015), 'Genetic loci inherited from hens lacking maternal be-
haviour both inhibit and paradoxically promote this behaviour', *Genet Sel
Evol*, 47: 100.

Best, J. & Mulville, J. (2014), 'A bird in the hand: data collation and novel analysis
of avian remains from South Uist, Outer Hebrides', *International Journal
of Osteoarchaeology*, 24: 384-96.

Bhuiyan, M. S. A. et al. (2013), 'Genetic diversity and maternal origin of Bangla-
deshi chicken', *Molecular Biology and Reproduction*, 40: 4123-8.

Dana, N. et al. (2010), 'East Asian contributions to Dutch traditional and western
commercial chickens inferred from mtDNA analysis', *Animal Genetics*,
42: 125-33.

Dunn, I. et al. (2013), 'Decreased expression of the satiety signal receptor CCKAR
is responsible for increased growth and body weight during the domesti-
cation of chickens', *Am J Physiol Endocrinol Metab*, 304: E909-E921.

Loog, L. et al. (2017), 'Inferring allele frequency trajectories from ancient DNA
indicates that selection on a chicken gene coincided with changes in me-
dieval husbandry practices', *Molecular Biology & Evolution*, msx142.

Maltby, M. (1997), 'Domestic fowl on Romano-British sites: inter-site compari-
sons of abundance', *International Journal of Osteoarchaeology*, 7: 402-
14.

Peters, J. et al. (2015), 'Questioning new answers regarding Holocene chicken
domestication in China', PNAS, 112: e2415.

Peters, J. et al. (2016), 'Holocene cultural history of red jungle fowl (Gallus gal-
lus) and its domestic descendant in East Asia', *Quaternary Science Re-
view*, 142: 102-19.

Sykes, N. (2012), 'A social perspective on the introduction of exotic animals: the
case of the chicken', *World Archaeology*, 44: 158-69.

Thomson, V. A. et al. (2014), 'Using ancient DNA to study the origins and dispersal of ancestral Polynesian chickens across the Pacific', *PNAS*, 111: 4826-31

쌀

Bates, J. et al. (2016), 'Approaching rice domestication in South Asia: new evidence from Indus settlements in northern India', *Journal of Archaeological Science*, 78: 193-201.

Berleant, R. (2012), 'Beans, peas and rice in the Eastern Caribbean', in *Rice and Beans: A Unique Dish in a Hundred Places*, 81-100. Berg, Oxford.

Choi, J. Y. et al. (2017), 'The rice paradox: multiple origins but single domestication in Asian rice', *Molecular Biology & Evolution*, 34: 969-79.

Cohen, D. J. et al. (2016), 'The emergence of pottery in China: recent dating of two early pottery cave sites in South China', *Quaternary International*, 441: 36-48.

Crowther, A. et al. (2016), 'Ancient crops provide first archaeological signature of the westward Austronesian expansion', *PNAS*, 113: 6635-40.

Dash, S. K. et al. (2016), 'High beta-carotene rice in Asia: techniques and implications', *Biofortification of Food Crops*, 26: 359-74.

Fuller, D. Q. et al. (2010), 'Consilience of genetics and archaeobotany in the entangled history of rice', *Archaeol Anthropol Sci*, 2: 115-31.

Glover, D. (2010), 'The corporate shaping of GM crops as a technology for the poor', *Journal of Peasant Studies*, 37: 67-90.

Gross, B. L. & Zhao, Z. (2014), 'Archaeological and genetic insights into the origins of domesticated rice', *PNAS*, 111: 6190-7.

Herring, R. & Paarlberg, R. (2016), 'The political economy of biotechnology', *Annu. Rev. Resour. Econ.*, 8: 397-416.

Londo, J. P. et al. (2006), 'Phylogeography of Asian wild rice, Oryza rufipogon, reveals multiple independent domestications of cultivated rice, Oryza sativa', *PNAS*, 103: 9578-83.

Mayer, J. E. (2005), 'The Golden Rice controversy: useless science or unfounded criticism?', *Bioscience*, 55: 726-7.

Stone, G. D. (2010), 'The anthropology of genetically modified crops', *Annual Reviews in Anthropology*, 39: 381-400.

Wang, M. et al. (2014), 'The genome sequence of African rice (Oryza glaberrima) and evidence for independent domestication', *Nature Genetics*, 9: 982-8.

WHO (2009), *Global prevalence of vitamin A deficiency in populations at risk 1995-2005*: Geneva, World Health Organization.

Wu, X. et al. (2012), 'Early pottery at 20,000 years ago in Xianrendong Cave, China', *Science*, 336: 1696-700.

Yang, X. et al. (2016), 'New radiocarbon evidence on early rice consumption and farming in south China', *The Holocene*, 1-7.

Zheng, Y. et al. (2016), 'Rice domestication revealed by reduced shattering of archaeological rice from the Lower Yangtze Valley', *Nature Scientific Reports*, 6: 28136.

말

Bourgeon, L. et al. (2017), 'Earliest human presence in North America dated to the last glacial maximum: new radiocarbon dates from Bluefish Caves, Canada', *PLOS ONE*, 12: e0169486.

Cieslak, M. et al. (2010), 'Origin and history of mitochondrial DNA lineages in domestic horses', *PLOS ONE*, 5: e15311.

Jonsson, H. et al. (2014), 'Speciation with gene flow in equids despite extensive chromosomal plasticity', *PNAS*, 111: 18655-60.

Kooyman, B. et al. (2001), 'Identification of horse exploitation by Clovis hunters based on protein analysis', *American Antiquity*, 66: 686-91.

Librado, P. et al. (2015), 'Tracking the origins of Yakutian horses and the genetic basis for their fast adaptation to subarctic environments', *PNAS*, E6889-E6897.

Librado, P. et al. (2016), 'The evolutionary origin and genetic make-up of domestic horses', *Genetics*, 204: 423-34.

Librado, P. et al. (2017), 'Ancient genomic changes associated with domestication of the horse', *Science*, 356: 442-5.

Malavasi, R. & Huber, L. (2016), 'Evidence of heterospecific referential communication from domestic horses (*Equus caballus*) to humans', *Animal Cognition*, 19: 899-909.

McFadden, B. J. (2005), 'Fossil horses - evidence for evolution', *Science*, 307: 1728-30.

Morey, D. F. & Jeger, R. (2016), 'From wolf to dog: late Pleistocene ecological dynamics, altered trophic strategies, and shifting human perceptions', *Historical Biology*, DOI: 10.1080/08912963.2016.1262854

Orlando, L. et al. (2008), 'Ancient DNA clarifies the evolutionary history of American late Pleistocene equids', *Journal of Molecular Evolution*, 66: 533-8.

Orlando, L. et al. (2009), 'Revising the recent evolutionary history of equids using ancient DNA', *PNAS*, 106: 21754-9.

Orlando, L. (2015), 'Equids', *Current Biology*, 25: R965-R979.

Outram, A. K. et al. (2009), 'The earliest horse harnessing and milking', *Science*, 323: 1332-5.

Owen, R. (1840), 'Fossil Mammalia', in Darwin, D. R. (ed.), *Zoology of the voyage of H.M.S. Beagle, under the command of Captain Fitzroy, during the years 1832 to 1836*, 1(4): 81-111.

Pruvost, M. et al. (2011), 'Genotypes of predomestic horses match phenotypes painted in Palaeolithic works of cave art', *PNAS*, 108: 18626-30.

Smith, A. V. et al. (2016), 'Functionally relevant responses to human facial expressions of emotion in the domestic horse (Equus caballus)', *Biology Letters*,

12: 20150907.

Sommer, R. S. et al. (2011), 'Holocene survival of the wild horse in Europe: a matter of open landscape?', *Journal of Quaternary Science*, 26: 805-12.

Vila, C. et al. (2001), 'Widespread origins of domestic horse lineages', *Science*, 291: 474-7.

Vilstrup, J. T. et al. (2013), 'Mitochondrial phylogenomics of modern and ancient equids', *PLOS ONE*, 8: e55950.

Waters, M. R. et al. (2015), 'Late Pleistocene horse and camel hunting at the southern margin of the ice-free corridor: reassessing the age of Wally's Beach, Canada', *PNAS*, 112: 4263-7.

Wendle, J. (2016), 'Animals rule Chernobyl 30 years after nuclear disaster', *National Geographic*, 18 April 2016.

Xia, C. et al. (2014), 'Reintroduction of Przewalski's horse (Equus ferus przewalskii) in Xinjiang, China: the status and experience', *Biological Conservation*, 177: 142-7.

Yang, Y. et al. (2017), 'The origin of Chinese domestic horses revealed with novel mtDNA variants', *Animal Science Journal*, 88: 19-26.

사과

Adams, S. (1994), 'Roots: returning to the apple's birthplace', Agricultural Research, November 1994: 18-21.

Coart, E et al. (2006), 'Chloroplast diversity in the genus *Malus*: new insights into the relationship between the European wild apple (*Malus sylvestris* (L.) Mill.) and the domesticated apple (*Malus domestica* Borkh.), *Molecular Ecology*, 15: 2171-82.

Cornille, A. et al. (2012), 'New insight into the history of domesticated apple: secondary contribution of the European wild apple to the genome of cultivated varieties', *PLOS Genetics*, 8: e1002703.

Cornille, A. et al. (2014), 'The domestication and evolutionary ecology of apples', *Trends in Genetics*, 30: 57-65.

Harris, S. A., Robinson, J. P., & Juniper, B. E. (2002), 'Genetic clues to the origin of the apple', *Trends in Genetics*, 18: 426-30.

Homer, *The Odyssey*, translated by Robert Fagles, Penguin: London, 1996.

Juniper, B. E. & Mabberley, D. J., *The Story of the Apple*, Timber Press: Portland, Oregon, 2006.

Khan, M. A. et al. (2014), 'Fruit quality traits have played critical roles in domestication of the apple'. *The Plant Genome*, 7: 1-18.

Motuzaite Matuzeviciute, G. et al. (2017), 'Ecology and subsistence at the Mesolithic and Bronze Age site of Aigyrzhal-2, Naryn Valley, Kyrgyzstan', *Quaternary International*, 437: 35-49.

Mudge, K. et al. (2009), 'A history of grafting', *Horticultural Reviews*, 35: 437-93.

Spengler, R. et al. (2014), 'Early agriculture and crop transmission among Bronze Age mobile pastoralists of central Asia', *Proc. R. Soc. B*, 281: 20133382.

Volk, G. M. et al. (2015), 'The vulnerability of US apple (Malus) genetic resources', *Genetic Resources in Crop Evolution*, 62: 765-94.

인류

Abi-Rached, L. et al. (2011), 'The shaping of modern human immune systems by multiregional admixture with archaic humans', *Science*, 334: 89-94.

Benton, T. (2016), 'The many faces of food security', *International Affairs*, 6: 1505-15.

Bogh, M. K. B. et al. (2010), 'Vitamin D production after UVB exposure depends on baseline vitamin D and total cholesterol but not on skin pigmentation', *Journal of Investigative Dermatology*, 130: 546-53.

Brune, M. (2007), 'On human self-domestication, psychiatry and eugenics', *Philosophy, Ethics and Humanities in Medicine*, 2: 21.

Cieri, R. L. et al. (2014), 'Craniofacial feminization, social tolerance and the origins of behavioural modernity', *Current Anthropology*, 55: 419-43.

Elias, P. M., Williams, M. L., & Bikle, D. D. (2016), 'The vitamin D hypothesis: dead or alive?', *American Journal of Physical Anthropology*, 161: 756-7.

Fan, S. et al. (2016), 'Going global by adapting local: a review of recent human adaptation', *Science*, 354: 54-8.

Gibbons, A. (2014), 'How we tamed ourselves - and became modern', *Science*, 346: 405-6.

Hare, B., Wobber, V., & Wrangham, R. (2012), 'The self-domestication hypothesis: evolution of bonobo psychology is due to selection against aggression', *Animal Behaviour*, 83: 573-85.

Hertwich, E. G. et al. (2010), *Assessing the environmental impacts of consumption and production*, UNEP International Panel for Sustainable Resource Management.

Hublin, J-J, et al. (2017) New fossils from Jebel Irhoud, Morocco and the pan-African origin of *Homo sapiens*.*Nature*, 546: 289-92.

Janzen, H. H. (2011), 'What place for livestock on a re-greening earth?', *Animal Feed Science and Technology*, 166-7; 783-96.

Jones, S., *Almost Like a Whale*, Black Swan: London, 2000.

Larsen, C. S. et al. (2015), 'Bioarchaeology of Neolithic Catalhoyuk: lives and lifestyles of an early farming society in transition', *Journal of World Prehistory*, 28: 27-68.

Larson, G. & Burger, J. (2013), 'A population genetics view of animal domestication', *Trends in Genetics*, 29: 197-205.

Larson, G. & Fuller, D. Q. (2014), 'The evolution of animal domestication', *Annu. Rev. Ecol. Evol. Syst.*, 45: 115-36.

Macmillan, T. & Benton, T. G. (2014), 'Engage farmers in research', *Nature*, 509: 25-7.

Nair-Shalliker, V. et al. (2013), 'Personal sun exposure and serum 25-hydroxy vitamin D concentrations', *Photochemistry and Photobiology*, 89: 208-14.

Nielsen, R. et al. (2017), 'Tracing the peopling of the world through genomics', *Nature*, 541: 302-10.

Racimo, F. et al. (2015), 'Evidence for archaic adaptive introgression in humans', *Nature Reviews: Genetics*, 16: 359-71.

Reganold, J. P. & Wachter, J. M. (2016), 'Organic agriculture in the twenty-first century', *Nature Plants*, 2: 1-8.

Rowley-Conwy, P. (2011), 'Westward Ho! The spread of agriculture from central Europe to the Atlantic', *Current Anthropology*, 52: S431-S451.

Ruddiman, W. F. (2005), 'How did humans first alter global climate?', *Scientific American*, 292: 46-53.

Schlebusch, C. M., et al. (2017) Ancient genomes from southern Africa pushes modern human divergence beyond 260,000 years ago. *BioRxiv* DOI: 10.1101/145409

Stringer, C. & Galway-Witham, J. (2017) On the origin of our species. *Nature*, 546: 212-14.

Tscharntke, T. et al. (2012), 'Global food security, biodiversity conservation and the future of agricultural intensification', *Biological Conservation*, 151: 53-9.

Wallace, G. R., Roberts, A. M., Smith, R. L., & Moots, R. J. (2015), 'A Darwinian view of Behcet's disease', *Investigative Ophthalmology and Visual Science*, 56: 1717.

Whitfield, S. et al. (2015), 'Sustainability spaces for complex agri-food systems', *Food Security*, 7: 1291-7.

찾아보기

_____ **가나다 순**

243, 486

스탠리 코언 340

스티브 존스 520

《시경》370

시나몬 195, 372

시노히푸스 388

시우아토스틀라 동굴(멕시코, 고고학 유적) 226, 231

시토 수도회 459

식량 안보 186, 275, 529~530, 537

식물지 205, 207~209, 211, 216, 218~219, 271

신경 능선 세포 522

신드리아스기(기후 사건) 127~128, 135, 139~140, 361, 398, 500~501

신석기 혁명 19~20, 54, 107, 116~119, 323, 505, 507, 509

신젠타(생명공학 기업) 346

신테오틀(아즈텍 신) 223

신화 132, 180, 397, 450~451, 510, 513, 540

실크로드 195, 221, 366, 433, 448, 462, 497~498

ㅇ

아구티 신호 전달 단백질(ASIP) 유전자 70~72

아돌프 빈다우스 490

아라곤의 캐서린 215~216

아리스토텔레스 303

아마 102~103

아마인 102

아망딘 코르니유 461~463

아메리고 베스푸치 213

아메리카 원주민 200, 202, 264

　　　~사냥과 식량 생산 203, 216, 219, 228, 373

　　　~교역 322, 487~488

아몬드 354, 530

아밀라아제 75~77, 255, 276

아발론(신화 속 섬) 449, 457~459

아부 후레이라(시리아, 고고학 유적) 104

아비아젠 294

아스카니오 스포르차 204

아즈테어 222

아스트로히푸스 *Astrohippus*(초창기 말) 388

아시클르 회위크(터키, 고고학 유적) 173~174

아우구스트 마이어 470

아이마라족 263

아일랜드 감자 대기근 279~281, 543

아프로디테(신화 속 인물) 451

악소마마(잉카 여신) 262

흑사병 195

히에로니무스 보크 205

〈히포크라테스의 논문〉 456

히파리온*Hipparion*(멸종한 초기 말) 388

히피디온*Hippidion*(멸종한 말속) 389~390

HLA 유전자 497

I. S. 폴리아코프 421

NERICA('아프리카를 위한 새로운 쌀New

Rice for Africa' 프로젝트) 375~376

A~Z

A&P 푸드스토어스 289

DNA

~감자 264~269

~개 35~37, 42, 44, 45~53, 70,

77, 79, 84~85

~닭 295, 297~301, 305~310,

321~322, 325~328

~말 389, 392, 424~429, 430

~밀과 보리 95~96, 117~120,

123, 136, 141

~사과 461~464, 543

~소 174~177, 181~182, 188~189

~쌀 353~357, 367, 368~369

~옥수수 217~218, 221

~연구 17, 95~97

~인류 473, 476~481. 482~484,

485~488, 495, 498

(→ '유전자 변형' 항목도 참조)

EPAS1(유전자) 495

GM (→ '유전자 변형' 항목 참조)

옮긴이　김명주

성균관대학교 생물학과, 이화여자대학교 통역번역대학원을 졸업하고 현재 전문 번역
가로 활동하고 있다. 옮긴 책으로《호모 데우스》,《신 없음의 과학》,《디지털 유인원》,
《인공생명의 탄생》,《도덕의 궤적》,《우리 몸 연대기》,《인류세의 모험》,《과학과 종교》,
《1만 년의 폭발》,《다윈 평전》,《왜 종교는 과학이 되려 하는가》,《나는 과학이 말하는
성차별이 불편합니다》 등이 있다.

세상을 바꾼 길들임의 역사

첫판 1쇄 펴낸날　2019년 12월 17일
　　4쇄 펴낸날　2021년　4월 12일

지은이 앨리스 로버츠
옮긴이 김명주
발행인 김혜경
편집인 김수진
책임편집 조한나
편집기획 김교석 이지은 유예림 유승연 임지원
디자인 한승연 한은혜
경영지원국 안정숙
마케팅 문창운 박소현
회계 임옥희 양여진 김주연

펴낸곳 (주)도서출판 푸른숲
출판등록 2003년 12월 17일 제 406-2003-000032호
주소 경기도 파주시 회동길 57-9, 우편번호 10881
전화 031)955-1400(마케팅부), 031)955-1410(편집부)
팩스 031)955-1406(마케팅부), 031)955-1424(편집부)
홈페이지 www.prunsoop.co.kr
페이스북 www.facebook.com/prunsoop　　**인스타그램** @prunsoop

ⓒ푸른숲, 2019
ISBN 979-11-5675-802-0(03900)

* 잘못된 책은 구입하신 서점에서 바꾸어 드립니다.
* 본서의 반품 기한은 2026년 4월 30일까지입니다.